佐藤成順著

続宋代仏教史の研究

山喜房佛書林

続宋代仏教史の研究　目次

第一章　宋初期の首都開封の仏教と寺院

序　文

南朝の首都建康、隋・唐の首都長安の仏教の盛況の様子は知られている。それに比して宋の首都開封（汴京）の仏教についてはあまり知られていない。日本仏教と関係が薄いので、注目されなかったのか、専論がほとんどない。しかし仏教が衰退していたわけではなく、むしろ宋代は活気に満ちた時期であった。宋代初期の太祖・太宗・真宗の三代皇帝はそれぞれ仏教を尊重し援助し国の文化にとり入れた。太祖は大蔵経（一切経）刊行の大事業を行い、太宗は宋代に伝わった佛典の翻訳に意を燃やし遂行し、また自ら仏教書を多数著わした。真宗も太宗に倣って仏典翻訳を進め、仏教書を著わした。官人たちも皇帝に倣って奉仏者が多く、宋代仏教はこの三代皇帝の時期に基礎ができた。

開封は、河南省北部に位置し、汴河にのぞんでいるので汴州、汴京とも称し、古くから水陸交通の要地として開けていた。隋代には通済渠（汴河）が造られ黄河と江南を結ぶ交差点として発達してきた。唐代になると一層この地の重要性が増し、長安より洛陽、洛陽より開封が都市として便利になった。唐に変わって五代の梁を建国した朱全忠は汴州を東都開封府と称して首都とした。その後、梁は首都を洛陽に遷したが、後晋以来再び首都となり、後漢・後周も漕運に便利な開封を首都とした。宋代には洛陽を西京、開封を東京と称し、東京は汴河をはじめここを終点とする四つの運河によって全国の物資が交流し繁栄を極めた。都城の規模も拡大・整備され、人口も徐々に増え六・七十万に達したという。(1) 後周の開封では仏教が発展しその結果、僧尼と寺院が増加し過ぎ国の財政に害を及ぼすまでになったので、世宗は顕徳五年に無額の寺院を廃毀し私度の僧尼を還俗させる仏教淘汰を実行した。いわゆる後周世宗の廃仏である。それでも勅額の寺院（公式に認められた寺院）は存続した。世宗の廃仏の五年後に宋を建国した太祖は世宗の仏教抑制策を継承せず、仏教振興策をとった。

木版本の大蔵経の刊行、中国に新しく伝来した仏典の翻訳、これは宋初期の偉大な文化事業である。また皇帝の御製仏書とその注釈も仏教史の上で例のない貴重な仕事である。これら大事業には多数の人々の協力を必要とした。仏教界において未曾有の大事業であり、首都開封の沙門たちは積極的に従事した。どのような沙門が訳経や御製仏書の注釈に従事していたのか、それを知ることにより宋初期の開封の沙門の動向と性格を明瞭にできる。

本稿では、「一　大蔵経の刊行」「二　仏典の翻訳」「三　仏典の翻訳に従事した開封の沙門」「四　御製仏書の注釈に従事した開封の沙門」について考察し、さらに、「五　開封の寺院」について検討する。寺院は仏教の発展・流布の基盤であるから寺院を明確にすることは必要である。この五つの主題についてそれぞれの特色を考説し、それによって開封の仏教の特色を明確にしたい。

大蔵経の刊行と訳経に関してはすでに研究があるので概説に止める。訳経に従事した開封の沙門、御製仏書の注釈に従事した開封の沙門に関しては拙論「北宋の太宗・真宗朝における首都開封の沙門」、「北宋真宗の御製仏書とその成立に携わった沙門と官人」（拙著『宋代仏教史の研究』第一部所収、平成二四年、山喜房佛書林）に詳説したが、宋初期の開封仏教を論じる上で不可欠な問題なので、その論文の要旨まとめた形で説述した。宋初期の開封の寺院に関する専論は日本では今迄にない。なお、宋初期の開封でどのような教学が流行していたのか。開封の仏教の性格を把握する上でこれも大切な問題となるが、この問題は先掲拙著第一部第一章「四　開封の義学沙門」に詳述したのでここでは言及しない。

一　開封における大蔵経の刊行

宋を建国した太祖趙匡胤（在位九六〇―九七六年）は、後周世宗の仏教抑制策を踏襲せず、仏教を容認し、徐々に仏教を復興し、仏教を新国家の文化的基盤として重視した。太祖は、新国家を建国して十年を過ぎた頃、一千七十六部五千四十八巻という膨大な大蔵経（一切経）の出版を計画し、征服して間もない成都府に勅命して版木を彫らせた。彫造開始年次には、開宝四年説と五年説があるが、太祖が急逝した開宝九年十月（十二月七日太平興国と開元）までに彫造がほとんど完成していた。ただし一部は太平興国二年に彫造されているが、開宝年間に彫造されたので開宝蔵と呼んでいる。この版木が、首都の開封に送られ、新皇帝太宗の命で太平興国八年から太平興国寺で印刷された。開宝蔵とは言うものの印行されたのは太宗の太平興国年間になってからの開封においてである。この印刷大蔵経の出現は大蔵経流布の上で極めて重要であり、また世界の印刷史の上で例のない偉業である。

大蔵経が印刷された開封の太平興国寺については後述するが、旧名は龍興寺であり、後周の時代からの名刹であったが、世宗の仏教淘汰の政策で寺を廃して官倉とされていた。しかし宋初には、寺僧の熱烈な懇請により再び寺に復した。そして太平興国二年に詔して、龍興寺を太平興国寺と改名し、開先殿を建てて太祖の御容を奉安した。(2)

『宋会要輯稿』（以下『宋会要』と略称）道釈二之六。また『仏祖統紀』（以下『統紀』と略称）巻四三、宋太宗の太平興国五年二月の条によると、太平興国五年、詔して太平興国寺の大殿の西に訳経院を建立させた。その西に印経院を建立した。そしてこの印経院で成都から輸送された版木により大蔵経が印刷された。訳経院を太平興国八年八月に伝法院と改名した。

大蔵経の刊行にはその前提として、経論目録による入蔵仏典の選定、写本の収集、編纂事業、諸本の校合などの仕事が必要である。彫造は成都で印刷は開封の太平興国寺で行なわれたことは明確であるが、版木の彫造に至る以前の写本収集、編纂、諸本校合など大蔵経刊行の仕事は、成都より主に首都の開封で行なわれたのではないかと思う。印刷だけでも容易な仕事ではないが、刊行全体の仕事は大事業であり、専門知識のある沙門、国家的事業を円滑に進めるための官人が参加し、印行に必要な工人も多数動員され、首都の仏教界は活況を呈したであろう。

乾徳五（九六七）年に、太祖は沙門文勝に「大蔵経随函索隠」六百六十巻を編修させたのは(3)、大蔵経印行事業を意識して行なったのかもしれない。大蔵経印行は大事業であったにもかかわらずほとんど資料がなく、その実状を知ることができない。訳経事業に関しては『宋蔵遺珍』に収載する北宋の仏典目録類や夏竦の撰述した「伝法院碑銘」（『文荘集』巻二五）によりかなり知ることができる。

二　開封における仏典の翻訳

太祖は、印度・西域地域に関心深く、乾徳四（九六六）年に、詔して、沙門行勤等一百五十七人を印度に派遣した。印度・西域の情報と仏法を求めるためである。この前年に、滄州の沙門道圓が、十八年間、五天竺をめぐって帰国した。道圓は、京師に至って、皇帝に仏舎利・貝葉を献上した。帝は、道圓を便殿に召して、天竺の風俗を問い、恩賞を賜ったという。[4]これが太祖が西域・天竺に僧を派遣する動機となったのであろう。そして、開宝二年には沙門建盛が天竺から還り、闕に訪でて貝葉梵経を献上した。[5]この建盛は太宗の太平興国年代になって訳経に従事した沙門である。

太祖は西域仏典に関心をもち中国に将来することを重視したが、それを本格的な漢訳するまでには至らなかった。つぎの太宗は太祖の意向を継承し、訳経事業に強い関心をもち、太平興国五年に本格的に仏典の翻訳を始めた。開封で大蔵経が印刷されるようになるのは既述したように太平興国八年であるから、大蔵経の印刷を開始する前から訳経事業を始めていたわけである。そして太宗朝の新訳経典を大蔵経に入蔵し逐次印行している。

太宗は太平興国五年に、中使鄭守均に詔して、太平興国寺大殿の西に訳経院を建立させ、同七年六月十六日に完成した。そして完成した訳経院にインドから来朝した沙門の天息災・法天・施護を召し、それぞれに大師号を賜い、それぞれが齎した梵本を一経ずつ翻訳させ、[6]同年七月十二日に、三蔵沙門天息災訳の『聖仏母小字般若波羅蜜多経』一巻、三蔵沙門法天訳の『大乗聖吉祥持世陀羅尼経』一巻、三蔵沙門施護訳の『無能勝幡王如来荘厳陀羅尼経』一巻の三部の新訳経典を皇帝に上進させた。[7]これが開封における宋代の最初の訳経である。

その後、太宗は積極的に訳経を行い、次の真宗も太宗の奉仏を踏襲し訳経を重視し、次の仁宗の代には衰退したが継続された。宋代の仏典翻訳の数は資料及び算出の基準により多少の相違が見えるが、中村菊之進「宋伝法院訳経三蔵惟浄の伝記及び年譜」(『文化』四一号第一・二号、一九七七年、註二)は二八五部、七四六巻とする。また、『大中祥符録』巻三（三七九五頁）によると、太宗朝に訳出の仏典は二二二部四一三巻、[8]真宗朝の訳出は九五部二四六巻という。[9]

国立の訳経院には年ごとに一億六十万銭が国庫から支給され、訳経に従事する者には官給が支給され、度僧も平素は十一人と定められた[10]。しかし真宗の咸平二年になると、伝法院の経費が国家財政を圧迫するから伝法院を廃止しようという意見が重臣からでた。しかし真宗はそれに反対して伝法院を存続させた。仁宗も伝法院を大切にした。伝法院内部から訳経三蔵惟浄らが訳出原典が西域から伝わらなくなったことを理由に廃止を上奏したが、仁宗は太祖・太宗・真宗の三聖が行ってきたものを自分が辞められようか、と許可しなかった。神宗の元豊五（一〇八二）年についに百年の歴史をもった伝法院は事実上廃止された[11]。

このように開封の国立の訳経院（伝法院）で皇帝の意向で行われた大規模な訳経事業には多くの沙門が従事したに違いない。以下にその問題に言及する。

三　仏典の翻訳に従事した開封の沙門

1　訳経三蔵

訳経には梵語に精通したインド僧が主要な存在であった。夏竦が景祐二（一〇三五）年に伝法院の大観を書いた「伝法院碑銘」（『文荘集』巻二五〈『四庫全書珍本初集』〉）に、訳経の初めから景祐の頃までに、「翻宣の表率に則ち三蔵五人有り」というように、訳経の主役となった三蔵沙門に、天息災（法賢）、法天、施護、法護、惟浄の五人を挙げて簡単に略歴を紹介している。また訳経に従事した沙門として、

其れ筆受、綴文、証義等の僧は則ち、法進より今に至る文一、法凝、鑒深、慧涛、潜政、清漏、善初、義崇、慧素、存行及び梵学僧文渉、道隆、慧燈七十有九人。

とあるように十三人の名を挙げ、七十九人の沙門が訳経に従事したという。また、五印度から中国に梵経を伝えた外国沙門は、「法軍より法称に至る八十人」といい、また、印度に渡り梵経を伝えた僧は「辭潮より棲秘に至る一

百三十有八人」という。このように梵経を伝えて中国に来た僧は多く、また印度に渡り梵経を中国に伝えた漢人僧はそれよりさらに多い。彼等の中には梵経を伝えただけでなく、その訳経に携わった者もいた。しかし訳経の主役として活躍した訳経三蔵は少ない。天息災（法賢）、法天、施護、法護、惟浄の五人だけである。その五人の訳経三蔵に「伝法院碑銘」では「七十九人」という沙門が協力した。

訳経では訳経三蔵と呼ばれる沙門が主役となり、それを補佐する外国沙門と漢人沙門、さらに官人が加わり国営事業として組織的な形態で訳経が行われた。その組織は訳経三蔵を主役にそれを補佐する証梵義、証梵文、筆受、綴文、証義、潤文、監訳の制度・組織が設けられている。いずれも皇帝の詔によるが、監訳は殿直（侍従武官）の職位の官人が任命されているので朝廷との連絡事務を掌る役務であろう。潤文は文章に秀でた翰林学士などかなり高官が任命された。また真宗の天禧五年から訳経使という官職がおかれ唐の制度に倣い宰相が任命された(12)。

本章では、はじめに、宋代の訳経三蔵として訳経を主導した天息災（法賢）、法天、施護、法護、惟浄についてその略伝を紹介する。

法天（?—一〇〇一）は、中印度の出身で太祖の開宝六年に中国に来て、太宗の太平興国七年に訳経院が創設されると、詔により天息災・法護とともにここに居住し、伝教大師の号を賜り(13)、雍熙二年十月に朝散大夫・鴻臚少卿の官位を授かり、さらに端拱二年十月に鴻臚卿に試せられ(14)、至道三年には天息災・施護と並んで朝奉大夫を加贈された(15)。真宗朝においても訳経に従事しており、総じて七十六部百十四巻を訳出した(16)。訳経院で最初に訳出した三部経典の中の『大乗聖吉祥持世陀羅尼経』一巻が沙門法天訳である。

天息災（?—一〇〇〇年）は、北印度のカシミールの人で太平興国五年に施護とともに中国に来て太宗に謁し紫衣を賜わり、詔により訳経院に居住し、法天・施護と並んで訳経に従事し、明教大師の号を賜った。多数の仏典を訳出した。雍熙二年十月、朝散大夫・鴻臚少卿の官位を授かり[17]、さらに端拱二年十月に光祿卿を授かり、至道三年には法天・施護と並んで朝奉大夫を加贈された[18]。雍熙四年に詔により法賢と改名している[19]。太平興国七年、訳経院で最初に訳出した三部経典の中の『聖仏母小字般若波羅蜜多経』一巻が天息災訳である。

施護（?―九八〇年―?）は、烏塡国の出身で、太平興国五年に、天息災とともに中国に来て太宗に謁して紫衣を賜わり、天息災・法天とともに訳経院に居住し、伝教大師の号を賜った[20]。至道三年には天息災・法天とともに朝奉大夫を加贈された[21]。（ただし『統紀』四三では天息災は朝散大夫、法天・施護は朝奉大夫とある）、訳経院で最初に訳出した三部の経典の中の『無能勝幡王如来荘厳陀羅尼経』一巻が三蔵沙門施護訳である[22]。太平興国七年から真宗の天禧元（一〇一七）年までの三六年間にわたり訳経に従事し、訳出経典は一一五部、二四四巻といわれる。

法護（九六三―一〇五八年）は、真宗の景徳元（一〇〇四）年に中国に来て、訳経院に住して訳経に従事した[23]。大中祥符八（一〇一五）年には、詔により惟浄と並んで朝散大夫試鴻臚少卿の官位を授かった[24]。そして真宗の晩年に当たる天禧二（一〇一八）年春正月に、惟浄とともに同訳経から訳経の最高位である訳経三蔵に任命され、俸給の加贈を受けた。訳経三蔵の施護が入寂したのでそれにかわり惟浄とならんで訳経の責任者となり伝法院を主宰した。次の仁宗からも崇敬され、至和元（一〇五四）年に普明慈覚伝梵大師の六字の号を賜わり[25]、また銀青光祿大夫試光祿卿に叙せられた[26]。嘉祐三（一〇五八）年入寂、壽九十余、演教大師と謚せられるという[27]。真宗朝から仁宗朝にかけて訳経の主導僧として活躍した。梵華を対翻した『天竺字源』七巻を惟浄と共著で著わした。志磐は『統紀』巻四五景祐二年の条で、「声明の学は実にここに肇る[28]」と評している。

惟浄[29]（九七三―一〇五一年）は、南唐の金陵（南京）の生まれで、開封で育ち七歳のとき相国寺で出家し、十一歳で伝法院の梵学学習所の選抜試験に首席で合格した秀才である。梵学学習所については後述するが、惟浄は梵学学習所で天息災に師事し、声明・悉曇章から語義・教学・密教儀規などを学んだ。端拱二年に訳経筆受に就任した。太宗の淳化三年に光梵大師を下賜され、真宗の咸平四年に証梵文、景徳三年に証梵義、大中祥符二年に同訳経文に進み、天禧二年、四十六歳のとき施護の入寂の後空席になっていた訳経場の最高位である訳経三蔵に法護と並んで任命された。[30] 惟浄は太宗朝にその才能を認められ訳経院で天息災について梵語と印度仏教を学び、訳経の主要メンバーになり、真宗朝には漢人では唯一人の訳経三蔵に栄進した。三十年にわたり多数の訳経に関与し、伝法院の経営にも尽力した。真宗の信頼厚く大中祥符八年に朝散大夫試鴻臚少卿[31]を、天禧四年に試鴻臚卿[32]を、そして明道二年に試光祿卿の官位を授かった。[33] 皇祐三年寂、諡号は明教大師。

惟浄は創設と同時に伝法院梵学学習所に入り、ここで育った訳経僧であり、漢人では、唯一、訳経三蔵の地位に登り、伝法院を主宰した鋭才である。

真宗は天聖八年詔して

詔して三蔵沙門法護・惟浄を左右街副僧祿の上に班す。（『景祐録』巻一八、『宋蔵遺珍』六・四〇九三頁上）

という。左右街副僧録の上ということは左右街僧録と副僧録の間ということで、これをみても皇帝が訳経三蔵を殊遇していたことがわかる。訳経三蔵は訳経を重視した太宗・真宗朝において尊重され開封沙門の花形的な存在であった。

しかし外国沙門は梵語には精通するが、漢語の文章表現や中国の文化・仏教には不慣れな面があり、彼等だけでは適切な漢文に翻訳するのはむずかしい。外国沙門の訳経には漢人の助力が必要であった。訳経三蔵を支える印度の言語・文化・仏教について知識のある漢人沙門が必要となったことにより、「梵学沙門」を国家で育成する道を考えた。

2 開封の梵学沙門

太平興国八年七月十日に新訳の経典を上進したとき天息災らは上奏した。「中国と天竺とは遠く離れており、将来、梵僧がいなくなったときには訳経が途絶えてしまう。そこで左右街の僧司に命じて、諸寺院の童子五十人を選んで梵学を学習させたい。仏典を翻訳し宣伝することは貴重であります」と。[34]

天息災は印度僧が来なくなった時を憂慮すると同時に訳経院が設立されてまだ一年であり、梵語のできる中国僧が少ない現状を考えたのであろう。この上奏により訳経院（伝法院）に梵学学修所が設立され、京師の出家・童行五百人を集めてその中から五十人を選抜してここで学ばせた。[35] このとき首席で合格したのが後に訳経三蔵として訳経事業を主導した惟浄であった。

こうした経緯で創設された国立の梵学学修所で、太宗は開封の優秀な少年僧に梵学を学ばせ訳経に従事できる少年僧の育成を図った。伝法院（訳経院を太平興国七年八月に伝法院と改名）では設立の翌年すなわち雍熙元（九八四）年から、基本的には十一人、年によっては九人、十人のときもあるが、八十六人の童行を得度して僧としており、つねに梵学沙門を補充している。真宗朝においても咸平元年十一月から八十四人の童行を得度している。訳経の将来を配慮してであろう。太宗・真宗朝の開封では「梵学沙門」という一類の沙門が存在し、彼等は選ばれた優秀な少年であり、伝法院に居住し国費で教育を受けていた恵まれた沙門である。

しかし国立の機関で梵学の教育を受け成人して梵学沙門となっても、すべての梵学沙門が訳経に従事できたわけではない。太宗朝に伝法院で得度した者は八十六人、真宗朝では八十四人という多数のうち、訳経に従事したことが確認できる梵学沙門は決して多くはない。

訳経には、訳主（訳経三蔵）の他に、それを助ける筆受・綴文・証義沙門の職制が設けられている。これらは漢人沙門であり、皇帝の詔により任命される。伝法院梵学学習所で学んだ者は筆受と綴文に任命された。梵学沙門の中から優秀な者が選抜されたのであろう。

筆受・綴文は唐代の訳経から設けられている。宋代の訳経については『統紀』四三に訳経の九位（九種の職制）を記す第五に「筆受は梵音を翻じて華言と成す[36]」といい、志磐はそれに注釈を加えて「紇哩那野は再び翻じて心と為し、素怛覧は翻じて経と為す[37]」と解説するように、梵語を華言に翻訳する役務である。

そして第六に綴文を挙げ、「綴文は、文字を回り綴って句義を成ぜしむ[38]」といい、それに注釈を加えて「筆受は照見五蘊彼自性空見此というが如し。今、照見五蘊皆空という。大率、梵音は多く能を先とし所を後にす。念仏を仏念と為し、打鐘を鐘打となすが如し。故に字句を回綴して、以て此の土の文に順ずべし」と解説する。

これを見ると、筆受は、梵言を華言に翻訳するが、華言の語順に完全になっていないので、語順を華語のそれになおす。かつ無駄な語を省くのも綴文の役務である。綴に回綴の意味がある。

初期の訳経すなわち太平興国そして次の雍熙年代に訳経の筆受・綴文を務めた沙門には法進・建盛・常謹・清沼・また令遵・法定・慧達・智遜などがいる。彼等は梵学学修所の出身ではない。伝法院に梵学学修所が設立されてからの筆受・綴文はほとんどがここの出身者であり、ここで育った梵学沙門で初めて筆受に任命されたのは惟浄である。その後の筆受・綴文を務めた沙門には致宗・智江がいる[39]。

致宗は太宗の淳化四（九九三）年に智江とともに筆受・綴文に任命され、至道三（九九七）年から真宗の景徳四（一〇〇七）年十二月まで十年間にわたり多種の訳経の筆受を務めた。

智江は至道三年の訳経から咸平三年の訳経の訳場列位にその名が見える。そして、その後、真宗朝から仁宗朝にかけては澄珠・文一が筆受を務めている。

筆受や綴文を務めた者には紫衣や大師号が下賜され、また特別な恩恵を受けることもあった。致宗が病になりそれが真宗の耳に達すると真宗は医者を派遣して診療させた、という記録があり[40]、筆受沙門は皇帝から特別な配慮を受けていたことがわかる。

また澄珠・文一についての記録の中に梵学沙門、筆受に対する処遇の仕方を示す記事が見える。景徳二年五月に、新訳経典七巻を献上した時に、訳経三蔵の施護が真宗に上奏した文中に、

臣に学を受ける弟子澄珠・文一有り。梵章を教習して頗る能く授に通ず。望むらくは以て梵学職に充てんことを。詔してこれに従い、月給をは頒賜すること、証義僧の例の如くす。

（『祥符録』巻一三、『宋蔵遺珍』六・三九〇二下）

という。また、『大中祥符録』一三巻にも同趣旨の文が見える。

梵学沙門澄珠・文一並びに博く、華梵に通じ、天竺字音に明なり。並びに詔して筆受に充て、おのおの俸給を加う。

（右同一五、右同三九三三下）

これら澄珠・文一の事例をみると、梵学沙門の中から優秀な者が筆受に任命され、筆受に抜擢されると俸給が加贈されたのである。

梵学沙門は、訳経において訳経三蔵のように目立った役ではなく、訳経三蔵の影に隠れた存在の感がする。しかし、訳経を重視する皇帝から優遇を受けている。伝法院に居住し、紫衣や大師を下賜され、国から俸給を受け、身分が保障されていた。新訳経典が完成すると、監使に引率されてその訳経に参加した訳経三蔵以下の沙門が朝廷の崇政殿に参上して新訳経典を献上する。皇帝は彼らに座を命じ茶を賜い、親しく慰撫した。筆受・綴文を務めた沙門も同行し、皇帝に親しく拝謁できる機会が幾度かあったのである[41]。当時の沙門としては恵まれた存在であった。皇帝の訳経重視

によって生まれた沙門であり、こうした梵学沙門が首都開封で活躍していたことに注目しなければならないのである。

3　開封の証義沙門

訳経には筆受・綴文の他に証義が設けられた。証義の語義については、「証義僧は句義を参詳する」[42]といい、また「すでに訳するの文の所詮の義を証するなり」[43]と簡略な説明がある。これから推して、訳文が仏教の教学からみて適切であるか、仏教教学からはずれていないか、それを詳しく調べ、問題があれば修正する役務であり。訳経において重要な仕事である。仏教教義に精通した沙門が選任されたであろう。

太宗は太平興国七年七月に、『聖仏母小字般若波羅蜜多経』等の三部の新訳経典が献上されたとき、左右街の僧司に命じて、開封の沙門一百人を選んで訳経を詳定を加えさせた。[44]これが機縁となったのであろう。筆受とともに京師の義学沙門十人を証義に任命した。十人は、慧達・可壌・善祐・法雲・智遜・恵温・守巒・道真・寘顕・慧超である。そしてその蓮文に、

此れより沙門の撰、咸、訳筵を重んず。（『祥符録』巻三、右同三七九九上）

というように、沙門の役職の選任には訳経が重視されるようになった。こうなると開封の沙門は積極的に訳経に参加せざるを得なくなったに違いない。

右の十人の証義沙門についての詳細な伝歴についてここで関説しないが、慧達は太平興国七年に十人の証義の一人に選ばれてから端拱五年四月まで太宗朝の六年間にわたり多数の経典の証義あるいは綴文を務めた。そして端拱元年には詔により右街鑒義に就任した。

恵（慧）温は、訳経開始から淳化年間まで多数の訳経の証義を務めた。『宋高僧伝』巻三には「智照大師」「左街僧

録」とあるので、左街僧録として仏教界を総括していた高僧である。その後の太宗朝の証義沙門には

帰省、知則、守遵、顕丕、雲勝、道文、善永、仁徹、守貞、従志、處円、懐哲、句端、守贇、道澄

など十五人が確認でき、太宗朝の証義沙門は先の十人と合わせて二十五人の名が確認できる。太平興国七年から至道三年まで十五年間、訳出された仏典総数は「一百三十九部二百四十三巻」(『景祐録』巻一)という数字であるのを考えると、二十五人と言う数字は決して多くはない。義学沙門の中で特定な沙門が証義・綴文に任命されていたのである。この仕事が務まるだけの仏教学の知識が必要であったのであろう。証義・綴文に任命されるということは開封の義学僧として栄誉であったに違いない。

真宗朝の初期の訳経すなわち咸平元年七月訳経では、証義沙門は太宗朝のそれと同じメンバーである。その後、咸平元年十一月以降の真宗朝の証義沙門を『大中祥符録』『景祐録』また新訳の巻末に付す訳場列位から捜すと左の四十一人検出できた。まだ他にもいるであろう。

道一、紹琛、道満、希晝、修静、継隆、啓沖、紹溥、智宣、重珣、文秘、瓊玉、慧則、守晏、智臻、簡長、玄則、行肇、徳雄、自初、智遠、重杲、禅定、義賢、令操、善慈、紹才、恵真、遇栄、法凝、紹源、鑒玉、志純、鑒深、清才、慧濤、潜政、義崇、顕静、文素、善初

太宗朝から真宗朝にかけて証義を務めた先に名を挙げた仁徹は、真宗の景徳二(一〇〇五)年に右街副僧録に就任している。[45]また右の四十一人の証義沙門にも、紫衣続いて大師号下賜が通例で、また彼等の中には、詔によって僧官の位に進んだ者が多い。

啓沖は、大中祥符八年に左街鑒義に就任した。[46]また重珣も大中祥符八年に左街鑒義に就任し、その後、『天聖釈教総録』の巻末に列記する編集者名の中に「同編集右街僧録法智大師沙門臣重珣[47]」とあり、右街僧録にまで栄進したこ

とがわかる。修静は、右街講経主座に就任している。[48] 簡長は、左街講論主座を務め、[49] 右街鑒義に就任している。[50] 紹才は、天聖三年に右街鑒義に就任し、法凝は、天聖五年に左街鑒義に就任し、[51] 左街講論主座も務めている。[52] 慧濤は、天聖八年右街鑒義に就任し、また右街講経主座を務めている。[53] 志純は、天聖八年に右街講論主座に就いた。[54] 鑒深は、天聖八年に左街鑒義に就任し、[55] 右街講経主座を務めた。[56] 潜政は、左街副僧録に就任していた。顕静は、左街守闕鑒義に就いていた。[57] 文素は右街鑒義に就任していた。[58] そして善初は、左街僧録を務めていた。[59]

宋代には京師の左右両街にそれぞれ、僧録、副僧録、講経主座、講論主座、鑒義、という順位で僧官が置かれていた。『宋会要』道釈一僧道官には、天聖八年の五月の開封府の上言に、

左右街僧正僧録管幹教門公事、其副僧録、講経論主座、鑒義、並不管幹教門公事。詔今後左右街副僧録並同管幹教門公事。

とある。

従来、僧録は教門の公事を管幹し、副僧録は教門の公事を管幹しなかったが、詔して、副僧録にも教門公事を管幹させるようにしたという。僧録は仏教界を統括する最高の地位であり、寺院僧尼の帖籍や僧官の補授のことを掌り、僧界を統領し僧界と朝廷を結ぶまとめ役である。副僧録以下は僧録を補佐して僧界内部の仕事を主官したのであろう。講経・講論主座はその名の示すように経論講説の責任者である。鑒義についてはいかなる役割をするのか具体的にわからないが、僧界運営において副僧録を補佐し事務的な仕事に携わる僧官であろう。僧官の制度の創設時期は定かではなく制度に変遷もある。[60]

右に述べたように、証義沙門の中には、京師両街の鑒義、講経論主座、副僧録さらには僧録にまで栄進し、僧官を務め、当時の僧界の統領として活躍した沙門が多いのである。訳経三蔵はもとより、筆受・綴文といい、証義といい、

訳経に従事した沙門は、「月給を頒賜すること証義僧の例の如し」というように、皇帝から月給の頒賜を受け、いわば生活を保障され、朝廷に出入りし、皇帝から殊遇され、沙門の中ではごく一部の恵まれたエリート僧であったのである。訳経を重視した皇帝が統治する北宋初期の首都開封ではこうした訳経沙門が花形の存在であった。真宗の熙寧八年には、「在京僧九千七百三人」（『宋会要』道釈一之一五）と伝えられる。訳経三蔵、はもとより梵学沙門、証義沙門、また義学沙門にしろ、彼等は、一万人に近い開封の沙門の中では少数派であったのである。

四　御製仏書の注釈に従事した開封の義学沙門

太宗は、仏教を外護するのみでなく、自ら仏教を研究し、仏典に関する多くの注釈書を著わしている。(61)『大中祥符録』巻一八には、太宗の御製仏書として、『蓮華心輪迴文偈頌』一一巻等八部六二巻と、滅後に編集した『妙覚集』五巻とを挙げて解説している。その他、『妙覚集』のなかから一部を抜粋した『妙覚秘詮』二巻が知られている。

これら『蓮華心輪迴文偈頌』一一巻、『秘蔵詮』二〇巻、『秘蔵詮仏賦歌行共』一巻、『逍遥詠』一一巻に、京城の義学文章僧に命じて注釈させた。まず、太平興国八年に『蓮華心輪迴文偈頌』一一巻が完成すると、

この年の三月、上は、中使衛紹欽を遣わして、僧司録に諭旨し、京城の義学文学僧の行清、恵温等の二十人を選んでこの著に注解を為さしめ、内共奉官藍敏貞にこれを監視せしめ、著作佐郎臣呂文仲に詳覆せしむ。書成りて上進す。（『宋蔵遺珍』六・三九五八下―三九五九上）

というように、僧司録に命じて、開封で義学と文章に秀でた二十名の沙門を選んで注解に当たらせた。続いて、注解書を上進すると、

行清等を便殿に召して面接し彼らを撫諭し、三人に紫衣を賜い、七人に師号を加え、各々に襲衣、束帛を賜う、

詔してその文を以て編聯入蔵す。

とあり、注釈に従事した義学沙門は朝廷に召され皇帝から撫諭を受け、紫衣や師号等を賜わる栄誉に浴した。

また、『秘蔵詮』三〇巻（『祥符録』巻一八）では「秘蔵詮二〇巻」・「秘蔵詮仏賦歌行共一巻」の書名を併記し、その解説に、端拱元年この書が完成すると、中使衛紹欽をつかわして僧司録に諭旨して京城の義学文章僧の恵温・継琳等五十六人を選んで注解させた、[62]とあるが、『高麗蔵』三五に収録する『秘蔵詮』は三〇巻本でありそのすべてに注解がある。『祥符録』巻一八では、「秘蔵詮二〇巻、秘蔵詮仏賦歌行共一巻」の名を併記して、その注記の作業について述べた後に、「秘蔵詮幽隠律詩四巻、秘蔵詮懐感詩四巻、秘蔵詮懐感迴文詩一巻」とあり、[63]右の五種の「秘蔵詮」の巻数を総計すると三〇巻になる。この三〇巻すべてに注解をさせたのである。

さらに、『逍遥詠』一一巻にも、義学文章僧の可昇・帰一等十二人を選んで注解させたという。三書の注解僧を総計すると八十八人になるが、三書を重複して注解する者が多く、重複する者を除くと六十八人となる。これだけの人数の開封の義学沙門が御製仏書の注解に携わったのである。

一つの書の注解に五十六人、二十人、少なくとも十二人という多数の義学沙門が動員されている。なぜこれだけの人数が必要だったのであろうか。著作が長編であったこともあるだろう。しかしそれだけではないだろう。御製仏書の注解に参加できれば義学沙門として栄誉であり、また義学沙門を総動員してこの仕事を行なえば仏教界は盛況になる。御製仏書注解の命を受けた僧録司では、両街の僧録が副僧録等と相談してこの企画と人選を練って、なるべく多くの義学沙門を動員して短期間で無事完成することを期してこの仕事に臨んだのであろう。六十八人の義学沙門が三部六一巻に達する御製仏書の注解を完成するのは開封の仏教界をあげての大事業であったに違いない。御製仏書の注解の仕事に選抜されるとされないとでは、義学沙門としての評価に大きな差がついたであろう。選任された沙門はいずれも義学と文章に評価を得ていた者たちであったと思う。彼等は注解が完成すると、宮中に参上し皇帝からねぎらいの言葉と恩賞を受けた。

また、これら注解僧には訳経において証義を務めている者が多いのに気づく。すなわち、

恵温・守巒・道真・寘顕・智逊・智則・道文・従志・處円・懐哲・継隆・道満・智宣

の十三人は証義沙門でもあった。このように訳経と御製仏書注解の両方に従事していた沙門もいた。

真宗も太宗に倣って仏教著述を著わし臣下により編纂された。『景祐録』巻一三に真宗の御製仏書を六種あげて解説している。[64]その中の『注釈釈典文集』三〇巻に、京城の義学文学沙門の簡長、行肇、善初等二十人を選んで注釈させ、左街僧録守明と右街僧録澄達、訳経三蔵惟浄が参詳し、翰林学士の楊億、劉筠、晏殊、枢密直学士の王曙が詳覆し、宰相の丁謂が参定して、天禧五（一〇二一）年秋に完成し、上進して刊行し流布させた。沙門たちに紫衣・衣服・茗・帛を賜わったという。[65]左右街僧録また宰相をも含む高官たちが関与する国を挙げの大事業であった。

真宗の御製仏書の注解事業には、左街僧録守明と右街僧録澄達も参加したように当時の開封仏教界を挙げて尽力したのである。注解に選抜された沙門の中には、僧官に就任した者もいる。真宗朝においても太宗朝と同様に、御製仏書の注解に選抜されたことは仏教界を代表する教義僧として認められたことを意味し栄誉であったに違いない。その業績が僧官に栄進する要因となったのであろう。簡長は、数種の訳経の証義また綴文を務めているが、天禧四年に右街鑒義に就任し、左街講論主座も務めている。[66]注解僧の中では彼が年長であったようだ。鑒深は、仁宗の天聖八年に左街鑒義に任命され、[67]また『金色童子因縁経』（『宋蔵遺珍』巻一に収載）の各巻に附する訳場列位により左街講経主座に就任したこともわかる。善初は、『諸法集要経』巻三（『宋蔵遺珍』一・四三一）の巻末に付する訳場列位により左街僧録であったことがわかる。

五　宋初期の開封の寺院

宋初期の開封の寺院について記述した資料は少ない[68]。『宋会要』や『北道刊誤志』また入宋僧成尋の撰述『参天台五臺山記』、孟元老撰述『東京夢華録』が基本的な資料で、南宋末撰述の『統紀』さらには明代の撰述であるが『汴京遺蹟志』がそれを補う資料である。『宋太宗実録』、夏竦「大安塔碑銘」（『文荘集』巻二七）、『続資治通鑑長編』、『旧五代史』などにも数点ではあるが資料を散見する。

『宋会要』道釈一之二五に、仁宗は、天聖二年二月に、「以真宗大祥、詔在京寺観等第、特度童行」と、真宗の大祥すなわち三周忌のために、京城の寺観に童行の得度を許可する詔を下したことが記されている。特度は皇帝の誕節や忌辰に際して特別に得度を許可する特恩度僧の制度である。ここに得恩度僧を許可する京城の七十二の寺院名を挙げている。七十二寺の中、龍華院、英恵院、南法済院、廣済院の四寺は重複して名を挙げているので、この四寺を七十二寺から引くと六十八になる。真宗崩御三周忌であるから、これら六十八の寺院は、ほとんどの寺が真宗朝にはすでに存在していたであろう。これが真宗朝の開封の主たる寺院であった。その寺院名を左に掲げる。括弧内は認可された度僧数である。度僧数が一人より二人の寺の方が寺格が上であったのであろう。

開寺（開宝寺）。相国寺。太平興国寺。天清寺。景徳寺。顕寧寺、顕浄寺（顕静寺）、顕聖寺、報恩寺、啓聖院、定力院、宝相院、観音院、天寿院、皇建院、普浄院、洪福院、普安院、等覚院、奉先資福院、鴻禧院、長慶院、護国院、廣福院、光教院、乾明寺、崇夏寺、崇真資聖院、妙覚院、（以上は得度各二人）。龍華院、英恵院、南法済院、龍華院（重複）、英恵院（重複）、南法済院（重複）、西報恩寺、香積院、智度院、萬寿院、禅恵院、永寧院、廣済院、浄福院、寿寧院、東普済院、恵聖院、恵済院、積廣院、福聖院、延祥院、霊芝院、普済院、廣済院（重複）、恵安院、報恩院、興教院、福田院、崇福院、受釐院、仁和寺、多慶院、崇因院、廣恵院、妙法院、衛王公主院、恵民院、開聖院、浄恵院、旌孝院、崇国院、報国院、承天院（以上は得度各一人）。

右記の六十八寺は詔により特恩度僧を許された寺院であり、皇帝から寺額を下賜されたいわば公式に認められた寺院である。『宋会要』のこの記録は太祖・太宗・真宗朝の開封の寺院の情報を知る上で貴重であるが、寺院名を列挙するだけで各寺に関する解説は全くない。しかしながらこの六十八寺が北宋初期三代皇帝の代の開封の寺院の基本に成るので、それで他の資料で補ってその由緒を明確にする必要がある。

『北道刊誤志』に宋代開封の寺院に関する記録が、短文であるが掲載されている。『北道刊誤志』は巻末の文中の記事と巻尾に付す跋によると、熙寧四（一〇七一）年、集賢学士の王瓘の撰述であり、真宗没後五〇年ほど後の成立であり、比較的に真宗朝に近い資料である。そこに開封の十八の寺院を挙げ簡単な解説を附している。これがまとまった資料としては最も古い。それを左に紹介する。ただし、原文の随所に附する割注は省略する。また大相国寺の西にある法華院は大相国寺の支院であり、開宝寺の西にある福聖院と、東にある経蔵院も開宝寺の支院であるので、法華院は相国寺に合せ、福聖院と経蔵院は開宝寺に合せて数える。そうすると十五の寺院となる。

1奉先資聖禅院〜乾徳二年置く。宣祖昭憲皇后慶基殿有り。

2大相国寺（相国寺）〜唐延和元年立つ。今額。至道中増修。太宗御題額あり。正殿の北に資聖閣あり。其の南に仁済・宝奎二殿あり。其の西の法華院に、仏牙碑、太宗・真宗・仁宗の御製頌偈賛あり。東南隅に普塔寺、塔の傍らに羅漢院、桂籍堂有り。

3明聖観音禅院（観音院）。

4定力禅院。

5景徳寺～もと相国寺の東圃、周の顕徳中に寺を置く。六年天寿と曰う。景徳三年今額に改む。

6天清寺～繁台の下に在り。周建徳二年置く。清遠坊に在り。六年此に徙る。興慈塔有り。

7乾明寺～旧に奉先と曰う。太平興国三年今額に改む。乾明は太宗の誕節の名。後徒無相寺人焉。(?)

8太平興国寺～開宝三年置く。太平興国元年額を賜う。開光殿有り、以て太祖の聖容を奉ず。寺の西偏に伝法院あり。其の中に閣を建て、天竺の梵経を旧く蔵す。聖教序碑有り、太宗・真宗の御製。閣の南の乾華殿に、天竺梵字碑、仁宗御製序、御書梵字、并びに篆額有り。

9啓聖禅院（啓聖院）～すなわち太宗誕聖の地。太平興国中置く。永隆殿有り、以て太宗の聖容を奉ず。

10慈孝寺～天聖五年置く。本蔡国公主の宅。崇先殿有り、以て真宗の聖容を奉ず。また章献太后の彰徳殿有り。

11普安禅院（普安院）～周建徳五年置く。殿に二有り。南は隆福と曰い、元徳皇后の殿。北は重徽と曰い、明徳皇后・章穆皇后の殿。

12開宝寺～旧に独居と曰う。魏の甘露五年修す。唐更めて封禅と曰う。開宝中に今額に改む。その西に福聖禅院、旧に霊感塔あるも、火を経て廃す。その東に経蔵院、制挙登科、皆ここに名を刻む。

13報慈寺～もと梁祖の故第、乾化四年置く。

14宝相禅院（宝相院）～後唐長興元年置く。晋の天福三年立つ。弥勒閣有り。

15顕聖寺～建隆元年置く。


右の十五寺は先に挙げた『宋会要』道釈一之二五に記す六十八の寺院と比較すると、『北道刊誤志』では「奉先資聖禅院」「定力禅院」「啓聖禅院」「普安禅院」「宝相禅院」等のように「禅」の字を加えている。『宋会要』では「禅」

の字はないが、同一の寺である。また、明聖観音禅院は『宋会要』に挙げる観音院であろう。なお、1奉先資聖禅院は、後述するように、『宋会要』道釈二之二に寺院名を挙げるように開封には奉先資福院と崇真資聖院が存したので、崇真資聖院の誤りである。

『宋会要』では禅の字が付いていないが『北道刊誤志』では禅院となっている。これは開封で禅宗が流布していたか否かの違いであろう。真宗朝の開封の仏教の状況を『統紀』巻四五の皇祐元年の条に記している。そこには、開封の両街の寺では、南山律宗の律学と華厳宗と慈恩宗（法相宗）の義学のみが行なわれており、天台宗と禅宗はまだ行なわれていなかった。朝野の人々は天台と禅の教えを啓慕した。それで「内侍李允寧は上奏して汴京の第宅を以て禅席を起こす。因りて「十方浄院」という寺額を賜わた。仁宗は空宗（禅宗）に意を留め、此処に居住する有道者を求めた。初め圓通居訥が推薦されたが彼が健康上の理由で辞退したので、代わりに懐璉を任命した」という[69]。仁宗の皇祐元年に開封に初めて禅の道場が創設された。この十方上因禅院が開封の最初の禅院であり、禅院と呼ぶのは仁宗の皇祐年代以降であろう。『北道刊誤志』に禅院とあるのは開封に禅宗が流布してからの名称であると考えられ、『宋会要』の禅を付けない表記の方が北宋初期三代皇帝のころの寺名を残していると思う。

このように、両書の間には少しく相違はあるが、上の『北道刊誤志』に挙げる十五寺は、『会要』に挙げる六十八寺の中に、一寺を除いて、その寺名が見える。『北道刊誤志』のみに名を挙げる寺は慈孝寺である。慈孝寺は後述するように真宗の像を安置する寺で、真宗没後の天聖五年の創建である。したがって天聖二年の真宗三周忌の恩度の対象には当然入っていない。

この六十八の寺院は恩度の対象になった正式に認められた有額の寺院であり、開封には恩度の対象にならなかった寺院も存在したことを考えると、真宗朝の開封には実際にはそれ以上の寺院が存在したであろう。宋室南渡前すなわち北宋末の開封には約九十の寺院があり最盛期であったという。[70] そうだとすると、最盛期の寺院の八割近い寺院がすでに北宋初期の開封に存在していた。これらの全ての寺院について説述することはできないが、資料を捜せた寺院について考説する。

1　相国寺

相国寺に関しては、熊伯履『相国寺考』（中州古籍出版社、修訂本、一九八五年）があり、相国寺の歴史の概要を詳説する。また巻末に相国寺関係の資料を掲載し、年表を付しているので便利である。また黄啓江『北宋仏教史論稿』（臺湾商務院書館、一九九七年）に「北宋汴京之寺院與佛教」の章に相国寺について説述する。また、常盤大定・関野貞『中国文化史蹟』解説上第五巻河南開封の「大相国寺」の頃に説述する。関野の実地調査の報告は貴重である。また入矢義高・梅原郁訳注『東京夢華録』巻三に、さらに齊藤圓眞『参天台五臺山記』Ⅱ・第十二章開封の諸寺巡拝の注五に相国寺について簡要な解説がある。ここではそれを参考にして太祖・太宗・真宗朝の相国寺について簡略に述べる。

相国寺は、北斉の天保六年の創建で建国寺と称した。唐の睿宗の延和元年に「大相国寺」の寺名に改められた。唐末に火災を被ったが、その後修復され宋朝に至った。太祖趙匡胤は、建隆元年正月に後周の恭帝の禅をうけて宋を建国すると、二月丙戌、長春節に宰相百官に相国寺で宴を賜わったと『長編』巻一（中華書局本・九頁）に伝え、『統紀』では、二月十六日の聖誕を以て長春節となし、相国寺に百官を招いて祝宴を催し、その時、宰相の茫質が祝聖千齋疏を著して奉呈している。そして誕恩を以て童行八千人を得度している。[71] 即位の当初、相国寺を祝宴の場所としたのはまだ宮殿の設備が整っていなかったので当時開封で第一の寺であった相国寺を祝宴の場所に使ったのであろう。建国期の太祖が仏教に傾心していたか否かは別として、相国寺は建国当初から太祖と関係深い。一〇七二年（日本では延久四年、宋では熙寧五年）三月十五日から翌年六月までの入宋の記録を記した成尋の『参天台五臺山記』の巻一二「開封の諸寺巡拝」に相国寺について記録している。成尋は寧熙五年十月二十三日に相国寺に参詣している。真宗滅後五十年を経た記録であり、『北道刊誤志』と同時期の貴重な資料である。ただしここではそれに言及しない。

宋の蔡條の『鐵圍山叢談』巻五に相国寺と太祖の古くからの関わりを記す話を伝えている。

芸祖始受命、久之陰計、釈氏何神霊、而恚苦天下、今我抑嘗之、不然廃其教也。日且暮則微行出、徐入大相国寺。将昏黒、俄至一小院戸旁、望見一髠大酔、吐穢於道左右、方悪罵不可聞。芸祖陰怒、適従旁過、忽不覚為酔髠攔胸腹抱定、曰莫発悪心。且夜矣。懼有人害汝、汝宜帰内。可亟去也。芸祖動心、黙以手加額而礼去焉。髠乃捨之去。芸祖得促歩還、密召忠謹小璫。爾行往某所、覘此髠為在否、且以其所吐物状来。乃至、則已不見。小璫独爬取地上遺吐狼藉、至御前視之、悉御香也。釈氏教因不廃。

太祖は皇帝の位について、しばらくして密かに仏教を廃すべきか否やを考えていた。ある日の日暮れにそっと出かけて大相国寺に入った。もう暗くなっていて小院の戸の傍らに一人の坊主頭の酔っ払いが、道にげろを吐いており、悪罵は聞くに堪えない。太祖は怒りながら傍らを通ろうとした。すると酔っ払いに体に抱きつかれてしまった。太祖は「悪ふざけするな、もう夜だ。寺の中に早く帰れ」と諭して、早足で帰ってきた。しかし気になって、召使の者に、寺に行って酔っ払いの様子を視させ、吐いたものを持て来させようとした。召使がその場所に往くと酔っ払いは見えず、召使は地面に吐露したものを取って太祖の前に持ってきた。それを見るとお香ではないか。太祖はそれで仏教を廃毀しなかった。

この話は『統紀』巻四三の太祖建隆元年の条にも、『汴京遺蹟志』巻一〇の大相国寺の解説にも引かれている。『長編』巻三・建隆三年十一月己巳の条には「相国寺に幸す」とあり、太祖は、建隆三年五月甲子に、「相国寺に幸して雨を禱る」とあり、五月甲申にも「太清観に幸し、また相国寺に幸し雨を禱る」とある。『統紀』では、『長編』によったと思えるが、その日付が少しく異なり、建国の翌年、建隆二年四月、太祖は相国寺に御幸して祈雨し、内帑を出して千僧齋を設けた。大いに雨降るという[72]。また三年五月にも、旱魃に雨を降らせるため、相国寺に御幸して祈雨し、徹楽太官に詔して蔬食を進めた。大いに雨降るという[73]。相国寺は皇帝の祈雨の寺であった。また建隆三年五月の条に、相国寺に渡来した西域于闐国の僧七名を相国寺に居留させている[74]。なお訳経三蔵惟浄が出家したのは相国寺であった。

相国寺は後周のときから皇帝と関係の深い寺であり、後周の太祖の広順元年の永寿節に群臣が相国寺に赴き斎会を設け、世宗の顕徳五年の天清節に百官が相国寺に詣で齋を設けている(牧田諦亮『五代宗教史年表』一一八、一三五頁)。太祖はこうした相国寺の性格に従ったのであろう。

その相国寺に、建隆三年五月、火災が起こり、堂舎数百区が消失した(『宋史』五行志)とあるので、太祖が建隆三年五月に祈雨のために御幸し外国僧を此処に居住させたのは火災に遭遇する直前であったのであろう。しかし、開宝四年には、沙門建盛が西竺より帰り宮中に詣でて貝葉梵経を献上した。太祖は一緒に来た中天竺王子の室利とともに相国寺に居留させた[75]、相国寺は全焼したのではなく残った堂舎もあったようである。太平興国寺が完成してからは外国僧はここに宿泊したが、それまでは相国寺が宿泊所であった。

太祖は、火災にあった相国寺の復興に着手し、開宝六年に東塔（普満塔）が完成した。太祖は、六年三月丙子に「相国寺に幸し、新修の普満塔を観る[76]」という。

次の太宗時代になると、相国寺の増修が大規模になる。至道元年（九九五）年五月に、およそ広大な堂舎や庭園など四百五十五区の建設・修復を企画したという。[77] 翌年、三門を完成した。そして御書の寺額を賜わった。しかし太宗は至道三年三月に崩御した、それで太宗の奉仏の意志を継いだ真宗の時代に相国寺の修復はほぼ完成した。その後の北宋皇帝は重修を重ね繁栄している。

北宋最後の皇帝である徽宗の時代に編纂された『東京夢華録』一〇巻は当時の汴京（開封）の繁昌記であり、その中に当時の汴京の諸寺院に言及するが、特に相国寺については、巻三の「相国寺内萬姓交易」「東寺門街巷」に詳細にその様子を記している。それによると、当時は、相国寺の境内に毎月五回民衆の取引市場に解放され、種々な商品が売られ人々で賑わったという。北宋末期には庶民が集まり庶民に親しまれた寺であったが、北宋初期にはこうした庶民の寺という面があったか否かは定かでない。皇帝を中心とする官営の寺であったことは確かであろう。開封の寺院の序列を「左街は相国寺、右街は開宝寺[78]」とあり、相国寺は首都開封第一の寺院であったのである。入矢義高・梅原郁訳注『東京夢華録――宋代の都市と生活』（平凡社、一九九六）五一頁にある扉うらにあげる「内城拡大図」には相国寺をはじめ太平興国寺・啓聖院・観音院・定力院・開宝寺鉄塔を示している。参考になる。

2　開宝寺

さきに引文した『北道刊誤志』の記述を基本に『続紀』『汴京遺蹟志』『参天台五臺山記』『東京夢華録』の記事で補って開宝寺について纏める。それぞれの資料の比較検討は略して結論だけを述べる。

開宝寺は、旧に独居寺といった。魏の甘露五年に建立され、唐の開元十七年に封禅寺と改められ、宋の開宝三年に封禅寺を改めて開宝寺とし、そして太祖は「繚廊・朶殿およそ二百八十区を起こす」というように、二八〇もの立派な堂舎を建設した。

そして、つぎの太宗は、端拱二（九八九）年に、詔してこの寺の中に塔を建立した。八年の歳月をかけて完成し、八角十一層、高さ三百六十尺で、名工の兪（預）浩が工事を主導し、その土木の宏荘、金碧の炳耀、仏教が中国に伝わってより未だこれあらざるなり[79]、と賞されるほどあった。太宗は淳化四年に開宝塔院に御幸し、そこの塔主と機知に富んだ問答をしている[80]。

この塔は福勝（聖）塔と呼ばれていた。大中祥符六年五月に、開宝寺の福勝（聖）塔に金色の光が発し相輪の上に見えた。また衆僧が塔をめぐり、翌日、五色の舎利が現れた。真宗は親しく御幸し敬ってそれを観た。舎利の大きさは月の如く、色は水晶と同じ。鈴索の上に往来飛動する。士庶はそれを同じく見た。地面の甎の上に舎利五千余粒を得た。詔して「霊感塔」と号した[81]、大中祥符九年の条に、真宗は九月に雨が降らないので、洒州の亀山の沙門智悟に詔して、開宝寺で禱雨させると、五日で大雨が降ったと、『統紀』巻四四大中祥符六年五月の条に開宝寺の塔の霊験譚を伝えている。

太宗が創建し信仰し御幸し、真宗が信仰し御幸し霊感塔と名づけたこの宝塔は、残念ながら、仁宗の慶暦四（一〇四四）年六月に火災で焼失した。仁宗は勅して塔基に所蔵する舎利塔を取って内に入れ供養した[82]。仁宗はすぐに再建を図った。諫臣の余靖がそれを強く諫めると、帝はよろこばなかった[83]、という。そして皇祐元（一〇四九）年には、詔して霊感塔を再建し舎利を奉蔵した（『統紀』四五）。火災で焼失した五年後の皇祐元年に霊感塔は再建されたのである。そして仁宗は嘉祐元（一〇五六）年、「乾元節に開宝寺の福聖院に勅して大斎」を勤めている[84]。開宝寺は相国寺と並んで首都開封の名刹である。しかし北宋末に開封に侵攻した金軍の兵によって開宝寺の殿宇・廊廓・僧舎はともに焼かれてしまった。そして、元末にまた焼失し明の洪武十六年にまた再興されたという。

成尋は熙寧五年十月二十四日に福聖禅院に参詣して寺の様子を『参天台五臺山記』巻五に記録している。その文中に、「羅漢堂の中に一間の小殿があり、内に舎利を納む。本は三百一十尺の塔に舎利を納むるも、天火の為に焼かる」[85]という記事がある。福聖禅院にもと三百一十尺の塔があったという、「三百一十尺」は『汴京遺蹟志』や『統紀』にいう開宝寺塔・霊感塔・福聖塔の三百六十尺の誤記と思うが、成尋が参詣した時には霊感塔は火災で消失して福聖禅院にはなかったのである。同日に、福聖禅院のつぎに開宝寺に参詣している。開宝寺で「感慈塔」の額のある九重の塔に登ったことを記している。「感慈塔」は「霊感塔」の誤りであろうし[86]、九層も十三層の誤りであろう[87]。太宗が創建したのは福聖塔と称するように福聖院にあったが、仁宗は上方院の中に再建したのであろう。『北道刊誤志』によると福聖禅院は開宝寺の西にあり、上方院は『汴京遺蹟志』巻一〇によると開宝寺の東にある。ともに開宝寺の支院である。開宝寺は広壮な寺で支院として二十四の塔院があったという。福聖院も上方院も開宝寺の支院である。『汴京遺蹟志』巻一〇の上方寺の項に、

上方寺。城の東北隅の安遠門の裏、夷山の上に在り。すなわち開宝寺の東院なり。一名上方院、宋仁宗の慶暦中に開宝寺の霊感塔は燬く。乃ち上方院に於いて建つ。鐵色の瑠璃磚塔にして、八角十三層、高さ三百六十尺。

とあり、開宝寺の東院の上方寺（院）に鉄塔が建てられたことを述べている。慶暦中に開宝寺の霊感塔が焼けたので、仁宗が上方院に八角十三層の瑠璃磚塔を建てたという。開宝寺と鉄塔寺との関係に就いては、三好鹿雄「成尋の遺跡開宝寺と現存鐵塔寺との関係」（『支那仏教史学』第六巻第三号）に詳説する。三好氏は昭和十四年から三年以上にわたり開封の開宝寺遺跡の調査を行いそれに基づく貴重な論稿を発表している。その中で、清末の常茂徠が著わした「鐵塔寺記」に、鉄塔が「塔は八稜十三層、高さ三百六十尺、宋の仁宗慶暦時の建」といっていることを紹介している。清末に鉄塔は慶暦年間の建立とする見解がすでに提示されている。

上方寺は現在は祐国寺と改称され鉄塔は現存する。「河南大学に隣接し、旧京城内際の地という。[88] この塔は瓦甎に鉄褐色のうわぐすりが架けられているので俗に鉄塔と呼ばれる。塔以外の開宝寺は現存せず場所も定かでなかったが、三好鹿雄に先立って結城令聞が昭和十年九月十四日に実地調査により地点を推定した。常盤大定・関野貞『中国文化史蹟』解説上巻五の「開宝寺址」に常盤大定の解説があり、そこに結城博士の業績を紹介しているがそれは省略する。

3　太平興国寺

太平興国寺はもとは龍興寺といい、後周の廃仏のときに廃されて国の倉庫とされていたが太祖の開宝三年に寺に復された。官倉を寺に復した時の逸話がにつぎのように伝わっている。

周の世宗は龍興寺を廃して以て官倉と為す。国初に寺の僧は鼓を撃って復せんことをもと求む。是こに至って已むをず、上は使を遣わして剣を持してこれを詰して曰く、「前朝は倉となして日久し。何為すれぞ天廷を煩瀆する」と。かつ密かに戒懼してこれを斬るらんと。僧の辭は自若として曰く、「前朝は不道にして像を毀ち寺を廃す。正に今日の正明によりてこれを起復せんのみ。貧道何ぞ一死を畏れん」と。中使は以て聞す。上は大いに感嘆して、勅して復た以て寺と為す。原注～類苑。　（『統紀』巻四三、『正蔵』四九・三九七中）

というように「類苑」すなわち『皇朝類苑』を典拠にして、官倉となっていた龍興寺を寺に復したいきさつを述べている。この話は『楊文公談苑』にも記されており、『汴京遺蹟志』巻十興国寺の項にも引用されている。楊億の当時に官人の間で知られた話であったのであろう。

太宗は即位すると、太平興国二年、龍興寺を改めて太平興国寺とし、この寺に幸している。[89] 寺内に開光殿を立てて太祖の御容を奉安した。[90]

そして、訳経を重視した太宗は、太平興国五年に、詔して太平興国寺の大殿の西に訳経院を造った。中央を訳経堂、その東を潤文堂、西を正（証）義堂とした。同七年には印度僧の天息災・法天・施護の三人をここに招いて訳経に専従させた。この訳経院は太平興国八年七月に伝法院と改名された。また伝法院の西側に印経院が造られ成都から送られた版木で一切経が印行された。伝法院には梵学修所が設立され漢人の梵学沙門がここで養成された。伝法院と訳経僧については既述したので再説しない。太平興国寺は常住する訳経三蔵や一時居住する外国沙門で賑わい国際色豊かな寺で、太宗・真宗の主導する一切経の刊行、訳経、仏典目録の編集など文化事業の中心地であり、新しい文化の発信地であった。

それだけではなく、真宗は、大中祥符三年、詔して太平興国寺に奉先甘露戒壇を設立した。

三年、詔して京師の太平興国寺において奉先甘露戒壇を立て、天下の諸路に皆戒壇を立つ。凡そ七十二所なり。京師の慈孝寺には別に大乗戒壇を立つ。（『統紀』四四、『正蔵』四九・四〇四上）。

と言うように、ここで開封の多数の沙門が戒を受けたであろう。太平興国寺は戒律の中心地でもあった。

4　啓聖（禅）院

太平興国寺から六里（三・三キロ）にある。[91] 太平興国寺の裏門の北向かいに位置する。[92] 啓聖禅院は『北道刊誤志』によると、太宗の誕生の地に太平興国中（『統紀』では五年）に建置され、永隆殿には太宗の聖容を安置するという。『統紀』巻四三、巻五三によると、太平興国五（九八〇）年五月に詔して、前後六年を費やして雍熙二（九八五）年に建立し、梁の武帝が天竺から迎えた栴檀の仏像と釈迦の舎利を奉じたという。[93] こうした記録は『太宗皇帝実録』に基づいたのであろう。『太宗皇帝実録』は太宗入寂の翌年（九九八年）に完成した。その残巻本の巻三二・雍熙三（九八六）年夏四月己卯・啓聖禅院の記録につぎのような記事がある。

己卯啓聖院成る。詔して僧睿齋を之が主となす。その地は即ち晋の護聖営、宣祖の時の典禁軍なり。天福四年、上その地に誕る。上、即位して太平興国中、詔して寺を建て為る。六年にして功畢る。費やすところ鉅数千万を計う。殿宇およそ九百余間、皆瑠璃の瓦を以てこれ覆う。これより先、江南を平らげ、栴檀の瑞像ならびに桑門宝誌の真身を得、初めは内寺に置くも、ここに至って並びにこの院に遷す。

これによると、太宗が生地に啓聖禅院を建立し、最初の寺主に任命したのは睿斎という僧であったことがわかる。また啓聖禅院の殿宇が九百余間もある大伽藍で、すべて瑠璃色の瓦で覆われており、多大の費用をかけたことを特筆する。また栴檀の瑞像とともに宝誌の真身を内道場（慈福殿）からこの新寺に遷したことも伝えている。

栴檀の瑞像とは、栴檀の木で造った霊験豊かな釈迦像で、インド・カウシャーンビーの優塡王（ウダヤナ王）が釈迦の生存中の姿を彫刻させたという像で特別の信仰を集めていた。その製作地は中央アジアと推定されており、六世紀には中国に存在していたことが確認でき、長く揚州開元寺に安置されていた。(94)

宋は開宝七年十一月に江南を平定した。宋の版図となった揚州の開元寺からこの人気の高い栴檀の釈迦像を開封に持ち帰るよう命じたのであろう。宋が江南を平定したのは太祖の開宝七年十一月であり、その翌年には太祖が没して太宗が即位するので、太祖が瑞像を要請したのか太宗が要請したのかは判然としないが、開封に遷されて宮中内の滋福殿に安置されたのである。

太平興国八（九八三）年（日本では永観元年）に入宋した東大寺の奝然（九三八―一〇一六年）はこの瑞像を信仰し強く執着し、その姿を写し取った釈迦瑞像を中国で造らせそれを日本に持ち帰った。奝然が模刻像を造らせ日本に持ち帰るほどの中国で魅力と人気の仏像だったに違いない。嵯峨の清涼寺に安置されたこの釈迦像は永年厚い信仰を集めた。その原像を創建の啓聖禅院に遷座したのである。

太宗は、釈迦瑞像と並んで宝誌の真身をも啓聖禅院に遷座した。宝誌は南朝の斉・梁の世に活躍し、超能力に富んだ神異僧であり、神異力のゆえに、斉の武帝、梁の武帝に崇信され、皇族貴族から庶民に至るまで広い信仰を集めた。梁の武帝は宝誌が入寂すると、金陵（南京）郊外の鐘山に埋葬し開善精舎を建立し、そこに宝誌像を安置した。宝誌真身は宝誌像であろう。宝誌信仰から宝誌を観音の化身と仰ぐようになり、画像や木像が作られるようになったのであろう。この鐘山の宝誌真身は以来永年にわたり信仰されていたが、それを宋軍が江南を攻略したときに、釈迦の瑞像同様に開封に遷したのである。

宝誌は中国では没後にも各時代を通じて信仰されている。多数の仏教書に断片的ではあるが伝記を記録し、『南斉書』『梁書』『南史』などの正史類にも伝記が見える。正史類で仏教僧を取り上げる記述をする例は珍しい。『梁書』『南史』が編纂された初唐の頃に、正史の編纂者の間で宝誌の讖記が注目され著名であったのである。そして宋代になると再び宝誌が注目され宋朝建国と皇帝の受命において重要な役割を担うのである。讖記は未来を予言する言葉である。宝誌と太宗・真宗朝におけるその讖記に関しては拙論「宋朝初期三代皇帝と釈宝誌の讖記」（『宋代仏教の研究—元照の浄土教』、平成一三年、山喜房佛書林）、拙論「『仏祖統紀』に見る宋朝開国と仏教の讖記」（『宋代仏教史の研究』、平成二四年、山喜房佛書林）に発表したのでここでは略説に止める。

宝誌の讖記に関する記事には、『続資治通鑑長編』、『宋会要輯稿』、『統紀』に記すが、それぞれの記述に多少の相違がありどれが史実なのか明確にできない面がある。しかしながら以下のように推定できる。

まず、太祖の宋朝建国を正統化しそれを飾る讖記として宝誌の「銅牌記」なるものが提供された。太祖は後周の禁軍総司令官として武将たちに信頼厚く、北方民族の脅威に対処しなければならない時期に、後周の幼帝に不安を感じた武将たちに推戴されて皇帝の位に即いた。形式上は儀礼に則った政権の交代すなわち禅譲であったが、異姓の者が国を乗っ取ったに違いない。宋朝の建国、太祖の即位を世間に説得させ、その正統性を宣伝する必要があり、それで聖天子の出現を予兆する讖記が必要だったのである。

太宗の皇位継承には後世様々な憶測がされている。太宗は太祖の弟であり、太祖には男子が二人いたのに太宗が皇帝となった。太宗の即位は自立であり一種の簒奪であったともいわれる。自己の即位の正統性を宣揚する必要があり、側近たちが即位の正統性を宣揚する話を作り出した。道教や仏教を使った讖記が作られ献上された。南朝の神異僧宝誌が注目されその名に仮託した讖記が作られたのである。

太平興国七（九八二）年六月、ある老僧が万歳山において黝石（あおぐろいいし）の上に「誌公記云、吾観四五朝後、次丙子年、趙号二十一帝」という宋朝の永安、太宗即位の正統性を神秘的に飾る宝誌讖記が作られた。『統紀』巻四三では讖記の後に、宝誌が宮中に降り太宗に訓語を与え、その謝礼として太宗は鐘山に使者を派遣し奉斎を行なった。そして詔して道林真覚菩薩の号を下賜し、公私ともに宝誌の名を指斥することを禁じ、宝公と号したとまでいう(95)。

太宗が新寺の啓聖禅院に宝誌真身を奉安したのは雍熙二（九八五）年であり、宝誌讖記が献上された三年後である。太宗が宝誌の真身を新寺の啓聖禅院に奉安したのは宝誌讖記が献上され宝誌を信仰したからであると思う。中国で当時最も人気の高い釈迦瑞像と並んで宋朝の永安、皇帝即位の正統性を宣揚する宝誌像を生誕の地に創建した新寺の目玉として遷座したのである。

真宗のときも宋朝の永安、即位の正統性を宣揚するために道教・仏教の讖記が一層強調された。真宗も宝誌を崇信している。

啓聖禅院については入宋した成尋の『参天台五臺山記』巻四に記録がある。成尋は啓聖禅院完成の八十七年後の熙寧五（一〇七二）年十月二十三日に啓聖禅院に参詣し、堂宇や仏像について実際に見たことを丁寧に記している。しかし宝誌像については言及していない。ところが、その四日後の二十七日に参詣した太平興国寺の南隣に位置する七容院において宝誌像を礼拝したことを記している。その宝誌像は、痩せて黒く比丘方形をしており、紫の袈裟、衫裙を着して袖を挙げているので手が見えており、骨もあらわに痩せていたという。(96) 宝誌像は成尋が訪れたときには啓聖禅院にではなく七容院に在ったのである。『太宗実録』と成尋の記録との間に相違がある。八十七年間の間に何らかの事情で宝誌像が啓聖禅院から七容院に遷されたのであろう。

また、成尋は啓聖禅院に太宗が安置した栴檀の釈迦像についても記していない。『統紀』巻四六に、大観元年、徽宗が詔してこの釈迦の栴檀像を啓聖禅院から御容殿に遷したことを記録しており、釈迦栴檀像は、大観元（一一〇七）年に宮中の御容殿に遷されたので啓聖禅院にはなかったが、成尋が啓聖禅院に参詣した熙寧五（一〇七二）年にはまだ安置されていたはずである。釈迦像は太宗朝に入宋した奝然がこれに似たものを中国で造らせ、日本に持ち帰り、嵯峨の釈迦堂に安置し、日本で信仰を集めた著名な仏像であった。成尋は栴檀釈迦像について知っていたであろうにも関わらず成尋がこの栴檀像に一言も言及していないのは不思議である。

5　定力寺

定力寺は、『北道刊誤志』の定力禅院の記事に付す注記によると、「もとは後梁の廟であったが、後唐の同光二（九二四）年に寺となり、天成三（九二八）年に今の寺名になった」という。『北道刊誤志』の注記はこれだけで、宋代の現状については記していない。『東京夢華録』巻三「大内の前、州橋の東の町々」に、定力寺について「四聖観と襪㓜巷、その東の城壁の角のところに定力院があって、その中には朱梁の高祖（後梁の朱全忠）の画像があり、李昉の撰書の院記があった」という。李昉（九二五—九六六年）は、太宗朝に、参知政事、平章事を務めた高官であり、『宋太宗実録』『太平御覧』『太平広記』を編纂した。

また『統紀』巻四三・宋の項の初頭の文に、この寺にまつわるつぎのような逸話を伝えている。趙匡胤は、建隆元年庚申正月甲辰（九六〇年一月四日）、北征中に陳橋駅で武将たちに推戴されて、都に帰り即位したことを記し、この政変の時の話として、

時に太夫人杜氏（原注〜太祖の母、昭憲皇后）、同王夫人（原注〜太祖の后、孝明皇后）は、まさに斎を設け祈福を為す。変を聞いて王夫人は懼る。太夫人の曰く「我が子は平生奇異多し。人は言く、『当に極貴なるべし。何ぞ憂えんや』」と（原注〜楊文公談苑）　（『正蔵』四九・三九上）

と告げて安心させたという。この政変の時に太祖の母と太祖の夫人は定力寺で斎会を営んでおり、政変を聞いて太祖の妻の王夫人はその結果を懼れた。すると母の太夫人はその心配を打ち消したという。政変の時たまたま定力寺で斎会を営んでいたのか。或いは政変を知ったその成功を祈るために定力寺で斎会を営んだのか。或いは政変の被害が自分に及ぶの避けるために定力寺に避難したのか。それは判然としないが、定力寺が宋王朝の誕生と深い関わりがあることはわかる。この話の典拠を志磐は「楊文公談苑」と注記している。定力寺は宋朝建国にとっては因縁の深い寺であり、宋朝になって重視され修復・増築されたと思うが、それについての記録はない。『汴京遺蹟志』巻一〇に挙げる開封諸寺の中には定力寺を挙げていない。明代には消滅していたのだろう。

6 資聖院

資聖院は、大中祥符二年に太宗の第七女の陳国長公主（呉国大長公主）のために建てられた城西の隆安坊に位置する。『宋会要』道釈二之十四の資聖院の項に挙げられている二種の資聖院のうち、一つが開封の城西の隆安坊に在る資聖院である。『統紀』巻四四、大中祥符二年九月の条に記す資聖院の記事は少しく文に違いはあるが『宋会要』に依拠している。それらによると、太宗の第七女陳国長公主は、幼いときから葷を食べることをしなかった。太宗が延聖寺に幸したとき、抱いて連れてゆき仏に「願わくは捨てて尼と為さん」と言った。真宗即位の後に、妹に当る陳国長公主（呉国大長公主）は落髪を乞うた。真宗はそれを許し、詔して資聖院を建ててここに居住させた、という。『統紀』にはその後に、「密王の女、曹王の女及び後宮三十余人は、皆随て出家す。詔してこの日において普く天下の童子を度すること、十人に一人を度す[97]」と加筆する。この記録によると、太宗の第七女の出家はそれに倣う宮中の女性を輩出し、真宗は特別に多数の得度を許可するなど、当時相当の大事件であったことが窺える。

7 奉先資福院

奉先資福院について、『宋会要』道釈二之十一に奉先資福禅院の項があり、つぎのような簡単な解説がある。

奉先資福院、即安陵卜定、乾徳二年改卜五月、詔就陵域置院。設宣祖昭憲大后銅像。太平興国二年、命圓覚大師守篆主之。真宗毎行幸、大礼必諸院。又秦国夫人劉氏孫暉貴妃呉昭容代国公曹国長公主、悉葬院側。

これによると、奉先資福院は、乾徳二年、太祖が父の宣祖の埋葬される安陵に建てた寺であり、太祖の母の昭憲太后の銅像を安置した。太平興国二年、太宗は、圓覚大師守篆に命じてこの寺主とした。真宗は、つねに幸しこの寺の諸院に礼拝した。ここには皇族の女性たちが埋葬されている。

『北道刊誤志』にはさきに挙げたように、「奉先資聖禅院」という寺院を挙げ、「乾徳二年に創建され、宣祖の昭憲皇后の慶基殿有り」と解説する。しかし、乾徳二年に建立され、昭憲太后の像を安置するのは『会要』によれば奉先資福院であり、資聖院はさきに述べたように太宗の第七女の為に建立した寺である。『北道刊誤志』にいう「奉先資聖禅院」は崇真資聖院の誤りである。

8　普安院

『宋会要』道釈二之十二に普安院の項があり、そこにつぎのように述べる。

普安院、周顕徳中建、建隆初賜額、昭憲太后建仏殿。端拱二年、遣内侍鄭守均、部兵卒以重建。又造法華千仏地蔵不動尊仏閣、凡六百三十八区。初元徳太后攅宮在此院、及改、上別起殿、塑元徳真容、亦守簒住持、守簒五臺僧、跣足游京城、結庵此院、卒賜謚明悟、塔曰正慧。

これによると、普安院は後周の顕徳年間（九五四―九五九年）の創建で、宋太祖の建隆（九六〇―九六二年）の初年に寺額を賜わり、昭憲太后が仏殿を建てた。そして、太宗の端拱二（九八九）年には内侍の鄭守均を派遣して、兵卒をつかって重建させた。また法華千仏、地蔵尊、不動尊の仏閣およそ六百三十八区を造った。元徳太后（太宗の夫人、真宗の母、太平興国二年没、伝は『宋史』巻二四二）の攅宮がこの院に在ったが改築したときに帝は別に殿を建てて元徳太后の塑像を安置した。また五臺山から京城に来ていた守簒を普安院の住持に命じたという。普安院は太祖が宋朝建国当初から護持し、太宗はさらに重視し増築を進め宏壮な寺院にした。いわば皇室の寺院である。守簒は太平興国二（九七七）年に太宗の命で奉先資福院の住持になっている。それが端拱二（九八九）年に普安院の住持に変わったのであろうか。守簒の伝記は不詳である。

なお、『北道刊誤志』の普安禅院の解説の末尾に「水陸大斎碑晏殊撰」と注記を付す。これをみるとこの寺で水陸斎が行われ、そのとき晏殊が記した碑と思える。水陸斎が北宋の開封で行われたことは知られていない。水陸斎会の歴史の上で興味ある碑である。

9　天清寺

天清寺は、後周顕徳二年に、清遠坊に創建され、同六年に繁台の下に移った。『旧五代史』巻一一七、後周世宗顕徳四年冬十月の条によると、「京城の新修の四寺に額を賜い、天清・天寿・顕静・顕寧を以て名と為す」とあり、後周の顕徳四年に、天寿寺・顕静寺・顕寧寺とともに、「天清」の寺額を賜わっている。繁台と天清寺については『東京夢華録』巻三「上清宮」の注六・八（一二一—一二四頁）に解説がある。それによると、繁台は婆台とも書き、その旧跡は都城の東南約三里のところに位置する。天清寺は繁（婆）台寺とも呼ばれ、そこに繁塔があったが、元末に兵火にかかって寺もろともに亡んだが、明初に再建され、いま寺は再び亡んで台だけが残り、繁塔と呼ばれている。開封市の南門外、停車場の東南に位置する、という。

『北道刊誤志』に天清寺に「興慈塔あり」といい、そこに「開宝中建つ」と注記を付す。この興慈塔が今日いう繁塔であろう。『統紀』巻四三・太祖建隆二年の条に、太祖が四川の転運使沈義林に詔して益州において金銀の文字で金剛経を書写して献上させ、上清寺の沙門崇蘊を宮中に召して講演させたという。(98) また『宋高僧伝』巻七に「宋東京天清寺傳章伝」があり、傳章という僧が天清寺にいたことがわかる。傳章（九一〇—九六四）は開封の人で、唯識、因明、そして律に精通していた。通慧大師賛寧に師事したこともあり、後周の広順中に紫方袍を賜わり、宋の太祖からも「義明」の師号を賜わり、後周から宋初にかけた天清寺に居住していた義学僧である。太祖の当時、天清寺には傅章や崇蘊という教学に通じた僧がいたことがわかる。[99] どこの寺にどのような僧がいたかを知る数少ない例である。

10　景徳寺

景徳寺は、『北道刊誤志』によると、もとは相国寺の東圃（はたけ）で、後周の顕徳中に創建され、同六年に「天寿」といい、宋真宗の景徳三年に景徳寺と改めた。また『東京夢華録』巻三「上清宮」に「景徳寺は上清宮の裏手にあり、寺の前の桃花洞という街はすべて遊郭である」[100] と位置を説明する。上清宮は同上書によると「新宋門内の大通りの北側西寄り」にあるというので、左街であり、景徳寺も左街にあったわけである。

景徳寺と改名される以前、天寿寺と称された頃であるが、この寺に、宋に帰順し国王とともに呉越国の杭州から開封に来た賛寧が居住したのである。『宋高僧伝』に巻頭に挙げる「進高僧伝表」に、「端拱元年十月日、左街天寿寺通慧大師賜紫臣僧賛寧上表」[101] とあり、賛寧が左街の天寿寺に止住していたことが明瞭である。またこの文中に、「通慧大師の省所に勅す。左街天寿寺の賜紫の僧顕忠、大宋の高僧伝三十巻を編することを進めしむ」[102] とあり、また顕忠という僧が天寿寺にいて『宋高僧伝』の編修に助力したことがわかる。賛寧は『宋高僧伝』の執筆は、資料の関係からか、古里の杭州に帰って行なったが、開封で編修の仕事、朝廷との連絡は天寿寺で行なったのであり、天寿寺は『宋高僧伝』編修の舞台として仏教史の上で注目すべき寺である。

ただし景徳寺については問題がある。さきの『北道刊誤志』によると、景徳寺の旧名が天寿寺であり両寺は同一の寺院である。しかし、『宋会要』道釈一之二十五に挙げる六十八の中には「景徳寺」とは別に「天寿院」の寺名を挙げており、ここでは景徳寺と天寿院は別の寺院である。『北道刊誤志』と『宋会要』のどちらが正しいのか。真宗の景徳三年に景徳寺と改名した天寿院がそのまま残っていたとも、また再建されたとも考え難い。『宋会要』道釈一之二十五の記述には先に指摘したように寺院名に重複があり、また後述するように妙覚院と護国院のように記録に混乱があるので、この場合も誤記ではないかと考えられる。

11　乾明寺

乾明寺はもとは報先寺といい、太平興国三年に乾明寺に改められた。乾明節は太宗の生誕節の名である。『東京夢華録』巻三「相国寺の東門前の町々」に、「景霊宮の東門の大街を東に進む通りの北側は、もとの乾明寺で、火事で類焼してから五寺三監に改められた(103)」と位置を記し、火災で類焼してからは寺ではなく役所になっていたという。

12　慈孝寺

慈孝寺は、天聖五（一〇二七）年の創建であり（『汴京遺蹟志』では天聖二年一二月）、もと蔡国公主の邸宅を、仁宗が真宗の聖容を安置するために建てた寺である。真宗没後の建立であるが真宗に関係深い。『宋会要』道釈二之一に、大中祥符三年に太平興国寺に奉先甘露戒壇を建立した記事に注記して、後に慈孝（寺）に大乗戒壇を建てたことを記している。真宗のときに太平興国寺に甘露戒壇を建て、仁宗のときに大乗戒壇が新造の慈孝寺に置かれたのである。中国戒律史の上で注目すべき寺である。宋の訳経の貴重な資料である「伝法院碑銘」を著わした夏竦は「慈孝寺銘并序」も著わしており、『文荘集』巻二六（『四庫全書珍本』）に現存する。慈孝寺に関する貴重な資料であるが本稿ではその内容については言及しない。

13　顕聖寺

顕聖寺は、『北道刊誤志』に建隆元年の創建とするが、『汴京遺蹟志』の顕聖寺の項では、「大梁門外の西北の金水の南に在り。俗に菩提寺と名づく。周の顕徳四年の創建。金末兵燬く」というように周の建徳四年の創建とする。どちらが正しいか確定する資料はない。

14　宝相寺

宝相寺は、『北道刊誤志』には「宝相禅院」といい、「後唐長興元年置く、晋の天福三年立つ。弥勒閣有り」というだけであるが、『汴京遺蹟志』では「宝相寺」の項に、もう少し詳しく、「大梁門の外、世に古鎚和尚証果の処と伝う。五代の唐の明宗の長興元年剏めて建つ。晋の高祖の天福三年額を賜わる。内に慈尊閣と弥勒仏大像有り。俗に大仏寺と名づく。寺の内にまた羅漢洞及び羅漢の塑像五百尊有り。兵（いくさ）の為に燬かる」と解説されている。これによると、弥勒閣に弥勒大仏があり、大仏寺と俗称されていたという。『東京夢華録』巻三「大内の西、右掖門外の町々」（九三頁）に、都城の側の梁門（閶闔門）の西方で、「甕市子」という開封府の仕置き場があり、その西に蓋防禦の薬屋、大仏寺、都亭西駅、その西駅の向いが京城守具所である、と大仏寺の位置を記している。この大仏寺が宝相寺であろう。大仏寺は、一月十六日には庶民の為に解放され、開宝寺・景徳寺と並んで音楽の舞台があって楽を演奏し、灯燭をともしていると盛況な様を記している。

15　旌孝寺

旌孝寺は兜卒寺と改名した。『汴京遺蹟志』巻一一の兜卒寺の説明に「旧名は旌孝院、安遠門外の西北にあり、仁宗の天聖元年名を兜卒院と改む」という。安遠門（旧封丘門）は京城の北側東よりにあり『東京夢華録』巻三「上清宮」の章では「兜卒寺は紅門道にある」と簡単に位置を記す。

16 顕浄（静）寺

『宋会要』に挙げる顕浄寺は、『北道刊誤志』には欠いているが、『汴京遺蹟志』に挙げる顕静寺であろう。浄と静はよく通用して用いられる。先に挙げた『旧五代史』巻一一七・周世宗顕徳四年冬十月の条に天清寺等の新修の四寺に寺額を賜ったときに、「顕静」の寺額を下賜された。『汴京遺蹟志』の顕静寺の項には、「陳州門の裏に在り。世宗の顕徳二年刱めて建つ。金の兵これを燬く」という。これによると創建は顕徳二（九五五）年である。陳州門は京城の南側東よりにある宣化門の古い名である。近くに繁塔がある。

17 観音院

観音院については、『東京夢華録』巻三「上清宮」の章に、「観音院は旧宋門のうしろ、太廟の南通りにある」（一〇七頁）といい、また同上「相国寺の東門前の町々」の章に、太廟の前門を南に行けば、「観音院に出る。そこが第一条甜水鈎巷である。太廟から北へ行くと、楡林巷を抜けて、曹門大街にでられる」（一〇五頁）と位置を記す。いずれも位置だけでそれ以上のことは記していない。この観音院が『宋会要』に名を挙げる観音院であろう。そしてこの観音院は、『北道刊誤志』の「明聖観音禅院」の項に、「後梁の乾化元（九一一）年に置く」、と創建年次を記す明聖観音禅院と同一と思う。

18　顕寧寺

顕寧寺については、先揚の『旧五代史』巻一一七・後周世宗建徳四年冬十月の条に、世宗が新修の四寺に天寿・顕静・大清と並んで顕寧の寺額を賜わったという。この顕寧寺であり、建徳四年をさほど遡らない創建であろう。『東京夢華録』巻三「上清寺」の章に「顕寧寺は炭場巷の北にあり」とその位置を記している。

19　福田院、報恩院

福田院、報恩院については、『東京夢華録』巻三「上清寺」の章に、「福田院は旧曹門外にあり」と記し、「報恩院は卸塩巷にあり」と記している。両寺は北宋末には存在したようだが、それ以上のことはわからない。

20　妙覚院と護国院

夏竦の「大安塔碑銘」（『文荘集』巻二七）によると、護国院は開封の左街にあり、ここに尼の廣慧大師妙禅の要請とその意思を継いだ弟子の慈懿福慧大師道堅の要請で、真宗のときに大安塔が建てられ、さらに広壮華麗な堂宇が多年の歳月と莫大の経費をかけて造られたという。この寺はもともとは太宗のときに京師の袁溥の第宅を喜捨して寺とし、妙覚禅院の額を下賜され、妙禅を寺主とした。そして真宗のときに護国（禅院）の名を賜わったという。妙禅は真宗にも塔の建設を要請した。しかし、大安塔の建設を発願した妙禅が没した後に弟子の道堅が仁宗に要請し皇帝と皇后の助力で大安塔が漸く完成したという。これによると、護国（禅）院の旧称は妙覚院であり、護国院と妙覚院は同一の寺院である。『宋会要』に護国院と妙覚院とを別に挙げられているが、これはおかしい。記録違いではないかと考えられる。

『宋会要』道釈一之二十五に寺名を列挙する六十八寺の中で、多少なりとも沿革を知ることができたのはわずかに右記の二十寺ほどである。これだけでは開封の寺院の全体像は見えないが、これだけで考えると、資聖院、奉先資福院、啓聖禅院、顕聖寺、慈孝寺などが宋代になって創建された。また五代時代、特に後周朝に創建された寺院も多いが、宋代にそれにかなり大がかりな修築そして増築を加えている。後周の仏教粛清の際には勅額を有する寺院は毀されなかったが、太平興国寺のように国の倉庫とされ、宋朝に寺に復した例もある。

また、これら寺院には、相国寺、定力寺、太平興国寺、啓聖禅院、慈孝寺など皇帝もしくは皇族に関係深い寺院が多い。これら寺院は国費で新築・修築・増築し、その後の維持も国費で行ういわば国営の寺である。資料を記録する編者が朝廷に関する記録を重視する傾向があるため、結果として国営の寺院に関する記録が多くなったということもあるだろう。皇帝を中心とした寺院の情報は伝えるが、これ等寺院にいかなる沙門がどのように教学を学習し教化したか、また一般の信者がこれ等の寺院とどのような関わりを持ったか、それを知ることはできない。『東京夢華録』が成立した北宋末期になると、この書の巻八「四月八日」「中元節」「重陽」の章などに記すように、寺院が庶民に開放され、その日は庶民が寺院に参詣し、寺院を憩いの場としている様子が窺える。北宋初期三代皇帝の頃にはそうした傾向があったか否かは定かでない。

しかし太祖・太宗・真宗の北宋初期の時代は皇帝の力で、訳経の道場として、外国僧の宿泊の場所として、皇帝の聖容を奉安するために、皇帝や皇族の資福のために、出家した皇族のために、祈雨のために、寺院が盛んに創建・修築・増築された。これは皇帝のいる首都の寺院の性格であろう。建立当初は皇室の寺であったかもしれないが、これらの寺院が宋代仏教の発展の基盤になったに違いないのである。

結　語

太祖・太宗・真宗の北宋初期三代皇帝の時代の首都開封の仏教について五つの主題に分けて考察した。その要点を纏めよう。

一は、開封における大蔵経の刊行である。太祖は新王朝を建国して約十年を過ぎると大蔵経の刊行を実行した。木材の豊富な成都で版木を彫らせ、その版木を使い開封で印刷する計画をした。しかし太祖は崩御しつぎの太宗が新造した太平興国寺の印経院で太平興国八年から印刷した。大蔵経の印刷は大事業であり多数の仏教僧・官人・職人が必要であり、この仕事に従事した開封の沙門は多かったであろう。首都開封の左右街の僧録に協力の要請があり、開封の沙門の重要な仕事であったに違いない。しかしその実態はわからない。この大蔵経が太宗そして真宗の代に継続して行われ、後の諸地域での種々の大蔵経の刊行をよび、仏教の発展・流布に多大な影響を与えたことは確かである。北宋初期の開封の仏教として特筆すべきである。

二は、仏典の翻訳である。後漢以来、各王朝は仏典の翻訳に力を入れている。訳経の数は唐がもっとも多く、つぎが宋である。中国の仏典翻訳は世界の翻訳の歴史のなかでも傑出した文化遺産といえる。太祖は印度・西域地域に関心深く、その一環として、乾徳四年に沙門行勤ら一百五十七人を印度に派遣した。開宝四年には沙門建盛が天竺から帰り、梵経を献上した。訳経の雰囲気と準備は整ってきたが、訳経は太祖の代にはまだ始まらず、太宗のときになると本格的な訳経が開始される。太宗は太平興国寺に訳経院（後の伝法院）を新造し、ここで訳経を積極的に行った。真宗は太宗を継承して盛んに訳経を行った。仁宗も先帝が行なってきたものを自分の代に中止するわけにはいかない、という意志で継続したが、神宗の元豊五年に百年の歴史を持った伝法院は事実上中止された。宋代に訳出された経典数は二八五部、七四六巻の多数にのぼる（中村説）。

三は、仏典の翻訳に従事した開封の沙門について考察した。前二章の大蔵経刊行と訳経の歴史・制度に関しては研究がある。しかし訳経に従事した人々に関しては惟浄など訳経三蔵の一部以外はほとんど解明されていない。訳経では、訳経三蔵の他にそれを補佐する筆受・綴文・証義が重要な役割をした。1、訳経を主導した五人の訳経三蔵について考察した。彼らは皇帝から尊重され殊遇を受け官位まで授かっており、当時の開封の沙門の代表的な存在であったことを指摘した。2、開封の梵学沙門。ここでは、まず、太宗の太平興国八年に訳経院に梵学修所を設立し、梵語と梵学を学習させ漢人の若い梵学沙門を育成したこと、つぎに梵学沙門の中から優秀な人材を訳経の筆受や綴文に当たらせたことを指摘した。梵学沙門は訳経三蔵の陰に隠れた目立たない存在の感がするが、皇帝から優遇を受け、伝法院に居住し、紫衣や大師号を下賜され、国から奉給を受け、身分が保障されていた。そうした筆受・綴文沙門の性格を考説し、その名前を明示し、こうした沙門が当時の開封で活躍していたことを明らかにした。さらに訳経では訳文を仏教思想からみて適切であるか否かを検討する証義という役目が必要である。3、開封の証義沙門。ここでは、太平興国七年に証義沙門十人が選任され、その後、太宗朝には二十五人の証義が任命されたことを確認し、さらに真宗朝の証義沙門を捜すと四十一人が検出できた。これら証義沙門は皇帝から優遇を受け、紫衣・大師号を下賜され、詔によって、僧録・副僧録・講経主座・講論主座・鑒義など僧官に任命された者が多く、訳経に従事することは栄進への道であり、エリート僧であったのである。訳経重視の皇帝のいる開封では訳経に参加できた沙門が花形の存在であったことを論述した。

四、御製仏書の注釈に従事した開封の沙門では、皇帝の仏教著述の注釈に参加した沙門について考説した。太宗も真宗も仏教に関する多くの著述を著しており、その御製仏書に開封の義学に通じた沙門が注釈を書いている。一つの書の注釈に五十六人、二十人という多数の義学沙門が動員されている。一冊の書にそれだけの人数を動員したのは、御製仏書の注釈に参加できれば義学沙門として栄誉であり、また義学沙門を総動員してこの仕事を行なえば仏教界が盛況になるに違いないと考えられていた。それで両街の僧録・副僧録など僧官が相談して、なるべく多くの義学沙門を参加させたのではないかと推論した。御製仏書の注釈は大事業であり仏教界と沙門にとって皇帝の信頼を得て社会に基盤を深くするよい機会であっただろう。これは皇帝がいた首都仏教の性格を端的に表わしている。

五、宋初期の開封の寺院。ここでは、今迄、研究がなく知られていなかった太祖・太宗・真宗朝の開封の寺院について考説した。『宋会要』道釈一之二十五のなかに仁宗の天聖二年二月すなわち真宗崩御の二年後に開封に存在した六十八の寺院を確認した。ここでは名前のみしか記していないが、この六十八寺を他の資料によってできるだけ明らかにした。少しでも寺の沿革を知り得たのは二十寺だけであるが、宋初期の開封の主要な寺院については解明できたと思う。また、どこの寺院でどのような沙門が止住し活動していたか、沙門と寺院の関連は明確にできなかった。訳経三蔵と梵学沙門は太平興国寺に居住していたことだけはわかった。

なお宋初期の開封の沙門として賛寧を忘れることができないが、賛寧に関しては詳細な研究があり[104]、また賛寧は晩年に開封に居住し、勅命で多くの著作を著わし、僧録等の僧官として開封仏教界を指導し、太宗から絶大な崇信をうけた沙門であるが、『宋高僧伝』を著述するに当たっては古里の杭州に帰って著述に専念したように、開封と同時に半分は杭州の沙門である。賛寧に言及するには開封と杭州の仏教に言及する必要があるので、賛寧に関しては本稿では言及しない。そもそも、開封仏教の特質を把握するには、当時、開封と並んで仏教の二大潮流であった杭州（台明・明州を含む）の仏教を考え両者を比較しなければならない。本稿ではその問題にまでは立ち入らない。

注

（1）宋代の開封に関しては久保田和男『宋代開封の研究』（汲古書院、二〇〇七年）があり、その第一部「五代首都考」第一章「五 宋初の首都問題」、「四 後周による首都開封の整備と宋太祖の洛陽遷都計画」、に開封と洛陽に分かれていた首都機能が後周の太祖の晩年になって開封に統一され、世宗の時代には首都としての体裁が整備されたことを述べる。
（2）『統紀』巻四三、宋太宗太平興国元年、同二年の条。『類苑』巻四三。
（3）『統紀』巻四三、『正蔵』四九・三七五下。
（4）右同・三九五上—中。
（5）右同・三九六上。
（6）『宋会要』道釈二之五伝法院。
（7）『祥符録』巻三、『宋蔵遺珍』六・三七九六上—下。
（8）右同・三七九五下。
（9）『景祐録』巻一、『宋蔵遺珍』六・四〇一一上—四〇一三下。
（10）『伝法院碑銘』、『文荘集』巻二五、『四庫全書珍本初集』
（11）牧田諦亮『アジア仏教史』中国編Ⅱ民衆の仏教、第三章仏教復興、一印刷大蔵経、三趙宋の訳経、を参考する。
（12）『長編』巻九七、真宗天禧五年十一月の条。
（13）『宋会要』道釈二之五伝法院。『祥符録』巻四、『宋蔵遺珍』六・三八一八上。
（14）『祥符録』巻七、右同・三八四一上。
（15）右同・三八六五下。
（16）右同巻三、右同・三七九六上。
（17）右同巻四、右同・三八一八上。
（18）右同巻七、右同・三八四一上。右同巻一〇・右同三八六五下。
（19）右同巻六、右同・三八二九上。
（20）『会要』道釈二之五伝法院。
（21）『祥符録』巻一〇、右同・三八六五下では伝法大師とある。
（22）『祥符録』巻三、右同・三七九六下。

(23)『統紀』巻四四、『正蔵』四九・四〇二下。
(24)『景祐録』巻一六、『宋蔵遺珍』六・四〇七四。
(25)『統紀』四五、『正蔵』四九・四一二下。
(26)右同・四一三上。
(27)『宋会要』道釈二之五伝法院。
(28)『統紀』巻四五、『正蔵』四九・四〇九下。
(29)惟浄に関しては中村菊之進「宋伝法院訳経三蔵惟浄の伝記及び年譜」(『文化』四一号一・二、昭和五二年)に詳論がある。充実した内容であり、惟浄関係の年譜も付してあり参考になった。ここで再説する必要はないが、本稿の説述に必要なので伝記の概略を記す。
(30)『景祐録』巻一六、『宋蔵遺珍』六・四〇七七上。
(31)『景祐録』右同・四一〇九下。
(32)『景祐録』巻一六、右同・四〇七九下。
(33)『景祐録』、右同・四一一五上。
(34)『祥符録』巻三、右同・三八〇二上―下。
(35)拙著『宋代仏教史の研究』(山喜房佛書林、平成二四年)第一部第一章「北宋初期の首都開封の沙門と仏教」第二節「伝法院梵学学修所の設立と梵学沙門」に詳述したのでここでは略説に留める。
(36)『正蔵』四九・三九八中。
(37)右同。
(38)右同。
(39)先掲拙著二二頁を参照。
(40)『祥符録』巻一四、『宋蔵遺珍』六・三九一五下。
(41)新訳経典が完成すると監使に引率されて宮中に参上し新訳経典を献上すると、坐を命じられ茶を賜わり、褒美を賜わる。そして、詔によりその経典が入蔵された。これが『祥符録』『景祐録』に記す新訳経典献上のほぼ決まった形である。
(42)『宋会要』道釈二之六伝法院。
(43)『宋高僧伝』巻三、『正蔵』五〇・七二四下。

(44)『祥符録』巻三、『宋蔵遺珍』六・三七九八下。
(45)右同巻一三、右同・三九〇二下。
(46)啓沖は、『仏説清浄心経』(『宋蔵遺珍』一に収録)の巻末に附する訳場列位十三人の名前に関する肩書によると明雅大師と号し、左街鑒義であったことがわかる。
(47)『景祐録』巻一六、『宋蔵遺珍』六・四〇七五上。『天聖釈教総録』、『宋蔵遺珍』六・四〇〇八下。
(48)『景祐録』巻一六、右同・四〇七五上。
(49)『天聖釈教総録』の巻末の編集者名にみえる。『宋蔵遺珍』六・四〇〇八上。
(50)右同一六、右同・四〇七九下。
(51)右同巻一七、右同・四〇八九上。
(52)『宋蔵遺珍』一・二六九上。
(53)『景祐録』一八、右同・四〇九三上。『金色童子因縁経』の訳場列位『宋蔵遺珍』一・二六九
(54)『宋蔵遺珍』一・二六九。
(55)『景祐録』巻一八、右同・四〇九三上。
(56)『宋蔵遺珍』一・四三一下。
(57)右同。
(58)右同。
(59)右同。
(60)高雄義堅『宋代仏教史の研究』第一章宋代の僧官制度、四、中央僧官を参照する。
(61)太宗と真宗の御製仏書の編纂と注釈に関しては、拙著『宋代仏教史の研究』第一部第一章「北宋初期の首都開封の沙門と仏教」、「三、御製仏書注釈に従事した開封の義学沙門」、第二章「北宋真宗の御製仏書とその成立に携った沙門と官人」に詳説した。それを御参照戴きたい。ここでは要点のみを記す。
(62)『祥符録』巻一八、『宋蔵遺珍』六・三九五八上—三九六一上。
(63)右同、右同上・三九五九上—三九六〇上
(64)『景祐録』巻一三、右同・四〇五六下—四〇五八上。先掲拙著第二章一真宗の御製仏書に論述した。
(65)右同・右同・四〇五七下。

(66) 箇長に就いては注50・51参照。
(67) 鑒深については注58・59参照。
(68) 黄啓江『北宋仏教史論稿』（臺灣商務院書館、一九九七年）所収の「北宋汴京之寺院與仏教」、「宋太祖與仏教」の四、建寺與終寺、に北宋代の開封の寺院について研究があり、開封の相国寺については熊伯履編著『相国寺考』（中州古籍出版社、修訂本一九八五年）がある。日本での研究のあるのを知らない。
(69) 『正蔵』四九・四一二中。
(70) 注69黄啓江『北宋仏教史論稿』一〇〇頁に、「宋室南渡の前、京の寺院は約九十所有り」と書いている。「約九十」という典拠は記していないが、何か典拠があるのであろう。
(71) 『統紀』巻四三、『正蔵』四九・三九四中―下。
(72) 右同・三九五上。
(73) 右同。
(74) 右同。
(75) 右同・三九六上。
(76) 『長編』巻一四、『中華書局刊本』二九八頁。
(77) 『玉海』巻三四。
(78) 『統紀』巻四四、『正蔵』四九・四〇四上。
(79) 『統紀』巻四三、『正蔵』四九・四〇〇中。
(80) 右同・四〇一上。
(81) 右同巻四四、右同・四〇四下。
(82) 右同・四五、右同・四一〇中。
(83) 右同・四一二中。
(84) 右同・四一三上。
(85) 『大日本仏教全書』七二・史伝部一一・二六〇下。
(86) 齊藤圓眞『参天台五臺山記』Ⅱ、三〇〇―三〇一頁注一九に、「感慈塔」は「霊感塔」の誤りであろう、と述べている。
(87) 三好鹿雄「成尋の遺跡開宝寺と現存鉄塔寺との関係」（『支那仏教史学』第六巻第三号、昭和一八年）に九層は十三層の誤りであろうと推定する。
(88) 先掲斉藤圓真『参天台五臺山記』第十二章、注一七（二九八―二二九九頁）を参照。
(89) 『長編』巻一八、三九六頁。右同・四〇〇頁。
(90) 『統紀』巻四三、『正蔵』四九・三九七中。
(91) 『参天台五臺山記』巻四、『大日本仏教全書』巻七二・史仏部一一・三一七頁。
(92) 『東京夢華録』巻三・九三頁。
(93) 『統紀』巻四三、『正蔵』四九・三九八上。同巻五三、右同・四九六中。
(94) 『聖地寧波』（奈良国立博物館、二〇〇九年）の「釈迦如来立像」の稲本氏の解説を参照する。
(95) 宝誌とその讖記については拙論「宋朝初期三代皇帝と釈宝誌の讖記」（『宋代仏教の研究―元照の浄土教―』山喜房佛書林、平成一三年）に論述した。
(96) 『大日本仏教全書』七二・史伝部一一・二六二頁。
(97) 『統紀』巻四四、『正蔵』四九・四〇四上。
(98) 右同巻四三、右同・三九五中。
(99) 『宋高僧伝』巻七、『正蔵』五〇・七五一上。
(100) 『東京夢華録』一〇七頁。
(101) 『宋高僧伝』、『正蔵』五〇・七〇七上。
(102) 右同・七〇七中。
(103) 『東京夢華録』一〇四頁。
(104) 牧田諦亮「賛寧とその時代」（『中国仏教史研究』第二・第六章、昭和五九年、大東出版社）に詳論がある。

第二章　『仏祖統紀』刊行の時代と刊行の支援者

はじめに

七五〇年前、南宋の天台僧志磐が撰述した『仏祖統紀』（以下『統紀』と略称）は中国仏教の歴史を研究する上で今日でも参考にされている。とくに、宋代仏教の研究では、同時代の資料として貴重である。宋は北宋と南宋に分かれ、北宋南宋通じて三〇〇年の長期の王朝であり、北宋初期と南宋末期の志磐の時代とは三百年近くも離れているが、それでも志磐は宋朝に生き、宋朝の特色・性格は肌で感じていたのだ。宋朝に生きた志磐の宋朝仏教史観は後世の仏教史家にない視点がある。筆者は『統紀』の研究に着手し今迄に数篇の論稿を発表してきた[1]。本稿はそれを継続する研究である。

『統紀』のテキストとして日本で一般的に使われているは『大日本続蔵経』本と『大正新脩大蔵経』本である。ところがこの二本の間にはかなりの相違がある。明の萬暦年間に刊行された嘉興蔵本を底本とした『大正新脩大蔵経』

本には大量の削除文があり、日本の版本を底本にした『大日本続蔵経』には大量の増加文がある。このように原文に違いがあると志磐の原意を取り違えてしまうので、その相違を詳細に検討・分析して、拙論「『仏祖統紀』の『大日本続蔵経』本と『大正新脩大蔵経』本の文献上の問題点」（『三康文化研究所年報』三一号、二〇〇〇年三月）に筆者の見解を提示した。そのとき、この研究にとって基本的な資料である宋版の『統紀』が北京国立図書館に収蔵されており、それを披見することができた。それが有益であり、それで増加文のある日本版本（覆古活字本）を底本に用いた『大日本続蔵経』本の方が原型に近いことを結論とした。

北京国立図書館でしか閲覧できなかった宋版『統紀』が、台湾の荘厳文化事業公司から景印刊行された『四庫全書存目叢書』（一九九七年出版完了）の中に収録され、日本に輸入され閲覧できるようになった。それを契機に『統紀』に関する研究が日本で著しく進展した。近年、二〇〇五年以降、西脇常記氏・會谷佳光氏による文献学的・書誌学的な面の研究が数論発表され、宋版『統紀』それ自体と、明代、そして江戸時代に刊行されたこの書の版本の問題についてはほぼ解明された。(2) しかしそれ以外の面ではまだ解明すべき種々の問題がある。

本稿では『統紀』刊行の背景として、二つの問題を論述した。一は、『統紀』刊行の時代、と題して、まず『統紀』が刊行された時代はどのような時代であったか、について簡略に言及し、その時代の中で盛衰した仏教の様相について考説する。『統紀』刊行の時代背景を知ることは必要であり、基本的なことである。

つぎに、二は、『統紀』刊行の勧縁者。ここでは、『統紀』の刊行に際し、多くの出家・在家の人々が資金を寄進していることが現存の資料に確認できるので、それら勧縁者すなわち支援者について考察する。『統紀』は皇帝の命によって撰述した勅撰の書ではない。勅撰ならば刊行の資金の心配はないが、志磐は刊行の資金に苦慮した。しかし幸いにも支援者がいて資金の勧縁によって刊行されたのである。勧縁者について考察することは『統紀』刊行の経済上の問題、仏教界の様相、志磐の交友関係など、『統紀』刊行の背景を明らかにすることである。

一　『仏祖統紀』刊行の時代

『統紀』は巻頭の「序」と巻末の「刊板後記」の記述によると、宝祐六年から執筆を始め咸淳五（一二六九）年に会要志四巻を除く部分を書き上げ、そして咸淳七（一二七一）年七月に会要志四巻も完成したことがわかる。宝祐六年から咸淳七年にいたる十三年間をかけて著述したのである。(3) 宝祐は南宋の第五代皇帝の理宗の時代であり、咸淳は次の度宗の時代である。

理宗（一二二四―一二六四在位）は四十年にわたり皇帝の位にあった。即位当初から財政問題、対モンゴル問題などの暗雲がたちこめていた。宋は多額の歳幣を支払っていた金をモンゴルと同盟して滅亡させたが、今度はモンゴルの侵攻に苦慮するはめになった。

理宗の即位を援助した老宰相史彌遠が没すると、理宗は親政を始め、朱子学者を政府に迎え入れて、「端平の更化」と呼ばれる新しい理想的な政治を行なおうとした。しかし政情・社会は一向によくならず理宗の理想政治は失敗に終わった。政治への情熱を無くした理宗は、贅沢を好む遊蕩な天子となり、宮殿の増築や游楽に国費を費やすようになった。そのような中で、開慶元（一二五九）年にはモンゴル軍が南宋に対して総攻撃を開始する。モンゴル軍の攻撃は鄂州城にせまるが、モンゴル側の事情により軍をひきあげたので、このときは宋は幸いにも危機を脱した。(4) それ以降もモンゴル軍の宋土への侵攻はしばしば行なわれ、防衛のために多大の軍事費が必要であった。

こうした国状の中でも、理宗は仏教を尊重し援助していた。『統紀』巻四八（『正蔵』四九）に理宗の崇仏に関する記録がみえる。ただし『統紀』のこの部分の文に問題がある。すなわち、『大正新脩大蔵経』本と『大日本続蔵経』

本の間には、文に相違がある。(5)『大正新脩大蔵経』本では理宗朝の記録は、宝慶二年、淳祐六年、淳祐十年、端平元年で終わっている。ただし端平は淳祐より前であるので実際には淳祐十年までの記録で終わる。一方、『大日本続蔵経』本では、宝慶元年、同二年、端平元年、同三年、嘉禧元年、淳祐元年、紹定二年、同五年、淳祐六年、同七年、同八年、同九年、同十年、同十一年、宝祐元年、同二年、景定四年、同六年、以上の理宗朝の記事がある。その後に度宗の項があり、咸淳元年と咸淳癸酉（九年）との記事がある。度宗朝の記事はこれだけである。そして次の少帝の項があり、宋の滅亡を記している。さらにその後に元朝の項を設け元朝の滅亡までと、遼・金にも言及している。明らかに志磐没後の記事であり後人の加筆である。志磐が書いたものではないが、しかし、理宗・度宗時代の仏教の動向ついては他の資料より詳しいのでこの記事を用いる。それらの記事の中、理宗の崇仏に関する記録の要旨をつぎに挙げよう。

宝慶元年四月～大旱に、保寧寺の慧開禅師に詔して、文徳殿に入って祈雨させると応験があった。それで仏眼大師の号を賜わった。

端平元年～霊山守愚法師は、天台の教観を中興した四明延慶法智大師の著作した記抄二百余巻を大蔵経に入れて頒布せんことを奏上した。皇帝はそれを許可した。

嘉禧元年～皇帝は、陘山の師範禅師に詔して、宮中の修政殿に入れて対面し、金襴の袈裟を賜い、宣して慈明殿において説法させた。皇帝は簾を垂れて聴き、仏鑑の号を賜わった。

淳祐元年～皇帝は、観音大士が竹石の間に坐するのを夢に見た。夢がさめると、命じて、観音大士の像を描いて石に刻ませ、つぎの御賛を作った。「神通至明にして、隠顕測るなし。功徳無辺なり。応感なんぞ速かなる。

時和し歳豊かにして我が生民を祐く。兵寝み刑措きてこの王国を康んず」、そして、「広大感応」の四大字を書いて観音の聖号の上に加えた。また『心経』一巻を書し、御書の聖教序ならびに玉手爐を上天竺の同菴憲法師に賜い、左右街都僧録に補した。また、上天竺寺の五百羅漢閣を新造し、「超諸有海」の四大字を書いて賜わった。

紹定二年～皇帝は、禳繪（災をはらう）を上天竺寺に宣した。主僧は南水門に赴いて、柏庭に引見し、首座の在假智覚は皇帝の御旨を得て代りて入りて禳繪の事を竣功した。厚いお褒めの言葉と褒美を賜わった。また、法照法師に詔して、下天竺についで上天竺寺に住せしめ、右街鑑に補し、仏光法師の号を賜い、進んで左街僧録に任じ、金襴の袈裟を賜わった。そして倚桂閣に召して面会すると、皇帝の御意にかなった。その後、左右街都僧録に転任した法照に、帝は「晦岩」の二字を御書して賜わった。また、天基節に延和殿に召見し、『華厳経』を講じさせ、「霊山堂」を大書して法照に賜わった。また、東宮が完成すると、復古殿に召見し『般若経』を講じさせ、紫金襴衣を賜い、明華殿で斎を賜わった。

同五年～雲間の文果に詔して下天竺寺に住せしめ、中使を遣わして御奩（化粧箱）を齎（もたら）し、無量寿仏像を賜わり、閣を建てて厳奉し、奎章（天子の詞文）を大書し、それに「昭回雲漢」と書いて扁額とした。

この歳は旱魃であったので、観音菩薩に請うために明慶寺にでた。文果は明慶寺に入って奏謝し、御駕が寺に御幸して雨を禱らんことを請うた。文果の啓白は詞意簡切であった。天は皇帝の御心にかなった。帝が御駕を回らすと雨が降った。そこで文果を左街僧録に任じ、仏慧大師の号を賜った。

淳祐六年～臨安の明慶寺の聞思律師は、南山澄律師（道宣）の『戒疏』・『業疏』・『事鈔』等、ならびに大智律師（元照）の上の三部の注疏、共に七十三巻を大蔵経に入蔵することを奏上した。帝はそれを許可し諸郡の経坊を省み板刻して配布した。

同　七年〜上天竺寺を法照に賜わり、座下に衣紫のもの六、度僧二名、修造の詞牒十本を与えた。

同　八年〜貴妃賈氏を小麦嶺の積慶山の南に葬り、寺を建てて「崇恩演福」と曰う。育王山の笑翁禅師は詔を奉じて景徳霊隠禅寺に住す。再び詔して浄慈寺に移す。赴かずに遂に寂す。

同　九年〜重ねて上天竺寺の観音大士を彩どり、七宝の冠・瓔珞を飾り、加えて金銭を賜わった。

同　十年〜臣寮から貴族や重臣たちが自己の功徳寺を造営する傾向が度が過ぎ、国家の害になっているので革めるべきであると上奏した。また天台沙門の思廉からも同類の上言があった。

同　十一年〜仏光法照法師に詔して、倚桂閣で謁見した。上首の慧鑑は熾盛光懺法を挙行して皇女延昌公主のために祈禳したので。斎貨丹剤を賜わった。

宝祐元年〜皇后謝氏の功徳寺が完成し、命じて「嘉徳永寿」の額を造った。宝鑑大師時挙を首座にし、詔して右街鑑義に補し、開山として天台の教観を弘伝させた。

三月、度牒二十本、米四百石を賜いて上天竺寺の観音堂を修す。

同　二年〜帝は、延基殿において仏光法師に命じて『華厳経』を講じさせた。帝は親から「観音殿記」を著して登石に御書した。

景定四年〜詔して祖印法師を上天竺に住せしめ、右街鑑義に補した。また妙銛法師を上天竺寺に住せしめ、左右街僧録に補した。

同　五年〜詔して古源清法師を内道場に入れ懺祷させ応験があった。祥応大師の号を賜わった。また『法華』を福寧殿において講義させ、紫衣を賜わった。
同　六年〜詔して、経・鐘の二楼を上天竺寺に建てた。

右に挙げた『統紀』の理宗朝の主な記録を見ると、保寧寺慧鑑禅師（宝慶元年）、師範禅師（嘉禧元年）、笑翁禅師（淳祐六年）、など禅僧に対する帰依、あるいは明慶寺の聞思律師の要請で律典を入蔵刊行の許可（淳祐六年）、を記録するが、それ以外は天台の僧と寺に関する記録である。志磐が天台宗の僧であったから自然にそうなったのであろうが、理宗朝の首都臨安では天台僧が主流をなしていたからでもあろう。

『統紀』では、霊山守愚法師（端平元年）、同菴憲法師（淳祐元年）、在假智覚法師（紹定二年）、仏光法照法師（同上、その他）、雲間文果法師（紹定五年）、天台沙門思廉[6]（淳祐十年）、宝鑑大師時挙（宝祐元年）、祖印法師（景定四年）、妙銛法師（同上）、古源清法師（景定五年）などの天台僧を殊遇したことを記している。中でもとくに次節に言及する仏光法照法師であった。臨安での仏教界では、事実、天台僧が活躍しており、法照は、左右街都僧録に任ぜられていた。左右街都僧録は左街と右街の仏教界すなわち臨安全域の仏教界を統領する役務で臨安仏教界の最高位の僧である。左右街都僧録は法照の前に淳祐元年に上竺寺の同菴憲法師が任命されており、景定四年には上天竺寺の妙銛法師が左右街（都）僧録に、また、紹定四年には下天竺寺の仏慧大師文果は左街僧録に補任されている。そして、宝祐元年に宝鑑大師時挙を右街鑑義に、景定四年に祖印法師を右街鑑義に補任している。いずれも天台僧であり天台僧が僧官として南宋末期に臨安仏教界の主流であったことが窺える。また、寺院では上天竺寺が重視されていたことがわかる。

上天竺寺は、『咸淳臨安志』巻八〇寺観六・寺院、「自飛来峯至上竺」に、「上天竺霊感観音寺」の項があり、そこに歴史を述べ記文を掲載する。また明の釈広濱が撰述した『杭州上天竺講寺志』一五巻があるが、本稿では上天竺寺については詳説しない。後晋の天福四年に僧道翔が盧を結んだのがこの寺の始まりという。観音信仰の霊場であった。宋の歴代皇帝はこの寺を崇信し外護している。臨安が朝廷所在地となってからの南宋皇帝はこの寺に御幸している。『杭州上天竺講志』巻一一に「臨幸」の項があり、その記事によると、高宗は三回、孝宗は六回、光宗は一回、寧宗は六回、そして理宗は十六回も御幸している。在位四十年という理由もあるだろう。次の度宗も、在位十年であったが、六回も御幸している。上天竺寺は南宋の皇帝の厚い帰依と外護を受けた臨安第一の名刹である。

理宗は、とくに上天竺寺を重視し、この寺の観音菩薩を信仰し、観音像を描かせ石に刻ませ、御賛を作った。その御賛の文中に、観音菩薩の霊験によって、「(前略) 時和し、歳豊かにして、我が生民を祐く。兵寝み刑措きてこの王国を康んず」という語が見え、観音の霊験により人民が豊かになり、戦乱がなく宋朝が安らかであることを願っている。しばしば侵入するモンゴル軍との戦乱を意識していたのかもしれない(淳祐元年の条)。

理宗は、同じ淳祐元年には、上天竺寺の五百羅漢閣を新造している。淳祐九年には上天竺寺の観音菩薩像を彩色し、七宝の冠と瓔珞を飾り、さらに金銭を賜わった。そして宝祐元年三月には、度牒二十本、米四百石を賜いて上天竺寺の観音堂を修繕した。同二年には、理宗は「観音殿記」を著述し石碑に刻んだ。さらに景定六年には上天竺寺に経・鐘の二楼を建立するなど上天竺寺を厚く外護している。

理宗の末年の宝祐・開慶・景定の時代はしばしば宋の領土に侵攻するモンゴル軍との戦乱で国費もかなり必要で、国情も平穏ではなかったに違いない。理宗は四十年の長期の皇帝であったが決して明君とは称されない。しかし仏教を信仰し外護した。

次の度宗は在位九年弱の皇帝であり、『統紀』巻四八に、度宗の項を設けているが、即位の咸淳元年の条の記事の

中に、

九月、詔して、仏光法師を再び上天竺寺に住せしむ。法堂の絵事は方に新たなり。宜昭は先帝の御書録状を揚げて聞奏す。

という上天竺寺に関する一文があり、このように法堂の絵画を修復しており、度宗も上天竺寺を尊重していたことはわかる。また『杭州上天竺講寺志』巻一一臨幸の項によると、六回御幸している。また同書巻八道場規製品・建置の鳴陽楼即鐘楼の項に、上天竺寺の鐘楼が毀れたので、咸淳六年三月、度宗は銭を賜い住持の法照法師に再建させたという。また同書同巻「経蔵楼」の項に、同じ咸淳六年三月に、度宗は銭を賜い住持の仏光法照法師に命じて再建させたという。咸淳六年というと志磐が、会要志四巻を除いて、『統紀』を書きあげた翌年である。

度宗の時代にはモンゴル軍の攻勢が一層強まり、咸淳四年九月には、モンゴル軍は樊城と襄陽を包囲し攻略に着手した(7)。襄陽は湖北の東北部にあり、河南と境を接し、長江の支流漢水に臨んだ要衝の地で南宋が防備に力を注いだ場所である。六年間にわたる攻防の激戦が続いたが、咸淳九年二月に宋の守将呂文煥の降伏によりモンゴルに落ちた(8)。この攻防戦につぎ込んだ費用は多大であったが、水泡に帰してしまったのである。これで勢いづいたモンゴル軍は宋土に雪崩のように迫った。

こうした国状のなか度宗は咸淳十年七月に崩御し、遺詔によって四歳の皇太子の（恭帝）が即位した。徳祐二（一二七六）年二月にはモンゴル軍が首都臨安に入り占領した。これが事実上の宋の滅亡である。志磐が『統紀』を完成した咸淳七（一二七一）年の五年後である。宋の王族と重臣の一部は福州に逃れ宋朝を継続させるが、しかしそれもつかの間、祥興二（一二七九）年二月に完全に滅亡した。

度宗の咸淳年代には、宋朝はモンゴルの侵攻によりその滅亡が目前に迫っていた。志磐は、滅亡を目前にした国状の中で『統紀』の著述に専念していたのである。志磐は自国の滅亡にそれほど危機感を感じていなかったのであろうか。志磐ばかりでなく仏教界がどれほど危機感を懐いていたのであろうか。『統紀』の記述では危機感は窺えない。

志磐は、首都の臨安に止住した記録はなく、皇室との交わりはなく、僧官として教団の運営に当たった記録もない。その生涯のほとんどを明州で過ごしたようだ。宝祐六年から咸淳七年の十三年間は、明州（浙江省寧波市）の郊外の東銭湖の畔の慈悲普済寺や、彼の故廬という東銭湖の東南の延寿王広寺に居住して『統紀』の撰述に専念した。したがって、『統紀』の撰述・刊行には首都臨安の仏教より四明の仏教の方が直接の背景であるが、志磐は会要志四巻を除いた『統紀』の原稿を完成すると首都臨安に登り、左右街都僧録として当時の仏教界の最高峰の地位にあった上天竺寺の仏光法照法師に原稿の校正を依頼している。また法照に『統紀』刊行にあたり高額の援助を受けている。『統紀』の刊行と仏光法師は無視できない関係があり、『統紀』と首都臨安仏教が全く無縁というわけではないし、刊行の時代背景として首都の仏教界の様相を知る必要があるので説述した。

二 『仏祖統紀』刊行の支援者

1 勧縁者の概観

『統紀』の刊行には、原稿の校正を行った人と、資金を援助した勧縁者との二様の支援者がいた。志磐は巻頭の自序の後に校正を依頼した五名の沙門と二名の居士の名前を列記している。『統紀』の校正者については既述した。しかし、勧縁者については先の論稿(9)では関説しなかった。それは資料上の理由からである。校正者については『大日本続蔵経』本や『大正新脩大蔵経』本に記しているが、勧縁者については、『四庫全書存目叢書』（以下『四庫存目』本と略称）に収録する宋版『統紀』にしか掲載されていない。そのため、この『四庫存目』本『統紀』が刊行され日本に輸入されるまでは寄付者の問題を扱うことができなかった。北京図書館本を底本に使った『四庫存目』本では『統紀』の各巻の末尾に、勧縁者の名前と寄付額を記している。日本の版本にも一部ではあるが巻末に勧縁者名・額を掲載している。この勧縁者の記録は『統紀』刊行の背景を伝える貴重な資料である。記録の文に判読できない部分があり、勧縁者については伝記が不明な人物がほとんどであるが、所居の場所は推定できる人物が多いので、できるだけ勧縁者について究明してみたい。その基本資料として、左に『四庫存目』本『統紀』の各巻末に掲載する勧縁者の名と寄進額を左に挙げる。(10)

（括弧内の巻数は文の記載される箇所である。改行は寄進者を主として筆者が行う。原文のままではない。原文では人名が小字になっている箇所があるがここでは同じ字形にした。原文で■になっている箇所はそのまま■とした。□は判読不可能な文字。文字は当用漢字に改めた）

上竺仏光法師法照施芝券弐阡道（巻一末　釈迦牟尼仏本紀一）
月波無住法師宗浄施芝券弐百道（巻二末　釈迦牟尼仏本紀二）
東湖尊教双清法師處謙施芝券一百道（巻四末　釈迦牟尼仏本紀四）
月波石林法師文介施芝券二十道飯穀二石（巻五末　二十四祖紀一）
尊教沙門契心施芝券二十道（巻六末　九祖紀二）
資敬沙門浄真芝券十道（右並記）
広済沙門元信芝券九道（右並記）
宝雲無等法師妙有施芝券二十道（巻七末　東土九祖三）

慧光慧日法師恵松施芝券十道（右同並記）
前洞山槃洲法師道枢施芝券八道（巻八末　興道下八祖紀）
前福海■■法師時□施芝券十道（右同並記）
戒香鑑翁禅師師亮同知客智周侍者覚円共施芝券一百二十道（巻九末　諸祖傍出世家一）
鹿野退省法師志純施芝券一百道（巻一〇末　諸祖傍出世家二）
南湖懺首文敏知客子謙同沙門雲章等施芝券八十道（巻一二末　諸師列伝二）
南湖首座聞薫施芝券八道（右同並記）
白衣広仁首座法雨化応氏懿真応氏靖修芝会二十道（巻一三末諸師列伝三）
棲心高峯元妙同広寿懐信法師慈福元覚棲心善度沙門行為懐玉奉聖徳月居士王楠張妙厳張氏妙寿張氏妙明林季三娘
張興等共施芝券七十道（巻一四末　諸師列伝四）
南湖沙門道祺同善言徳興善為応中妙宝清旦■立共施芝券三十道（巻一五末　諸師列伝五）
阮山沙門一葦化衆芝会十二道（右同並記）
保慶南雲法師元善施芝券四十道梨板二十□（巻一六末　諸師列伝六）
宝厳無文法師懐錦施芝券十道（同右並記）
茅山住山惟大施芝券十道（巻二二末　諸師雑伝一）
珠山沙門善弘化衆芝券十六道（右同並記）
西山沙門善業化衆芝券十六道（右同並記）
珠山沙門如愚化衆芝券十七道（巻二三末　未詳承嗣伝）

福泉沙門真要施芝巻六十道（右同並記）
奉仏嗣男呉邦達施芝券二百道上薦考君呉千六府君妣■■■■■■（巻二四末　歴代伝教表第一）
玉牒清心居士趙氏希淑施芝券二百八十道（巻二七末　浄土立教志一）
奉仏女弟子鮑氏妙円施芝券一百五十道（巻二八末　浄土立教志二）
天竺霊山妙心芝券十道（巻三〇末　諸宗立教志一）
姑蘇沙門従雅惟允芝券八道（右同並記）
化城自固山主芝券八道（右同並記）
奉仏嗣男李華施芝券二百道上薦考季小六府君妣胡氏三孺人（巻三一末　三世出興志一）
奉仏嗣男胡慶宗施芝券二百道上薦考胡百二府君（巻三二末　世界名体志一）
如菴禅師如敬施芝券四十道（巻三四末　法門光顕志一）
仙巌禅師若愚芝券四道（右同並記）
天寿西堂師信施芝券八道（右同並記）
定海進士馮応龍同母汪氏妙淑滕氏智柔共施芝券二十道（巻三六末　名文光教志二）

右に掲示した勧縁者は『四庫存目』本でも全ての巻に記載しているわけではない。『四庫存目』本では、法運通塞志一五巻は未刻であり、第三巻釈迦牟尼仏本紀第三が欠本である。したがって、現存部分三九巻の中、巻第一一諸師列伝一、巻第一七諸師列伝七から巻第二一諸師列伝十一に至る五巻、巻第二五仏祖世繫表一、巻第二六仏祖世繫表二の二巻、巻第二九浄土立教志三、巻第三三世界名体志二、巻第三五名文教志一、巻第三七歴代会要志から巻第四〇歴代会要志四に至る四巻、以上の一五巻には勧縁者の記録を掲載していない。

それでも、ここには六十二の勧縁者の名前を確認できる。基本的には各巻は一人の勧縁者であるが、一巻に複数の勧縁者名を記載することもある。すなわち、巻六は三名、巻七は二名、巻八は二名、巻九は三名、巻一二は四名、巻一三は三名、巻一四は十二名、巻一五は九名、巻一六は二名、巻二二は三名、巻二三は二名、巻三〇は三名、巻三四は三名、巻三六は三名である。それを足すと五十四名となり、巻一、巻二、巻四、巻五、巻一〇、巻二四、巻二七、巻二八、巻三一、巻三二の一〇巻が一名の勧縁者であり、その十人を合計すると勧縁者は六十四名になる。その中には巻一三のように白衣広仁主座の法雨が応懿真と応靖修を教化して寄進させたという例もある。法雨については不詳であるが、白衣広仁寺の主座の法雨であろう。この場合、法雨が自分で寄進したか否かはわからない。しかし法雨の名前を明記するので勧縁者に数えた。六四名の勧縁者の寄進額を合計すると芝券四一五四道になる。

右に挙げた勧縁の記録にみる「芝券」「芝会」の語については、宋代の文献資料や金石文の中に用例を調べてみたが、筆者の管見では探し出せなかった。「道」は「枚」「通」と同類の数詞である。一般的な表記とはいえないが、下に引文する『宋史』食貨下三の文中に、会子の枚数を「道」とする例がある。また僧の度牒や紫衣・師号の枚数に「道」の語が使われている。

西脇常記「『仏祖統紀』の作者、志磐の考え」の注（5）に、「芝券」と「道」について解説があり参考になる。そこでは西脇氏は「芝券」は「芝楮」と同じであるとする。筆者もそう考える。

芝楮については、方回「監簿呂公家傳」（『左氏草諫』巻末所収、『四庫全書』史部一一、詔令奏議類）の中に、「当時、十七界曰瓶楮、十八界曰芝楮、取絵物名、関子目曰関楮」という記録が見える。この記録に基づいて、曽我部静雄『宋代財政史』第三篇第二章「南宋の紙幣」の中で、「十七界は瓶楮、十八界は芝楮、関子は関楮の名あり。瓶楮、芝楮は会子に印せられた絵によってかかる名があらわれた」（二九五頁）という。十八界会子はその表面の図柄の特徴により「芝楮」と俗称されたのである。十八界会子は東南会子とも呼ばれ理宗の嘉熙年間の初め頃から発行され流通していた紙幣である（二九三頁）。

また十八界会子について『宋史』巻一八一・食貨下三に、「咸淳四年……十八界毎道作二百五十七文足」という記録があり、咸淳四年には十八界会子すなわち芝楮は一道が二五七文であったことがわかる。

小岩井弘光「南宋大軍兵士の給与銭米について」（『宋代兵制史の研究』第四篇・四三六頁）において、「衣川強氏の労作に依拠して」として、南宋一般的米価の推移を概観して、草創期・安定期・衰退期の三期に分け、理宗朝以後の衰退期には、一升五十銭前後とみなしている。すると、咸淳四年に、芝楮一道は二五七文であったから米五升の値段に当たる。井原弘氏の所説によれば、宋代の一升は日本の四合に満たず、一般に宋代の人が一日に食する米の量は一升であるという（井原弘「都市臨安における信仰を支えた庶民の経済力」『駒澤大学禅学研究所年報』五、一九九四年、三二一頁）。

また小岩井氏は、南宋の兵士の給与銭米について詳論する中で、景定『建康志』巻三九、武衛志二に記す「日支十八界三百文、米三升」という文を引いて（前掲書四三五頁）、理宗の比較的晩年の開慶元（一二五五）年における招置義士軍（沿江制置司所属）の給与が銭（十八会子）三百文、米三升に高騰していることを述べる（前掲書四三五頁）。開慶元年の時点では、芝楮一道は兵士の一日の給与にも足りない。『統紀』刊行を咸淳七年（一二七一）年とすると、開慶元年（一二五五）年はその一五年前である。

これらの所論は芝券一道の貨幣価値を推定する目安にはなる。しかし、曽我部静雄氏が述べるように、会子の価格は、理宗朝では安いながらも安定していたが、理宗が崩御し度宗が即位すると、宰相賈似道による新関子の乱発によって物価が急騰し紙幣の価値は益々賤しくなった（曽我部前掲書二九四頁）。このように『四庫存目』本『統紀』が刊行された咸淳七年ごろには、会子の実勢価格は年年下落していたようだ。三年前の咸淳四年の芝楮一道二五七文の数字と、年次が不明である「理宗以後の米価一升五〇銭」という数字を基準に計算するのも実勢に合致しないかもしれない。

西脇氏の芝楮についての解説も曽我部論文とほぼ同じである。また西脇氏も『宋史』巻一八一・食貨下三の記録によって、「咸淳四（一二六八）年には芝楮一道は銅銭二五七文に当たることを指摘するが、しかしそれは公式レートで、実際はもっと低く、さらに南宋末期物価高騰の時期であり、目減りの割合は相当高かったと考えられ、したがってここに登場する布施額がどのくらいの価値をもち、現在の物価に置き換えればどのくらいに当たるかを決定するのは困難なようである」、と述べている。

南宋末にはモンゴルとの戦闘に莫大な軍事費がかかり、国家財政は困窮し、物価は高騰し貨幣価値は下落したであろう。芝券何道という額を今日の貨幣価値に正確に換算するのは難しい。それでもこの勧縁者名・寄進額の記録は『統紀』刊行の背景を伝える貴重な記録である。勧縁者については、その伝記が現存する者は残念ながら芝券二千道を寄進した法照のみであるが、しかし他の勧縁者についても大方がその居住した寺院・場所は推定できそうである。中には志磐との関係がわかる者もいる。それをできる限り調査して次項以降に考説する。勧縁者について明らかにすることは『統紀』刊行の背景を知る上で重要な作業になると思う。

2 『仏祖統紀』の刊行と仏光法照法師

勧縁者の中で最初に名を挙げるのは仏光法師法照である。

上天竺仏光法師法照施芝券弐阡道（巻一末）（『四庫存目』本『統紀』子二五四―一九頁）

と記している。仏光法師法照は芝券弐阡道というような高額な寄進をしている。他の勧縁者と比べると桁の違う額である。

志磐は、宝祐六年から著述に取り組み十回の校閲を重ね五回の書き直しを行って『統紀』を完成（会要志四巻を除く）すると、その原稿を背負って白雲堂を訪れて仏光法師（法照）にその校考を仰ぎ求めたことを『統紀』の自序に自ら記している。

（前略）書成りて笈を負いて、白雲堂に訪り、仰ぎて仏光法師に求めて、之が考校を為さしめ、而して志を同じくするの士と、共に謀りて版を鋟（きざ）みて、以て流布を期し、将に其の本を家蔵せしめんとす。人この書を観て人心の性霊を開き、国政の治化を質（たす）く。豈に大いに世を益すること有ると曰わざる哉。宝祐戊午（六年）より、事を首め筆を削り、十たび閲して年流れ、五たび騰（かきうつ）して藁（したがき）成る。夜以て昼に継ぎ、功実にこれに倍す。仰ぎて仏恩に報い、上は帝力に酬い、学ぶ所に負（そむ）かず。その志ここに在り。宋咸淳五年歳在己巳八月上日、四明福泉沙門志磐寓東湖月波山、謹序。

そしてこの序文の後に五人の沙門の校正者と二名の居士の校正者の名前を列記している。沙門の校正者の最後に仏光法師（法照）の名を記している。ここでは、

校正特賜仏光法師左右街都僧録主管教門公事住持上天竺教寺賜金襴　法照

というように、校正者の法照の肩書を、勧縁者に記す法照の肩書よりも詳しく記している。

まず、序文にいう志磐が訪ねた臨安の「白雲堂」であるが、法照が永年止住していた臨安の上天竺寺の諸堂の一つである。明の釈広賓撰『杭州上天竺講寺志』巻七に「白雲堂」の項があり解説されている。また同書巻一の「天竺山

図」の中にその位置が図示されている。志磐が訪ねた白雲堂はここに違いない。

仏光法師法照（以下法照と称す）については、拙稿に既述しているが[11]、論述に必要なので重複するが概略を再説する。その伝記は、『続仏祖統紀』巻一や『杭州上天竺講寺志』巻四列伝に収載する。

法照は、南宋の孝宗の淳熙十二（一一八五）年から度宗の咸淳九（一二七三）年にかけて生存した。台州の出身で、十三歳で出家し、諸方を巡って修業し、やがて丞相史永公の推薦で明州の延慶寺に入った。延慶寺において彼の名声が高まり、日本・高麗でも名が知られるようになった。群守から明州の名利阿育王寺の住持に要請されたが辞退した。法照の名声は理宗皇帝にまで聞こえ、理宗は、勅して彼を下天竺寺に、さらに上天竺寺に入山させ、右街監義に任命し、仏光法師の号を賜わり、ついで左街僧録に任命した。一時、上天竺寺と新造の集慶寺の住持を兼任したが、理宗の命で首都臨安仏教界を統領する左右街都僧録に栄進した。度宗が即位すると、再び上天竺寺の住持となった。前後、二四年間上天竺寺にいた。

これは『続仏祖統紀』を主とする法照の伝記の概要であるが、法照は明州の延慶寺に止住して名声高かった[12]。その年代はわからないが、資料から推定して、法照三十三歳以降である。知礼以来、天台宗山家派の中心地である延慶寺には山家派の正流を自負する志磐も出入りしていたであろう。このときに志磐は法照と面識ができたのかもしれない。

『杭州上天竺講寺志』巻三の歴代住持題名によると、法照は淳祐三年に住持に就任し、そしてまた咸淳六年に再任している。法照は、淳祐三年から咸淳九年八月十五日入寂まで、左右街都僧録を務めた時は住持を退いたであろうが、上天竺寺に止住していたと考えられる。

志磐が『統紀』の序文を書いたのは「咸淳五年八月上日」と記しており、巻末に附する刊板後記には、「咸淳元年乙丑、東湖月波山に寓し、初めて工を飭え、統紀を刊す」と記している。序文に白雲堂を訪れ仏光法師（法照）に校正を依頼したことを書いているから、志磐が白雲堂を訪れたのは序文を書く前、すなわち咸淳五年以前ということになる。一方、「刊板後記」では月波寺で咸淳元年から刊板を始めたという。刊板の前に校正を終えるのが普通であるから、志磐が『統紀』の原稿を携えて白雲堂に仏光法師を訪ねたのは咸淳元年以前ということになる。志磐が法照を訪問した年次は決定できないが、咸淳元年とすると、法照は咸淳九年に八十九歳で入寂しているので、咸淳元年には法照は八十歳の高齢であった。綿密な校正の仕事を引き受けるのは困難である。それでも志磐は一五〇キロ離れた臨安に行き校正を依頼したのである。

志磐は法照を重視した。その理由は学識といい地位といい仏教界の第一人者の法照に永年かけて完成した自著を閲覧してその価値を認めてもらい、内容に誤りがあれば訂正してもらいたいという気持ちがあったからであろう。それとともに、また、当時の天台宗なおかつ仏教界の最高峰にいた高僧法照の名を校正者に冠すれば、自著の権威を増すという考えもあったのであろう。また法照に認められれば首都臨安で『統紀』を流通させる上で好都合であるという考えもあったと憶測される。明州では地盤があり縁故も多く自著を流通させ易かったが、臨安ではそれがなく自著を流通させ難かったであろう。志磐はやはり首都臨安で自著を流通させたかったに違いない。それには法照に頼るのが一番よい。

さらにまた、志磐が法照を特別に重視した理由には、資金の援助を仰ぎたいという気持ちがあったのではないかと推測される。巻末に付す「刊板後記」に、刊板を終わった時に、『統紀』流通には、刊板に一萬券、印造には二十萬券を超える費用がかかり、高明識鑑にして大財力有る者の援助がなければこれを達成できない。仏祖・聖賢の密かな勧化により当朝の王公大人が『統紀』という法門の有ることを知り、たがいに奮発し、或いはひとえに己の力を出し、或いは群賢を伝化し、他の出費を止めて印刷費をつくり、『統紀』を世の中に流通させたい、と語っている。ここには法照の名は見えないが、刊行に要する多大な費用に苦慮する志磐には、法照の口添えと働き掛けで、各方面から援助を仰ぎたいとう心境が感じられる。このような理由で、志磐は法照を重視し、『統紀』の原稿が完成すると、それを背負って一五〇キロ離れた臨安の法照を訪問し校正とともに資金の援助を懇請したのではないかと考えられる。しかし、勧縁者名を一覧すると王公貴族顕官の名は無く、臨安の沙門の名も法照と後述する妙心の他には確認できない。勧縁についての法照の口添え働き掛けはなかったようだが、法照自身は高額の寄進をしている。志磐の訪門の成果である。

先に述べたように、寄進の額の総計は芝券四一五四道であるから、二千道は寄進の総額の約半分である。法照が一人で寄進の半分を負担したわけである。

なお、巻三〇末に挙げる天竺霊山も臨安の寺である。

天竺霊山妙心芝券十道

天竺霊山寺に関しては、『咸淳臨安志』巻八〇・寺観六に下竺霊山教寺の項がある。それによると、銭塘県の西十七里に位置し、隋の開皇十五年の創建で南天竺（寺）と称し、後に慶元三年に「天竺霊山之寺」の額を賜わり、宝祐二年に「天竺霊山教寺」と改額した。天台教院として由緒ある寺であった。下天竺寺と称し上天竺寺とともに今日でも盛況な寺院である。法照の止住した上天竺寺に近い。下天竺寺の妙心が志磐とどのような縁があって寄進したのかは不明であるが、首都臨安では『統紀』刊行に援助する者は少なかった。法照と妙心の二名だけである。しかし額の上からいうと、法照の支援は絶大であり、臨安の左右街都僧録が『統紀』刊行に重要な役割を果たしているのである。

3　月波山慈悲普済寺の勧縁僧

上天竺寺の法照法師に継いで僧の中で多額の寄進をしたのは、月波無住法師宗浄であり、芝券二百道を寄進している。巻二末に挙げる勧縁者につぎのように記す。

月波無住法師宗浄芝券二百道（子一五四・二八頁）

この宗浄は『統紀』の校正にも携わっていた。先に引文した『統紀』の序文に掲示する校正者の中に、

校正住持東湖月波山慈悲普済教寺伝天台宗教沙門　宗浄。

とあり、この文では宗浄の肩書を前文より詳しく書いている。したがってこの序文の記述で補って解釈する。

まず、「東湖」は東銭湖の略称である。宝慶『四明志』巻第一二鄞県志第一敍水の東銭湖の項に、降って民国二十二年に撰述された民国『鄞県志』第一輿地志己編・河梁の項に解説があるが、本稿では省略する。兪福海主編『寧波志』第四十二巻名勝旅遊第一章風景名勝第二東銭湖景区に詳しい解説があり、比較的最近の状況を記している。それによると、東銭湖は市区の東南一五キロにあり、湖の東西は六・五キロ、南北は八・五キロ、周囲は四五キロで、杭州西湖の三倍の広さで、浙江省最大の淡水湖であるという。そしてその景観の美しさを賛辞している。

次に「月波」は月波山の略称であり、また月波寺を指す。寶慶『四明志』巻第一三鄞県志第一敍山に、「梨花山・月波山。百歩尖、皆東銭湖に在り」といい、康熙『鄞県志』巻第五形勝攷の月波山の項に、「月波山、十六都に在り、城を距てること四十里、東銭湖の西北に臨む。旧に月波寺及び楼有り」と、昔は月波寺と楼があったという。そして、民国『鄞県通志』第一丁編・山林の諸山表の中に、月波山についての詳しい解説がある。それによると、当時の十区五湖郷に属し、県の東南一四公里半に位置し、高度一〇〇米の小さな山である。そしてここでも「山麓に月波

寺あり」と記している。この月波寺がすなわち慈悲普済寺である。宗浄はこの寺の住持を務めていたことがわかる。月波寺という呼称は宋代には慈悲普済寺の通称として用いられていたが、明代以降はこれが正式の名称となる。

慈悲普済寺については、宝慶『四明志』巻第一三鄞県志・第二寺院に鄞県の教院の一つとして挙げる「慈悲普済寺」の解説に、「慈悲普済寺、月波山の下、淳熙五年、史越王額を請い建置す。常住田一百畝、山二十畝」と記されている。鄞県は明州に五県ある中で一番大きな県である。慈悲普済寺は天台教院で東銭湖の畔の月波山の下に、淳熙五（一一七八）年に越王史浩の要請で寺額を下賜された寺院で、田一百畝、山二十畝を領有した。その一百畝は史浩が創建のときに喜捨した。史浩は、南宋の孝宗の代に同中書門下平章事（宰相）を務めた高官で、没後に越王に追封された。志浩は仏教を崇信し、慈悲普済寺に勅額が下賜される以前に、この場所に堂宇を建立し、水陸斎を行なった。志磐は『統紀』巻三三法門光顕志・水陸斎の項に、また巻四七法運通塞志・孝宗の乾道九年の条に、史浩が再興した水陸斎のこと、月波寺と水陸斎の関わり、志磐と水陸斎の関わりを詳説している。この問題については前に拙論[14]に述べたのでここでは綱要を述べるに止める。

史浩は昔、梁の武帝が行った水陸斎の故事を追慕し、これこそ報恩度世の道だと想い、月波山の麓に堂宇を創建し四時に水陸斎を行った。この堂宇が乾道九年に慈悲普済寺という有額の寺院となったのである。そして史浩の時代から百年を過ぎたころ、この慈悲普済寺の住持を務めていた宗浄はこの寺で盛大な水陸斎を主催した。この水陸斎の主たる実行者として、志磐は、『統紀』巻三三法門光顕志の水陸斎の項に、

時に其の事を主る者は、寺の沙門双清・清節、文学士竑、法施を以てする者は月波住山の宗浄なり。文字を以て施す者は則ち志磐なり。当に願わくは、十方の伽藍はこれを視て法と為し、大いに普度の道を興せ。

（『正蔵』四九・三二一下―三二二上）

「法施を以てする者」とは、法の施しを行う、法要を主導すること、導師を務めることであろう。宗浄が水陸斎の法要を主導したのである。ここでは「月波住山」と書いてあるが、校正者の一覧では「住持東湖月波山慈悲普済寺」とあるので慈悲普済寺の住持を務めていたのである。実務面を司ったのは寺僧の双清と清節、文学士の竑であり、後で述べるが、「文字を持て施す」というように、志磐が水陸斎の新たな「儀文」を書いたのである。このように、慈悲普済寺では史浩が水陸斎を行なって以来百年にわたり継続してきた。その影響で周囲の寺に水陸斎が広がった。慈悲普済寺は水陸斎の歴史の上で再認識する必要のある寺なのである。

宗浄が慈悲普済寺の住持を務めていて、この寺で盛大に行った水陸斎の主役を務めたことは知ることができるが、宗浄の伝記については不詳である。『統紀』巻二〇の巻頭には、石坡元啓の法師として無住宗浄の名を記しているがこの巻二〇は全巻遺失しているので、残念ながら宗浄の伝記は不詳である。宗浄の師資相承の系譜を『統紀』の諸師列伝の記述を参考にして仏祖世繫表の中に尋ねると、

四明法智―広智尚賢―扶宗継忠―草堂處元―息菴道淵―円弁道琛―月堂慧詢―逸堂法登―石坡元啓―無住宗浄

（『正蔵』四九・二五三上―二五四中）

という系譜である。そして『正蔵』本『統紀』の仏祖世繫表には、

無住宗浄―大石志磐

（右・二五四中）

と師資相承の系譜を記している。これを見ると志磐は宗浄の法嗣なのである。ただし宋版『統紀』の仏祖世繫表には宗浄―志磐の相承のこの部分の記録はない。したがってこれは後世の加筆である。しかし先の法門光顕志の水陸斎の記事にみるように、志磐が斎会の儀文を書き宗浄が法要を司ったという関係、また宗浄は志磐が居住した慈悲普済寺の住持であったことから推して、宗浄は志磐の師僧であった可能性は強い。それで弟子の志磐の『統紀』刊行に多額

の援助をしたのではないかと考えられる。

また巻五末に、

月波石林法師文介施芝劵二十道飯穀二石

と記す石林法師文介も、「月波」という語から月波寺に住していたことがわかる。『正蔵』本『統紀』巻一八の仏光照法師法嗣南屏下第七世に僧名を挙げる「石林文人」[15]、また『統紀』巻二四仏祖世繋表では「石林文分法師」とある。「文介」「文人」「文分」の違いがあるが、おそらくは同一人物であろう。ただし宋版『統紀』および江戸期版本『統紀』にはこの部分の記事はない。この部分は後世の加筆であるが、文介が法照法師の法嗣の一人であったことを伝える記録であり参考にはなる。文介は志磐と同じ月波山慈悲普済寺に居住しており志磐とは親しい間柄であったので『統紀』刊行のために援助したのだと考えられる。文介の名は水陸斎の記録には見えず水陸斎には参加していなかったが、芝劵二十道と飯国穀二石を寄進しているのでかなりの縁があったのだろう。

4　福泉山延寿王広福寺の勧縁僧

巻二三末に、珠山沙門如愚と並んで、

福泉沙門真要施芝劵六十道（子五四―二八頁）

と記す「福泉沙門真要」の福泉は、福泉山である。

福泉山[16]については宝慶『四明志』、延祐『四明志』には記述していないが、康熙『鄞県志』鈒山巻五・景勝攷に、

福泉山、在十五都、距城六十里、上有龍井、水泉甘冽故名、有福泉精舎。（以下略）。

とあり、また民国『鄞県通史』與地志丁編の山林表には、かなり詳細な福泉山の説明がある。それによると鄞県の九

区に属し、県の東南二四公里半に位置し、高さ五九八・九メートル、面積三九一七八畝という。附図の「鄞県分図」八の南八の欄に福泉山を掲示している。山頂の南側二キロ強のあたりに楊山呑村がある。また『寧波市志』第四二巻第二節東銭湖景区の風景名勝図によると東銭湖の東方に位置する。

そして、民国『鄞県通志』山林表の福泉山の項に、

山嶺有仙照寺、東有甘露寺、北有延寿王寺。

とあり、福泉山の北麓に延寿王寺という寺がある。一九三三年当時の記録である。

延寿王寺に関する南宋時代の記録は宝慶『四明志』巻巻一三・鄞県寺院の甲乙律院の項に見える。

延寿王広福院、県東南六十里、旧号延寿王院、晋天福二年建、皇朝熙寧元年増寿聖二字、紹興三十二年改今額。常田二百六十二畝、山三千一百二十一畝。

延寿王院は後晋の天福二年に建立され、紹興二年に延寿王広福院と改称された。志磐の時代にこれが正式の寺名であった。田二六三畝、山三一二一畝を領有するというから鄞県では寺領地の多い寺であった。延祐『四明志』巻第一七鄞県寺院では、「延寿王広福寺」の名で挙げ、律院ではなく教院としている。[17]

福泉山の延寿王寺は志磐と密接な関わりがある。『統紀』巻一五の定慧介然の伝記の中に、

受業福泉山之延寿。（『正蔵』四九・二二五下）

という記述が見え、介然が福泉山の延寿王寺で仏教の修学に入ったことを伝えている。そしてこの伝記の末尾に次のような注記を加えている。

志磐受業福泉、毎聞諸老師説、定慧是草堂一派、極有高行。去志磐為五世云。（『正蔵』四九・二二六上）

「志磐は業を福泉の延寿に受く」という記録により、志磐は、介然と同様に業を福泉山の延寿王寺で受けたことが

明らかである。「業を受ける」すなわち受業は、師匠から仏教を学ぶことであるが、『統紀』ではとくに初めて仏門に入った、仏道修学の途についた、という意味に用いられている。福泉の延寿王寺は志磐が仏道修学に入った寺であり、『統紀』全巻を完成した寺なのである。『統紀』巻末に付す刊板後記に記しているように、志磐は『統紀』全巻の完成の前に病にかかり月波山慈悲普済寺から、この福泉山延寿王寺に遷り会要志四巻を書きあげた。その文中に、志磐がこの地を「福泉の故廬」[18]と称したのは、ここが志磐の心の故郷であったからであろう。

福泉沙門の真要はこの延寿王広寺に居住した僧である。つまり志磐が仏門に入り、故郷でもあり、後年には『統紀』を完成した寺院に居住していたわけであり、志磐とは親交があったに違いない。そのため志磐の著述の刊行に援助したのであろう。

5 東湖尊教寺の勧縁僧

巻四末に、名を挙げる東湖尊教寺の双清法師も芝券一百道を寄進している。

東湖尊教双清法師處謙施芝券一百道（子一五四・三六頁）

という。東湖は先に述べたように、東銭湖のことであり、「尊教」は寺名である。宝慶『四明志』巻第一三鄞県志第二・寺院に尊教院の項があり、そこには、

尊教院県東南四十里、晋天福三年建、名慧日、皇朝治平元年賜今額、常田八十八畝、山三百八畝。

という。さほど寺領の大きくない寺院である。しかしこの寺は慈悲普済寺で行なっていた水陸斎と深い関わりがある。[19]それを伝える記録が『統紀』巻三三法門光顕志の中に見出せる。先に慈悲普済寺の説明で言及したが、南宋の宰相史浩が月波寺すなわち慈悲普済寺で水陸斎を開いて以来、慈悲普済寺で厳粛に水陸斎が継続されてきたことを述

べ、その連文に次のように述べる。

（前略）逮今百年、修供惟謹、去月波里所、有梵苑曰尊教、師徒済済率沙門族姓三千人、施財置田、一遵月波四時度之法。先是尊教同人有謂、越王疏旨之辭、専平昔仕官、効君臣之挙、美則美矣。而於貴賤貧富、未見平等修供之意。乃力挽志磐続成新儀六巻、推広齋法之盛、而刻其板、復依準名位、絵像者二十六軸、乃今創立齋会、於是儀文像軸、皆得其用。時主其事者、寺沙門處謙清節文学士、以法施者、月波住山宗浄、以文字施者、則志磐也。

（『正蔵』四九・三二一下―三二二上）

慈悲普済寺では水陸斎を今に至るまで百年謹修してきた。慈悲普済寺から一里（五五三メートル）ほどの所に尊教（院）という梵苑がありこの寺の僧侶たちは教化に励み、道俗三千人を率いていた。財施を受け田畑を設けて、慈悲普済寺の四時の普度の法に遵って水陸斎を厳修していた。ところが、以前から、尊教院の人々から、「史浩の水陸斎は、専ら仕官のため君臣のためのみを目的とし、貴賤富貴平等の修供の意図がみえない」という批判があった。そこで志磐が史浩の水陸斎の「儀文」に続けて、「新儀」六巻を著作し、齋会の法を盛んにしようと願い、それを刊行し、また名位に依頼して画像二十六軸を画かせ、齋会を修した。その法要の実務を司ったのは、寺僧の處謙・清節、そして文学士竑であり、法要の首役を務めたのは宗浄であり、文字を施したのは志磐である。

という。「文字を施す」は水陸斎の「新儀」を著作したことを意味する。

尊教寺は慈悲普済寺から五百メートルほどの場所に在り、いわば隣の寺院である。慈悲普済寺で伝承し実践されていた水陸斎の影響を受け、尊教寺でも水陸斎を行なうようになり、しかも、尊教寺の道俗から、史浩の定めた齋会の法が庶民にふさわしくないとの批判が出た。そこで志磐が庶民向けの新しい水陸斎の「儀文」六巻を著作したのである。尊教院も慈悲普済寺と並んで水陸斎の歴史の上で忘れることはできないのである。

右の『統紀』巻三三法門光顕志の水陸斎の記録では、処謙は、慈悲普済寺で水陸斎を行なった時には「寺の沙門処謙。清節」とあるから、志磐とともに慈悲普済寺にいたわけである。しかし宋版『統紀』四巻末に挙げる勧縁者名では「東湖尊教雙清法師処謙」とあり尊教寺にいたのである。二つの資料では止住した場所に相違がある。この相違は、処謙は水陸斎が行なわれた頃は慈悲普済寺にいたが、『統紀』刊行の勧募が行なわれた頃は尊教寺に遷っていたと考えれば解決される。処謙と志磐とは慈悲普済度寺で一緒に過ごし水陸斎の仕事をした間柄であり二人はかなり親密であったに違いない。それで芝券百道という高額を援助したのだと考えられる。

また、巻六末に、次のように、名を挙げる沙門契真も芝券二十道を寄進している。

尊教沙門契真施芝券二十道（子一五四・六二頁）

この尊教は処謙が住した尊教院と同一寺院であろう。この尊教院の契真も志磐と親交があったので志磐を援助したのではないだろうか。

6　延慶寺の勧縁僧

巻一二末に、

南湖懺首文敏知客子謙同沙門雲章等施芝券八十道
南湖主座聞薫施芝券八道

という「南湖」(20)は四明の延慶寺のことである。文敏は南湖懺主というから延慶寺では主要な僧であったのだろう。文敏の知客の子謙と沙門雲章等が芝券八十道を寄進しており、主座の聞薫を合わせて延慶寺関係者の三人が勧縁者になっている。その延慶寺については、宝慶『四明志』巻一一郡志第一一、寺院の教院四に記している。

延慶寺子城南三里、周広順三年曰報国院、皇朝至道中僧知礼行学倶高、真宗皇帝、遣使加礼、大中祥符三年、改院名延慶、天禧元年賜礼紫衣、尋又賜法智大師、（中略）。常田二千二百一十畝山無。

とある。宝慶『四明志』が編纂された宝慶年代になっても延慶寺は二千二百一十畝という広大な田地を領有しており、明州の諸寺院では、鄞県の阿育王山広利寺が田三千八百九十五畝山一万二千五十畝、ついで天童山景徳寺が田三千二百八十畝山一万八千九百五十畝を領有し、延慶寺はこれについで寺領の多い大寺院であり、城内の諸寺では領有する田地が一番多かった。創建は後周の代であるが、宝雲義通に天台の教観を学んだ知礼がここに居住し天台の教観を宣揚し、多くの門人を育成した。以来、延慶寺は宋代に天台教が再興する根拠地となった。知礼の後は広智尚賢が寺主となり[21]、神智鑑文、扶宗継忠、法昌本誠など門下がでて天台教は発展した[22]。延慶寺の知礼の系統を山家派と称し、杭州に流布した山外派と区別し、宋代天台宗の正流と自負する。

志磐の頃すなわち南宋末の延慶寺は知礼や尚賢が活動した北宋初期のような隆盛はなかったであろうが、それでも天台宗の中心寺院であったことには違いない。『統紀』では、仏典ならびに歴史、儒教・道教の典籍が典拠に広く用いられているが[23]、これだけの典籍を収蔵する寺院は少ないであろう。慈悲普済寺や延寿王広寺では志磐が用いた典籍の全てを収蔵していなかったと思う。寺の規模・伝統を考えて延慶寺には慈悲普済寺や延寿王広寺よりも蔵書が豊富であったのであろう。典籍を閲覧するために志磐は延慶寺をしばしば訪れていたのではなかろうか。それで延慶寺の僧は志磐と知り合い寄進に協力したのではないかと考えられる。

巻一五末に記す勧縁者名にも南湖の沙門が勧縁者として名を列ねる。すなわち、「南湖沙門道祺、同善言、徳興、善為、応中、妙宝、清旦、■立」の八人も延慶寺の沙門である。先の巻一二の文敏。雲章と合わせると延慶寺の沙門が十人も寄進に協力しているのである。延慶寺にはかなりの天台僧がいたと察せられ、やはり延慶寺は志磐の頃でも明州天台の中心寺院であり、志磐は延慶寺の僧と縁が深かったのである。

7　その他の勧縁僧

巻六に記す「広済沙門元信」（子一五四・六二頁）の広済は、沙門元信の居住した寺院名と考えられる。宝慶『四明志』巻一五奉化県志第二に挙げる二十三の甲乙律院の中に、

広済院県北二十五里、皇朝建隆二年僧師悟、造廣済橋於大江之側、而院与橋同、大中祥符元年、今賜額。常田一百畝山無。

という寺であり、沙門元信はこの寺にいた僧であろう。

巻七末に、

宝雲無等法師妙有施芝券二十道（子一五四・六七頁）

と記す「宝雲」は宝雲院（寺）である。宝雲院は明州の城内の寺で、高麗から来朝した義通のために漕運使の顧承徽が自分の邸宅を提供して寺院とし、最初は伝教院と称したが太平興国七年に宝雲院の寺額を下賜された。法智知礼、慈雲遵式などはこの寶雲寺で義通について学んだのである。そして宋代に天台宗を復興させた。宋朝に天台教が隆盛する基になった天台宗史の上で重要寺である。宝慶『四明志』巻一一寺院の中で、

宝雲院子城西南二里旧号伝教院皇朝開宝元年建、太平興国七年改賜今額、先是有僧義通、自三韓来、振誉中国、漕使顧請承徽、舎宅義通伝道所、乞額、宝雲昭其祥也。

継為史越王府功徳寺、嘉定十三年火、重建。常住田五百三十一畝山無。

とある。南宋には、一時、史越王すなわち史浩の功徳墳寺になったこともあるが、嘉定十三年に火災にあいその後重建され、寶慶年間には田五百三十一畝を領有する寺院であり、当時の明州の天台教院としては寺領は多い方である。無等法師妙有はこの寺の僧であるが、その伝を知る資料は見出せない。

巻七末に宝雲無等法師妙有と並記する、

　慧光慧日法師恵松施芝券十道

という「慧光」も寺名と思うが、慧光寺（院）では明州の寺院には見出せない。「恵光院」ではないだろうか。恵と慧はよく混同して使う。宝慶『四明志』巻一三鄞県志第二寺院の教院二四の中に、恵光院の項があり、

　恵光院県西南四十里、唐咸道八年建、名小江、皇朝大中祥符三年今額下賜、（中略）、常住田一百三十畝山無。

とある。この恵光院にいた僧と推定しても慧日法師恵松の伝記は不詳である。

巻八末に、

　前洞山槃洲法師道枢施芝券八道（子一五四・七四頁）

という「洞山」は、延祐『四明志』巻一八釈道攷の慈渓県寺院に、

　洞山教寺県西北八十里、梁開平初置、宋祥符請額、曰幽棲洞山、乃将軍洞山也。

とある明州慈渓県にある洞山教寺かもしれない。「前」というから以前にこの寺にいたのであろうが、それ以上のことは不詳である。

巻八末に前洞山槃洲法師道枢と並んで記す、

　前福海■■法師時□施芝券十道

というこの「福海」は福海寺であろう。宝慶『四明志』巻一五、奉化県志第二、寺院にの教院二三の中に、福海院の

項があり、

福海院県東五十里、唐咸通元年置、名興福、皇朝治平二年改今額、常住田二十六畝山無。

とある。「前」というから、時□は以前に天台教院の福海院に居住した僧であろう。しかし時□についてはそれ以上の事はわからない。

巻九末に、

戒香鑑翁禅師師亮同知客知周侍者覚円共施芝券一百二十道（子二五四・八四頁）

ということの「戒香」については、宝慶『四明志』巻一一郡志第一一、寺院・尼院によると、戒香十方院という寺院が城内にあるが、尼院であり、鑑翁禅師師亮という名は尼僧とは考え難く、禅師というから禅僧であろう。この寺にいた僧であるか否かは疑問である。師亮はその知客の知圓とその侍者と共に一百二十道を寄進しており、師亮が勧めたのであろう。志磐とは親しい間柄であったと思う。

巻一三末に、

白衣広仁首座法雨化応氏懿真応氏靖修芝会二十道（子二五四・一一三頁）

と記す。白衣広仁の主座の法雨が応懿真・応靖修を教化して芝会二十道を寄進した、という意味であろうが、この文では「芝会二十道」とあり「券」ではなく「会」である。巻一五末でも同様に「沙門一葦化衆芝会十二道」とある。「芝会」は芝の図柄のある会子で、芝券と同じと思うが、なぜこの二個所だけを「芝会」としたのであろうか。その理由がわからない。「白衣広仁」は白衣広仁寺である。宝慶『四明志』巻一一郡志一一寺院に白衣広仁寺の記事を挙げる。

白衣広仁寺、子城西、旧号浄居報仁院、唐長興元年□□建、清泰二年十月、為浄居院、続因祈祷霊応、復加報仁二字、皇朝治平元年十一月十二日、賜今額。（以下中略）。常住田五十畝山無。

とある。文中に寺に霊験ある白衣観音が有ったことを伝える。この寺は田五十畝というから大寺ではない。主座の法雨については知ることができない。

巻一四末に、

棲心高峯元妙、同広寿懐信法師、慈福元覚、棲心善度、沙門行為、懐玉、奉聖徳月居士王楠、張妙巌、張氏妙寿、張氏妙明、林季三娘張興等共施芝券七十道。（子一五四・一二〇頁）

という「棲心」は、鄞県の棲心寺（棲心崇寿寺）であろう。宝慶『四明志』巻一三鄞県志第二・寺院の項の甲乙律院三六の最初に、崇寿寺を掲載する。一時は道観になったこともあるが寺院に復活した。

崇寿寺県東五里、旧号東津禅院、唐大中十二年、分寧令仁景求捨宅建、請心鏡大師居之。（以下中略）。咸淳二年寇平、郡奏其事、請以棲心名寺。（以下中略）。田一百七十畝山無。

また延祐『四明志』巻一七鄞県寺院では、「棲心崇寿寺」の寺名で掲載する。記録の内容は宝慶『四明志』の崇寿寺のそれと大差はない。この鄞県の棲心崇寿寺の高峯元妙法師・広寿懐信法師等の在家を含む十一人が芝券七十道を寄進したのである。

巻一五末に「南湖沙門道祺……」と並記して、

阮山沙門一葦化衆芝会二十道（子一五四・一二八頁）

とある「阮山」は、明州鄞県にある阮山広福院ではなかろうか。宝慶『四明志』巻一三に挙げる甲乙律院三十六の中に阮山広福院があり、

阮山広福院県東九十里、漢乾祐二年建、号阮庵、皇朝熙寧二年正月、賜寿聖院額、紹興三十二年改今額。常田七

十畝山二千畝。

という。この寺の一葦という沙門が信者から集めて芝会二十道を寄進したのであろう。

巻二二末に「茅山住山惟大……」と並記する「珠山沙門善弘」並びに巻二三末に記す「珠山沙門如愚」の珠山は、宝慶『四明志』巻一三に、先の阮山広福院と並べて挙げる珠山浄土院であろう。

珠山浄土院県東六五里、晋天福元年建、号珠山院、皇朝治平元年賜今額、常住田一百二十畝山二千八百畝。

と珠山院とも称されていたので、善弘や如愚が住した珠山はこの寺であると考えられる。

巻二二末に「珠山沙門如愚」・「茅山住山惟大」・「珠山沙門如愚」と並べて、

西山沙門善業化衆施芝券十六道（子一五四・一五六頁）

と記す「西山」は、延祐『四明志』巻一七、奉化州寺院に記す西山資国禅寺であろうか。西山を付する寺院はこの一寺のみである。延祐『四明志』巻一七、西山資国禅寺の項では

西山資国禅寺、州西南五里旧名護国、唐元和開創、宋治平初賜今額、（以下略）

とあり、沙門善業はこの寺にいた僧であったと憶測される。寶慶『四明志』巻一五奉化県志に記す禅院二十三の中の「資国院」の項では「西山」を付していない。しかし資国院の解説からして両寺は同一寺院である。

巻第一六末に、

宝巌無文法師懐錦施芝券二十道（子一五四・一三五頁）

という「宝巌」は寺名である。宝巌院（寺）という寺院は宝慶『四明志』によると南宋末の明州には二つある。一つは、明州の鄞県の十方律院の中の一寺に名を挙げる、

宝巌院県西南五十五里、旧号孝義院、唐元和十二年建、皇朝大中祥符六年下賜今額、常田二百二十畝、山八百

畝。（宝慶『四明志』巻一三、鄞県志二）

という寺院である。もう一つは、明州の慈渓県にある教院の一寺であり、

寶巖院永明寺之北、皇朝景祐中置、号天台教院、鄞宰大寧記、嘉定十年、主僧如里陳于朝賜今額。常住田一百三十五畝山無。（右同一七・慈渓県志二）

とある寺である。無文法師がどちらの寺にいたか決定できないが、慈渓県の宝巖院は天台教院であるので、「律師」ではなく「法師」という呼称から推するとこちらの天台教の宝巖院である可能性は高い。

巻三〇末に、

姑蘇沙門従雅惟允芝券八道（子一五四・二三一頁）

という「姑蘇」は地名であり、江蘇省呉県である。これ以外の確認できる地名・寺院すべて浙江の明州に限られているが、従雅・惟允だけは江蘇の呉県の人である。志磐が江蘇の呉県まで勧募に赴いたというよりは、この従雅・惟允が、明州のどこかの寺院に来ていて志磐の依頼で寄進に参加したのではないかと考えられる。

巻三四末に、

天寿西堂師信施芝券八道（子一五四・二七〇頁）

という「天寿」を寺院名とすると、宝慶『四明志』巻一三・鄞県志第二に掲載する三六の甲乙律院の中に、天寿院の項があり、そこに、

天寿院県西南六十里、旧天井院、皇朝建隆元年建、治平元年改額。（以下略）常住田二百三十畝山一千畝。

とあり、田二百三十畝山一千畝を領有するかなりの寺である。この寺に西堂があり師信はここに住する僧だったのかもしれない。それ以上のことはわからない。

なお、巻六の「資啓沙門浄心」、巻一〇末の「鹿野退省志純」、巻一六の「保慶南雲法師元善」、巻二二の「茅山住山惟大」、巻三〇の「化城自固山主」、巻三四の「如菴禅師」同巻「仙巌禅師」の七名（出家であろう）については全くわからない。

8　在家の勧縁者

『統紀』刊行の寄進には出家僧ばかりではなく在家信者も参加している。

巻二四末に、
　奉仏嗣男呉邦達施芝券二百道（子一五四・二五三頁）
巻二七末に、
　奉玉牒清心居士趙氏希淑施芝券二百八十道（子一五四・一九二頁）
巻二八に、
　奉仏女弟子鮑氏妙円施芝券一百五十道（子一五四・二〇八頁）
巻三一に、
　奉仏嗣男季華施芝券二百道（子一五四・二三九頁）
巻三二末に、
　奉仏嗣男胡慶宗施芝券二百道（子一五四・二五三頁）
巻三六に、
　定海進士憑応龍、同母汪妙淑、滕氏智柔共施芝券二十道

など在家の勧縁者を掲載している。しかも、呉邦達は二百道、玉牒清心居士趙氏希淑は二百八十道、鮑氏妙円は百五十道、季華は二百道、胡慶宗は二百道というように高額の寄進がある。出家の勧縁者では、二千道を寄進した法照は別格として、次に高額寄進の宗浄は二百道である。出家に比べて在家の寄進額が多い。在家信者の寄進を合計すると、一千三十道になる。寄進の総額が四千百五十四道であり、その中、二千道が法照一人の寄進であるからそれを引くと、二千百五十四道になり、在家の寄進額が半分弱になる。在家の寄進の重要さを見逃せない。

このように、『統紀』刊行の背景には在家の支援者の力も大きかったことがわかる。『統紀』著述に専心した志磐は仏教の研究に時間を費やすことが多く民衆を教化する仕事は手薄であったと考えられる。志磐が、どこで在家信者と接点を持ち、なぜ在家信者の支持を得たのだろうか。彼の伝記はほとんど不明であるが、在家信者との接点を、資料の上で推定すれば水陸会である。志磐が月波山の慈悲普済寺で水陸会を務めそこに多数の道俗が参加しており、この水陸会で在家の信奉者ができたのではなかろうか。そのような以前からの縁がないと寄進を呼び掛けても急には賛同しないであろう。

なお、志磐は『統紀』巻頭の序文の中に、三人の在家の勧縁者の名を次のように掲載している。

勧縁邑士　胡慶宗　季奎　呉邦達

この三名の勧縁者の中、胡宗慶と呉邦達は、巻三二末に挙げる胡慶宗、巻二四末に挙げる呉邦達と一致する。しかし序文に挙げる「季奎」なる名は見えない。巻三一末に、「仏嗣男季華施芝券二百道……」と記す季華が季奎ではないだろうか。巻三一に序文に在家勧縁の邑士三名を代表して名を記しているのに、巻末の勧縁者に呉邦達・胡慶宗の名があり、季奎の名がないのはおかしい。二百道という寄進額も同じであり、季華は季奎ではないかと考えられるのである。

おわりに

一、『仏祖統紀』刊行の時代では、志磐が『統紀』を執筆した南宋末期の理宗・度宗の時代はモンゴル軍の侵攻が次第に激しくなり決して平穏な国状ではなかったが、しかし理宗・度宗は仏教を大切にし外護したので仏教は栄えた。この点を『統紀』の記録を通して指摘した。臨安では天台僧が主流であり、とくに仏光法照が代表的な存在であり、上天竺寺が仏教の中心であったことを考説した。そしてこうした臨安仏教が実は『統紀』の刊行と関連があるのである。

二、『仏祖統紀』刊行の支援者では、『四庫存目』本に収載する宋版『統紀』の記事によって、刊行を支援した勧縁者について、八項に分けて考察した。

1に、勧縁者の全体を概観し六十四名の出家・在家が支援し、支援の総額は四千百五十四道であることを確認した。

2に、勧縁者の中で桁が違う高額を寄進した法照について説述し、高額な支援をした理由を推測した。法照は当時の天台宗さらに仏教界を代表する高僧で、皇帝の信頼厚く、臨安第一の名刹である上天竺寺の住持を永年務めていたので、高額の支援ができたのである。志磐は法照を尊重しており、『仏祖統紀』を完成すると原稿を携えて仏光法照をわざわざ訪ねて校正を依頼した。校正の依頼のみではなく、資金の支援を懇請する意図もあったのであろう。仏光法照は『統紀』を閲覧して、天台宗山家派の伝統を表明し、かつ仏法の歴史を通説するこの書を評価したので、その流通のために高額を寄進したと憶測した。ここに、明州で撰述された『統紀』と首都臨安仏教と密接な関連があることに注目した。

3に、慈悲普済寺の宗浄が出家僧の中では仏光法照に継ぐ多額の寄進をしている理由を考説した。この寺は、志磐が宗浄に協力して水陸斎を行なった寺であり、『統紀』を撰述した場所であり、志磐と関係が深い。その住持をしており、志磐の師僧ともいう宗浄が『統紀』の刊行を支援したのである。また石林介然も月波山慈悲済寺の僧であった。志磐と同じ寺にいたという縁故であったと思う。そのため『統紀』の刊行を支援したのだ。

4に、福泉山延寿王広寺について説述し、この寺は志磐が仏道の修行に入り、後年には『統紀』を完成した場所であることを明らかにし、その延寿王広寺に住した沙門真要は志磐と古い知り合いだったので支援したのだろうと推測した。慈悲普済寺も延寿王広寺も志磐が『統紀』を著述した寺でありその寺の僧たちが志磐を支援したのである。

5に、慈悲普済寺から五〇〇メートルほど近くにある東湖尊教寺の勧縁僧について詳述した。芝券一百道を寄進した尊教寺處謙は、この時は尊教寺に居住していたが、以前に、慈悲普済寺で水陸斎を行なったとき、宗浄が法要を司り、志磐が「新儀」を書き、處謙が斎会の実務を務めたことがあり、志磐とは旧知の仲である。處謙も宗浄と同様に志磐とは特別な旧縁があるので一百道という高額の寄進をしたのである。

6に、延慶寺の勧縁僧について考説した。六十四人の勧縁者の中に知礼以来、天台宗の中心寺院である延慶寺の僧が十人いるのが判明した。南宋末には北宋期のような盛況はないかもしれないが、それでも延慶寺にはかなりの数の僧がいたのであろう。十人が寄進に応じている。やはり天台教院の中心であったようだ。

7に、その他の勧縁僧について考説した。ここでは、勧縁僧の伝はいずれも不明だが、勧縁者名に冠する語が所居の寺院と理解して間違いないと思い、それを調査した。大方は推定できた。姑蘇（江蘇省）の沙門が二人いるが、それ以外は明州（浙江省寧波）の人である。『統紀』刊行の支援者の大方が明州在住の人であることがわかった。やはり志磐は明州の僧であり、この地が『統紀』刊行の主な基盤であった。

8に、在家の勧縁者について詳述した。志磐は序文で「勧縁邑士　胡慶宗　季奎　呉邦達」という三人の名だけを記している。しかし、『四庫存目』本所収『統紀』によって、六件の勧縁があったことを明らかにした。志磐にこうした信者がついていたのである。中には呉邦達や季華（？）のように、寄進の目的を、亡父母の供養のためと明記する事例もある。亡父母や妻子・兄弟の供養に寺や慈善事業に寄進するのは中国社会でよく見る事例であるが、それだけではなく、志磐を崇信して支援した人もいたと思う。それは資料の上で明確にはできないが、水陸斎が一つの在家との縁を結ぶ機縁となったのではないかと推察した。以上のように、『仏祖統紀』刊行の背景として、その刊行の時代と支援者について考説した。

『統紀』の刊行には、志磐と関係深い慈悲普済寺、延寿王広寺、尊教寺、延慶寺、宝雲院（寺）の僧たちが支援した。その他の支援者の大方が地元の明州の僧である。在家の支援者は、王公名族顕官ではなく、伝記に名を伝えていない明州の邑士である。著述した寺も阿育王山広利寺、天童山景徳寺、延慶寺などのように明州で著名な大寺ではなく、中程度の寺格の寺であり、県の中心地を離れた、いわば、田舎寺である。『統紀』は皇帝の命による勅撰ではなく、田舎寺で庶民に支えられて刊行した書なのである。また一方では、当時の天台宗を、そして臨安仏教界を統領する高僧法照の支援を受けた。明州を基盤としながら、また臨安仏教の権威に支えられて成立した面もある。それが『統紀』刊行の背景なのである。

注

（1）「『仏祖統紀』の『大日本続蔵経』本と『大正新脩大蔵経』本の文献上の問題点」（『三康文化研究所年報』第三一号、二〇〇〇年三月。拙著『宋代仏教の研究―元照の浄土教』所収）。「『仏祖統紀』撰述の場所」（佐藤良純教授古希記念論文集『インド文化と仏教思想の基調と展開』、平成一五年九月。「『仏祖統紀』の校正者について―南宋末仏教界の動向―」宮沢正順博士古希記念『東洋―比較文化論集―』平成一六年一月、拙著『宋代仏教の研究―元照の浄土教』所収)。ならびに、「『仏祖統紀』に見る宋朝開国と仏教の讖記―志磐の宋代仏教史観―」(『三康文化研究所年報』第三九号、二〇〇八年三月。拙著『宋代仏教史の研究』所収)などである。

(2) 西脇常記「『仏祖統紀』の作者　志磐の考え」(『歴史文化社会論講座紀要』第二号、二〇〇五年)、同「『仏祖統紀』テキストの変遷」(『人文学』第一八一号、同志社大学人文学会、二〇〇七年)、會谷佳光「『仏祖統紀』宋版の出版をめぐって―東洋文庫蔵『四庫全書存目叢書』に寄せて―」(『東洋文庫所報』四〇号、二〇〇九年三月)、同「明代における『仏祖統紀』の流伝と出版」(『二松学舎大学東アジア学術総合研究所集刊』第三九号、二〇〇九年三月)、同「江戸時代における『仏祖統紀』の出版」(『日本漢文学研究』四号、二〇〇九年三月)、などの論稿に加え、『四庫全書存目叢書』に収録する北京国立図書館に収蔵する宋版『仏祖統紀』について紹介・詳説している。

筆者は『統紀』には一般的に使用する『大正新脩大蔵経』本と『大日本続蔵経』本の間に大きな違いがあることに気づき、この問題について、「『仏祖統紀』の『大日本続蔵経』本と『大正新脩大蔵経』本の文献上の問題点」と題して『三康文化研究所年報』第三一号、二〇〇〇年三月に発表した。『四庫全書存目叢書』は一九九二年から一九九七年にかけて刊行されたというから、筆者が『統紀』の研究に着手した頃である。しかし、筆者の不注意か、まだこの新しい叢書本を購入した機関が少なく、日本で目にすることができなかったためか、これを見ていない。北京国立図書館蔵の宋版『仏祖統紀』が『四庫全書存目叢書』本によって披見できるようになり『統紀』研究は画期的な局面を迎えた。西脇常記氏・會谷佳光氏がこの『四庫全書存目叢書』に収録された宋版『統紀』に注目しその詳細な文献学的・書誌学的な研究を発表し、さらに中国・日本における版本の刊行について発表した。これらの研究をふまえて、今後、新たな思想面・歴史面の研究が進むに違いない。

會谷佳光「江戸時代における『仏祖統紀』の出版」には、『仏祖統紀』の日本版本には、古活字本とその覆古活字本、及び嘉興蔵本の覆刻本の三種があり、古活字本は宋版四〇巻本に連なるテキストであると論じ、覆古活字本は古活字本をそのまま復刻したのではなく、古活字本を補定しようとした痕跡があることを指摘する。また『大日本続蔵経』本は、基本的には覆刻本を底本に準じた扱いとしているものの、適宜嘉興蔵本・覆刻嘉興蔵本を使って本文の修正・補遺を行なっていると論じる。いずれも綿密な考証である。筆者は書誌学上の研究には立ち入れなかったので、参考になる。

(3) 『四庫全書存目叢書』本の宋版『統紀』には、法運通塞志一五巻は収載されておらず、「嗣刻」と記し巻数も墨で塗りつぶしている。咸淳七年の「刊板後記」を書いた時点では法運通塞志一五巻はまだ刊行されておらず、『統紀』全五五巻の完本は刊行されていなかったようだ。會谷佳光氏は「江戸時代における『仏祖統紀』の出版」（『日本漢文学研究』4）において、『『統紀』は、まず咸淳七年に四〇巻本が出版され、宋末には法運通塞志十五巻を加えた五五巻本が刊行されたと見られる」という見解を述べる。
(4) 『続資治通鑑』巻一七五宋紀・理宗開慶元年の項。宮崎市定著『中国史』下（岩波全書）第三篇近世史二南宋。宮崎市定責任編集『世界の歴史』6宋と元・南宋の滅亡（中央公論社）を参考にする。
(5) 注2掲載會谷佳光先掲論文（八〇—八一頁）によると、この部分の文章には古活字本と覆古活字本との間に大きな移動があることを指摘して、「洪武南蔵本系統の諸本と共通する古活字本の第五丁表までが志磐の筆になり第六丁以降は、理宗朝の再出部分を含めて後人の加筆徒見るのが妥当であろう」という。
(6) 天台僧思廉についてはこの箇所の記述以外には不詳であるが、功徳墳寺の流行については拙論「南宋の宰相史浩と仏教」（『宋代仏教史の研究』第三部第二章、二九三頁）に関説した。
(7) 『宋史』巻四六、度宗咸淳四年九月の条。
(8) 右同、咸淳九年二月の条。
(9) 前掲「『仏祖統紀』の校正者について」に考説した。
(10) 勧縁者名・寄進額については、前掲注（2）の西脇常記氏が、貴重な資料として注目し、『『仏祖統紀』の作者　志磐の考え」、に各巻末に記す全文を掲載して、勧縁者の仏光法照について簡潔に言及する。また先掲會谷佳光『『仏祖統紀』宋版の出版をめぐって」の巻末に附する「校正者・勧縁者・刻工名対照表」に勧縁者を掲載している。いずれも貴重な資料として注目し原文を掲載している。
(11) 前掲「『仏祖統紀』の校正者について」に仏光法照法師について述べた。
(12) 『続仏祖統紀』巻一（『大日本続蔵経』二乙—四—四・三五六右—左）に収載する北峯印法師法嗣の法師法照の伝による。
(13) 史浩と仏教に関しては拙著『宋代仏教史の研究』第三部「南宋の宰相史浩と仏教」の第一章・第二章に論述した。そこに月波山慈悲普済寺の創設、水陸斎の問題について述べているので御参照戴きたい。
(14) 前掲「『仏祖統紀』撰述の場所」、並びに「『仏祖統紀』の校正者について」に考説した。
(15) 『正蔵』四九・二三七下。
(16) 福泉山については前掲「『仏祖統紀』撰述の場所」に論述した。
(17) 延寿王寺については右同の拙稿に論述した。

(18)『統紀』の「刊板後記」(『正蔵』四九・四七五中)。
(19)尊教寺の水陸斎の問題については、前掲「『仏祖統紀』撰述の場所」に論述した。
(20)延慶寺を南湖と称する例は『統紀』にしばしば見える。例を挙げれば、巻一〇の宝雲旁出世家・法師遵式の伝(『正蔵』四九・二〇七頁上)、巻一二の四明法智法嗣・法師則全の伝(同上二一五上)、巻一三の広智法師法嗣・法師鑒文、法師継忠の伝(同上二一七上)
(21)『統紀』巻一二、『正蔵』四九・二一三下。
(22)右同巻一三、広智法師法嗣の法師鑒文、法師継忠、法師本誠の伝(同上四九・二一七上―下)。
(23)『統紀』巻頭の仏祖統紀通例の中には、「釈引文」として引文典籍の書名を掲載する。その書名は、大蔵経典として七二、天台教文として二一、釈門諸書として二四、儒衆諸書として四〇、道門諸書として二〇を数える。これだけ多数の典籍を典拠に用いている。慈悲普済寺と延寿王広寺のみではこれだけの蔵書はなかったであろう。明州の天台教院ではやはり延慶寺が蔵書が豊富であったであろう。志磐は延慶寺で典籍を閲覧したのではないかと推測される。

第三章　呉越末宋初の杭州の仏教

序　文

北宋時代の首都は河南省の開封であるが、江南地方の中心都市であった杭州では、仏教は開封に劣らず、むしろそれ以上に隆盛した。杭州と開封ではその置かれた環境によって、それぞれ特色のある仏教を展開した。北宋初期の開封では朝廷所在地という事情で、皇帝主導の仏教、皇帝を中心とする仏教が盛況した。新国家建設に必要な文化事業としての性格が濃い。

北宋は、仏教史の視点から見れば、太祖趙匡胤が、後周の世宗の廃仏の五年後に建国した王朝である。したがって建国当初はまだ廃仏の余波がそのまま残っていた。太祖は新国家建設の方針として仏教を是認し、徐々に仏教を再興していった。太祖は一切経の刊行を企画しその実行に着手した。

そして次の太宗がそれを継承し本格的な刊行を進めた。また太宗はしばらく途絶えていた仏典の翻訳事業をも敢行した。太宗は仏教を外護するのみならず自ら仏教を研究し多数の仏教関係の著述をした。次の真宗も奉仏の念厚く、仏典翻訳の事業を継続し、太宗に倣って仏教著述をした(1)。一切経の刊行は東アジアの仏教流布に多大な影響を及ぼしたことは広く知られる。新仏典の翻訳は、それに費やした経費と努力の割にはその影響が希薄であり、新仏典を所依とした新しい仏教は生まれなかった。しかし、一切経刊行・仏典翻訳、さらに皇帝の仏書著述の事業は、開封の仏教を盛況にした。その意欲と実行は歴史上の遺産といえよう。太祖・太宗・真宗の三代皇帝の奉仏により朝廷所在地の開封では皇帝主導で仏教は繁栄した。

杭州は、杭州湾を奥深く入った銭塘江の河口に位置し、北には銭塘江が流れ、西には風光明媚な西湖が広がっている。現在は浙江省の省都である。古い通称で銭塘（唐）と呼ばれ、南宋では首都となり臨安と呼ばれた。杭州はもとは呉越国の首都であった。

唐王朝が滅亡した後に中国は分裂の時代になり、華北を中心に五代の王朝が興亡し、そのほか各地に十国が興亡を繰り返した。呉越は十国の一つである。武粛王（太祖、銭鏐）が唐の滅亡と同時に建国し、文穆王（世宗、元瓘）、忠献王（成宗、弘佐）、忠遜王（弘倧）、忠懿王（弘俶、俶）と五代の国王が統治し七十二年続いた。その領域は、浙江と江蘇の一部を含む江南十三州であり、杭州が中心である。この地は中原から遠く離れていたので五代十国の戦乱の中でも独立国として、比較的安定した状態が続き、もともと農業生産が豊かで、交通の便に恵まれていたので繁栄した。歴代の国王銭氏の厚い奉仏によって仏教は栄え、多くの寺院が建立されすぐれた僧が集まった。特に忠懿王の奉仏は歴史の上で著名である(2)。

こうした呉越国の仏教を基盤に宋代にはさらに活況を呈した。宋の太祖趙匡胤が後周にかわって宋を建国したのは建隆元（九六〇）年であるが、江南の呉越地方はまだ呉越国が統治していた。太祖を継いだ太宗の太平興国三（九七八）年に、呉越王銭俶が宋に降伏するまで呉越国は存続した。すなわち宋が建国してから一八年間は杭州は呉越国の首都であった。開封と杭州とでは宋の版図となるのが年代的に一八年のずれがある。北宋初期の杭州の仏教は呉越国の仏教である。呉越が宋の領土になってからも呉越仏教が基盤となって杭州仏教が展開したのである。従って北宋初期の杭州仏教に言及する際には、呉越の仏教に遡って把握しておく必要がある。

北宋は一六六年間であり九代の皇帝が統治した。太祖・太宗・真宗の三代の六二年間で北宋仏教は基本が確立した。北宋は太祖・太宗の時代は創業時代であり、そして次の真宗の即位から仁宗の慶暦年間を経て皇祐年間（九九八—一〇五四年）に至る約五〇年間が発展時代で、この頃が北宋の黄金時代であった。太祖・太宗の時代と真宗の時代とでは国状は性格が違うが、太宗は太祖の仏教策を踏襲し、真宗は太宗の仏教策を踏襲する面が濃く、沙門には太宗から真宗朝にかけて独自の教学を確立した宗匠が多いので、九代皇帝の中の前期三代の太祖・大宗・真宗の時代を一つにまとめて考察する。

呉越宋初の杭州では、南山律宗・禅宗・天台宗・浄土信仰が再興し発展し、また在家信者が参加した仏教実践の結社が盛行した。(3) 開封の公卿たちは実践・信仰の要素の強い浙江仏教に憧れた。律・禅・天台・浄土信仰・仏教結社を併せて杭州仏教の特質の全体が把握できる。首都開封の仏教との相違も判然とする。北宋仏教を考える場合には、江南の仏教の中心地杭州と華北の首都開封の仏教のそれぞれの性格を考察し相違を検討する必要がある。開封仏教と杭州仏教の両方の特質を把握することは宋代仏教の解明に必要であると考えるからである。開封の仏教に関しては、論稿を数篇発表したので、(4) ここでは杭州の仏教について考察する。

呉越宋初の杭州仏教には次のような五つの要項がある。

一　杭州における律宗の展開

二　杭州における禅宗の展開
三　杭州における天台宗の展開
四　杭州における浄土信仰の展開
五　杭州の浄行社に入社した開封の官人たち
この五つの要項をそれぞれ解明することによって呉越宋初の杭州仏教の特色の全体像を考察する。(5)

一　杭州における律宗の展開

1　律宗の浙江地方への流伝

唐代初期に長安で道宣が確立した南山律宗は、宋代になって杭州で霊芝元照（一〇四八―一一一六年）が再興し、隆盛にした。元照の律学は高麗や日本に伝わり影響を与えた。元照は北宋第四代代皇帝仁宗から英宗・神宗・哲宗・徽宗にいたる治世に生存し、南山律宗第十五祖と崇められた。元照によって宋代中期には杭州が律宗の中心地となるが、その基盤はすでに呉越宋初の時代から準備されていたのである。

道宣が大成した律宗を彼が居住した長安南方の終南山に因んで南山律宗と呼ぶ。南山律宗は『四分律』に基づく律学の一派であり、南山律宗の他に、法礪の相部宗と懐素の東塔宗の三派があった。相部律宗と東塔律宗は呉越時代には存続していたようだが、宋代には消滅し、南山律宗のみが盛況した。日本に伝わった律宗も南山律宗であり、律宗と言えば南山律宗を指す。

その道宣の南山律宗が江南の地に伝播したのは、唐の光州道岸（六五四―七一七年）であるが、継続して本格的に浙江地方に流布するようになるのは唐末五代の頃である。唐代末期、広明元（八八〇）年に長安に侵攻した黄巣の反乱軍によって長安の仏教は大打撃を受けた。このとき、著名な南山律の学匠であった慧則と元表は戦乱の長安を避けて南遷した。慧則・元表はともに唐末の仏教界を代表する高僧であった西明寺の法宝大師玄暢から南山律を嗣法した。(6)

慧則と元表の伝記は、『宋高僧伝』巻一六明律篇に「梁京兆西明寺慧則伝」がありその付伝に元表の伝記がある。慧則は、西明寺で玄暢から南山律を学び、二六歳のときには師の玄暢に代わって西明寺で律を講じるまでになり、四〇歳で勅命により臨壇正員に選ばれた。長安の仏教界で南山律の権威であったに違いない。しかし、黄巣の乱に遭い華州の下邽（陝西省渭南県北）に難を避け、ついで中和二（八八二）年に淮南に遷り、さらに天台山国清寺に挂錫した。その後、乾寧元（八九四）年に明州（浙江省寧波市）育王寺に遷り、そこで「塔記」一巻、「行事鈔集安記」一二巻を撰述した。慧則は当時、浙江地方を統治していた奉仏家の呉越国の武粛王銭氏の帰依を受け、その要請によって越州（浙江省紹興市）において臨壇授戒を行った。七十四歳で入寂するまでに、「大蔵経を覧すること両遍」、「(行事)鈔を講ずること七十篇、倶舎、喪儀、論語おのおの数編」(7)と伝えるように、仏教・儒教に通じていたが、特に道宣の『四分律行事鈔』を重視し七十篇も講義した。慧則の南遷によって天台山や明州・越州など浙江地方に南山律学が伝わったことは明らかである。

元表は、生没年次は不明である。早くから西明寺の玄暢の講席に連なって南山律を学んだ。広明年中（八八〇―八八一年）に慧則と同様に長安地方の戦禍を避けて江南に遷り、越州の大善寺に止住し、『四分律行事鈔』を講説した。江南地方の諸郡の学人が雲集し、その講説に感服したという。元表の講説の素晴らしさを『宋高僧伝』の撰者賛寧が讃えているところをみると、(8)講説の達人であったようだ。著書に『(行事鈔)義記』五巻があった。

慧則の門下には慧密・微猷・希覚の名が知られ、このうち希覚が最も勝れていた。そして、元表の門下には守言・

清福など若干名がいた。

慧則・元表の門下たちは南山律の研究と講説を浙江・江蘇・江西にわたって展開した。

元表門下の守言の伝記は『律苑僧宝伝』巻八に簡単な記録があるのみである。『律苑僧宝伝』は中国日本にわたる律僧の伝記を慧堅（一六四九―一七〇四年）が元禄二（一六八九）年に刊行したもので、所収の僧伝は合計三六一人、うち中国諸師は二二七人、日本諸師一三四人である。中国関係は梁・唐・宋の三種の高僧伝を主とし、そのほかに伝録や塔銘などから収集して伝記を集成している。慧堅は天台宗に所属して律・禅・密の諸宗を研修しており、仏教に広い知識を持っていたようである。成立の時代は降るがこれによらざるをえない（『大日本仏教全書』第九八巻解題二・「律苑僧伝」赤松俊秀解説を参照）。

それによると、守言は、丹丘（浙江省寧海県南）で南山律学を弘宣し、丹丘地方の律学の第一人者として崇敬された。門下は多かったがその中、景霄と無外は、杭州において南山律の宗風を宣揚した。

2　律宗の杭州への流伝

守言門下の景霄、無外、そして慧則門下の希覚によって杭州に南山律が宣揚された。

景霄の伝は、『宋高僧伝』巻一六「後唐杭州真身宝塔寺景霄伝」に収載されている。それによると、丹丘（浙江省寧海県南）の人で、初めは元表の門下であったが、守言闍梨が丹丘（浙江省寧海県南）において南山律学を敷演するのを聞いて感銘しその門下になった。景霄は『（四分律行事鈔）簡正記』二〇巻を著述している。『宋高僧伝』巻一六の景霄伝には二〇巻といい、『行事鈔諸家記標目』にも二〇巻というが、現存し、『大日本続蔵経』一・六八・一―五に収載するものは一七巻である。

武粛王銭鏐（九〇七―九三二在位）は景霄を召して杭州の竹林寺を宰任させた。そして天成二（九二七）年に、命じて、北塔寺に赴かせ臨壇授戒させた。次に命じて城南の真身宝塔寺に住まわせた。そしてこの寺で入寂し、大慈山の丘に埋葬した、という。(9)

北塔寺は、武粛王が天成四（九二九）年に杭州の城北に、城南の真身宝塔に倣って九層の大塔を建立した寺である。『呉越備志』巻一天成四年八月の条に「(天成)己亙四年……八月己酉、王孫宏俶生、是月、余姚県修舜井、獲古仏舎利崇十粒、王命迎之、定浮図于城北、一如城南之制」とある。『咸淳臨安志』巻七六寺院・在城の「梵天寺」の項に、梵天寺は旧名を「南塔」といい、乾徳中に銭氏が建て、治平中に梵天寺と改名したといい、『呉越備志』を引いて、「武粛王が明州育王寺の釈迦舎利を明（かがやか）して唐を城南に建てた。顕徳五年火災。開宝元年忠懿王が重建す。銭氏が納土した時、仏舎利を（開封）に入れ開宝寺に置いた」と記す。呉越国の忠懿王が宋に帰順した時、賛寧らが開封に奉持した仏舎利は、明州育王山から移してきたこの南塔の舎利であったという。

『宋高僧伝』の文中には、景霄が北塔寺で臨壇授戒した年は天成二年とされているが、これは問題がある。既述したように、『呉越備志』では武粛王が北寺を建立したのは天成四年八月となっており、北塔寺が建立される前に臨壇授戒することはあり得ないので、いずれかの記述の年次が矛盾している。この問題もあるが、北塔寺には杭州龍興寺・越州開元寺とならんで武粛王が度僧制度の充実のために戒壇を造立した。北塔寺・龍興寺は杭州における戒律の主要道場であった。景霄によって道宣の南山律宗が杭州において流布したわけである。景霄は後述するが、龍華寺彦球禅師に律学を授けている。(10)

無外の伝記は、『律苑僧宝伝』巻八に「後唐無外律師伝」と題する簡単な伝記がある。この無外伝のその初頭に「杭州に律師あり。名は無外」とあり、後唐時代に杭州で戒律を宣教したことは明瞭である。この伝記によると、無外は、出家して師であり父でもある守言から戒律を学び、やがて丹丘から杭州に遷りこの地に止住したのである。杭州で守言から学んだ南山律を宣教し尊敬された。宋慧賢集・日本戒月改録『行事鈔諸家記標目』によると、後唐杭州無外律師に「行事鈔持犯四果章」の著述があったことがわかる。

希覚（八六四―九八四）の伝記は、『宋高僧伝』巻一六明律篇に「漢銭塘千仏寺希覚伝」がある。それによると、希覚は、溧陽（江蘇省）の生まれで、二五歳のとき、文徳元（八八八）年に、温州の開元寺で出家した。そして龍紀元（八八九）年に具足戒を受け、律部を学び、たまたま黄巣の乱を避けて天台山に来ていた慧則について律学を学んだ。慧則が明州阿育王山に遷ると希覚もそこに遷った。そして、開平二（九〇八）年に慧則逝去の後に、永嘉（温州）に遷りこの地で律学を講訓し、群牧の銭鏵（武粛王の弟）の重礼を受けた。その後、杭州の大銭寺に遷った。文穆王は千仏伽藍を造立し、希覚をここに召して寺主とし、紫衣、文光大師の号を賜った。四方の学者が彼のもとに集まったという。聴法のためであろう。

希覚は『行事鈔』を注釈した「増暉録」二〇巻を著して、慧則の「集要記」を増暉顕揚した。『宋高僧伝』の希覚伝に「浙の東西、盛んにこの録を行う」(11)と記すように、希覚の「増暉録」は浙東・浙西の地で高い評価を受け盛行した。元照は『南山律宗祖承図録』(『芝苑遺編』巻下所収）の中で、増輝記主（希覚）を南山（道宣）について第七祖と位置付けている。元照の『戒体章』『持犯章』『持犯句法章』の中に、「増輝録」の説を意識し論評を加えている。

伝記の文中に、二十五歳のとき、文徳元（八八八）年に出家したと記すので、生まれは唐懿宗の咸通五（八六四）年である。そして、伝には「八十五歳」で入寂したと記されているから、没年は九四八年すなわち後漢の乾祐元年であり、呉越国では第五代の忠懿王銭俶が即位した年に当たる。

希覚は呉越の武粛王・文穆王の治世に生存し、文穆王の帰依を受けて、浙江地方、その中心の杭州の大銭寺で南山律を研鑽し、盛況させた業績は見逃せない。希覚は儒学特に『易経』に精通しそれを注釈した「会釈記」二〇巻を著し、内容が完備しており、常にこれを宣説していた。『宋高僧伝』の著者賛寧はこの書を希覚から付授されたという。賛寧は希覚に師事し、その学識と人格を尊敬し伝記中に讃えている。希覚は右の『行事鈔』の「増暉録」二〇巻、『易経』の「会釈記」二〇巻以外にも、「擬江東讒書」五巻、「雑詞賦」一五巻、「注瓊鑑章林鼎金陵懐古百韻詩」、「雑体」四〇章など多くの著述があり、仏教・儒教・詞文に通じていた。

希覚は法眼宗の祖である金陵文益に律の教えを授けている。『景徳伝燈録』巻二四の文益禅師の伝によると、文益は弱年で具足戒を受けた後に、明州の育王山で教化を盛んにしていた希覚を訪ねその教えを聞き微旨を究めたという。

無外の門人には、法栄・蘊琮・観復・処洪・彦珍など数名がおり、みな名を知られていたという。これら門人たちの伝記は、法栄の簡略な伝記を『律苑僧宝伝』巻八に収めるのみであり、その外の律師について伝記はわからない。法栄の伝記は、『律苑僧宝伝』巻八に、「宋法栄処雲二律師伝」があり、処雲の伝とまとめて収載する。処雲は法栄の弟子である。法栄・処雲の生存年次を推定する記録は見えないが、ここに宋という王朝名を冠するが、法栄・処雲の前に挙げる律師には「後唐」、「漢」、「周」など宋以前の王朝名を冠し、法栄・処雲には「宋」と冠してある。したがって法栄は、呉越から宋初期に杭州で活躍したと考えられる。

その法栄の弟子には、処雲・普済・徳明・賛賓（寧）・洪信・洒文がいた。[12] その中、普済は「越州普済律師」とあるから越州（浙江省紹興）を主に、徳明は昇州（江蘇省江寧県）で盛んに律を講じた。普済には『四分律行事鈔』を注釈した「集解記」一二巻があり、徳明には「事鈔正言記」一〇巻がある。[13]

処雲については、『行事鈔諸家記標目』の中にも「宋杭州処雲法師」とある。[14] 生存年代は不明だが、法栄の弟子であるから法栄の後に、北宋初期の杭州における律学の学匠であったと思える。『律苑僧宝伝』巻八の法栄の伝には「聡悟敏捷にして、南山の宗教を陶冶し、「拾遺記」を撰して『事鈔』を解す」[15]と、当時の南山律宗を代表する学匠であったことを讃え、著述名を挙げている。宋慧顕・日本戒月改録『行事鈔諸家記標目』には、行事鈔拾遺記三巻　右一部宋杭州処雲律師と記している。

この他、『律苑僧宝伝』巻八に収録する伝記によると、呉越時代の杭州では、後唐覚熙律師、漢銭塘千仏寺文光大師などが南山律を説いていたことがわかる。[16]

『律宗瓊鑑章』には、南山律の相承を、高祖道宣律師、第二祖周律師、第三祖道恒律師、第四祖省躬律師、第五祖恵正律師、第六祖玄暢法宝大師、第七祖元表律師、第八祖守言律師、第九祖無（无）外律師、第十祖法北宋（法栄）律師、第十一祖処雲（処恆）律師、第十二祖択梧律師、第十三祖允堪律師、第十四祖択其律師、第十五祖元照律師、（以下省略）というように位置付けている。[17]『律宗瓊鑑章』『律苑僧宝伝』巻八、『律宗図源解集』上の記述により律宗の相承の系譜を表にすると次のようである。

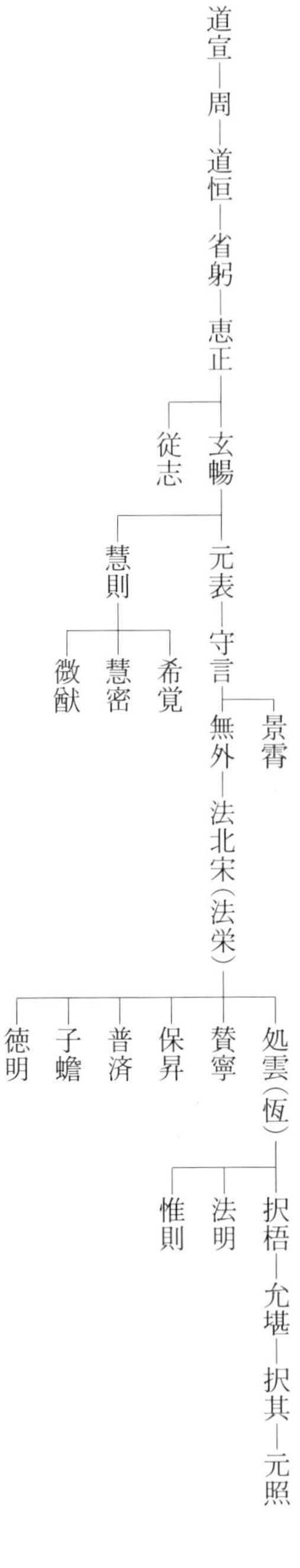

3　贊寧と南山律宗

呉越末宋初を代表する高僧である贊寧は、鎌倉時代の凝然の『律宗瓊鑑章』に、第十祖法北宋（法栄）律師に法を受けた第十一祖処雲（処恆）の同門として徳明律師（正玄記）と並んで「贊賓（音義指帰三巻）」と名前と著作を挙げる。(18)「賓」は「寧」の誤りである。重慶の『伝律図源解集』上の律宗相承表は「贊寧」とある。(19)『律苑僧宝伝』巻八に「宋京兆天寿寺通慧大師伝」があり、贊寧の伝を記している。そこに、贊寧が広く三蔵に通じ、特に南山律に精通し、律虎と称せられていたことを記すが、(20)法栄の門下とは記されていないし、贊寧が南山律を誰から学んだのかについても記されていない。栄律師の門人の普済律師伝と徳明律師伝の間に通慧大師贊寧の伝を収録しているので、贊寧を法栄の門人と考えてよいと思う。凝然の『律宗瓊鑑章』に、処雲（処恆）は、徳明、贊賓（寧）と同門であり、ともに法門の領袖、と記されているので、『律苑僧宝伝』はこれによったのであろう。

しかし、『宋高僧伝』希覚伝の中に、贊寧自ら語った師弟関係の言葉がある。それによると、贊寧は、希覚が著した『易経』の「会釈記」二〇巻を指授された。中国古典に関心深い贊寧に自分の著した『易』の注釈書を託したのである。また、希覚は臨終が近付いた時に、疲れて眠るたびに、夢の中に天人が現れた体験を親しく贊寧に告げ、告げ終ると生き絶えた、と贊寧は記している。(21)この贊寧自ら記した記事によると、贊寧は希覚の臨終につきそうほど希覚と親密な間柄であったのである。「会釈記」を指授されただけではなく南山律も希覚から学んだと考えられる。あるいは、法栄と希覚の両方から南山律を学んだのかもしれない。

贊寧は呉越国で名声が高くなり、国王の信頼厚く、呉越監壇、副僧録、両浙僧統として十数年にわたり呉越仏教に貢献した。(22)呉越国が宋に帰順した時、贊寧六〇歳、阿育王寺仏舎利を奉じて、宋の首都開封に行き、太宗に拝謁する機会に恵まれた。

『仏祖統紀』（以下『統紀』と略称）巻四三太平興国三年の条に、

呉越王の俶は版図を奉じて帰朝す。僧統賛寧をして釈迦の舎利塔を奉じて入りて慈福殿見えしむ。上は素よりその名を聞き、一日に七たび宣す。賜うて通慧大師と号す。

という。太宗は以前から賛寧の名声を聞いていたので、日に七度も召して色々と賛寧に質問したのである。太宗は賛寧に通慧大師の号を賜った。また、『宋高僧伝』巻二七に収録する唐天台山福田寺普岸伝には、

今上の太平天国三年に、滋福殿に於いて、両浙の都僧正賛寧に石橋の長広度量を宣問せらる。一に皆な実奏す。帝、歎嗟すること之を久しくす。

宮中の滋福殿で太宗に拝謁した賛寧に、太宗は天台山に存する石橋のことを問うている。賛寧が現状を奏上すると、帝は感嘆したと、賛寧自らが記録している。『統紀』にいう「一日に七宣」は誇張があるかもしれないが、太宗が呉越仏教について関心深く賛寧に色々質問したのは事実であろう。

石橋については、普岸伝に、石橋聖寺と記している。常盤大定『中国文化史蹟』に現地調査に基づく解説がある。それによると、天台山の方広寺は石橋（石梁）の上流四五丁の距離にあり、石梁の対岸のお堂に五百羅漢像がある。石梁は五丈ほどの高さの大瀑布の下にあり、橋の長さは約三〇尺、厚さ約二間、しかもその上の広さは尺に満たない。これを渡る人は眼くらみ脚おののく、実に神功鬼作と称すべきなり、と常盤大定が訪問した当時の現況を記している。[23] この石橋には釈曇猷（『高僧伝』巻一一曇猷伝）、智顗（『続高僧伝』巻一七智顗伝）、全億長史（『宋高僧伝』巻二七普岸伝）、普岸（『宋高僧伝』巻二七普岸伝）など修行者の説話が伝わっている。賛寧はそうした石橋の現況と伝説を話したのであろう。また呉越の仏教についても話したと考えられる。

太宗は、開宝九年十月二十一日即位すると、十二月に太平興国元年と改元した。太宗は即位当初は道教を重視して

いたが、仏教も重視し[24]、即位の年には、普く天下に公認の沙門となる得度を実施している。その数、十七万人ともいう[25]。

また太宗は即位すると早速に、龍興寺を改めて太平興国寺として、開先殿を立てて太祖の御容を奉安した（『統紀』巻四三太平興国二年の条）。

龍興寺についてはこんな逸話が伝わっている。後周の世宗は龍興寺を廃して官倉としていたのを、宋初に寺の僧たちが鼓を打って旧に復することを要求した。その僧の情熱に感動して太宗が復興したというのである（『楊文公談苑』『皇朝類苑』『統紀』『汴京遺蹟志』など）。このように太宗は即位当初から仏教を重視していた。それで仏教が盛況する呉越の僧賛寧らに興味を持ち謁見したと考えられる。後述するがこのとき賛寧のみではなく呉越の法眼宗の希辯禅師と遇安禅師も慈福殿において太宗に拝謁している。このことからも太宗が呉越仏教に関心深かったことが察せられる。

太宗に優遇された賛寧はそのまま開封に止まり、三年後の太平興国六年には右街副僧録に任命され開封の右街教門の事を掌っている。同七年に、『宋高僧伝』の編纂のため杭州に帰ったことはあったが、端拱元年には再び開封に登り、史舘編修、左街僧録を務め、八十四歳で杭州祥符寺において入寂するまで、杭州で広く活躍する。賛寧は仏教が隆盛する呉越の地から、久しい戦乱と廃仏により仏教が衰退していた華北の開封に進出したのである。

賛寧は『内典集』一五二巻『鷲嶺聖賢録』五〇巻『外学集』四九巻『事鈔音義旨帰』三巻など多くの著述を著わしている。（牧田諦亮『中国仏教史研究』二、一二三頁には二十種の著作を挙げる）。『宋高僧伝』三〇巻、『大宋僧史略』三巻は現存し、仏教史研究の上で今日も重要である。南山道宣に倣って仏教史書を著したのであろう。『事鈔音義旨帰』は道宣の『四分律行事鈔』に関する著作であり、『外学集』は儒教等の中国古典に関する著作である。賛寧が仏教以外の中国古典に通じ外学集四九巻を著述したのは、中国古典の学に通じた師の希覚の影響と考えられる。

『宋高僧伝』巻一六周東京相国寺澄楚伝の中で、澄楚（八七九―九九五年）の伝記の末尾に、賛寧の時代には、開封で、相部（法礪）、東塔（懐素）、南山（道宣）の三宗がいずれも盛行していたという。[26]澄楚は懐素の東塔宗の系譜の律僧である。後周の頃には開封の相国寺には澄楚や貞俊（伝は『宋高僧伝』巻一六）など懐素の「新章律疏」を学ぶ東塔律を継承する律僧の伝を挙げている。しかし南山律の律僧は『宋高僧伝』に収録していない。

懐素の東塔宗は、『宋高僧伝』巻一四の楊州龍興寺の法慎（六六六―七四八年）により唐代の玄宗の頃には江南の楊州龍興寺で教化がおこなわれ、その影響が多大であった。その弟子の一人に、「銭塘譚山寺慧鸞」の名が見える。また相部宗は、『宋高僧伝』巻一四唐会稽開元寺曇一伝によると、曇一（六九二―七七一年）は、唐の玄宗・粛宗の頃に、会稽開元寺で法励の律学を宣揚し、その影響は多大であった。その法嗣の一人に杭州龍興寺義賓の名が見える。このように唐代には東塔宗も相部宗も杭州で行なわれていたのである。

志磐の『統紀』巻四五法運通塞志皇祐元年の条に、「欧陽外伝」の名を典拠に挙げて、「周朝の廃仏の後、宋太祖の建隆時代に仏教が興復しても、京師開封の両街ではただ道宣の南山律宗と賢首大師の華厳宗と慈恩大師の法相宗の義学のみである」[27]と伝える。これを見ると、南山律宗は開封で盛んであったようだ。しかし『宋高僧伝』に収録するほどの南山律の高僧はいなかったのであろうか。賛寧が開封に入った後も賛寧の南山律の影響は見えない。南山律は浙江地方において後に顕著な発展をするが開封において発展しない。賛寧は南律宗の律僧としての枠を超えて、特定の宗学の学匠としてよりは、その行動力と才覚により国家に仏教を浸透させ、それにより仏教を隆盛させた高僧といえる。

4　杭州における律宗の盛況

処雲の門下に択梧がいる。択梧については、孤山智円が書いた「銭唐律徳梧公門人覆述記」（『閑居編』巻一五所収）と「大宋銭唐律徳公講堂題名序」（同上三〇巻所収）がある。ともに択梧の存命中の記録であり、「大宋銭唐律徳梧公講堂題名序」は真宗の大中祥符九（一〇一六）年に記したものである。

それらによると、「択梧は銭唐（杭州）の人で、銭唐の保寧寺において、処雲律師に南山律学を学び、その奥旨を知り、門を閉ざして一五年間にわたり研究した。その後、通慧大師慶賛に請われて昭慶寺に入って、初めて人のために教えを説いた。それは真宗の咸平四（一〇〇一）年のことという。択梧の法席は拡張され、遠くから学ぶ者がやってきた。ほどなく保寧寺に還り、その後、開化寺に遷り、開化寺から再び保寧寺に遷り、聖果寺に遷り、今は、兜卒寺に在して、昭慶寺にいた時と同じように人々を教訓している」、という。文中に智円は択梧の高潔な人柄と戒律の実践と教化を讃えている。

智円は択梧を「我が友」と呼びお互いに気心を知り合った仲であると語っている。「銭唐律徳梧公門人覆講記」によると、真宗の天禧元（一〇一七）年に、択梧は療養のために弧山瑪瑙寺に隠棲していた智円を見舞ったおり、この「銭唐律徳梧公門人覆講記」の記述を智円に依頼した。智円の言葉から智円と択梧の親密な交友、智円が択梧を尊敬する心情が伝わってくる。

真宗即位の四年後の咸平四（一〇〇一）年に昭慶寺で、真宗即位の一九年後の大中祥符九（一〇一六）年に兜卒寺で、衆生を教化していたという記録から、択梧は真宗朝に杭州の昭慶寺、兜卒寺を中心に活躍していた律僧であることが確認できる。『律苑僧宝伝』巻八の宋択梧律師伝には、著書に『（行）事鈔記』七巻があったという。

択梧がはじめに住した保寧寺は、『咸淳臨安志』巻七九に挙げる天福中に創建された水心保寧寺と考えられる。旧名は水心寺。聖果寺は上同書巻七六に挙げる呉越王銭氏が創建した寺である。開化寺は上同巻七七に挙げる開宝三年呉越王銭氏が創建した慈恩開化寺であろう。兜卒寺は上同書巻七九に挙げる顕徳二年に銭氏が創建した兜卒寺である。

昭慶寺については、『咸淳臨安志』巻七九に大昭慶寺の項があり、建隆七（一七四二）年三月浄慈沙門象玉が記した原序を付した『大昭慶律寺志』一〇巻がある。巻一興建上、巻三旧蹟上、巻六戒律、巻八僧伽上の記事によると、昭慶寺は旧名を菩提寺と称し、後晋の天福元（九三六）年、呉越王銭氏の創建で、宋太祖の乾徳二（九六四）四月に重建され、太平興国三（九七八）年に戒壇が造立された。永智律師を開山、建壇の祖とする。太平興国七年に「大昭慶律寺」の勅額を賜った。

開山であり建壇の祖とする永智律師については、巻八僧伽上に簡略な記事はあるが具体的な行跡はわからない。『律苑僧宝伝』にも名が見えず中国仏教史の上では律僧として名は知られていないが、宋初期の太平興国三年に昭慶寺に戒壇を創立し南山律を宣教した僧として注目される。

太宗は即位して太平興国元年と七年に僧十七万人を得度したというが、このように多数の得度には昭慶寺の新造の戒壇が使われたと考えられる。昭慶寺戒壇は太宗の政策に沿ったものであったのであろう。そし永智律師の後に、真宗の時代に択梧律師が昭慶寺で南山律を宣揚したのである。しかし、択梧に関しては『大昭慶律寺志』では全く言及していない。永智の後の律僧として允堪については、陳舜兪が允堪「行業記」を引用してかなり詳しく言及し、仁宗の慶暦中（一〇四一―一〇四八）に允堪が戒壇を再興し、昭慶寺の律宗が盛んになりその光が今に及んでいるという。

このように昭慶寺は宋初期から戒壇が造られ、永智・択梧・允堪そして元照などの律僧が住して南山律を宣揚し、北宋を通じて戒律の中心寺院であった。そして明清時代においても律寺の伝統は続いていた。

また昭慶寺は、宋太宗の淳化年間より真宗の天禧年間まで、省常が『華厳経』浄行品によって信仰実践の結社を結成し実行した寺として著名である。

択梧の門人に允堪・法明・惟則など若干名がでた。特に著名なのは允堪である。

允堪（一〇〇五―一〇六一年）の伝記は、『統紀』巻二九（『正蔵』四九・二九七中）、『釈氏稽古略』巻四に収載する。杭州の出身で、天台崇教大師慧思について剃髪し、広く仏教を学んだが特に律部に精通した。允堪が十七歳のときに真宗が崩御し、仁宗の治世となった。仁宗朝に活躍した律僧である。仁宗の慶暦年間（一〇四一―一〇四八年）、皇祐年間（一〇四九―一〇五四年）に、杭州の昭慶寺、蘇州の開元寺、秀州の精厳寺に戒壇を建てて度僧し、聖寿を祝延し、戒律の流通に努めた。

允堪は、『(四分律）行事鈔会正記』『戒本疏発揮記』『業疏正源記』『義鈔補要記』『教誡儀通衍記』『浄心誡観法発真鈔』などを著わして道宣の著作を注釈し、世に十本の記主といわれる。『会正記』を著わしたのは杭州の昭慶寺である。嘉祐六（一〇六一）年十一月二十六日、昭慶寺において入寂した。号を真悟智円大師と称す。律師允堪は会正派と呼ばれる南山律の一派を形成し、宋代の律学に大きな影響を与えた。

允堪の少し後輩に南山律宗十五祖と仰がれる元照（一〇四八―一一一六年）がでた。元照は允堪と学説を異にし、允堪の会正派に対して元照の律学を資持派と称する。以来、元照の資持派のみが隆盛する。元照は浄土教にも深く帰依しその影響は大きい。

唐末の争乱を避けて江南に遷った慧則・元表によって長安の南山律が江南に伝わり、天台山や明州・越州など浙江の地で盛んになった。そして、当時の浙江の中心地である杭州において南山律を宣揚したのは、元表の門下の守言、守言門下の景霄と無外、そして慧則門下の希覚である。ついで無外の門下の法栄が杭州で南山律を宣揚した。景霄・無外は呉越の武粛王の時代に生存し、法栄そしてその門人の処雲は宋朝になって活躍したと思われる。処雲の門人の択梧は真宗朝に活躍し、択梧の門人の允堪が仁宗朝に杭州で南山律の会正派を確立し、続いて元照がそれを凌駕する資持派を確立した。允堪・元照については詳説しないが、その背景には、呉越国から宋初期の杭州における南山律研究を無視できないのである。

二　杭州における禅宗の展開

左は、呉越宋初に杭州で活動した禅僧の名と嗣法の系譜表である。『景徳伝燈録』によった。傍線を付した禅僧は杭州が活動の地ではないが杭州に影響が強いので挙げた。

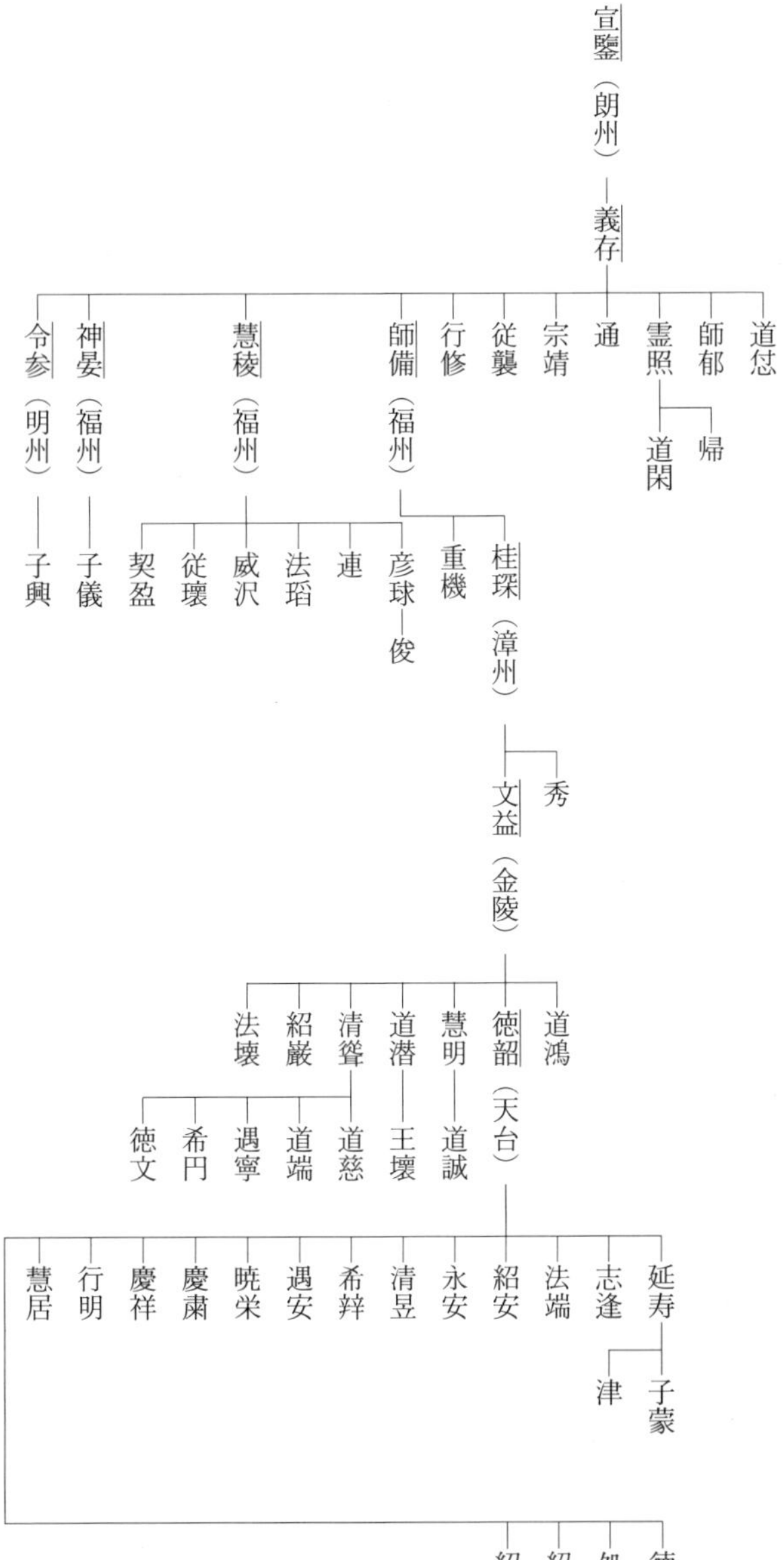

1　杭州で活動した雪峰義存門下の禅僧

(1)　その概観

杭州では、唐代からすでに禅宗は行なわれているが、[28]禅宗が本格的に流布するのは、雪峰義存（八二二―九〇八）の弟子たちの時代、すなわち呉越時代になってからである。[29]

雪峰義存は[30]、閩（福建省）の象骨山の雪峰院で禅の教化に励み、その名声が天下に響いていたので、呉越地方からも義存のもとを訪れ入門する沙門が多かった。そしてこれらの沙門により呉越地方に福州（福建省）の禅学が伝播するようになった。

『景徳伝燈録』巻第一八の「福州雪峰義存禅師法嗣」上に十四人、同下（巻一九）に四十二人の名前と伝記を挙げるが、その上下合計五十六人の中、「杭州」の地名を冠する禅師が七人いる。禅僧は師匠を求めて各地を巡るのが常であり一定の場所に止まっているわけではないが、禅僧として修行が完成した後に、晩年に止住した土地・寺院の名を僧名の前に冠するのである。

杭州龍冊寺道怤禅師

杭州西興化度師郁禅師

杭州龍華寺霊照禅師（以上巻一八、伝あり）

杭州龍井通禅師（以下巻一九）

杭州龍興寺宗靖禅師

余杭大銭山従襲禅師

杭州耳相行修禅師（伝無し）

義存の法嗣を五十六人挙げる中、右の七人が杭州で禅を宣教していたことがわかる。五十六人中の七人であるから決して多くないが、雪峰義存の法嗣たちにより義存嗣法の禅風が宣教されていたのである。雪峰義存は青原行思第六世という。青原行思は六祖慧能について禅を学び、吉州（江西省）の青原山で禅を教化し門人が雲集し、行思の系統から後に雲門・曹洞・法眼の三宗派が生まれた。

右に列挙した杭州を冠する禅師ではないが、雪峰義存の法嗣の初頭に挙げる福州玄沙師備禅師（『景徳伝燈録』巻一八）も浙江地方における禅の伝播を考える上で注目しなければならない。師備（八三六―九〇八）の伝は『宋高僧伝』巻一三習禅篇「梁福州玄沙院師備伝」にも収載する。それによると、師備は雪峰義存に師事してその法を嗣いだ。師備は、閩越の忠懿王王審知に崇敬されて閩の地で禅を説いており、杭州には来ていないが、彼の三十年に及ぶ教化の間、法を説いた禅侶は七百人ほどいたという。そして『宋高僧伝』に著者の賛寧は、「今に至って、浙の左右、山門盛んにこの宗を伝え、法嗣繁衍す」[31]と特筆する。七百人いたという師備の門下の中の何人かが浙江地方にその禅風を伝えたのであろう。ただし、『景徳伝燈録』巻二一に玄沙師備禅師の法嗣として十三人を挙げるが、杭州で活動したのは杭州天龍重機禅師一人だけである。

また雪峰義存の法嗣の一人である福州長慶慧稜禅師の法嗣二十六人を巻二一に挙げるが、その中で、左の六人が杭州で活動した。

杭州龍華彦球禅師
杭州保安連禅師
杭州傾心法瑫禅師
杭州広厳威沢禅師
杭州報慈従瓌禅師
杭州龍華契盈禅師

龍華彦球の伝は、『宋高僧伝』巻二八興福篇の「晋東京相国寺遵誨伝」の付伝として挙げる。それによると、縉雲（浙江）の人で、後梁の貞明中に受戒し、景霄について律を学んだ。景霄については、本章前節に記述したように、武粛王の崇敬を受け北宝塔寺や南宝塔寺で南山律を宣揚した律師である。彦球は毘尼の奥深さを見てそれを伝講しようとしたが、沓婆羅漢が小乗心を回らして大乗の菩提心を発したことを悟り、反って堅固な法を求め、閩嶺に行き長慶慧稜禅師について禅を学び心決を得た。

その後浙江に来て六通院に住した。その名声が高くなり、呉越王は彼の高行を尊敬して、命じて功臣院に住せしめた。その後、龍華寺に入り、衆徒を集めて禅を開演した。宋の建隆中に龍華寺で入寂した。

賛寧は彦球伝の中で、次のようにいう。

求好して衆事を営むに、務はかならず身ずから先にす。ただ人を利するを以て急とし、施を受けては必ず常住に帰す。房には関鍵なく笥には扃なし。尼衆の礼謁を容さず。声勢を苟くもせず。常に度戒に属しては、四遠の人聚り、日に累千の僧食を供し、未だかって匱（とぼし）きことを告げず。前後の計をいうに、万鉅の人に飯すと。（『正蔵』五〇・八八四下）

彦球は、私欲なく人を利することを第一とし、尼僧の礼謁を許さず、荒々しい声を発することがなかった。また四方から多くの人が受戒に集まり、それに提供する食事は万を数えたが、費用が乏しいことを告げることがなかった、というように、賛寧は、厳しく持律して生きる彦球の高潔な人柄を讃えている。彦球が戒律を重視し、多数の人々に授戒したのは律僧景霄に学んだ影響であろう。

杭州で宣教した福州長慶慧稜の法嗣六人の一人である傾心寺法瑫（宗一禅師）は、晩年に龍冊寺に住して帰寂したという(32)。

また、上の長慶慧稜禅師と同門の福州鼓山神晏禅師の法嗣十一人の中に、

杭州天竺山子儀禅師

がいる。『景徳伝燈録』巻二一に伝を載せる。しかし天竺山ついては言及していない。子義は僧号を心印水月大師といい、温州楽清県の人で、はじめは遊行して鼓山神晏に会い教えを受け宗旨を了解した。その後、浙中に行った。呉越忠懿王がその名声を聞いて、命じて、羅漢・光福の二道場で法席を開かせた。そこに多くの衆が参集した。後に故郷に帰り、宋太宗の雍熙三（九八六）年に入寂した(33)。

（2）雪峰義存門下の道怤、化度、霊照、通、宗靖、行修について

雪峰義存の法嗣の中、杭州で禅学を宣教した禅師として注目すべきは、杭州龍冊寺道怤（八六四―九三七年）である。

道怤の伝記は、『景徳伝燈録』より成立の早いものに、『祖堂集』巻一〇、『宋高僧伝』巻一三「後唐杭州龍册寺道怤伝」に収載する。それらによると、道怤は、永嘉（浙江省温州）の生まれで、故郷の開元寺で出家し、具足戒を受けた後に、閩や楚に遊行して善知識に参問して生死の根源を決了することを求めた。臨川曹山の本寂に学び、ついで閩に行って雪峰義存に師事した。その後、越州（浙江省紹興）の鑑清寺に遷った。「鑑」と「鏡」はかがみの意で混用され、正しくは鏡清寺である(34)。九〇七年に建ち、九七〇年に福清院と改め、一〇〇八年に景徳院と改めた（浙江紹興府の六里七四歩にあり、会稽県に属す）。この鏡清寺に居住していたが、呉越国武粛王銭氏（鏐）の欽慕を受け杭州の天龍寺に入山した。王は順徳大師の号を私署した。その後、呉越文穆王（元瓘）が創立した龍冊寺に王の要請で入山した。

『釈氏稽古略』巻三に収録する「越州鏡清順徳怤禅師」の伝記にも、呉越王は道怤禅師の道徳を慕い請うて天龍寺に住まわせ、「また龍冊寺を創（立）し以て師を居せしむ(35)」というように、文穆王が龍冊寺を創建し、天龍寺に住し

た道付をこの新寺に入山させたことを伝えている。天龍寺は『咸淳臨安志』巻七七寺院によると感業寺の旧名であり、呉越王の乾徳三年の創建であり、大中祥符元年に感業寺と改名された。

龍冊寺については『冊府元亀』巻五二帝王部氏の後唐末帝の清泰二年八月の条、『十国春秋』巻七九呉越三・文穆王世家の清泰二年の条に、文穆王が府城の外に寺を建立して、後唐の廃帝に「龍冊」という寺額を賜るよう請うたが許されず、「千春」と号するよう命じた、という。千春寺が公式の寺名であったのである。

『咸淳臨安志』巻七七寺院の「天華寺」の項に、天華寺は旧名を「千春龍冊」といい、清泰元年に呉越王の建立で、鏡清禅師の道場であるという。建立年次の記述に一年の違いはあるが、文穆王が創建し道付を居住させた寺であり、道付は天福二（九三七）年八月に寿七十四で入寂するまで、この寺でその禅学を宣説したのであろう。『宋高僧伝』道付伝の中で撰者の賛寧は、「呉越の禅学はこれによって興る」[36]、というように、道付を呉越地方における禅学の起源と見做している。龍冊寺は杭州における法眼宗が初めて実修され宣説された寺として注目される。龍冊寺には、道付と同門の四明の翠巌寺の令参禅師が晩年に呉越文穆王の命で入山し入寂までここに住した。道付の後を継いで第二代住持となったのであろう。また福州長慶慧稜禅師（巻二一）の法嗣の杭州傾心寺法瑫も晩年に龍冊寺に住しており、延寿が令参に師事して出家したのは龍冊寺なのである。このように龍冊寺は法眼宗の歴史の上で注目すべき寺である。

杭州西興化度禅師については、生没年次も活動年次も不明である。「銭王その道徳を欽び、奏して紫師号」とあり、呉越王の帰依をうけていたことだけが窺える[37]。

杭州龍華寺真覚大師霊照（八六〇―九三七年）の伝は、『宋高僧伝』巻一三の「晋永興永安院善静」（『正蔵』五一・七八七下）の付伝に収載する。それによると、高麗の人で、中国に来て、福州に入り雪峰に学んで心に得るものがあった。質素倹約に衆務を勤め、粗末な衣を着るので「照布納」と呼ばれた。千人もの人々から畏服された。言葉は漢語があまり上手ではなかった。つき合いが良くなく、淡白な性格であった。はじめは斉雲山（浙江金華県）に住し、次いで越州の鑑清院（鏡清院）に居住した。そこで副使の皮光業と対論し、言葉が出なかったので、斥けられて龍興寺に遷った。湖州太守銭公が杭州の西関に報慈院を創建し、ここに霊照に請いて入山させた。報慈院は、『咸淳臨安志』巻七八によると、長興四（九三三）年、文穆王伝瓘の建立であり、ついで銭王が龍華寺を建てて命じて師を住持とした。『景徳伝燈録』巻一八真覚大師霊照伝では没年を天福一二（九三七）年七月二十六日、寿七十八歳、龍華寺で入寂と記す。大慈山に塔が造られた。(38)

龍華寺は正式に龍華宝乗院であり、『咸淳臨安志』巻七七寺院に「龍華宝乗院」の項があり、また『統紀』巻四二法運通塞志・開運元年六月の条に解説がある。『統紀』によると、忠献王は、僧慧亀を雙林に遣わし、傅大士（善慧大士）の塔を開き、霊骨十六片を得た。その霊骨が霊相があったのでそれを銭塘に持ってきて光冊殿に安置して供養し、龍華寺を建てたと伝える。(39)

『咸淳臨安志』巻七七では、開運二年に呉越王銭弘佐が瑞萼内園を喜捨して建てたという。創建の年次に一年の差があるが、後晋の初年に忠献王銭弘佐が建立し傅大士の塔を建てた寺である。そしてこの龍華寺には、後に言及する徳韶門下の慧居禅師、紹鑒禅師も止住していた。

『景徳伝燈録』巻二二には杭州龍華寺霊照の法嗣として七人の名を挙げ伝記を収録する。その中に、杭州で宣教した二人の伝記が収載されている。

杭州雲龍院帰禅師

杭州余杭功臣院道閑禅師

右の二人の禅僧の伝記は簡略で生没年次も所居の寺院も不明である。

義存門下の杭州龍井通禅師については、生没年次も所居の寺院についても記していないが、[40]龍井は霊石山の西南の風篁嶺の上にある。この寺は九四九年に凌霄という人が募金して建てた報国看経院であるという。[41]

次の杭州龍興宗靖禅師は、台州の人で、雪峰義存に学んだ後に故郷に帰り六通院に住していたが、銭王の命により杭州の龍興寺に居住するようになった。龍興寺は『咸淳臨安志』巻七六寺院・在城の「大中祥符寺」の項によると、大中祥符寺の旧名である。創建は梁の大同二年で、その後、唐の正（貞）観中に衆善（寺）、神龍元年に中興（寺）と改められ、同三年に龍興寺と改められ、大中祥符初年に大中祥符（寺）と改名したという。呉越時代には龍興寺と称しており、宗靖が住したのはこの寺であろう（『咸淳臨安志』巻七七寺院に挙げる開成四年の創建である「勝相院」も、旧名を「龍興千仏寺」と称していた）。宗靖は銭王から厚い礼遇を受けた。顕徳元年冬、八十六歳で入寂。大慈山に塔が建てられた、[42]という。

杭州耳相行修禅師については『景徳伝燈録』巻一九には名のみで伝はないが、『宋高僧伝』巻三〇雑科声徳に収録する。その「漢杭州耳相院行脩伝」により概説しよう。行脩（修）は、泉州（福建）の人で、若くして北巌院に入って出家し、十三歳で削髪して、長楽府の戒壇に行き上品律儀をうけた。そして、十八歳のときに雪峰山の義存禅師に参じた。後唐の天成二（九二七）年、浙中に入った。国中が望瞻し、檀徒の布施が盛んであった。そこで室を西関の高峰に構えた。後に大院となった。行脩は特別に自説を挙唱することなく、黙々として坐し、人が問えばただ笑うだけであった。耳が長いので人は「長耳和尚」と称した。それで行脩の住した寺を耳相院と称したのであろう。乾祐三（九五〇）年三月入寂した。しかし伝記中には耳相院に関しては言及していない。『咸淳臨安志』巻七八寺院の法相院の項に、法相院は、旧名は長耳相（院）で、天福四年、呉越王が建立し、大中祥符九年に法相院と改められたとい

この長耳相院であろう。行脩は浙江地方で「国中が望瞻した」といわれるが、国王の崇敬と援助を受けた沙門ではなく、庶民に慕われた沙門であったようだ。国王の崇敬、援助を受けて禅道を宣揚した禅僧が呉越時代に多かったが、行脩のような庶民に親しまれた禅僧も存したのである。禅道の社会への浸透を示す一齣と考えられる。

2　杭州における法眼禅の伝播

(1)　金陵文益門下の慧明、道潜について

杭州において禅が盛んになるのは、金陵文益禅師（八八五―九五八年）の法嗣さらにその法嗣たちの時代になってからである。文益は金陵（南京）の清涼寺に住して禅宗五家の一派である法眼宗を確立した。

文益の伝記は、『宋高僧伝』巻一三、『景徳伝燈録』巻二四、『仏祖歴代通載』巻一七、などがある。文益は青原山行思禅師八世の漳州羅漢桂琛の法嗣である。また明代の編集である『金陵清涼院文益禅師語録』（『正蔵』四八に収録。）には語録とともに伝記がある。文益は杭州の出身で、越州の開元寺で具足戒を受けた後、明州の希覚に律を学び精通し、傍ら儒典を探り、文雅の場に遊んだ。その後、福州の長慶（慧稜）の法会に参じて疑滞を決すると、臨川に行き羅漢（桂琛）に師事した。南唐の国王李氏に招かれて金陵の報恩禅院に入りここでその禅道を宣教した。顕徳五年入寂すると王は「大法眼」の師号を贈った。それにより文益の禅道を法眼宗と称する。中国禅宗五家の一派の祖と仰がれる。

その金陵文益禅師の法嗣を『景徳伝燈録』巻二五に三十人、巻二六に三十三人を掲載するが、その中の六人が杭州で活躍した禅師である。

杭州法恩寺慧明禅師

杭州永明寺道潜禅師
杭州霊隠清聳禅師
杭州宝塔寺紹巌禅師（以上、巻二五、『正蔵』四〇七上）
杭州奉先法壊禅師
杭州永明道鴻禅師（伝では杭州慧日永明寺通辞禅師道鴻　注、第三世住）（以上、巻二六、『正蔵』四一八中）

右に挙げた文益の六人の法嗣の伝記を概観しよう。

まず、杭州法恩寺慧明の伝記は『宋高僧伝』巻二三遺身篇「周銭塘報恩寺慧明伝」に収録し、また『景徳伝燈録』巻二五に伝記がある。それによると、銭塘（杭州）の人で、三学を学び精微の域に入った後に、文益に師事し、深い正理を会得し、今まで自分が宗としてきたものは生滅の情見を免れざることを知った。その後、浙江地方を廻り、天台の白沙に隠棲し、草寮を建てそこに住した。「ついで漢南国王銭氏（呉越国忠懿王）が大報恩寺を造り、請うて以て住持せしむ」(43)という。

報恩寺は忠懿王が創建した寺で「大」と冠するほどの大寺であったのであろう。慧明がその初代住持に要請されたのである。『十国春秋』巻第八一呉越「五．忠懿王世家」の広順三（九五三）年夏四月の条に、王妣恭懿夫人の薦福のために城北に報恩元教寺を建てたことを記すこの報恩寺であろう。ここでは「報恩元教寺」と記すが、『景徳伝燈録』では後述するように「報恩光教寺」と記す。「元」は「光」の誤字と考えられる。慧明はこの新寺の住持に王の要請で入山したが、慧明の没年次を『宋高僧伝』には、顕徳中（九五四―九六〇）と記しているので、報恩寺に住したのはそれほで長い期間ではなかった。しかし慧明はここで玄沙師備より嗣法した禅学を説いたのである。慧明が初代住持を務めた報恩寺は、後述するように、この後、杭州における法眼禅の一つの拠点となった。

慧明が雄弁で対論者を論破するので、魔説と呼ばれていたことは『宋高僧伝』にも記されているが、『景徳伝燈録』巻二五の杭州慧明禅師伝はより詳細に伝えている。それによると、慧明は漢の乾祐中（九四八―九五〇年）に呉越忠懿王に召されて王府杭州に入り王に法を説き、王の命で資崇院に住した。慧明は、玄沙宗一大師（玄沙師備）その弟子地蔵桂琛（羅漢桂琛）その弟子の法眼文益の禅の宗旨を盛んに説いたので、王は翠巌の令参禅師（雪峰の弟子、伝は『景徳伝燈録』巻一八）等の諸禅匠及び城下の名公に命じて対論せしめその勝負を決定しようとした。しかし、慧明の論説を論破できる者は無く、禅師や名公はみな屈服した。王はそれを喜び、円通禅師の師号を賜わった、という。慧明の雄弁ぶりは、杭州に来る以前に四明大梅山や天台山の白沙にいたころから知られていた。

慧明が資崇院に止住していたことは記すが報恩寺については記していない。おそらく杭州に来た当初は資崇院に住し、広順三年四月に報恩寺が創立すると王命でそこの住持として移ったのであろう。資崇寺は『咸淳臨安志』巻七七寺院に収録する法雲寺の旧名である。開運元年に呉越王の創建である。

『景徳伝燈録』慧明伝の中に、「時に呉越の部内の禅学は甚だ盛んなるも、玄沙師備（雪峯義存の代表的な法嗣）の正宗を以て圏外に置く。師整えてこれを導かんと欲す(44)」という。これによると、慧明の時代には、逝江地方で禅学は盛んであったが、玄沙師備の禅学がまだ流布していなかったのである。玄沙師備―羅漢桂琛そして金陵文益と嗣法した法眼禅の宗旨を談じた。天台山の白沙において同門の天台徳韶の弟子の朋彦上座や諸師と論争し、彼らを論破したのである。慧明は雄弁で問答において相手を論破する才能に秀でていた。それで国王に尊重され、またそれで彼の説いた法眼の禅風が世間に認められ広まったのである。

慧明禅師は天台徳韶国師と同じく文益の弟子で二人は兄弟弟子である。天台徳韶国師の伝記は『宋高僧伝』巻一三、『景徳伝燈録』巻二五の金陵文益禅師法嗣上の初頭に収録する。慧明禅師の前に位置する。天台徳韶に関しては研究も多いので再説しない[45]。その門下は永明延寿をはじめ多くが杭州で活躍し、また徳韶は天台教学と関係が深く、浄土信仰とも関係があり、杭州仏教に与えた影響は大きい。しかし徳韶は杭州で教化することは無かったようだ。その弟子の延寿は杭州の禅学また浄土教に強い影響を与え仏教史の上で位置付けされている。慧明は仏教史の上で著名ではないが、延寿以前に慧明は杭州で法眼禅を流布させており、延寿によって杭州に法眼禅が盛況する基礎を築いたのである。

つぎに、杭州永明寺道潜禅師(?—九六一年)に言及しよう。

その伝記は『宋高僧伝』巻一三習禅篇「周廬山仏手巌行因伝」の付伝に収録し、また『景徳伝燈録』巻二五にも収録する。さらに『仏祖歴代通載』巻一七にも見える。道潜は、晩年に臨川の文益禅師に師事して悟りの境地に達し、その後、杭州に来て、忠懿王銭俶の崇信を受け、王に菩薩戒を授けている。忠懿王は大伽藍を建て慧日永明寺と号し、道潜をここに居住させた。没後、宋太祖の開宝三(九七〇)年に天台徳韶が墓塔を建てた。杭州において崇信を集めた禅師であった。その没年を『浄慈寺志』巻八の伝記に、建隆二(九六一)年九月十八日という。呉越国がまだ宋に帰順する以前である。

慧日永明寺については、『咸淳臨安志』巻七八「南山浄慈より龍井に至る」の「報恩光孝禅寺即浄慈」に、また明の呉之鯨撰『武林梵志』巻三に、記述があり、そして、清の釈際祥が撰述した『浄慈寺志』三〇巻がある。これらの記録によると、後周顕徳元(九五四)年に呉越忠懿王が創建し、慧日永明院と号した。宋太宗のとき寿寧禅院の寺額を賜り、紹興十九(一一四九)年に今額すなわち浄慈報恩光孝禅寺を賜った。略して浄慈寺と呼ばれている。『浄慈寺志』巻八・住持には、道潜の伝を載せその末尾に、道潜をこの寺の開山初祖としている。

浄慈寺は、南山慧日峰の山麓、西湖を一望する場所にある。南宋の嘉定年間(一二〇八—一二二四年)に霊隠寺・

余杭陘山寺・明州天童寺・阿育王寺と並んで禅院五山に格付けされた名刹である。今日の浄慈寺は広大な寺域に塀を巡らし、西湖に向かって立派な山門がある。「建勅浄慈禅寺」の寺額を掲げたその山門は新しく、また大雄殿も最近の建立のようである。浄慈寺は永明延寿が禅と浄土信仰を実践・宣教した寺として著名である。

『景徳伝燈録』巻二六には、道潜の法嗣三人を挙げる。その中、杭州千光王瓌省禅師（『正蔵』五一・四二七下）が杭州で活動している。しかし慧日永明寺をついだ法嗣はいなかった。

瓌省（九〇六—九七二年）は、温州の人で、幼少で出家し、初めは律部を学び次いで天台の円頓止観に心を傾け、楞厳経を研究したが満足できなかったので、国城の永明寺における道潜の法席が盛んなことを聞いてこれに参じた。その後、湖西の西巌院に住していたが、開宝三年に衢州刺史翁晟仰が師道を重んじて、西山に大禅苑を創建した（宋太宗はこの寺に「宝雲寺」の寺額を賜った）。翁晟仰は師に要請してこの寺に居住させた。禅を学ぶ者が集まった。開宝五（九七二）年入寂、寿六十七歳という(46)。この伝記の文中に「国城の永明の禅席盛んなるを聞いて」というように、杭州永明寺における道潜の禅席が盛況であったことを伝えている。また瓌省の宝雲寺における禅席も盛況であったという。

（2）金陵文益門下の清聳、紹巌、その他について

さて、先に名を列挙した文益禅師法嗣の伝記に戻ろう。六人中の三番目に名を挙げた杭州霊隠山清聳禅師は、文益に師事した後に、明州に遷ると、呉越忠懿王の命での明州と杭州の両所で法を説いたが、やがて杭州の霊隠上寺に居住するようになった。その生没年次は不明(47)。霊隠上寺は『咸淳臨安志』巻八〇寺観六寺院「自飛来峯至竺」に掲載する景徳霊隠寺であろう。東晋時代に創建され今日も現存する浄慈寺、天竺寺と並ぶ杭州の名刹である。宋代には禅寺

五山の第二位とされた。清の孫治撰『霊隠寺志』巻三上には再興した霊隠寺の第一代住持として延寿を挙げその後に清聳禅師を挙げているので、延寿に継いで霊隠寺の住持となったのであろう。

文益門下の杭州真身宝塔寺紹巌禅師（九〇二―九七四年）の伝記は、『宋高僧伝』巻二三遺身篇に、『景徳伝燈録』巻二五、『五燈会元』巻一〇、『統紀』巻二七等にある。『宋高僧伝』によると、十八歳で具足戒を受け、各地の聖蹟に遊び、浙江の地に来て天台山や四明山に棲息し、法眼文益に師事してその疑滞を解決したという。つまり紹巌は法眼禅を嗣法した禅僧で天台徳韶とは兄弟弟子の関係である。伝記にはついで、銭塘湖（西湖）の水心寺に掛錫し、日夜『法華経』を諷持していた。するとにわかに、陸地の庭に蓮華が生じるのを感じた、という霊験譚を伝えている。また、建隆二年には、自分の大願がかなったならば、「薬王に同じく身を焚き以て供養せん」と誓った。漢南国王銭氏は紹巌を篤く重んじ帰心していたので、遺身を心から止めた。それで紹巌は遺身を断念した、と伝える。紹巌が国王から崇信されていたことが窺える。

その後、杭州の塔寺（真身宝塔寺）に召し、上方浄院を造り、ここに居住せしめた。開宝四年七月、寿七十三で入寂というから、(48) 宋太祖の開宝四（九七一）年、呉越が宋に帰順する前の忠懿王銭俶の時代である。

水心寺は、『咸淳臨安志』巻七九寺院の「自湧金門外至銭湖門」に挙げる「水心保寧寺」である。その項に、「天福中建つ。旧に水心寺と曰う。大中祥符、今額を賜う。……陸蓮菴」とあり、文中の「陸蓮菴」の語句に、忠懿王の時、紹巌禅師が水心寺に居住し、神通力で厳冬に蓮華七本を咲かせた、という説話を伝えている。この説話は『宋高僧伝』によったのであろう。

そして開宝四年七月に、『法華経』二万部を読誦した功徳で浄土往生を確信して入寂した。紹巌は『法華経』の信者であり、南宋の宗暁が編纂した『法華経顕応記』巻下に伝記を収録する。彼は『法華経』に基づく浄土信仰者とし

て浄土教史の上でも注目される。(49)

真身宝塔寺については、先に述べたが、律僧の景霄が呉越武粛王の命で入山した寺で、忠懿王が乾徳二年四月に重建が完成し、武粛王・文穆王・忠献王の銅像を寺に供えた。『呉越備志』巻四大元帥呉越国王の乾徳二年の条によると呉越王室の由緒ある寺院である。雲居道膺禅師の法嗣の晋宣州自新禅師も晩年に、浙中に来て、宝塔寺に入り寺主に充てられた。(50)（『宋高僧伝』巻三〇「晋宣州自新伝」。）

杭州奉先寺法瓌禅師については禅問答を記されているのみで、その足跡について記述がない。

杭州永明道鴻禅師（伝では杭州慧日永明寺通辯禅師道鴻　注、第三世住）については、『景徳伝燈録』巻二六に載せる伝記に、国王との問答を伝え、国王に崇敬されていたことが窺えるが、具体的な行績に関しては、天台山から慧日峯に来たことのみを記し、その他はほとんど不明である。ただ道鴻は慧日永明寺の「第三世住」と注記がある。道鴻は天台徳韶と同門である。ただし『浄慈寺志』巻八・住持では道潜を開山始祖、延寿を第一代、道鴻を第二代としている。『景徳伝燈録』と『浄慈寺志』とでは相違があるが数え方の違いに過ぎない。いずれにしろ道鴻は、延寿に継いで、慧日永明寺すなわち浄慈寺の住持を務めるほど、杭州では代表的な禅僧であったのである。延寿が宋太祖の末年の開宝八（九七五）年十二月に入寂しているので、道鴻はそれよりやや後代まで杭州浄慈寺で法眼禅を宣揚したのであろう。

以上に、清涼文益門下の中で杭州において禅を布教した諸師ついて言及したが、文益の門下を代表するのは天台山徳韶国師である。

徳韶は、呉越忠懿王の崇敬を受け、国師の号を賜り、国王の精神的な指導者として、仏教界の最高峰として、その影響力は絶大であった。徳韶は法眼禅を継承し天台山において三十年にわたってその宣揚に務め、また天台智顗を尊敬しその遺蹟十三道場を復興した。天台宗の義寂とは親交深く天台宗の発展にも影響した。また浄土教の少康に注目しその遺跡を復興した[51]。それが宋代に善導の浄土教が注目される機縁となった。徳韶は杭州で教化したことはなかったようだが、杭州を含む呉越仏教に与えた影響は大きい。徳韶に師事した多くの門人たちが杭州で法眼宗を宣揚している。それを次に述べよう。

3　杭州における天台徳韶門下の活動

(1)　延寿について

徳韶門下に永明延寿がでた。

延寿については、すでに多くの研究があるのでそれを参考にして。重複しないように私見を述べる[52]。

延寿は杭州の生まれで、明州翠巌令参について出家した。令参は雪峰義存の法嗣であり、明州の翠巌において法席を振興させていたが呉越王の要請で杭州の慧日永明院（浄慈寺）に遷りここで入寂した。延寿が出家したのは龍冊寺といわれる。龍冊寺は先に記述したが、杭州において法眼禅が初めて実践・布教された寺である。彼は出家したときから法眼禅と深いかかわりがあったわけである。その後、延寿は天台山に行き、台嶺の天柱峰において九年間修業し、ついで天台徳韶国師に師事し悟るところがあった。

その後、明州の雪竇山に登り激しい修行を続けた。その名声が呉越王に聞こえ、彼の要請で、杭州の霊隠寺に遷った。霊隠寺は杭州の武林山にあり創建は東晋時代であるが、呉越時代にはすっかり荒廃していた。それを忠懿王が再興し、徳韶の高弟の延寿を招請して住持としたのである。しかし延寿は僅か一年でこの霊隠寺から、忠懿王が新たに建立した慧日永明院（後の浄慈寺）に遷る。そしてここに十五年間住し、開宝八年七十二歳で入寂した。

延寿は、弟子を度すること一千七百人と言われるほど門人は多い。台州の天台山、明州の雪竇山、そして杭州において延寿の影響は大きい。杭州永明院に入ってからも天台山に赴き万余人に菩薩戒を授けており、延寿が天台山の在家信者の崇信を受けていたことがわかる。

延寿は多数の著述をしている。その中でも代表的な著である『宗鏡録』百巻と『万善同帰集』三巻が影響が広く、よく知られている。

『宗鏡録』は、多数の仏典に典拠を渉猟し、法相・三論・華厳・天台を折衷し、禅に融合させている。心を中心に教と禅の一致を説く。その論旨は難解である。しかしその唯心説は当時も後世も注目され影響は大きい。

『万善同帰集』三巻もしくは六巻は、仏法の道は多様であるが、あらゆる善行はすべて実相に帰する、という趣旨を説き、浄土念仏と聖道門の諸行の双修・融合を説き、事に執らわれず、理に執らわれず、理事の万行がすべて悟りへの路となることを説く。禅の立場に立脚して事相の念仏を説いたのである。その唯心浄土、己身弥陀、禅浄融合の説はその後の中国仏教に重要な影響がある。

延寿には、一千七百人というというほど多数の弟子がいたが、『景徳伝燈録』巻二六に「杭州永明寺延寿禅師法嗣」として名を挙げるのは、

杭州富陽子蒙禅師

杭州朝明院津禅師

の二名のみであり、しかも「以上の二人は機縁の語句無く録せず」と注記しその伝を収載していない。延寿の法嗣についてはそれ以上のことはわからない。延寿の後を継いで慧日永明院の住持になったのは、延寿の法嗣ではなく、徳韶の法嗣すなわち延寿と同門の道鴻であった。

建隆元年、慧日永明院で『宗鏡録』百巻が完成すると、忠懿王はそれに序文を賜って、儒仏道の三教は自らの心に修するものであるが、この書では師の知恵弁才は万法を演述し一心を明了にしていると説いている。『大正大蔵経』巻四八に収載する『宗鏡録』の巻頭にその序文が現存する。またそこには楊傑の序文もある。それによると、忠懿王は『宗鏡録』に序文を書いたが、それは経蔵に秘蔵された。神宗の元豊中（一〇七八—一〇八五年）になって神宗の弟の魏端献王が版刻して名刹に分布したので、各地の学者は希にそれに遇うことができるようになった。元祐六（一〇九一）年に自分は杭州の法雲道場で初めて銭塘の新本を見た。それは非常に精詳である、という。

また、四明の沙門曇秀が南宋の紹定二（一二三〇）年に編集した『人天宝鑑』の永明（延）寿禅師の項に、『宗鏡録』と宗本との関係を記す注目すべき記事が見える。

延寿は『宗鏡録』百巻を著したが、延寿が入寂すると、叢林では多くの者がその名を知らず、この書が忘れられてしまっていた。ところが熙寧中に円照禅師（宗本）がこの書をとりあげて、大衆に対して、昔、菩薩が、無師智・自然智を侮り、もっぱら衆智をもって、諸宗の講師に命じてあい攻難させた。延寿は独り心宗の権衡を持って、諸宗の異義を平準にし折衷した。精妙の至りである。もって、この書に説くように、一心を万法を照らす鏡のごとくすべし、と告げた。そこで大衆は争ってこの書を伝誦した。その後元祐年間に、宝覚禅師がこの書の要処をとって三巻にまとめてこれを「冥枢会要」と名付けて世の中に盛んに伝わった。この円照と宝覚の二大老がいなければ、『宗鏡録』は叢林で尚ばれることはなかった。[53]

このように記している。これに従うと、延寿は没後（九七五年没）その名を叢林の多くの者が知らず、『宗鏡録』も忘れられていた。『宗鏡録』の真実の価値を認めて世に出したのは宗本なのである。宗本が慧日永明院に入ったのは神宗の熙寧五（一〇七二）年であり延寿入寂の九十七年後に当たる。『宗鏡録』は延寿九十七年後に、雲門宗の宗本によって評価され世に流布するようになったというのである。文中の宝覚禅師についても『冥枢会要』なる書についても不明であるが、先の楊傑の序の説とも違う流伝の仕方を伝え注目される。

先の楊傑の序にも、『宗鏡録』は経蔵に秘蔵され、神宗の元豊中（一〇七八―一〇八五年）になってすなわち延寿没後百年を過ぎて初めて開版され流布したという。『宗鏡録』は成立直後に流布したのではなく、延寿入寂直後には経蔵に秘蔵され、百年後の神宗・哲宗の時代になって高く評価され世に流布したようである。しかも雲門宗の禅師によって高い評価をされ世に出されたのである。法眼禅の継承者は絶えても延寿の思想は宋代仏教に広く影響したのである。

(2)　杭州で活動した延寿以外の天台徳韶門下について

杭州において文益の禅風すなわち法眼宗を宣教したのは延寿だけではない。左に名を挙げる天台徳韶門下の諸禅師を見逃すことはできない。

『景徳伝燈録』巻二六に徳韶国師法嗣として四十九人を列挙する。その中、以下の十八人が杭州で活動した禅師である。

杭州永明寺延寿禅師
杭州五雲山志逢大師
杭州報恩法端禅師（伝では杭州報恩光教寺慧月禅師法端）
杭州報恩紹安禅師（伝では杭州報恩光教寺通辯明達禅師紹安、注、第四世住）
杭州報恩永安禅師（伝では杭州報恩光教寺第五世住永安禅師）

杭州奉先清昱禅師
杭州普門希辩禅師
杭州光慶遇安禅師
杭州龍冊暁栄禅師
杭州功臣慶蕭禅師
杭州九曲慶祥禅師
杭州開化行明大師
杭州開善義円禅師
杭州龍華慧居禅師（以上は伝あり）
杭州報恩徳謙禅師（以下は伝なし）
杭州霊隠処先禅師
杭州霊隠紹光禅師
杭州龍華紹鑾禅師

このように、杭州で法眼禅を宣教した徳韶門下の禅僧十八人を挙げている。

『天聖広燈録』巻二七吉州清源行思禅師第十世の「台州天台徳韶国師法嗣」には、徳韶の法嗣として五人しか収載しない。そのうち四人が杭州の禅師であるが、徳韶門下を代表する延寿は挙げていない。しかし、『景徳伝燈録』に収載しない徳韶の法嗣が二名見える。すなわち杭州興教寺洪寿と杭州西山奉譚山主である。そこでは洪寿を「杭州興教寺洪寿禅師」と記している。また契崇編『伝法正宗記』巻八では徳韶の法嗣として五十一人の名を挙げ、その中の十八人が「杭州」を冠し、「杭州興教寺洪寿」の名も見える。[54]

そして『天聖広燈録』の洪寿の伝には、彼は杭州の生まれで、徳韶に師事した後に故郷に帰り大慈山に草庵を結びそこに居住したが、真宗の大中祥符九年に州知事の馬亮の要請で興教寺に入りそこに五年住して引退して、上方（寺か）に居住し、真宗が崩御し仁宗が即位した乾興元（一〇二二）年三月二十日、寿七十九で入寂した。その誕生は後晋の開運元（九四四）年と記す。[55]興教寺に五年止住したと記すが、浄慈寺との関係は記していない。洪寿は延寿と同門である。『浄慈寺志』では洪寿を道鴻に継いで浄慈寺第三代とする。

洪寿の後の浄慈寺は法眼宗の系譜は絶えて、雲門宗の系譜となる。第四代住持は円照宗本とする。円照宗本は雲門禅の系譜である天衣義懐の法嗣である。その後は円照の弟子の大通善本が第五代住持となる。

『浄慈寺志』巻八住持に掲載する洪寿伝によると、洪寿は徳韶の法嗣であり、天聖の初めに南屏山興教寺の隣の寿寧（寺）が虚席となっていたので「洪寿に要請して処を補う」というように、隣寺の寿寧寺の住持に迎えられたのである。『五燈会元』巻一〇青原下十世・天台韶国師法嗣にも、「杭州興教洪寿禅師」として洪寿の伝を挙げるが、記録が簡略で居住した寺院については全く記していない。[56]『天聖広燈録』や『五燈会元』では興教寺洪寿とし『浄慈寺志』では浄慈寺第三代住持とする。この徳韶門下の洪寿は真宗の大中祥符から真宗崩御のころまで杭州で法眼禅を宣説していたのである。洪寿の後の慧日永明寺は雲門宗の系譜に替わった。また霊隠寺は、延寿が慧日永明院に遷った後は、徳韶と同門の清聳が住持になり、その後も徳韶門下、清聳門下が住持となっていたが、円照宗本の時代からは雲門宗の禅師が住持となっている。そして杭州で法眼宗は消滅し雲門宗が盛況するのである。

また、『天聖広燈録』に洪寿とならんで挙げる徳韶法嗣の西山奉譚山主も、天聖三（一〇二五）年、寿八十で入寂したので、その生誕は後晋の開運三（九四六）年であり、呉越末から宋の真宗の治世に杭州で法眼禅を宣揚した一人である。[57]

さて、前に掲げた徳韶の法嗣の一覧表に戻って、杭州で活動した徳韶門下の諸禅師について説述しよう。

五雲山志逢大師は、太宗の雍熙二（九八五）年十一月、寿七十七で入寂しているので、その生誕は後梁の開平三（九〇九）年であり、呉越末から宋太宗の治世に活動した禅僧である。

杭州奉先寺清昱禅師は、その伝記によると、呉越忠懿王の帰依を受けた。王は、清昱を宮中に召して道を問い、軍使薛温に命じて、杭州の西湖に大伽藍を建てそれを「奉先（寺）」といい、大仏宝閣を建立し、清昱に要請してこの寺に居住させた。そし宋太祖の開宝中（九六八―九七六年）に入寂したと記す。[58]

奉先寺については『十国春秋』巻八二呉越六中王世家下の開宝元年春三月の条にも、「乙巳、奉先寺を城西に建つ」とあり、奉先寺は忠懿王が開宝元年三月に城西の西湖の畔に建立した寺で、初代住持は清昱であったのである。奉先寺には天台宗の源清が止住し、山家派と称される天台教学を宣揚した寺でもある。

普門寺希辯禅師は、蘇州常熟の人でその地の延福院の啓祥禅師について具足戒を受け、そして楞伽山に行き律を聴法し、ついで天台徳韶に謁して心印を受けた。乾徳の初め、忠懿王の命で越州の清泰院に住し、開宝中にまた召されて、普門寺に入り、第二世住持として居住した。そして太平興国三年、宋に帰順し呉越王が、賛寧をつれて、舎利宝塔を奉じて、宋の首都開封を訪問し太宗に拝謁した時、希辯も宮中の慈福殿において太宗に拝謁し、紫衣と慧明大師の号を賜わる優遇を受けた。そして十一年ほど開封に滞在し、端拱中（九八八―九八九年）になると、故郷に帰りたい旨を上言し、その希望が許された。太宗は自作の詞を賜わり、忠懿王は金を施し、常熟の本山院に高さ二百尺の七級の塼塔を創建した。功すでに就り、至道三（九九七）年八月二十五日、寿七十七入寂というから、その生誕は後梁の龍徳元（九二一）年である。至道三年三月太宗に代り真宗が即位したので、希辯は主に太宗朝に活動した禅師である。

光慶寺遇安禅師は、徳韶に師事した後に、乾徳中（九六三―九六八年）に呉越忠懿王の命で北関所の傾心寺に住し、また召されて天龍寺に住した。そして開宝七年、光慶寺に入り衆徒を統摂した。宋太宗の太平興国三年に、呉越国が宋に帰順した時に、賛寧・希辨とともに、舎利宝塔を奉じて、宮中の慈福殿に参上し太宗に見え、柴衣と師号（朗智大師）を賜った。開封に十二・三年滞在して、淳化の初め（九九〇年）に杭州光慶寺に帰った。そして淳化三（九九二）年九月入寂する。

上の記録に見るように、普門寺希辯禅師と光慶寺遇安禅師は、宋に帰順した呉越王が宋太宗に拝謁するために開封を訪れたときに、賛寧とともに、呉越王に従って、宮中で太宗に拝謁し厚遇を受けている。忠懿王が宋の太宗を表敬訪問した時に、呉越国の都僧録賛寧が同行したことは知られている。賛寧以外にも同行した沙門がいたのだ。希辯と遇安は呉越王に随って宋皇帝を表敬訪問する任に選ばれた。二人が呉越国で信頼されていたことが察せられる。二人は十年以上にわたり開封に滞在した。その間に開封の仏教の状況を見聞し、また呉越の仏教についても語ったであろう。しかし二人の開封での行動を伝える資料は無い。彼らが徳韶から嗣法し、呉越に盛況した法眼宗の禅風を開封に伝えた痕跡は残されていない。

『統紀』巻四五仁宗皇祐元年の条に、宋代初期の開封における仏教の状況を次に様に伝えている。

太祖・太宗・真宗朝の開封では、道宣の南山律と賢首大師の華厳宗と慈恩大師の慈恩宗（法相宗）のみが行なわれ、天台宗と禅宗はまだ開封で流布していなかった。仁宗の皇祐元年になって、内侍の李允寧が奏上し、自宅を喜捨して「十法浄院」の勅学を賜わり、この禅院ではじめて禅席を興した。その後ほどなく雲門宗の大覚懐璉（一〇〇九―一〇九〇年）が仁宗に招かれてこの寺に入山しその禅風を伝えた。これが江南の雲門禅が華北の開封に進出するもとになった。志磐はこの記録の典拠として「欧陽外伝」の名を文末に注記している。

このように開封で禅宗が流布するのは仁宗朝になってからであり、太祖・太宗・真宗朝にはまだ行なわれていなかったという。希覚・遇安は太平興国三年に開封を訪れ十年以上に渡り開封に滞在しているが、彼らの法眼の禅道は影響がなかったのである。

次に、龍冊寺暁栄禅師は、天台徳韶に師事した後に、杭州富陽の浄福院に住し、その後、龍冊寺に住した。両寺で衆徒をあつめて法を説いた。太宗の淳化元（九九〇）年八月、秀州霊光寺の浄土院で入寂。寿七十一。その生誕は後梁の貞明六（九二〇）年である。太宗朝に杭州で法眼禅を宣教した一人である。

開化寺伝法大師行明は、明州雪竇山の智覚禅師（延寿）の門に投じたが、智覚が杭州の慧日永明院に遷り、門徒二千という盛況ぶりなので、徳韶に教えを受けた行明は延寿を助けるために慧日永明院に遷った。多くの帰依者がついたが、延寿が入寂したので、能仁寺に遷り住した。忠懿王はまた大和寺を創建した。この寺は後に六和寺と改め、太宗は号を「開化寺」と賜った、と注記する。行明は両寺で説法し衆徒が集まった。太宗は紫衣師号を賜った。咸平四（一〇〇一）年四月六日入寂する。主に太宗朝に活躍し太宗の帰依を受けた禅師である。

『景徳伝燈録』の天台徳韶国師法嗣の中には、「報恩」を冠する禅師が、報恩法端・報恩紹安・報恩永安・報恩徳謙の四人がいる。これらは収録する伝記には「報恩光孝寺」と記されている。しかし『五燈会元』巻一〇の青原下十世天台徳韶国師法嗣に収載する「杭州報恩法端慧月禅師」並びに「杭州報恩紹安通辫明達禅師」「杭州報恩永安禅師」の伝では「法恩」のみで「光教」の語は無い。『景徳伝燈録』では、目次では「報恩寺」とし、法端・紹安・永安・徳謙（伝無し）、の伝記の文中には「法恩寺」の語は見えず報恩寺については言及していない。しかし、『景徳伝燈録』巻二六では法端禅師を報恩光孝寺の第三世住持、紹安禅師を報恩光孝寺の第四世住持、永安禅師を第五世住持と注記する。既述したように第一世は慧明であるが、第二世は不詳である。

ところで、杭州で報恩光教寺といえば、南屏山の慧日永明院が、紹興十九年に改名されて報恩光孝寺となりそれが有名である。しかし、『景徳伝燈録』が編纂された頃にはまだ慧日永明寺を報恩光教寺とは称していないことを付記しておく。

永安禅師（九一一―九七四年）の伝記は、『宋高僧伝』巻第二八興福篇に、『景徳伝燈録』巻二六天台徳韶国師法嗣に、『五燈会元』巻一〇に伝記がある。『宋高僧』によると、永安は、少年の頃から優れており彙征大師に師事した。天成中（九二三―九三〇）に杭州に遷った。十二頭陀行を実践したいと思い、閩嶺に登って禅宗に参問しようと欲したが、そこへ行く路が険難で行くことが困難だったので、天台山に行き庵を結んだ。後に天台徳韶禅師の法座に参加して、すみやかに多くの疑問を解決できた。やがて漢南国王（呉越忠懿王）は彼を召して報恩寺に居住させ、彼に「正覚空慧」の禅師の号を授けた。永安の名声が国王の耳に達するようになったのである。また永安は李通玄（六三五―七三〇年）の『華厳経合論』一二〇巻の刊行を行なった[59]。開宝七（九七四）年入寂、寿六十四という。

報恩寺は、文益門下の明慧を加えると、五人の法眼禅系の禅僧が止住し、呉越末宋初の杭州における法眼禅の中心道場であり、禅宗の歴史の上で重要な寺である。

慧日永明院は、報恩寺と並んで、むしろそれ以上に、呉越末宋初の杭州における禅の拠点であった。永明延寿がここで禅と念仏を宣説・実践した寺として仏教史の上で名高いが、延寿が入山し始めて禅の道場になったわけではない。むしろ延寿が慧日永明寺を禅の拠点としたのは道潜以来の伝統があったからであろう。この寺には、延寿の後には道鴻が住し、さらに洪寿が住して法眼の禅風を宣揚した。洪寿は『天聖広燈録』巻二七台州天台徳韶国師法嗣として五名を挙げる中に、杭州興教寺洪寿禅伝を収載している、しかし『景徳伝燈録』巻二六、青原第十世の天台山徳韶国師法嗣四十九人の中に収録していない。洪寿を徳韶の法嗣と見做していないのである。

杭州龍華寺慧居禅師は、天台の教旨に通じていた。忠懿王の命で上寺に住して法を説いたことは記すが、龍華寺との関係は書いていない、生存年代も不明であるが、慧居の伝の前に伝を置く杭州開化寺伝法大師行明が真宗の咸平四（一〇〇一）年に入寂しているので、それと同時期すなわち呉越忠懿王から宋太宗そして真宗の治世に龍華寺で禅を宣教した一人であろう。

以上に述べたように、杭州に禅宗が流布するのは雪峰義存の法嗣の時代からである。『宋高僧伝』の撰者賛寧は、雪峰義存の法嗣である龍冊寺道怤を杭州禅学の起源とする。道怤は武粛王そして文穆王に崇敬され支援された。そして文穆王が創建した龍冊寺に入山しその禅風を広説した。

そして、杭州で禅学が盛況するのは、雪峰義存の法嗣である金陵文益の法嗣、さらにその法嗣の時代である。金陵文益門下の慧明・道潜・紹巌・道鴻・清聳・法瓌等によって呉越末の杭州に法眼宗が盛況したのである。その一人である法恩寺慧明は、忠懿王に崇敬され王が創建した報恩寺の住持となり、ここで玄沙師備・羅漢桂琛と嗣法し金陵文益が大成した法眼宗の禅風を宣揚した。以来、法恩寺は法眼禅の主要道場となった。彼の雄弁さが呉越地方における法眼宗の流布に役立った。

報恩寺慧明と同門の永明寺道潜も忘れることはできない。道潜は忠懿王の菩薩戒の戒師となるほど崇敬され、王が創建した慧日永明院に住持として入山し法眼禅を宣揚した。かくして慧日永明院が法眼禅の主要道場となったのである。また道潜と同門の道鴻は慧日永明院の第三世住持となりここでその禅風を宣揚した。また清聳禅師は霊隠寺に入山してその禅風を説いた。霊隠寺は延寿を継いで清聳が住し法眼宗の道場となったのである。

そして金陵文益門下の徳韶の門下の時代になると、杭州の法眼禅は最盛期を迎えた。徳韶の高弟である延寿は、法眼禅を嗣法したがそこに止まらず、新たな唯心説を論拠として仏教諸宗を融合・統一し、禅と念仏を併修する仏教を提唱し実践した。延寿の思想は後の宋代仏教の性格を方向づけたのである。

徳韶の法嗣の多くは、太祖の開宝中に、すなわちは、呉越国が宋に帰順する前に入寂しているが、五雲山志逢大師は太宗の雍熙二（九八五）年まで生存した。また杭州普門寺希弁禅師は、忠懿王に優遇されたが、呉越国が宋に帰順したときに開封に登り太宗に拝謁し太宗の優遇を受け、端拱中（九八八―九八九年）まで十年ほど開封に留まり、故郷に帰った。そして至道三年すなわち太宗崩御真宗即位の年に入寂した。

光慶寺遇安禅師も呉越国が宋に帰順したときに呉越王に従い開封に登り、太宗に拝謁して優遇を受けた。十二年ほど開封に滞在し、淳化の初め（九九〇年）に杭州光慶寺に帰り、同三年九月二十一日に入寂した。

龍冊寺の第五世住持の暁栄禅師も、太宗の淳化元年八月に入寂するまで存命した。

開化寺伝法大師行明も、太宗から紫衣師号を賜り、真宗の咸平四年四月六日に入寂するまでその禅風を宣説している。このように呉越国が宋に帰順した後の太宗朝になっても法眼宗は杭州で続いている。慧日永明院では道鴻の後を継いで第四代住持となった洪寿が、真宗の太中祥符から真宗崩御まで生存しその禅風を宣説している。このように徳韶の法嗣たちによって杭州の法眼宗は真宗朝までは存続した。その後の仁宗・英宗の時代については明確にできないが、神宗・哲宗の時代になると雲門宗を継承する慧林宗本が慧日永明院を中心にその禅風を宣揚し、その門下は二百人を数え、『続伝燈録』巻一四に善本をはじめとする二百人を挙げる。[60] 杭州の禅道は法眼宗に替わって雲門宗が主流となるのである。

小結

前々節ならびに前節では、呉越宋初の杭州において展開した律宗と禅宗について論述した。

杭州では、呉越時代に、南山律宗と法眼系禅宗が、国王の奉仏と外護により発展した。また国王の奉仏策により、優れた沙門が多数集まり、仏教が隆盛した。多くの寺院が造られた。『咸淳臨安志』巻七六から巻八二に、城内と城外とを併せて四九四の寺院、また杭州に属する余杭・臨安・於潜・富陽・新城・塩官・昌化の七県の二八二の寺院を挙げている。それらの中の多くが呉越時代に創建された寺院なのである。

太平興国三年に呉越国が宋に帰順し、杭州が宋の領土となってから、杭州の仏教に対する政策に何らかの変化があったかもしれないが、仏教史書ではそれはほとんどわからない。寺院名は真宗の代になると改名されている事例が多く、宋王朝の政策であろうが、沙門の意識の中にはあまり変化が感じられない。太宗そして真宗も仏教を大切にし、国の文化として利用した。それは開封の沙門の努力の成果でもあるが、奉仏という点は呉越王と共通する面があったので、王朝が代わったことに対する危機意識は少なかったのかもしれない。

本稿では杭州を主題にしたが、もとより仏教は杭州に限定することはできない。南山律宗は長安で隆盛し、それがたまたま台州・明州・会稽の浙江の地域に伝わり、そして杭州に伝わり杭州で盛況したのである。一沙門が台州、明州、杭州と移動している場合もある。禅宗は、福建で隆盛した禅宗が、やはり台州・明州・会稽などに伝わり、そして杭州で隆盛したのである。希覚律師・慧明禅師・延寿禅師・清聳禅師のように、天台山・明州を廻り杭州を主たる教化の地とした沙門もいる。

杭州は、台州の天台山や明州に近い。沙門たちのは天台山・明州・杭州を往来した。台州の天台山は天台宗の根本道場であり、禅も盛んであった。明州は呉越時代から港町として開けてきて、宋代には海上交通の要所となり発展した。歴史的な仏教の聖地である天台山で呉越時代に再興した天台宗は、やがて海上交通での港町として開けてきた明州に進出し、明州は仏教の新しい中心地となった。地理的に近い杭州と天台山と明州は一つの仏教文化圏を形成した。台州・明州の沙門が大都市杭州に進出し教線を張った。杭州仏教は、天台山や明州の仏教の刺激を受けて発展し、杭州は仏教の中心地となったのである。

三　杭州における天台宗の展開

1　杭州における十祖玄燭・霊光皓端による天台教の宣教

(1)　十祖玄燭について

呉越国の杭州で天台教を宣教したのは玄燭（―八九一―）が初めてのようである。『宋高僧伝』に玄燭の伝記は収録してないが、玄燭については、巻七義解篇二の四に収録する「宋秀州霊光寺皓端伝」の中で、秀州霊光寺の皓端が呉越王の銭粛に召されて杭州の羅漢寺や真身宝塔寺において教化したが、その時、天台教の玄燭という僧がいて、天台宗の第十祖と称されていた。皓端はこの玄燭に師事して一心三観の教えを了得した、という記録がある。

そして、志磐撰『仏祖統紀』（以下『統紀』と略称）では巻二二「未詳承嗣伝」の中に「十祖玄燭法師」伝を収録する。玄燭法師の伝を「嘉禾皓端法師」と並べて挙げている。簡略であるこれが唯一の玄燭伝である。その全文を挙げよう。

法師玄燭は戒徳・定品・慧業の法門、宗乗を講唱し、当世、特立す。大順の初め、法を帝京に伝う。学徒数百、左右悦随す。時にそれ荊渓を継ぐ可きを謂いて、尊称して十祖と為すと云う。（『正蔵』四九・二四六中）

と記している。志磐は、玄燭が天台宗の教えを講唱し、当時、特に目立った存在であり、大順（八九〇―八九一）の初め、天台の教えを帝都長安で伝えており、数百の学徒がいた。玄燭が荊渓大師湛然を継承するので、当時の人は玄燭を天台宗第十祖と尊称していたという。『統紀』巻六唐土九祖紀では荊渓湛然を天台宗第九祖とし、第十祖を興道道邃とする。ここでは湛然の後継者として玄燭に十祖の尊号を付している。湛然（七一一―七八二）と玄燭（―八九一―）は百年ぐらい離れており、『統紀』巻六では天台宗第十祖は道邃であり、これが『統紀』の天台宗祖師説である。十祖玄燭は尊敬をこめた僧号であろう。

玄燭は大順の初め帝京で天台教を宣説し、学徒が数百いたという。「数百」という表現に誇張があるかもしれないが、天台教が唐末の長安で盛んであったことが窺え注目される。

玄燭が長安で天台教を説いた大順元（八九〇）年の十七年後には唐は滅亡し、後梁が建国し、五代十国時代となる。玄燭は唐末の混乱を避けて長安から江南の浙江地方に移住したと考えられる。唐末には、争乱の長安から平和で奉仏国王が支配する浙江地方に移住した沙門が多かった。玄燭は南山律宗の慧則や玄表が長安から逃れて浙江地方に来たと同様な道を選んだのである。

隋代に智顗そして灌頂によって大成した天台教は、その後は特に傑出した人材が出なかったので停滞した。この停滞した天台教を唐中期に湛然が再興した。湛然の弟子には幾人かその名の知られる者がいたが、その後は衰退した。(61)

しかし唐の武宗の会昌の廃仏の頃にも天台教を伝えた沙門はいた。天台教は、発祥の地である江南の浙江地区の天台山が中心であるが、華北の長安や五台山でも行なわれていた。慈覚大師円仁の『入唐求法巡礼行記』巻三開成五年五月十六日の条に、大華厳寺に天台僧の志遠・文鑑がいて天台教を説いていたことを記している（開成年五月一七日の条にもある）。

入唐僧円仁は、長安に六年間滞在し、青龍寺の法潤・義真・大興禅寺の文悟、元政・大安国寺の元簡、玄法寺の法全について両部の真言を究め、また「醴泉寺の宗頴に従いて重ねて止観を受く」（『本朝高僧伝』巻六江州延暦寺円仁伝）という。[62] 円仁は長安に来る前に五台山において華厳寺の志遠から『摩訶止観』の教えを受け、長安でまた宗頴から天台教を学んだのであろう。[63]

宗頴（―八四五―）の伝記は『宋高僧伝』『釈門正統』『統紀』に記していないので不明であるが、その天台教義の一端は『唐決』の中に知ることができる。

『唐決』は、最澄をはじめ義真・円澄・円載・徳円・光定等の比叡山の学匠が、教義上の疑問を中国の天台僧に質問し中国天台僧がそれに答えた問答集である。その問答七種をまとめた『唐決集』もある。その中に「光定疑問宗頴決答六ヶ条」（『光唐決』ともいう）と「円載疑問、宗頴決答、十ヶ条」（『徳唐決』ともいう）がある。[64]

『徳唐決』は、最澄の弟子の徳円（八一三―八四五年）が天台教義に関する疑問十ヶ条を醴泉寺の宗頴に送りその決答を求め、それに対して宗頴が答えたものである。『光唐決』は最澄の弟子の光定（七七九―八五八）が天台教義に関する疑問六科条を宗頴に問い、それに対して宗頴が答えたものであり、巻末に「唐会昌五年三月二十八日　上都右街醴泉寺沙門　宗頴　上」と返答の日次を明記している。

『円唐決』には日次の明記はないが『光唐決』と同じ頃の成立であろう。醴泉寺は『長安志』一〇によれば、朱雀街西四番街の醴泉寺坊の街北にあり、長安の右街に属す。

『唐決』に関しては、すでに大正十四年に、西岡虎之助「唐決について」（『史学』四、三田史学会）にその歴史上の役割と特色が概説的に述べられている。また、『仏書解説大辞典』に「唐決」として五項目、さらに『唐決集』をも挙げており、その執筆者の田島徳音の解説があり、それが参考になる。本書は、日本と中国の天台教の異同の研究、日本中国天台交渉史の研究の上で、唐末の長安と天台山の学風の違いを伝える貴重な資料であり、研究すべき資料であることを提言している。この提言のように『唐決』は、平安初期の天台教、そして日本仏教研究の上で重要であり、中国唐末の天台教の状況を伝える希少な資料でもある。

最近、大正大学総合仏教研究所において、『唐決』の重要性に注目し、共同研究が行われている。その成果を『大正大学総合仏教研究所年報』第三六号（平成二六年三月）と、同二七号（平成二七年三月）に、「『唐決』―「広修決答」と「維蠲決答」の比較研究―『唐決』―日本における天台教学受容過程の研究―」と題して発表している。ここでは最澄の弟子で天台第二世座主の円澄が、天台山の広修に質問した三十問「円澄疑問、広修決答」と、同じ三十問を円澄が天台山の維蠲に質問した「円澄疑問、維蠲決答」を「広修決答」と「維蠲決答」を対比して訓読・現代語訳を行い、今までに三十問の中の十五問を終わっている。筆者が今必要とする宗頴の決答には未だ着手していないが参考にはなる。

叡山の徳円の質問に長安の宗頴が答えた「徳円疑問、宗頴決答」の七番目の疑問に、「毘盧遮那経与法華経前後教部所摂」があり、徳円は、「大日経は、五時のうち何時に摂められるか、四教・八教の中の何教に摂められるか、法華経の前に説かれたか法華経の後に説かれたか」と問うている。それに対して宗頴は、「本宗の教えで、法華経と大日経との説時の前後を弁じた明文を未だ見てないが、「義を以て推せば」とことわって、大日経は第五法華経時の時に収摂され、円教に摂められる」という見解を提示している。[65] ここで、その根拠として「一行禅師、全く円義を用って経文を消釈する也」と述べる。一行の影響を受けて、大日経を円教とし法華経と同格と見做している。

一行は、天台智顗の弟子の荊州玉泉寺の弘景について出家したので、天台の教観に通じていたであろう。また一行は、『法華』『涅槃』『金剛般若』『起信』『華厳』等の「釈義」を作った道一（伝は「杭州余兆県龍泉寺故大律師碑」）

からも、『法華経』を学んでいるので、『法華経』を重視したのであろう。(66)

唐末の中国天台では必ずしも宗潁のように、『大日経』を第五時法華時に説かれ、円教であるとはしない。「円澄疑問、広修決答」に、『大日経』と『法華経』の説時の前後に関する円澄の疑問に対して答えて、『大日経』は方等部に属す、という見解を明示する。このように唐末の天台宗では長安の宗潁と天台山の広修とでは学風の違いがあったのである。

また「徳円疑問、宗頴決答」の第十番目の「究極仏位性悪断不断」に取り上げる性悪説は、如来は悪の存在であることを主張する思想である。その場合、如来が本性として先天的に具えている善・悪を性善・性悪とし、後天的な行為によって生じた善・悪を習善とし、如来が滅却した悪は習悪であり、性悪は失うことはない。それで如来の性悪は現実社会において衆生を自在に教化する働きとなる、という。この如来性悪説は智顗の教学の特質であり、(67)この問題は、趙宋天台で大問題になるが、唐末にすでに問題になっていたことは注意すべきである。

宗頴の性悪説に関しては、安藤俊雄『天台性具論』後編・第三章「性起哲学の浸潤」第一節「唐末五代の天台教(一)　宗頴の性悪説」に論述があるが、宗頴の性悪説の影響については言及していない。今は性悪説の内容にまでは立ち入らない。

円仁が開成五（八四〇）年八月に五台山から長安に登り、その後、六年の間、長安に止住して仏教を学んだ時に、宗頴に師事して天台教を学んだことを、「勅修灌頂官符」（『天台霞標』五編巻一、『大日本仏教全書』新四二・八頁）に伝えている。その文中に、円仁が「天台大師、第八弟子、右街（注、別伝は左街に作る）醴泉寺の僧宗頴の所に於いて、止観の微旨を研習す」と記しており、宗頴を天台大師八世とする。しかし史実であるか否かはわからない。(68)

円仁が長安に滞在した開成五年から会昌五年の頃には、宗頴という天台僧が長安で天台教を宣教していたことは確かであり、会昌の廃仏の頃にも長安で天台教が行なわれていたのである。

五台山でも会昌の廃仏の頃に、志遠の天台教を継承した弟子の元堪が武宗の廃仏に際して、師の撰述した種々の天台智顗の書の注釈書を、屋壁に埋めて隠した。武宗の次の宣宗の御代になり仏教が復興すると、旧居を修繕し、これらの書を祖師堂に置いた。法華経を伝唱し、摩訶止観を敷揚した（『宋高僧伝』巻七唐五台山志遠伝、『正蔵』五〇・七四五中）と言う。会昌の廃仏の当時は五台山でも志遠の弟子元堪によって天台教が行なわれていたのである。

玄燭が長安で天台教を説いた大順年間（八九〇―八九一）は、宗頴の時代から五〇年近くを経ているので、その間の長安における天台教の様子はわからないが、宗頴の後は玄燭が天台教を宣教しており、長安では点ではあるが天台教が行なわれていたのである。(69)

唐末の黄巣の反乱そして唐王朝の滅亡による長安地方の混乱を避けて南遷した玄燭によって、長安の天台教が杭州に伝えられた。その長安系の天台教を霊光皓端が学んだのである。

(2) 霊光皓端について

玄燭に師事した皓端の伝は『宋高僧伝』巻七義解篇二の四に収載する。また『統紀』巻二二未詳嗣伝に皓端伝がある。それによって皓端の伝歴を述べよう。

皓端は、嘉禾（浙江省秀州、今の嘉興地区）の人で、九歳で出家し、郷里の霊光精舎に入り、若年で具足戒を受け、四明の希覚律師に就いて南山律を学びその義門に精通した。ついで、金華（浙江省金華地区）の雲法嗣に師事して名数（法数名目）の学と『法華経』を学んだ。後に、呉興（浙江省呉興地区）の僧たちの要請を受けて「論」を講説した。そこで、彼の名声が高くなったのであろう。呉越国の武粛王は皓端を召して王府（杭州）の羅漢寺そして真身宝塔寺において演訓・宣導せしめた。このように、武粛王に召されて皓端が王府杭州に登り羅漢寺、ついで真身宝塔寺に入るまでの経過を述べている。

羅漢寺については明確にできない。

真身宝塔寺は、南塔寺とも称し、武粛王が創建した呉越国の名刹である。宋代には梵天寺と改名される。梵天寺についてはは本節3項（5）梵天慶昭の小項で詳説する。

真身宝塔寺で人々を宣導していた時に、天台教の師である玄燭という沙門がおり、天台宗では第十祖と号していた。皓端はこの玄燭に師事して、一心三観の教えを了得した。そして『金光明経随文釈』一〇巻を撰述した。これによって「両宗の法要、一径路通す」という。皓端は真身宝塔寺において玄燭に師事して天台教を学んだと考えられる。

記述したように玄燭は唐末に長安で天台教を宣教し門下数百と称せられる天台僧である。右の文中に皓端は、「両宗の法要、一径路通す」という。「両宗」は、一つは天台宗であるが、もう一つは、皓端が希覚について学んだ南山律宗であろうか。あるいはその後に雲法師について学んだ「論」すなわち『大乗百法明門論』で、法相宗の五位百法の学を意味するのであろうか、判然としないが、皓端は天台宗と律宗あるいは法相の両宗の教義に通じていたのである。

忠献王銭氏は、皓端に紫衣を賜い崇法の号を与えた。その後は、盧山慧遠の虎渓三笑の故事を慕って、誓約して寺門を出ることがなかった。それを二十余年続けた。その二十余年間、「身に長衣なく、口に豊味なく、居に関を施さず、坐するに唯一榻あり」（『正蔵』五〇・七五一上）というような私利私欲を離れた持戒堅固な生き方をしていた。皓端は、若い時に四明の阿育王寺において希覚律師に師事して南山律を修学しそれに通達しているので、生涯、戒律を重視していたのであろう。そして、建隆二年三月十八日、寿七十一歳、「本坊」において坐滅す、と記されている。本坊は秀州の霊光寺であろう。逆算するとその生誕は唐昭宗の大順二（八九一）年であり、唐滅亡（九〇七年）の七年前に生まれ、呉越国の武粛王・文穆王・忠献王・忠遜王・忠懿王の五代にわたり生存し、そして宋太祖が宋を建国した翌年の建隆二（九六一）年に入寂した。典型的な呉越国の沙門である。まず呉越国を建国した武粛王に殊遇され、忠献王からも殊遇された。

その著作は、「伝録記讃七十ばかりの巻あり」というが現存しない。その門下は八十余人というから、当時の教界でかなりの影響があったと考えられる。かつて秀郡を掌っていた秘書監の銭昱は、皓端の高潔な品格に感銘して「行録」を著述した、と『宋高僧伝』は伝える。

『宋高僧伝』皓端伝には「宋秀州霊光寺皓端」と「秀州」と冠しているので、皓端は主として秀州の霊光寺で活動し、秀州で入寂しているが、武粛王に召されて杭州に来て羅漢寺、真身宝塔寺に入山し、この時、天台教を玄燭から学びその奥義を修得している。皓端は『金光明経随文釈』一〇巻を著わしている。この書は現存しないので内容については不明あるが、杭州天台僧における『金光明経』研究の先縦として注目すべきである。

晤恩が慈光院で志因に師事する前に皓端に師事して天台教を学んだことは注目される。それについては後述するが、『宋高僧伝』巻七に収載する「宋杭州慈光院晤恩伝」の中に、「晤恩は、晋の天福中（九三六—九四四年）」に皓端に師事して経論を聴習し、のちに天台宗の三観六即の説を聞き奥義を了得した。そして晋の開運中（九四四—九四六年）に杭州慈光院の志因に師事したと記している。(70)

これによると、晤恩は最初に皓端から天台教を学びそれに傾心した。そして、その後、後晋の開運中に志因に師事したのである。皓端は晤恩よりも二十一歳年長である。天福中には皓端は杭州に滞在しており、皓端が杭州を離れたので、晤恩は慈光院の志因に師事したのではないかと考えられる。皓端と志因は同時期に前後して杭州で天台教を説いていたのである。晤恩が天台教に帰依するようになった発端は皓端の影響であった。晤恩は天台宗に活気をもたらし発展させた山家山外の論争を引き起こしたので著名である。その晤恩の天台教帰依に重要な影響を与えた皓端は、宋朝天台宗の歴史の上で注目すべきである。(71)

2　呉越王の仏教外護

呉越国の建国者武粛王銭鏐が、杭州城を修理増築し、銭塘江の堤防や水利事業を行い、国を豊かにし、比較的に平和であったので、文化は発展した。銭氏一族は詩文に親しみ、仏教を尊重した結果、仏教は栄えた。呉越国は、武粛王（在位九〇七―九三二）、文穆王（在位九三二―九四一）、忠献王（在位九四一―九四七）、忠遜王（在位九四七）、忠懿王（在位九四八―九七八）の歴代国王は崇仏家であり、南山律・法眼禅・天台教の複数の沙門を尊信し援助している。また首都杭州に多数の寺院を建立している。呉越国王の奉仏に関しては既に研究があるのでここでは再説しないが、(72)寺院の建立についてはまだ充分な研究がないので、呉越王の創建した寺院について概観する。

南宋の咸淳年間に編纂された『咸淳臨安志』巻七六寺観二・寺院から巻八二・寺観八には、城内・城外五〇四の寺院・尼院（庵・塔を含む）を掲載するが、それらの記録によると、杭州の寺院の多くは「呉越王建」と記すように、呉越王の創建であり、それが南宋代まで存続していたのである。例えば、同書巻七六寺観・寺院・在城には城内の寺院六十一を掲載する。それら六十一寺の中、十七寺が呉越王の創建である。その十七寺は以下の通りである。ただし、七宝院と上方院は同じ寺であり重複して記しているのでそれを除くと十六寺になる。

千頃広化院（旧名千傾）。開平元年呉越銭氏建つ。大中祥符九年今の寺名に改む。

天長浄心院（旧名天長）、天福四年銭氏建つ。大中祥符元年今の寺名に改む。

智聖院（旧名衆安）、天福二年銭氏建つ。治平二年今の寺名に改む。

浄戒院（旧名青蓮）、龍徳二年銭氏建つ。大中祥符九年今の寺名に改む。

翔鷲院（旧名普光）、清泰元年銭氏建つ。治平二年に今の寺名に改む。

普照院（旧名報国千仏院）、天福八年銭氏建つ。大中祥符六年今の寺名に改む。

妙慧院（旧名華厳）、開運元年銭氏建つ。治平六年今の寺名に改む。

七宝院（旧名上方多福）、正明七年銭氏建つ。大中祥符の初め今の寺名に改む。

聖果寺、銭氏建つ。創建年次不明。

梵天寺（旧名南塔）、乾徳中銭氏建つ。治平中今の寺名に改む。

広厳院（旧名瑞隆）清泰元年銭氏建つ。治平二年今の寺名に改む。

宝月院（旧名瑞像）、龍徳三年銭氏建つ。大中祥符元年今の寺名に改む。

光相寿昌院（旧額光相）、建隆元年銭氏建つ。大中祥符元年今の寺名に改む。

百福院（旧名資寿）、天福中銭氏建つ。大中祥符中今の寺名に改む。

呉山智果院（旧名石仏）、呉越王銭氏建つ。創建年次不明。大中祥符中今の寺名に改む。

上方院（旧名上方多福）、正明七年銭氏建つ。大中祥符中今の寺名に改む。

崇寿院、天福九年銭氏建つ。創建年次不明。


以上は城内の寺院だけであり、城外の寺院を加えるとさらに多数の寺院が呉越王の建立である。ほとんどの寺院は真宗の大中祥符年間（一〇〇八―一〇一六年）、あるいは英宗の治平年間（一〇六四―一〇六七年）に改名しているが、このように宋代の杭州の寺院のほとんどは呉越国の時代に建立されそれが宋代に存続していたのである。

呉越国を建国した武粛王は、天成四（九二九）年に、杭州の城北に城南真身宝塔寺に倣って北塔寺を建立し、そこには九層の大塔も造立し、ここに律僧の景霄を召して臨壇受戒させた。また武粛王は慧則にも越州開元寺で臨壇受戒をさせている。臨壇受戒を行なったのは、公式の沙門を育成する基本的な制度である具足戒を重視したからであろう。唐末の争乱で混乱している中具足戒の制を整えたことは呉越仏教の発展の第一歩と言える。

武粛王は、律僧の慧則・景霄、天台教の皓端、さらには法眼禅の道忠を尊重し援助した。慧則は呉越地方に、景霄は杭州に南山律宗を伝えた律僧であり、道忠は法眼宗を杭州に伝えた禅僧である。律宗・天台宗・禅宗は武粛王の治世にその援助で杭州に定着したのである。

呉越五代の国王の中で特に第五代の忠懿王の奉仏は歴史の上で知られている。すなわち、忠懿王は、阿育王の故事に倣って八万四千の銅製の宝篋印塔を造り、その中に『宝篋印陀羅尼経』を封蔵して各地に配付した。後周の世宗の廃仏が行なわれた顕徳二年のことである。また唐末に廃仏や戦乱で散逸してしまった天台宗典籍を天台僧義寂の要請で高麗・日本に求めた。忠懿王は、天台僧の義寂、禅僧の徳韶・延寿、さらに賛寧などの高僧を崇信し優遇した。梁の武帝と並ぶ奉仏者の忠懿王は三十年の長期にわたって在位し、経済も繁栄していたので、仏教はこの王の治下で進展した。王は、杭州・台州・明州・会稽など呉越の各地に多数の寺院を建立している。杭州の法眼禅の中心道場であった報恩寺、また霊照・彦球・契盈・慧居・紹鑾が止住し法眼禅を宣揚した龍華寺、また清昱が法眼禅を宣教し、天台僧の源清も止住した奉先寺や、道潜ついで延寿が止居し杭州の代表的な禅寺の慧日永明院（浄慈寺）、これらは忠懿王の建立である。杭州における律宗・天台・法眼禅発展の基礎は武粛王の時代に用意され、そして忠懿王の時に最盛期を迎えたのである。

3 杭州における慈光志因とその門流による天台教の宣教

(1) 慈光志因について

呉越国の杭州には長安系の天台教が玄燭によって伝えられたが、天台山で復興の機運に向かっていた天台山系の天台教を呉越国の首都杭州に伝えたのは、慈光志因(—九五一—)である。志因は天台宗第十四祖の高論清竦の法嗣の一人である。『統紀』巻二四仏祖世繫表に、高論清竦の弟子として、義寂・志因・覚弥の三人を挙げており、天台宗第十五祖の義寂と同門である。高論清竦が天台山国清寺において天台教を宣説していたので、志因は天台山国清寺で清竦に師事して修行した。それが、いつどのような理由で杭州に来て慈光院に居住するようになったかは不明である。

志因の伝記は『釈門正統』や『統紀』に掲載しないが、『統紀』仏祖世繫表には志因の法嗣として、慈光晤恩・姑蘇可栄・海南懐贇・銭唐義清の四人を挙げている。志因の法嗣には、晤恩の他に、義清という天台僧も銭唐にいたことだけはわかる。晤恩以外の志因の法嗣の伝記は不明である。

志因に関する僅かな記録として、『宋高僧伝』巻七「宋杭州慈光院晤恩伝」の中に、晤恩が「漢(晋の誤り)の開運中に銭唐の慈光院の志因師に造る[73]」、という文がある。また弧山智円の著述を編集した『閑居編』巻二一「銭唐慈光院備法嗣行状」の中に、文備が天台教学を学びたいと欲していた時に、「志因法師、道を慈光院に伝えるにあい、即ちその門に及ぶ。周の広順元年なり[74]」という記事が見える。これにより、志因が晋の開運中(九四四—九四六年)から、周の広順元(九五一)年にかけては杭州の慈光院にいて天台教学を宣教していたことは確認できる。しかし広順元年以降の足跡は不明であり、いつまで生存したかもわからないが、杭州において天台教が盛況する基を築いたのは志因なのである。

（2）慈光晤恩について

志因の法嗣の中で中国天台教史の上で著名なのは晤恩である。[75]

その晤恩（九一二―九八六年）の伝記は、『宋高僧伝』巻七に収録するものが最も早く、次に孤山智円の著述を編集した『閑居編』巻一五に収録する「大宋高僧慈光闍梨記」があり、これは智円が宋天禧二（一〇一八）年に記したもので、智円は晤恩の法孫である。また、『閑居編』巻一七に「祭祖師文」があり、これは智円が大中祥符九（一〇一六）年に祖師晤恩の霊を祭ったときに書いた文である。さらに『釈門正統』巻五荷負扶伝に、また『統紀』巻一〇高論傍出世家に収載する。それらによると、彼は宋太宗の雍熙三（九八六）年八月二十五日に年七十五歳で入寂しているので、逆算すると、その生まれは後梁の乾化二（九一二）年である。後梁・後唐・後晋・後漢・後周の五代、そして宋太祖の治世に生きた僧である。晤恩が杭州に来て志因の門に入った後晋の開運元（九四四）年は呉越国では第三代忠献王弘佐（九四一―九四七年在位）の治世である。その後彼は第四代忠遜王弘倧・第五代忠懿王弘俶、そして宋太祖、太宗の治世に杭州慈光院で天台教を研讃したのである。

晤恩は、天台宗第十五祖の螺渓義寂と同じく天台宗第十四祖の高論清竦に師事し、義寂と同門であり、義寂より七歳年少である。

『宋高僧伝』晤恩伝を主にその略歴を紹介しよう。

晤恩は、姑蘇常熟（江蘇省蘇州）の人で、姓は路、母は張氏。十三歳で『阿弥陀経』を読誦する声を聞いて、出家したいと欲したが、再三親族に反対された。それでも出家し、破山の興福寺に入って教えを受けた。破山興福寺は郷里の寺であろう。そして後唐の長興中（九三〇―九三三年）に具足戒を受け、崑山（江蘇省崑山県）の慧聚寺において南山律を学んだ。その後、晋の天福の初め（九三六年）頃に檇李庫（浙江省嘉興）の皓端師について経論を聴習した。生まれつきの理解力が勝れ、同輩たちは対抗できなかった。後に、天台の三観六即の説を聞いて、奥深い教えを心に悟った。晋の開運中（九四四―九四六）に銭唐（杭州）の慈光院の志因師のもとに至り、習学して年を重ね、「法華」「（金）光明経」「止観論」に通達し、その奥旨を究めた。それで、人に繰り返し講述を施したので、多くの弟子を相次いで輩出した。

晤恩が杭州慈光院に来たのは晋の開運中という。晤恩は雍熙三（九八六）年に七十五歳で没しているから、開運中というと、三十歳前半の頃である。その後、入寂まで四十年以上にわたり慈光院において天台教を研讃し宣教したのである。

晤恩は、雍熙三（九八六）年八月朔日の夜に、白い光が井戸から出るのを見た。門人が晤恩の寿命が極まることを告げた。すると、晤恩は、金の香炉を持った沙門が夢の中に現れて、「自分は祖師灌頂である。汝を迎えにきた。汝まさに去るべし」と告げた。夢覚めて弟子を呼ぶと、弟子は異香の香りをかいだ。二十五日になって弟子の為に、止観旨帰ならびに観心の義を説き、辰の時に端坐して西に面して遷化した。享年七十五。その夜、院僧の「文偃等、みな空中に衣絲竹瞭亮樽を聞く」[76]と、臨終の日時と様子を記している。

ここに院僧の「文偃」とある。文偃というと、禅宗の一派である雲門宗の祖と仰がれる雲門文偃（八六四―九四九年）が挙げられるが、しかし雲門文偃は晤恩が没した雍熙三（九八六）年の三十七年前に没しているので雲門文偃ではない。智円の「大宋高僧慈光闍梨記」（『閑居編』一五）には「文偃」の語は見えないが、『釈門正統』『統紀』では『宋高僧伝』を踏襲して「文偃」としている。この文偃については不明である。

『宋高僧伝』の撰者賛寧は、晤恩の人柄について、「恩、平時一食を謹重し衣鉢を離さず。財宝を蓄えず。臥しては必ず右脅し坐しては必ず加趺す」、「交友に雑わることを喜ばず。世俗のことを言うを好まず。大人豪族と雖も未だかって輒（たやす）く名居（姓名と住所）を問わず。況やその門に迂（まちがって）も趨かんや」（『正蔵』五〇・七五二上）などという。このように、その私欲なく世俗を離れた持戒堅固な人柄と生きざまを讃えている。弟子が十七人いたことも伝えている。彼は王公貴族とは交わりがなく、出家僧として持戒堅固にもっぱら修道に励む生き方をした人であり、弟子たちにもそれを要求したであろう。『宋高僧伝』には具体的な名は記されていないが、弟子十七人を出したという。志磐は『統紀』巻二四仏祖世繫表（『正蔵』四九・二五二上）に、晤恩の法嗣として、奉先源清・霊光洪敏・慈光可厳・慈光文備の四人を挙げている。

晤恩は、慈光院の志因に師事して天台教を学び、杭州において天台教を宣楊した沙門であり、杭州における天台教の展開に重要な役割を果したのである。志因とその門下に「慈光」冠する沙門が志因・晤恩・可厳・文備の四人がいる。この四人は慈光院に止住して天台教を修学し宣揚したのである。それについて、賛寧は、伝記の末尾に次のようにいう。

　是より先、天台の宗教は会昌の毀廃に文義残欠して、談妙の辞は名を没して現れず。恩は、十妙の始終を尋繹（たずね）し、五重の旨趣を研覈（調べる）す。大玄義、文句、止観を講ずること二十余周、解・行兼明にして（智）目と（行）足と雙運せり。法華の大旨。全美にして代々に流れしむるは恩の力なり。また、昔人の科節の荊渓（湛然）の記と相い符順せざることを嫌い、因って玄義、文句、止観、金光明、金錍論の科、総て三十五帖を著わし見（現）に世に行わる。（以下略）。（『正蔵』五〇・七五二上）

これをみると、晤恩の当時は天台宗の典籍は、唐の武宗の会昌の廃仏により欠損し、宗義が明瞭でなくなってしまった。そこで晤恩は『法華玄義』『法華文句』『摩訶止観』の天台三大部を二十回以上も講義し、天台の解・行ともに明瞭になり、ともに行なわれるようになった。法華経の大旨が流伝しているのは恩の力による、とまでその業績を讃えている。

また、晤恩以前の天台僧が、智顗の論疏に就いての科節の仕方が、湛然の科節と符合していないのを嫌い、『法華玄義』『法華文句』『摩訶止観』『金光明経』『錍論』の科節すべて三十五帖を著わしそれが世間に流布しているという。この記録には晤恩が湛然を重視していたことを伝えているし、当時の杭州における天台教学の発展に晤恩が重要な役割を果たしたことがわかるのである。

晤恩の代表的な著作である『金光明玄義発揮記』は現存しないが、四明知礼が、『釈難扶宗記』や『十疑書』に晤恩の説として論難しているので、この書の教学的立場を知ることができる。後述するように、この『金光明玄義発揮記』が発端となって、明州の法智知礼と杭州の慶昭・智円との間に激しい論争すなわち山家山外の論争が展開したのである。

慈光院に関しては、明の呉之鯨撰述『武林梵志』巻一城内梵刹に「慈光寺」の項がある。俗称を鉄仏寺といい、銭塘の芝松坊の佑聖橋の西にあり、晋の開運の初め晤恩禅師建て、宋の宝慶二年に清河郡王張魏公が地を割いて拡充し、張府功徳庵と名づけた。元の至正年間に焼け、明の正統年間に再建され、万暦年間にこの殿宇を壊してこれを新たにした、という。

そして、「重建慈光寺碑」の記文を引いて、「晋の天福の間に晤恩禅師がここに卓錫し、開運の初めに迨（およん）で寺成る」と説明を加える。このように、『武林梵志』では、晤恩が晋の天福年間（九三六―九四四年）にこの地に来て、晤恩が晋の開運の初年（九四四年）に慈光を創建したとする。ところが、『宋高僧伝』晤恩伝では、晤恩が「晋の開運中（九四四―九四六年）に、銭唐の慈光院の志因師に造（いた）り」とある。(77) この記述では、晋の開運年中には銭唐慈光院に志因がいてその志因のもとを晤恩は訪れたのである。慈光院はすでに存し志因は慈光院に止住していたことになる。宋高僧伝の記述と『武林梵志』の記述とは齟齬する。これをどのように解釈したらよいのだろうか。

慈光院に関してはこんな問題もあるが、慈光院は呉越宋初の天台宗の歴史の上で忘れることはできない。晋の開運中すなわち呉越忠献王の時代に志因によって天台山の天台教がこの寺に伝えられ、その弟子の晤恩によってこの寺で発展し、晤恩の弟子の源清・文備・洪敏・可厳が呉越から宋初にかけてこの寺で天台教を修道し宣教した。慈光院は呉越宋初の杭州における天台教の中心道場だったのである。

『宋高僧伝』には晤恩の臨終の様子を書いている。彼が浄土教を深く信仰していたことを特筆している。その没後に晤恩の塔が瑪瑙坡に建てられ、国王にそのことが上聞され、「慈光普照」の四字の御書を請い、門の扁額とした、という。

右に挙げた『宋高僧伝』の晤恩伝の中で注目されるのは、晤恩は、開運中（九四四―九四六年）に志因に天台教を学ぶ前に、天福中（九三六―九四四年）に秀州から杭州に来た皓端から天台教を学んでいることである。天福中には杭州に滞在していた皓端が杭州を去ったので、天台教に傾心していた晤恩は、その頃、杭州に来止していた志因に師事するようになったのである。

既述したように、玄燭によって唐末の長安の天台教が杭州に伝えられ宣教されていた。その長安の天台教が浙江の沙門皓端に伝えられ、そして皓端から杭州の沙門晤恩に伝えられたのでる。このように、晤恩は始めに長安の天台教を学んだが、後に志因について天台山高論清竦の系譜の天台教を嗣法したのである。このように晤恩が長安系と天台山系の両方の天台教を修学した経歴が天台山系・四明系とは異なる独自の杭州学派の学説を形成した理由に考えられるのである。

(3)慈光文備について

慈光文備(九三六―九八五)は、『釈門正統』巻三天台世繫表、また『統紀』巻二四仏祖世繫表では、晤恩の法嗣とする。すなわち、晤恩の法嗣として奉先源清・霊光洪敏・慈光可厳・慈光文備の四人挙げている。しかし伝記によると文備は、はじめは志因に師事し、志因が没した後に晤恩に師事したのである。

文備の伝記としては、智円の『閑居編』巻二一「銭唐慈光院備法師行状」が早い成立である。この著述は、その文末に記すように、「景徳四年閏五月六日状」である。智円は、文備の猶子(おい)であるので、文備の既往を尋ねて事跡を記したと述べている。

また『釈門正統』巻五「荷負扶持伝」の「附四人」に、さらに『統紀』巻一〇高論傍出世家に収載する。『釈門正統』も『統紀』も『閑居編』の「銭唐備法師行状」に基づきそれを要約した形である。したがって「銭唐備法師行状」により文備の行状の綱要を紹介しよう。

文備は、字は昭本、姓は鄭氏で、福州の候官で、福州の人であった。幼い時に太平寺の僧に師事し、本性が敏達で、常の童子とは異なっていた。法華、維摩、円覚、十六観(観無量寿)等の経を読誦し、精錬しないものはなかった。後唐の清泰三(九三六)年に太平寺において具足戒を受け、戒律を堅持し浄検(清らかにつつしむ)な生活をし、学に励み経律を該綜した。雅(つね)に文学と儒学を好み、五経と諸子は常に博覧するところであった。晋の天福の間(九三六―九四三年)に浙江の地に入り会稽に住し、柔法師に従って百法論を伝えられた。ついでこれを講じて、数年を経た。また江(銭唐江)を渡って銭唐(杭州)の龍興寺に参詣して、先達を訪れ大義を考論し、以て温習（復習）を求めた。それで名数の学には淵極の域にいたった。学徒が遠方より来て彼に従って益を求めない者はいなかった。

後に天台の三観の学を聞いて、群惑の指南とし、心性をふかく研究すべく、欽尚（うやまい尊ぶ）して懈らず、それを伝通したいと誓った。そうした時に志因法師が慈光院において伝道していたので遂にその門に入った。即ち後周の広順元年（九五一年）である。刃を円融の宗旨に遊ばせ（肉を割くに包丁の刃を自由に使うように余裕のある喩え）、堅く至理を攻（おさ）め、昼夜をおかず謹んで務め、それを好んだ。

このようにして今に至った。法華、止観（摩訶止観）浄名、金光明等の天台一家の教の秘要を捜抉（さがしだす）し、指帰を洞暁した。慧解は燦然として、同輩より難（かた）かった。

時に志因の上首弟子に晤恩師という者がいた。高節にして人と群がらず、その清風さは人を厳粛にした。つねに備法師と心観を繰り返し研究し、而して（お互に）心意を領得するに終日をまたなかった。これによって得意の交わりをした。晤恩が人にいうには、「文備は後身といえども、吾と義解の途並び謳ける。諒（まこと）に先後無し」と。志因が没すると、北面して晤恩に事えた。（それ以外の）学問の常の師はいなかった。（中略）。（文備は）深解を韞（かく）し、多能を隠し、三十余年一室に坐忘し、神（こころ）を妙観で陶冶し、想を浄方（仏の世界）に継ぎ、衆流と疏遠し、介然自得てある。故に当時はその解行を知る者は罕であった。ただ道を懐う者のみが黙してこれを知る。古人云う［実行潜光而不名有是哉］と。（以下略）。

（『続蔵』二―六―一・五九右）

右のように、文備の履歴と人柄、修道の様相を述べる。これをみると、智円はおじ文備が出家僧として三〇余年間にわたり一室にこもり、天台の教観の修道に専念していたこと、従って文備は当時の世間で名を知られていなかったことを特筆している。そして続いて入寂の日次と様子を記している。太宗の雍熙二（九八五）年十月、享年六十歳で入寂した。したがってその生誕は後唐明宗の天成元（九二六）年である。

文備が杭州に来て初めて訪れた寺院は龍興寺である。龍興寺は、『咸淳臨安志』巻七六寺観に「大中祥符寺」の項があり、それによると、大中祥符寺の旧名であり、呉越時代には龍興寺と称されていた。『宋高僧伝』巻七義解篇に挙げる杭州龍興寺宗季、並びに同後唐杭州可周伝によると、(78) 宗季や可宗が止住し、同書巻二五梁温州大雲寺鴻楚伝によると、武粛王銭氏の要請で、乾化初年、杭州龍興寺で戒度・戒壇が開かれた寺院であり、杭州の名刹である。

文備が杭州で慈光院にいた志因の門に入ったのは、後周の広順元（九五一）年であり、これは呉越国では、第五代忠懿王弘俶（九四八―九七八在位）の時代であり、文備二十五歳の時である。以来、何年志因に師事したかは不明だが、志因の没後は晤恩に師事し、三十四年間にわたり慈光院で天台の教観を修道し宣説した。晤恩は文備より年少であったが文備より先に志因の弟子になっていたので、文備は志因亡きあとは晤恩を師と仰いだのである。二人は信頼しあっていたという。

三十余年間、文備は世間とは疎遠で交友関係も少なく、まして王公貴族と交わらず、その支援もなく、当時著名ではなかったらしい。ひたすら天台教学を修学し宣教していたのであろう。これは先輩であり師と仰いだ晤恩とも共通すると考えられる。さらに志因にも共通した傾向ではなかったかと推測される。志因・晤恩・文備すなわち慈光院で活動した天台僧にはこうした共通する性格があった。

「備法師行状」にはさらにいう。

法師は、平時、道を味わい、学に耽り、衣食を以て念に繋けず、禅観誦経の他に於いては、手ずから南北の宗の章疏を写すこと、およそ万余紙、辞藻（美しい文章）は既に富み、頗る著述有り。嘗て遺骸の文（遺文）を撰別した。故に左街僧録通慧大師賛寧は杭に在いて僧史を修するの日に深くその文を尊ぶ。

（右同二一—六—一・五九左）。

と述べる。ここでも文備がひたすら修道に励む姿を伝え、文章に優れ、多数の著作のあることを述べる。そして賛寧が『宋高僧伝』の撰述のために開封から杭州に帰っていたときに、文備の著作を貴んだという。賛寧は文備と交流がありその著を参考にしたのである。「銭唐備法師行状」には次のように文備の著作を列挙している。

四十八願頌一巻、九品図一巻、十六観経科一巻、円覚経科二巻、禅源科一巻、念仏救苦一篇、四悉檀喩一篇、四不生喩一篇、文集一巻。

そして、詩の中で、「有体雪感事」「経曹娥廟」の二篇が最も詩人として認められていたという。嘉禾の沙門洪敏が「真讃」を撰述したことを伝えている。洪敏は晤恩の法嗣即ち文備と同門の霊光洪敏であろう。文備の著作に関しては、『釈門正統』巻五の文備伝、『統紀』巻一〇の文備伝にも、巻二五山家教典志でも、なぜか省略して記されていない。この「銭唐備法師行状」が文備の著述を知る唯一の記録である。文備の著作を見ると浄土教関係のものが多い。「禅源科」は華厳宗の宗密の『禅源諸詮宗都序』の科門であり、『円覚経』は宗密が重視し、本経の流布は宗密が『円覚経大疏』を著わしたことが大きく、文備は宗密を重視していたことが察せられる。

文備が杭州慈光院に到来し住止したのは後周の広順元（九五一）年であり、呉越国では第五代忠懿王の治世である。

文備は三十年間に渡って杭州慈光院において、世俗とは疎遠で、王侯貴族とは交わらず、天台教に専心したのである。

（4） 奉先源清について

晤恩門下の奉先源清（—一〇〇〇頃）の伝記は『釈門正統』『統紀』などにはなく、その行跡は不明であるが、智円の『観経疏刊正記序』（『閑居編』第四所収）に源清と智円の関係、源清の『観経疏顕要記』について語る記録が見える。それが源清に関する貴重な資料である。それを挙げよう。

予が法を稟受する師の源清尊者、緯は源清、記二巻を撰し、この経疏を解す。「顕要」というものなり。学者盛んにこれを伝う。師かつて未だ善く尽くさざるを患えるなり。而して補筆を事す。その功未だ就げざるに何も無く、山頽ずれ梁壊れ、一十七歳。ここにおいて予密かに往事を追念し、黯然として懐を感じ、ついに文を考え実を責め、刊して而してこれを正す。義門の壅（ふさが）るはこれを闢き、観道の莽（くさむら）はこれを芟（か）る。苟も見（解）は前人に異ならず。蓋しその先志を成ぜんと欲す。それ来者（後輩）舎てて由らざるは、予の罪にあらざるなり。

時に大中祥符八年龍集乙卯二月朔、西湖崇福寺講院に於いて序す。

（『続蔵』二—六—一・三五左）

右の文中には、智円とその師僧である源清との親密な師弟関係を伝えており、「山頽れ梁壊れ、一十七歳」は源清の入滅を意味すると理解される。智円が『観経疏刊正記序』を書いたのは文末に明記するように大中祥符八（一〇一五）年であり、その十七年前というと、真宗の咸平元（九九八）年に当たり、これが源清入寂の歳ということになる。享年が不明なので生誕年次も不明である。しかし、源清の入滅年次には、後述するような資料があり、九九八年入滅と決定するには問題がある。源清の入滅年次は九九八年・九九九年・一〇〇〇年の中のいずれかであり、資料によって二・三年の違いがある。それでも、源清は、太宗が崩御し真宗即位の翌年咸平初年に入寂したので、呉越忠懿王の治世から、呉越国を併合した宋太宗の時代にわたって杭州で活動したことは確かである。

右の文の初頭に、智円は師僧の源清が天台『観経疏』を注釈した『観経疏顕要記』二巻を著わし、この書は学者の間に盛んに伝えられていたが、師の源清の書がまだ完全でないことを患え、補筆と添削を加えていた。けれどもそれがまだ完成しないうちに師の源清が入寂してしまった。それで自分が師の意志を継いで完成させたという。これをみると、智円の『観経疏刊正記』は源清の『観経疏顕要記』を修正して完成させた書である。源清と智円の師弟関係の一面が窺え、『観経疏顕要記』と『観経疏刊正記』の性格を知ることができる。

源清が住した杭州の奉先寺については、『景徳伝燈録』巻二六に収載する杭州奉先寺清昱禅師伝によると、(79) 奉先寺は、呉越忠懿王が、軍使薛温に命じて杭州の西湖に大伽藍を建てそれを「奉先（寺）」と称し、大仏宝閣を建立して、清昱に要請してこの寺に居住させたという。清昱は天台徳詔門下の法眼禅を継承する禅僧であり、忠懿王の帰依を受けていた。

また『十国春秋』巻八二呉越六忠懿王世家下の開宝元年春三月の条にも、「乙巳、奉先寺を城西に建つ」とあり、開宝三年に城西の西湖の畔に建立され、清昱が入山し法眼禅を宣教した寺院である。

源清の伝記に関してほとんど記録がないが、源清が日本の比叡山天台宗と典籍・教学の面で交流があったことは夙に知られている。

源清の時代は、日本では比叡山の天台宗は隆盛の時期であり、中国天台の典籍も存在するものが多かった。中国では天台宗の義寂は、呉越王の助力で高麗に天台典籍を求めたが、まだ充分ではなかった。源清が叡山座主暹賀、並びに叡山の諸碩徳に書状を送り、自著の『法華示珠指』（『法華十妙不二門示珠指』二巻）、『龍女成仏義』一巻、『十六観経記』（『観経疏顕要記』二巻）、並びに、同門の僧鴻羽の著作『仏国荘厳論』一道、慶昭の著作『心印銘』一章を、使者に託して叡山に届けさせた。(80) その代わりに、中国で散逸した智顗の『仁王般若経疏』、『弥勒成仏経疏』、『小阿弥陀経疏』(『阿弥陀経義記』)、『決疑』(『浄土十疑論』)、『金光明経玄義』、並びに荊渓湛然の『華厳骨目』等の六部の書を求めてきた。この源清の書状には至道元(九九五)年四月の日付を記す。この書状の返書を出さないうちに叡山座主の暹賀が入寂したので次の座主の覚慶が奉先寺源清に返書を送っている。その書状「東陽覚慶和尚復宋奉先源清法師書(本朝文粋 江匡衡作)」(『大日本仏教全書』新第四一・二三二中)によると、源清が求めた六部の書物の中、日本に現存したものは送り届けたようである。

長徳四年八月に叡山では座主暹賀が入寂し、そして覚慶が新座主に就任して五部の天台典籍を宋に送った。しかし源清は咸平元(九九八)年から咸平三(一〇〇〇)年の間に入寂したので、源清が日本から送られた天台典籍を閲覧することができたか否かは判然としない。それでも杭州奉先寺の源清門下たちは閲覧したに違いない。

叡山から送られた『金光明経玄義』『決疑(浄土十疑論)』『仁王般若経疏』『阿弥陀経疏』は、宋朝天台宗において注目され議論を呼んだ。

源清の時代には、『金光明経玄義』には広本と略本との二本が流布していて、そのどちらが真撰であるかが議論されていた。源清の師の晤恩は観心釈のある広本は後人の加筆であり偽作と見做し、略本を真選とした。源清は洪敏とともに『難詞二十条』を著わして師説を擁護した。知礼はそれに対して、晤恩・源清の主張する略本真撰説を非難した。『金光明経玄義』の広本・略本の真偽問題は後述するように山家山外論争の発端となった問題である。

源清は日本に流伝していた『金光明経玄義』の写本をも閲覧して当時中国に流伝していたものと比較し確認したかったので本書が中国に流伝していたにも関わらず比叡山に求めたのであろう。

『決疑(浄土十疑論)』は、後述するように、宋代にすでに澄彧が注釈している。その『註浄土十疑論』には太平興国八年の年次を記す賛寧の序を付しており、この年は源清が叡山に書状を送る十二年前である。すでにこの時点で

『浄土十疑論』が杭州に存在していたことは確実である。同じ杭州にいた天台僧の源清が『浄土十疑論』をわざわざ日本に求めたのはなぜか、何らかの理由があったのであろう。義寂門下の澄彧と晤恩門下の源清の間には書籍を貸し借りする親しい交流が無かったのかもしれない。

天台智者大師説　門人灌頂記『仁王護国般若経疏』の巻頭に付する政和二年に晁説之が記した「序」には、中国におけるこの書の流伝について述べている。

智顗の書は日本に伝播していた。しかし中国では唐末の中原の争乱により蕩滅していた。（それで、）宋の初めに智顗の書が航海して呉越に入った。しかし日本から到来したものは真撰ではなかった。『仁王護国般若経疏』は二本伝わっていたが、衆人はこれを偽撰として斥けた。

（それで、）昔、法智（知礼）が日本の源信に天台教義上の疑問に答えた二十条を送ったときに『仁王護国般若経疏』の写本を求めた。そこで源信は海船に託してこれを知礼に送ったが、途中に暴風に遭い、船人は海を鎮めようと、これを海中に投じた。そこで今度は、強記の二僧を日本に遣わし疏文を暗記して帰らせようとしたが、不幸にして二僧は日本で死んでしまった。知礼の計画は二度とも失敗した　　（『正蔵』三三・二五三上）。

序文には、その後の元豊年代に真本が伝わったという後日談を記すが、ここではそれは省略する。晁説之が記す宋初に日本から到来した『仁王護国般若経疏』が二本あったというその中の一本はおそらく源清の求めに応じて叡山から送られたものと考えられる。知礼はそれを偽撰と見做して真本を日本に求めたが入手できなかった。日本から到来した『仁王般護国般若経疏』に関してはこのような真偽が問題になったのである。

『阿弥陀経疏』は、最澄の『台宗録』にその書名が見え（『大日本仏教全書』新第九五・目録部第一・二三九中）、その後の目録類にもその書名が見え、源信の著『阿弥陀経略記』に経の科段を述べるにあたって「依大師義記」として『阿弥陀経疏』を指南としているので(81)、日本に伝わっていたことは確かである。中国では唐代に本書の流伝を確認できる資料は無い。源清がこの書を叡山に求めた理由がわかる。この書を入手した宋代の天台僧の間ではこの書の真撰・偽撰が議論された。

智円の『阿弥陀経疏』には、

世に阿弥陀経疏有り。日東より伝来す。智者の説と謂うは非なり。詞は俚にして義は疎なり。諒に倭人の仮託なり。（『正蔵』三七・三五二下）

とあり、日本より伝わる『阿弥陀経疏』は、文章は卑俗で内容は疎雑で、日本人が智顗に仮託した偽書であるという。源清門下の智円が日本伝来の本書を偽作と判定したのである。

志磐は『統紀』山家教典志において、「弥陀経疏」の辞句を解説し割注に、

一巻、金剛・弥陀二疏、曽て入蔵すと雖も、而して弧山・仁覚は是を附托の文と謂う。ただ神照法師、嘗て法輪に於いてこの疏を用いて講ず。宣賜ありて本を東山の蔵中に在く。（『正蔵』四九・二五八中）

とある。知礼の弟子でありながら智円と決別して杭州に移った浄岳仁覚も、智円と同じく本疏を智顗の名に仮託した偽作と見做していた。しかしながら神照本如は本疏を用いて講義していたという。知礼の上足である神照本如は本疏を真撰と見做して用いていたのである。山外派の智円や知礼から離れた雑伝派と称される仁覚は本疏を偽作とし、山家派の本如は真撰と見做したのである。

また、智礼と同門の遵式は、『往生西方略伝』（『楽邦文類』巻二所収）に中国諸師の浄土教論書を列記する中で、

天台智者大師造、十疑論、観経疏、弥陀経疏一巻。

と記すように、『阿弥陀経疏』を智顗の真撰と見做している。

このように日本から伝来した『阿弥陀経疏』に関しても真偽問題が生じた。『金光明経玄義』『仁王般若経疏』『阿弥陀経疏』など源清の要請で日本から伝来した天台典籍は山家山外の対立の渦に巻き込まれたようである。

源清の著述（書状を含む）は次の六種が知られている。

『法華十不二門示珠指（法華示珠指）』二巻。雍熙三年。『続蔵』二―五―一所収。

『法華龍女成仏権実義（龍女成仏義）』一巻。太平興国二年。『続蔵』二―五―五所収。

『観経疏顕要記（十六観経記）』。散逸。

『難詞』。知礼『釈難扶宗記』に引文。『続蔵』二―五―六所収。

『宋源清大徳寄北嶺座主暹賀書』。至道元年。『四明余光』（『大日本仏教全書』新四一に収録）。

『宋源清大徳寄北嶺諸碩徳書』。至道元年。右同。

このうち、『観経疏顕要記』は現存しないが、戸松憲千代「源清の観経疏顕要記に就いて」（『宗教研究』一七、大谷派宗学院、昭和一四年）に部分的に復元されている。[82]その論文では日本の天台僧の源信と覚運が『観経疏顕要記』を非難した『顕要記破文』二巻（『恵心僧都全集』一に収録）の中から、源清の所説を検出し、さらに源隆国『安養集』、作者未詳『安養抄』、妙瑞『鎮西名目問答奮迅鈔』に及ぶ一九種の諸書の中に『観経疏顕要記』からの引文を捜集し、それら源清説を天台『観経疏』と対照し配列している。

『法華十不二門示珠指』は湛然の『十不二門』の注釈であり、華厳や禅の影響を受けて真心観たる「一念霊知」が主張されており、知礼の『十不二門指要鈔』によって非難された。[83]

『難詞』は、知礼『釈難扶宗記』に源清説を引文するが、ここには『難詞』という名称は見えず、知礼『四明十義書』の序に、「銭唐奉先清師、嘉禾霊光敏師、共に難詞を構え二十条を造る」という。[84]『難詞』二十条は奉先源清と霊光洪敏の所説をまとめたものである。『釈難扶宗記』には源清の説と洪敏の説とを別に挙げている。独立した著書ではないので源清が叡山に送った自著の中に入っていなかったのであろう。源清の説は知礼から非難されるのである。

源清の伝記はほとんど不明であるが、源清によって宋初期に杭州仏教と叡山仏教が交流した事実は特筆すべきで、それにより、復興期の趙宋天台教に与えた影響は見逃せないのである。

(5) 梵天慶昭について

源清の弟子では、梵天慶昭(九六三―一〇一七年)と孤山智円(九七六―一〇二二年)が著名である。慶昭は智円より十三歳年長である。慶昭の伝記には、智円の『閑居編』巻一五に「故梵天寺昭闍梨行業記」がある。その奥書きによると慶昭入寂の四年後の天禧四年五月に、弟弟子の智円が書いた記録で、慶昭の伝記としては最も古く、『釈門正統』や『統紀』の慶昭伝の記述はこの智円「行業記」によっている。したがって智円著「行業記」によって慶昭の行跡の大略を述べよう。

慶昭、諱は慶昭、字は子文、姓は湖氏、銭唐の人である。若くして俗を厭い仏門を慕い開化院に入った。十三歳の時に会稽の開元寺において具足戒を受けた。二十一歳になると『法華経』に注目し是を学び、天台宗の円融説を諸宗教義の中で最も勝れていると考えた。この時、丁度、源清が奉先寺で天台教を伝教していたので、奉先寺に行き源清に師事して、十七年間を過ごした。その繁名と峻業は同輩より優れ抜きんでていて、源清が亡くなると、慶昭がその跡を継いで、奉先寺で天台教を講義した。慶昭を慕い多くの後輩が帰依した。

しかし、あまり時が経たないうちに、石壁山に遷り、自然の景観を楽しみ、ここを終焉の地と考えた。杭州の南に梵天寺があり、その上方にかって厳禅師が隠棲した場所があった。寺主の沙門遇明は、天台円頓教を欽び、かつその高義を慕い、その場所に講院を造って、慶昭に要請してそこに居住させ、天台教を伝えさせた。景徳元（一〇〇四）年四月のことである。真の教風が高く揚り、遠くも近くもその教化に従った。

やがて病のため、天禧元（一〇一七）年四月二十六日、梵天寺で五十五歳で入寂した。亡き骸は大慈山の崇教院に葬られた。張君房が慶昭を尊重し石塔を立てた。張君房は王欽若の要請を受けて道教の資料を収集した『雲笈七籤』一二〇巻（現行本一二二巻）を編纂したので著名であり、慶昭が著名な道教信者とも交流を持ち崇敬されていたことがわかる。張君房の『雲笈七籤』序文によると、御史台の主簿を務めていたが、大中祥符五（一〇一二）年に過失によって寧海（浙江省寧海県）の役人に左遷された。その時期に杭州の慶昭と交流を持ったのであろう。

慶昭が止住した梵天寺、呉越時代には真身宝塔寺もしくは南塔寺と称し、宋の英宗の治平年間に梵天寺と改名された。『呉越備志』巻一・丙子貞明（二年）冬十二月乃条に、

冬十二月建浮図　城南。

王命恵州防禦使弟鏵、率官吏僧衆、詣明州鄮県阿育王寺迎釈迦舎利塔、帰于府城、仍建浮図　南以致之。

とある。これによると、真身宝塔寺（南塔寺）は、後梁の貞明二年十二月すなわち呉越国では武粛王の時に、武粛王が四明の阿育王寺の釈迦舎利を王府（杭州）に迎えて城南に塔を建ててそれを奉安したのがその創建である。その後焼失し、『呉越備志』巻四・甲子乾徳二年夏四月の条に、忠懿王が、「城南に宝塔寺の重建を完成し、武粛王、文穆王、忠献王の銅容を鋳造し寺に供えた」と記している。

『咸淳臨安志』巻七六寺観二寺院・在城に「梵天寺」の項があり、「乾徳中銭氏建つ、旧に南塔と名づく。治平中今の額に改む」とあり文中の「釈迦真身舎利塔」について解説する中に、『呉越備志』の文を引いて「武粛王が明州育王寺より釈迦舎利を迎え、塔を城南に建つ」と記し、また、顕徳五年火（や）く、開宝元年忠懿王重造す。銭氏納土

の時、舎利を京（開封）に入れ開宝寺に置在す。」とも記している。さらにまた、忠懿王が紺紙に銀字で書き、仏号はすべて金字で書き、象牙のこはぜと銀軸で仕立てた荘厳な大蔵経五千四十八巻を造り、この寺に安置したことも記している。この記事は『呉越備志』には見えない。ただし、『咸淳臨安志』の記述には混乱があり、「乾徳中銭氏建つ」は『呉越備志』の記録によれば創建ではなく再建であり、「開宝元年、忠懿王重造す」は『呉越備志』になく、乾徳二年十二月重建と混同している。

この杭州南塔寺の釈迦舎利は、呉越忠懿王が宋に帰順し首都開封を表敬訪問した時に奉持し開封寺に安置した歴史上に著名な仏舎利である。梵天寺は、呉越武粛王により創建され、忠懿王が尊重し、金銀で書した荘厳な大蔵経五千四十八巻が奉納され、武粛王・文穆王・忠献王の歴代国王の銅像が安置された。まさに銭王室の寺院であり呉越国の名利であった。

武粛王は南山律宗の景霄(85)を召して北塔寺ついで南塔寺に入山させここで南山律を宣説させた。また武粛王に召されて晧端がここに止住し、玄燭の伝えた天台教を修道した。宋代には慶昭とその後輩の智円も梵天寺において大中祥符二年に『請観音経疏演義　序』を著作している。このように梵天寺は、呉越武粛王の時代から天台教に縁の深い寺院なのである。

慶昭は、法華・止観および諸経論共に百余巻を講じ、その弟子は咸潤以下およそ九十七人という。慶昭は、杭州奉先寺そして梵天寺において天台教を盛んに宣揚し、九十七人という多数の弟子を育成したので宋初期の杭州における天台教の流布に与えた影響は大きいであろう。

(6) 慶昭・智円に対する知礼の非難―山家山外の論争―

はじめに呉越宋初の天台宗の師資相承の表を挙げておく。

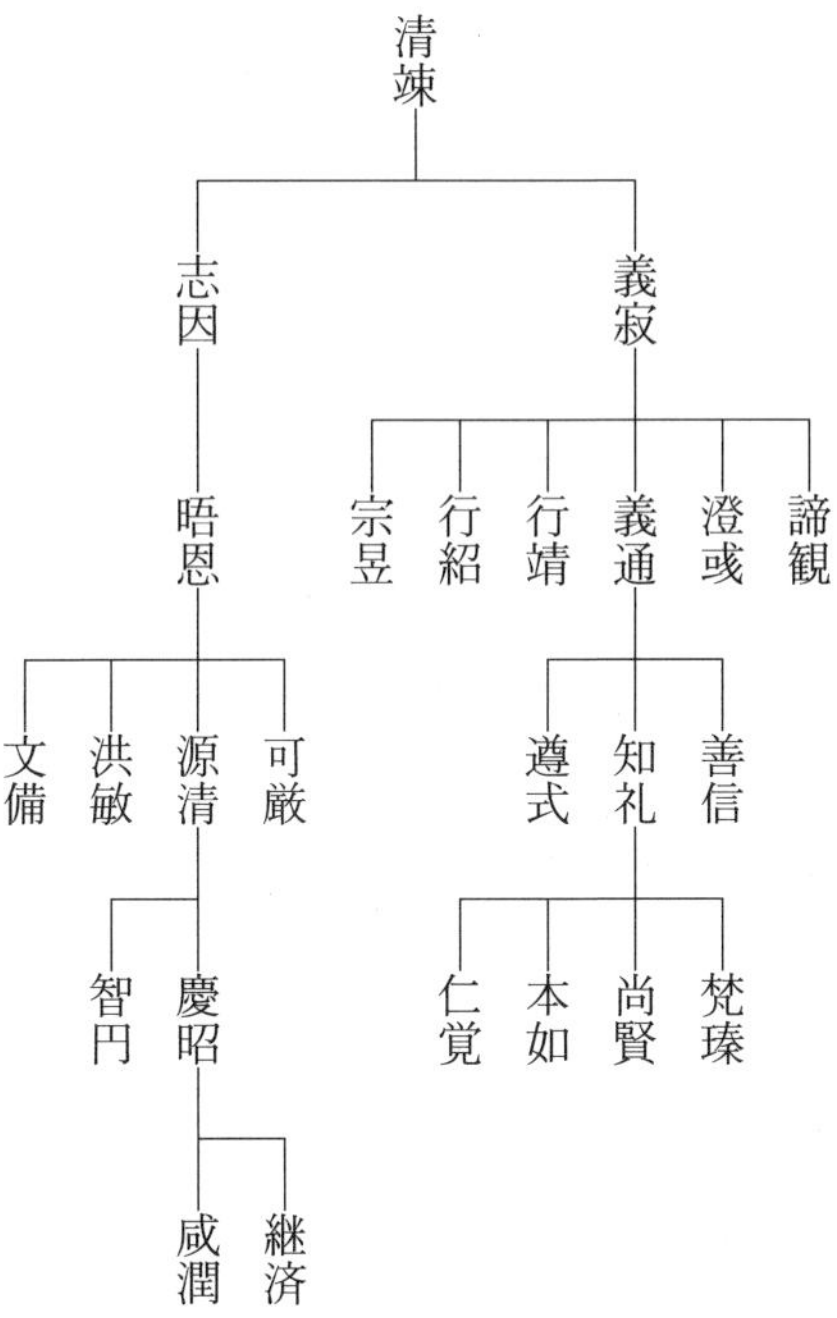

慶昭は、四明知礼と激しい論争を展開し、その論争は山家山外の論争と呼ばれて宋朝天台の教学史の上で著名であり、研究も多い。

明州の郊外にある四明山にちなんで明州を雅号で四明と称し、四明の延慶寺を中心に宣教した四明知礼の学系を山家派と称し、四明の外の地で宣教し天台僧を山外派と称す。具体的には杭州で宣教した志因の弟子の晤恩、晤恩の弟子の源清、洪敏。源清の弟子の慶昭と智円の学系である。杭州の慈光寺・奉先寺・梵天寺・瑪瑙寺が山外派の道場である。

山家山外の論争の発端は、天台智顗の『金光明経玄義』に、当時、観心釈のある広本と、それを欠く略本が流布していたので晤恩は『金光明玄義発揮記』を著わして略本を真撰として注釈し、広本を偽作とした。それに対して、宝雲義通は『金光明玄義賛釈』を著して広本を天台智顗の真撰とした。それが後に義通の弟子知礼と源清の弟子の慶昭・智円との間で激しい論争が繰り返された。[86]

その経過を『四明十義書』(『正蔵』四六・八三二頁)に付す知礼の法孫が書いた「十義書序」と、『釈難扶宗記』(『続蔵一―一―九五・四右―左』)によって簡略に言及しよう。晤恩は、当時流伝して『金光明経玄義』の二本の中、観心釈を欠く略本を智顗の真撰と見做して『金光明経玄義発揮記』を著わした。この書に対す非難が激しかったようで晤恩の弟子の源清と洪敏は『金光明玄義発揮記』を補強して、『難詞二十条』を著わした。

源清の没後であるが、銭唐の宝山善信が二度にわたり四明知礼に晤恩・源清・洪敏・慶昭の略本真撰説を批判して欲しいと要請した。善信は、『統紀』巻一〇宝雲傍出世家の目録によると知礼と同じく天台宗第十六祖宝雲義通の法嗣であり、「銭唐善信」とあり、同巻二四仏祖世繫表・十六祖宝雲義通法師にも『四明十義書序』と同様に「宝山善信」とあり。善信は杭州の宝山に止住していたと考えられる。宝山については、『咸淳臨安志』巻二二山川一・山に「御厨営門内第一巷有広厳寺宝奎寺」と解説があり、広厳寺と宝奎寺の二寺があったというが、そのどちらかの寺院にいたか否かは定かでない。伝記は無いので善信に就いてはそれ以上のことはわからない。

善信の要請を受けた知礼は、自分は争論を好まないし、師の学解は著名でわが宗の先達であるので、その学説は否定できない、と断った。しかし知礼は善信から再度、要請されて、断りきれず、『扶宗釈難(釈難扶宗記)』を著わして、晤恩の『発揮記』及び源清・洪敏の『難詞二十条』を批判した。

それに対して、慶昭と智円は『辨訛』を合作して『釈難扶宗記』を非難し、晤恩・源清説を補強した。すると、知礼は『問難書』を著してそれを論難した。そこで慶昭は『答難書』を著して晤恩・源清説を援護した。また知礼は

『詰難書』でそれを論難した。それに対して慶昭は『五義書』を著わした。知礼はそれで『問疑書』を著わしてそれを論難した。慶昭の返答が遅れたので、知礼は『覆問書』を送り返答を催促した。そこで慶昭は『釈難書』で返答した。

このように、咸平三（一〇〇〇）年から景徳三（一〇〇六）年の間に、往復五回の論難の応酬が行なわれた。そして景徳四年に知礼は『十義書』並びに『二百重詰（観心二百問）』を撰述し、門下の本如をして慶昭に送り詰問させた。智円はさらなる論争になるの避けて、銭唐の太守に請いて論争を中止させた。かくして七年に渡るこの論争はひとまずは終わった。これを第一次の山家山外論争という。[87] しかし論争はまたその後も続いた。

論争の教学面に関しては筆者は立ち入れないが、『金光明玄義』の広本・略本の真偽問題に端を発し、山家は妄心観を主張し、山外は真心観を主張する観心問題が論争の中心問題であり、塩入良道「山家山外論争の発端」（『仏教思想史』（平楽寺書店）の結語には、『金光明玄義』の広略問題の背景は天台教学全体に及ぶ思想的対立という流れに及ぶものであるという。また、山家・山外両派の分立の理由は、『大乗起信論』の真如随縁説で潤色された華厳教学の影響を受けて、山家派が天台性具説から離脱したのが根本原因であるという。また、山家派は天台教学の具の思想の伝統を守り、華厳教学を批判したが、山外派は華厳の性起説の立場から、あるいは性具説を無視するかの方向をたどったので、七年にわたる論争になったのであろう、という。

四明知礼は、『釈難扶宗記』では、慈光（晤）恩、奉先（源）清、慈光（洪）敏の名を、明記して批難し、『四明十義書』では昭上人（慶昭）の名を明記して批判するが、いずれにも智円の名は見えない。七年論争の約七十年後の熙寧九（一〇七六）年に書かれた『四明十義書』の巻頭に付する「十義書序」（『正蔵』四六・八三一下）になると、「銭唐梵天昭師、弧山瑪瑙円師、皆奉先を奉ずる門学なり。すなわち辩訛を撰し釈難の非を論ず」とあり、「辩訛」を慶昭と智円の共著としている。智円を山外派一人と見倣しているが、しかし七年論争の時の知礼の論難の対象は源清・洪敏、慶昭であったのである。[88]

智円は慶昭より十三歳年少であり、山家山外論争がはじまった咸平三（一〇〇〇）年には二十四歳であったので、知礼の論難の対象は兄弟子の慶昭に向けられたのである。

七年論争の後十余年を経た天禧二（一〇一八）年には『金光明玄義表微記』を著わして智円は『金光明玄義』の観心釈・帝王釈のある広本を再び偽作として否認した。それで知礼は、智円入滅の翌年すなわち天聖元（一〇二三）年に、『金光明玄義拾遺記』一巻を著わして智円の教説を論難した。知礼はこの書では、この書の撰述の意図を「弧山闍梨」「弧山」という名を明示してその教説を論難するために本書を著わしたという（『正蔵』三九・一二中、二九中）。また天聖五年に著わした『金光明経文句記』では智円の『金光明経文句索隠記』の教説を「弧山」という名を明記して論難している（同右・八三中）。跋文によると本書は二十七品を書いて入寂したので最後の一品は弟子の加筆である。

また智円が大中祥符二（一〇〇九）年に撰述した『請観音経疏闡義鈔』に説く「理毒性悪」を非難して、知礼は天禧元（一〇一七）年に『対闡義鈔辨三用一十九問』を著わした（『四明教行録』巻二）。智顗の『請観音経疏』においては観音の神呪陀羅尼の用として事毒・行毒・理毒の三つを挙げている。毒は衆生を悩ますもので、猛獣や刀剣の災難のような具体的なものが事毒、五住地の煩悩である行毒、衆生の本性である真如の理性に即した理毒である。

この理毒の意義の解釈をめぐって智円と知礼との間で論争がなされた。理毒と、仏も衆生も本性として本来備えている性悪すなわち性毒との異同が論争になった。智円は理毒と性悪とは異なるとし、無明の惑を具するときに、理性の全体がそのまま毒であるが、理性それ自体は無染であると主張した。

つまり理毒は滅することができるが、性毒は断つことはできないというのである。それに対して知礼は、性悪説に立脚し、理毒すなわち性毒であると主張し、この点を詳細に論証した[89]。

知礼の『対闡義鈔辨三用一十九問』は一〇一七年成立、『金光明経玄義拾遺記』は一〇二三年成立、『金光明文句記』は一〇二七年成立で、七年論争の後に、慶昭の入滅後に撰述された書であり、この時期になると知礼の論難の主たる対象が智円になったことが明らかである。智円を巻き込んだ山家山外論争は天台教学を盛況にし発展させたという意味で、その意義は大きいのである。

(7) 孤山智円について

① その伝記

孤山智円（九七六—一〇二二年）は、源清の法嗣であり、同門の慶昭の後輩に当たり、山外派の学匠である。しかし、山家山外の論争の面だけではなく、多方面に活躍し、杭州仏教の隆盛に寄与している[90]。智円の伝記については種々の研究があるので、それを参考にしてその大綱を以下に説述しよう。

智円の伝記は、『閑居編』巻一六に収録する「記夢」、並びに巻一九に収録する「中庸子伝」が智円の自伝であり、巻頭の自序、巻一二に収録する「病課集序」などは智円を知る資料である。降って、『釈門正統』（以下『正統』と略す）巻五、『統紀』巻一〇にも伝記がある。それらの智円伝は『閑居編』の記録に基づき増補したものである。

巻一二「講堂撃蒙集序」、巻一四「濾囊志」、巻一六「対友人問」、巻一八「周公捷伯禽論」、巻一九「病夫伝」などには儒仏道三教について見解を述べる。

「中庸子伝」は自叙伝であるので入寂とその後のことについては当然言及がないので他の資料で補足して智円の行

跡を述べよう。

智円は銭唐の人で、姓は徐氏、字は無外、中庸子と号し、開宝九（九七六）年に生まれ、乾興元（一〇二二）年二月入寂、寿四十七歳である。

智円は八歳で仏門に入り、龍興寺（大中祥符寺）において具足戒を受け、十五歳の時に騒雅（韻文の一対か）を知り、好んで唐律詩を為（つく）り、二十一歳の時には、洲周公の書を学び、その道を宗として世人を訓えたいと思った。しかしたまたま病で寝込んでしまった。髪を断ち形を変えて僧形となった。それなのに仏教を習わず、儒学を思慕するのは本を忘れ義に背くことだ、なぜ周公の旨を称するのか。しばらく仏教を学び、後に儒教を学んで副としろ。これを図れ、と自らを責めた。

時に、源清法師が天台智者（智顗）の三観の法を奉先寺において伝えていた。そこで智円は源清の弟子になった。およそ「三年」すると師源清が亡くなった。そこで同門の人たちと離別して索居（静かに住む）したという。右文の「時に」が前文の「二十一歳の時」を指すとすると、智円の生誕は九七六年（開宝八年、十二月太平興国と改元）であるから、源清の弟子になった二十一歳は九九七年（至道三年）である。ただし、この「三年」を『正統』巻五、『統紀』巻一〇の智円伝では共に「二年」とする。『正統』『統紀』で「二年」と書き換えたのは何らかの根拠があったのだろう。いずれにしろ智円が源清に師事したのは二・三年という短い期間であった。「二年」とすると、源清が没したのは九九九年、三年とすると一〇〇〇年ということになる。源清の没年に就いて先に述べたように、咸平元（九九八）年と推定される記録もあり記録によって三年の違いがあり正確に決定できない。

源清が亡くなると智円は同門の人たちと離別して索居したという。「中庸子伝」には索居した場所に就いては記していない。『統紀』巻二五の智円伝の文中に「二年に及び奉先忘ず。遂に弧山に往きて門を閉ざして病を養う」という。智円が西湖の西側に位置する弧山の瑪瑙坡に居住したことは著名であるが、奉先寺からただちに弧山に遷ったわけではない。弧山に隠棲したのは晩年になってからである。

すなわち、「大中祥符九年春三月二十九日、山を買い疾を養う。弧山夕陽の坡、瑪瑙というものを得る。坡に仏屋あり、また瑪瑙を以て名と為す」（『閑居編』巻一三）という。

そしてまた大中祥符九年四月五日には、弧山に「始めてこの院に卜居し天台三観の学を来蒙に訓ず」（『閑居編』同上・弧山瑪瑙院界相牓序）という。

この智円自ら書いた記録によると、弧山の瑪瑙坡に仏屋を新造してそこに遷ったのは大中祥符九（一〇一六）年であり、智円が四十一歳のときであり、そして四十七歳でこの地で入寂する。四十一歳というと智円にとっては晩年といえる。弧山ではもとよりそれ以前でも、自ら「病夫」と称するように病気に苦心しながら、著述と教化に励んだ。世俗的な権勢を避けて出家僧として清居する生き方を慕って多くの学者が彼の下に集まったという。しかし『統紀』巻一〇の「弧山円法師法嗣」には智円の法嗣として掲載するのは惟雅法師のみである。『統紀』仏祖世繫表でも智円の後は挙げていない。晤恩・源清・智円の学系も惟雅で終わっている。

智円は二十三・四歳で師の源清に死別して以来、四十一歳の時に弧山の瑪瑙坡の堂宇に居住するまで何処に居住したかは定かでない。その間の足跡は僅かに点として窺えるに過ぎない。

智円は師の源清が入滅すると、その直後の咸平三（一〇〇〇）年から始まる山家山外論争の渦の中に巻き込まれる。この時期に、奉先寺を去った智円がどこに居住して兄弟子慶昭を援けて論争に加わったか、判然としない。しかし僅かに水心寺・梵天寺・崇福寺・崇法寺にいた記録が見える。

「記夢」（『閑居編』巻一六）の中に、『涅槃経』について検討したときに、「時に疾を水心寺に抱いて経義を討尋す。（中略）。後七年崇福寺に於いて首めて筆削を事とす」[91]とある。これによると、智円は、病を療養しながら水心寺にいたことがわかる。その七年後から、崇福寺において筆削を始めたという。この年次は記していないが、「目録序」（同上巻一二）の中に、「景徳三年丙午（一〇〇六）歳に始め、今、大中祥符七年甲寅（一〇一四）歳に至るまで、講授と抱疾の外に於いては、すなわち科記章鈔を述し、凡そ三十部七十一巻を得」とあるので、これを照合すると、景徳三年には水心寺に居住し、ここで『涅槃経』に就いての従来の諸説について検討していたことがわかる。景徳三年といえば第一次の山家山外論争が終わった年である。智円が水心寺にいつから滞在したか不明だが、山家山外論争の時期には水心寺にいた可能性はある。

水心寺は、『咸淳臨安志』巻七九・寺観五・寺院「湧金門の外より銭唐門に至る」に挙げる水心保寧寺である。その解説に、「天福中建つ。旧に水心寺と日う。大中祥符の始め今の額を賜わる」とある。そして呉越忠懿王の時、紹巌禅師が居住した。紹巌禅師は法眼文益の弟子で天台徳韶と兄弟弟子である。紹巌は『宋高僧伝』巻二三に収録する伝記によると、禅僧であるが、『法華経』を信仰し、水心寺で日夜『法華経』を護持していると、にわかに陸地に蓮華が生じるのを感じた[92]、という説話を伝えている。また浄土教史の上で道詵が『往生浄土瑞応刪伝』を重修した寺院として知られる。

智円はこの水心寺から崇福寺に直ちに遷ったわけではないらしい。智円は、大中祥符二（一〇〇九）年猛夏（四月）に、梵天寺において「請観音経疏演義鈔序」を著している（『閑居編』巻五）。梵天寺に関しては先に述べたが、慶昭が居住した寺である。その縁で智円は梵天寺に入ったと考えられる。慶昭は景徳四年四月に梵天寺に入山しているから、智円が梵天寺に入ったのはそれ以降であろう。

智円は大中祥符二年四月には梵天寺にいたが、大中祥符四年八月には西湖崇福寺講院において『涅槃経疏三徳指帰序』の執筆を始め同六年九月二十六日に大慈山崇法寺方丈において完成している。そして大中祥符七年正月に大慈山崇法寺方丈において『涅槃玄義発源機要記序』を脱稿している（同上巻三）。また、同七年仲秋（八月）五日に西湖崇福寺において『涅槃経』を講義した時、『南山大師賛後序』を書いている（同上巻八）。大中祥符七年九月には西湖崇福寺講院において「涅槃百非鈔序」を書いている（同上巻六）。大中祥符八年二月には西湖崇福寺講院において「観経疏刊正記序」を書いている（同上巻四）。八年六月には西湖崇福寺講院で『智者十徳礼賛序』を書いている（同上巻八）。

このように大中祥符四年・六年・七年・八年には崇福寺や崇法寺に居住して天台教を中心とした講説と著述に専念していたことがわかる。

また、智円は杭州の外の地にも滞在したことがある。『維摩経略疏垂裕記序』（『閑居編』巻三）によると、大中祥符八年九月に、銭唐から船を浮かべて西方に行き、旧友の奉蟾を訪ねて呉興の武康山の龍山蘭若に行っている。そしてここに居住して、「維摩経略疏垂裕記」一〇巻を十月十二日より書き始め十二月十三日に筆を断ったという。そして、「代書寄奉蟾上人」（『閑居編』巻四八）によると、武康山の奉蟾上人のもとを訪れ、ここで『浄明垂裕記』一〇巻「経疏科」六帖を著わし、明春に帰去した事を記しているので、智円は大中祥符八年九月から翌年春までは呉興武康山の龍山寺に滞在したことがわかる。そして大中祥符九年、智円四十一歳の時に弧山の瑪瑙院に隠棲したのである。

② その著作

智円は、大中祥符七年には西湖崇福寺方丈において、景徳二年から大中祥符七年まで、病を抱きながら天台教の講説と仏書著作に専念し、三〇部七一巻を撰述し、この散失を恐れてこれを録して篋蔵した、(『目録序』、『閑居編』巻一二)、と自ら語っている。さらに、その後も多くの書を著述している。『閑居編』巻末(日本版本では巻頭の目次の次)に挙げる「弧山法師撰述目録」では「凡一百七十余巻」として、『統紀』巻二五山家教典志では「百二十巻」(『正蔵』四九・二五九中)として書名を列挙する。ここでは『閑居編』により著作一覧を次に挙げる。

文殊説般若経疏二巻
　析重鈔(釈自撰文殊般若経疏)一巻
般若心経疏一巻(一〇一七年撰、『続蔵』一―四一―四所収)
　詒謀鈔(釈自撰心経疏、一〇一七年撰、右同所収)
首楞厳経疏一巻
　谷響鈔(釈自撰楞厳疏)序のみ、五巻、所収)
　疏解一巻
阿弥陀経疏二巻(一〇二一年撰、『正蔵』三七所収)
　西資鈔(釈自撰弥陀疏)一巻、
不思議法門経疏一巻
遺教経疏二巻
瑞応経疏一巻
無量義経疏一巻
普賢行法経疏一巻

注四十二章経疏一巻
維摩経略疏垂裕記十巻（一〇一五年撰『正蔵』三八所収）
金光明経文句索隠記三巻
金光明経玄義表微記一巻
十六観経疏刊正記二巻
請観音経疏闡義鈔（釈請観音経疏）二巻（一〇一九年、『正蔵』三九所収）
涅槃玄義発源機要（釈涅槃玄義）二巻（一〇一四年撰、『正蔵』三八所収）
涅槃経疏三徳指帰二十巻（一〇二一年撰、『続蔵』一―五八―二―五、巻第一五欠）
涅槃経百非鈔（釈涅槃疏金剛身百非義）一巻
孟蘭盆経疏摭華鈔（釈圭峰蘭盆疏）二巻
金剛錍顕性録四巻（一〇〇六年、『続蔵』二―五―三所収）
法華玄記十二不門正義一巻
新学啓蒙一巻
閑居編五十一巻（一〇二二年撰、『続蔵』二―六―一）

武覚超『中国天台史』第六章第五項智円には智円の著作に就いて詳説する。それによると著作は『閑居編』や『続紀』にいうより多く、四〇余部二〇〇余巻に及ぶことが指摘されてる。智円の著作については武氏の詳説があり再説する必要もないが、智円の仏教に対する関心の広さを知る上で必要なので、武氏の所論を参考にして、『閑居編』に挙げられていない智円の書を挙げておく。

南山祖師礼讃文一巻（一〇一五年、『続蔵』二乙三—一—一所収）
金剛錍文句科一巻（『続蔵』一—九五—四所収）
涅槃経定疏科十巻（『続蔵』一—五六—三）

があり、散逸して現存しないものに次の著作がある。

孟蘭盆経礼讃文一巻（義天録）
大涅槃経疏科二十巻（義天録）
大涅槃経科二巻（義天録）
観経疏刊正記科二巻（義天録）
首楞厳経顕賛鈔記十四巻（右同）
首楞厳経科六巻（右同）
弥陀経疏西資鈔一巻（右同）
阿弥陀経疏西資鈔科一巻（右同）
四十二章経正義一巻（右同）
維摩経垂裕記科六巻（右同）
分経図一巻（閑居編巻一六「記夢」の文中）
注疏主賛一巻（右同）
教苑清規四巻（諸宗章疏録）

以上のような著作を見ると、智円は、天台教学のみならず、広く仏教を研究していたことが明白であり、宋初期を代表する学僧であったのである。

③　天台教以外の活動

智円は、晤恩や源清の学説を擁護して、知礼と激しい論争を展開した、杭州天台学派を代表する僧であるが、天台教学のみにとどまらず、種々の経論の注釈を著わしており、仏教に関する広い関心がわかる。

智円は仏教の基本である戒律を重視している。天台智者と並んで南山道宣を讃える「南山大師賛後序」（巻八）や「南山師忌」（巻三五）を著わしている。そして南山律宗第十二祖に位置付けられる択梧律師を「我が友」と呼び、お互いに気心を知りあった仲であると語っており、智円は択梧が道宣の『四分律行事鈔』を注釈した『義苑』に後序を書いている（『閑居編』巻八所収）。また智円には「注删定戒本序」（同上巻八所収）もある。

また智円は寺院で戒律の重視と普及のために行なわれた結界のために「序」を書いている。

結界は、寺院の一定の区域を限り、清浄な地にして、説戒・受戒を行い、戒律を持つ行動をする界域を定める作法で、その範囲を示すのに標相を立てる。木の牓（たてふだ）もあり、石の牓もある。日本では比叡山や高野山は結界地とされ、女人葷酒等が山門に入ることを禁ずる牓は広く知られている。『四分律删補随機羯磨』巻上など種々の律蔵や、『大日経疏』第十など種々の密教典籍においても説かれており、複雑であるのでその説明は省略する。

「瑪瑙院界相牓序」「華亭興聖院界相牓序」「真覚院界相序」「瑪瑙院重結大界序」「法済院結界記」（以上巻一三）「銭唐弧山智果院結大界序」、「天台国清寺重結大界序」、「銭唐法慧院大界記」（以上巻三一）、「銭唐兜卒院界相牓序」（巻三四）、の九種が現存している。これを見ても智円が戒律に通じた高僧と認められていたことが察せられる。

智円は『阿弥陀経疏』や『観経疏刊正記』を著わして、知礼の浄土念仏とは異なる説を提唱し宋初の浄土教に影響を与えたが、志磐は『統紀』浄土立教志巻二七において、智円を浄土往生の高僧とは見做していない。因みに晤恩・知礼・義通・遵式は浄土往生の高僧伝に収めている。しかし晩年には『観無量寿経』や『阿弥陀経』の注釈をしており浄土信仰を持っていたと考えられる。

智円は、自ら中庸子と号している。中庸は、中は、偏らず、過不過のないこと、中正の意味である。庸は、平常の意味、中庸の道を説いたものに『中庸』がある。『論語』『大学』『孟子』と並んで四書と呼ばれる。もとは『礼記』の一篇であったものが独立した。通説では孔子の孫の伋（字は子思）の作とするが異説もある。『中庸』は宋代には尊重されるようになった。

智円は「中庸子伝」巻上に、中庸子の意味とそれを号とした所以を説明している。それによると、智円のいう中庸の意味は、儒教の中庸の義に止まらず、龍樹の中道の義にも拡大している。

中道は万法を妙にするの名なり、本性に称うの謂なり。苟も之に達すれば、空有それ著するなく、中に於いて豈着あらんや。ああ世の大病は儒釈に執われ、以て相い謗（そし）り、有無を限り、以て相い非せんや。故に我れ中庸を以て自ら号し咎（とがめ）なからしめん。

智円は、その自叙伝によると、二十一歳の時から師に就いて儒教を学び、生涯、儒教を重視していた。智円は「四十二章経序」（『閑居』巻一）、「中庸子伝」（同上巻一九）、「三笑図賛并序」（同上巻一六）、「対友人問」（同上巻一六）、「病夫伝」（同上巻三四）などに儒仏調和論、三教鼎足論を説いている。また『閑居編』では、儒教・道教に関する所説が、「善悪有余論」（巻一八）、「辩荀卿子」（巻二五）、「読中説」（巻二六）、「道徳仁芸解」（巻二八）などに見える。この問題についてはすでに研究があるので再説しないが、要点だけは記そう。

智円は儒仏の関係を論じて次のようにいう。

儒派は身を飾る教えであるからこれを外典といい、釈は心を治める教えであるからこれを内典といい、身と心は内外の区別に過ぎない。生民は身と心を越えるものではない。二教によらなければ何を以て生民を教化できるのか。儒と釈は表裏をなしているから、周孔の道が行なわれなければ、釈迦の道も行なわれない。仲尼（孔子）の教えでなければ国は治めることができず、家は寧らかでなく、身は安らかでない。それで、吾は儒で身を修め、釈で心を修めるのだ。儒を好んで釈を悪み、釈を貴んで儒を賤しんで、どうして中庸を願う事ができようか。

（「中庸子」上、『閑居編』巻一九、『続蔵』五六・八九四・上）

というように儒教と仏教の調和を提唱している。

また、智円は、儒仏道三教の鼎足説を提唱している。

吾が心は病であり、三教は薬である。病に三類あるから、三種の薬を廃することはできない。（忠略）。吾が道は鼎であり、三教はその足である。鼎が覆（たお）れないことを欲すれば、足を折ってはならない

（「病夫伝」『閑居編』巻三四、同右・九一五・中）

という。鼎を支える足のように三教それぞれ必要であり役割があると説く。三教それぞれに役割があり必要とするが、「四十二章経序」（同上巻一、同右・八七〇・下）に説くように、三教の中で仏教を最上と位置付けている。

智円の儒仏調和・三教鼎足説は宋代では初めてであるので、智円以前に説かれた思想といかなる相違があるのか、また後世へのいかなる影響があるのかを解明することは必要である。

4　杭州における浄光義寂門下による天台教の宣教

（1）石壁行靖・行紹について

呉越宋初の杭州では、慈光志因の法系を継ぐ晤恩・文備・源清・慶昭・智円ら、いわゆる山外派と称される沙門たちによって天台教が盛況したが、杭州ではそれ以外に、浄光義寂の学系を継ぐ沙門も活躍しているのである。石壁行靖・石壁行紹や広教澄彧がそれである。行靖と行紹は兄弟であり、行靖が兄である。行靖・行紹に関するもっとも古い記録は、契崇（一〇〇七―一〇七二年）が、行紹のために書いた「杭州石壁山保勝寺古紹大徳塔表」（『譚津文集』巻第一三所収）である。碑文の主の行紹は行靖の弟である。この「塔表」の中に行紹に関連して兄の行靖に言及する。また『統紀』巻第一〇浄光法師傍出世家に二人の伝を簡潔に纏めて掲載する。契崇の著わした「紹大徳塔表」[93]によって二人の伝記を述べよう。

杭州石壁山保勝寺故紹大徳塔表

石壁寺去杭越三十里、走龍山面西、窅然入幽谷。有渓流岩石之美、雖其気象清淑、而世未始知此。自紹大徳与其兄行靖法師居此、而其名方播。亦地以人而著也。大徳諱行紹、杭之銭唐人也。本姓沈氏。初其母夢得異僧舍利呑之、因而有娠。及生其淳美、不類孺子、不喜肉食嗜聞仏事。方十二歳趨智覚禅師延寿、求為其徒、父母従之。及得戒通練律部。当是時韶国師居天台山、其道大振。大徳乃摂衣従之。国師見且器之。即使往学三観法於螺渓義寂法師。因与其兄行靖、皆事寂法師、講求大義。居未幾而所学已就、還杭即葺其旧寺。尋亦譲其寺与靖法師、以会講衆。靖法師与大徳、皆師智覚出家、而大徳為法兄、靖師為俗兄。靖法師以素徳自発。先此六十年、雖呉中宿学名僧、皆推其高人、当時故為学者所帰。及靖法師遷講他寺、而大徳復往居石壁。其前後五十年。守山林之操、未始苟游於郷墅閭里。処身修潔、識者称共清約。（中略）

若師出家於寿公、学法於寂公、見知於国師韶公、韶公不測人也。奇節異徳道行藹然、而寿寂二公亦吾徒之有道者也。天下豈可多得。（以下略）

（『正蔵』五二・七一七中―下）

この「塔表」はその末文の記録によると、契崇が石壁山を訪問した時に行紹の弟子の簡長とその弟の簡微に依頼されて、皇祐癸巳（五年）（一〇五三年）に書かれている。

石壁山保勝寺は石壁寺ともいい、杭州から三十里離れた龍山の西にある。龍山については、『咸淳臨安志』巻二三山川二・城南諸山の項に、「龍山　嘉会門の外、城を去ること十里に在り。一に臥龍山と名づく」とあり、『統紀』巻一〇行靖伝の石壁寺の注には「杭を去ること二十里、龍山の西にあり」という。杭州城からの里数は異なるが、この龍山であろう。ただし『咸淳臨安志』の寺観の項には保勝寺もしくは石壁寺という寺院は見えない。『咸淳臨安志』が編纂された頃は廃寺になっていたのかもしれない。「塔表」では、石壁寺は行靖・行紹が入山する以前は名が知られていなかったが、二人が居住するようになり名が広く知れ渡ったという。

行靖・行紹は、銭唐（塘）の人で、本姓は沈氏、二人は知覚禅師延寿を師として出家した。行紹は子供の頃から仏事を嗜（この）み、十二歳で出家したと記されている。二人が一緒に出家したのか、行紹だけだったのか判然としない。「大徳（行紹）を法兄と為し、靖師を俗兄と為す」とあるのを見ると、兄の行靖よりも行紹の方が先に出家したのかもしれない。

得度して律部を修行した後に、当時、天台山で徳韶国師の法道が盛んであったので、徳韶の下に行き師事した。何歳頃の時かはわからない。

徳韶は行紹の優れた器を見て「兄行靖とともに螺渓義寂の下に行き天台の三観の法を学ばせることにした。それで兄行靖とともに義寂に師事して天台教の大義について講義を受けるようになった。わずかな間に学を成就して杭州に帰った。そして石壁寺を修復してそこに居住した。ついでこの寺を行靖に譲り与えた。(行靖は)衆人をあつめて仏教を講説した。契崇は、行靖の飾り気ない徳が自然にあらわれ、今から六年前に、浙江地方では、皆その人柄を推奨したので、当時、それで学者の帰服するところとなった」と讃辞している。

その後、行靖が講説の場を他寺に遷したので、行紹が石壁寺にもどったという。行紹は、前後五十年に渡って、この石壁寺で山林の生活の節操をまもり、郷墅(故郷の家)や閭里(むらざと)に遊ばず、身を清潔にしていたので、識者はその清約を讃えた、とその持戒堅固な生き方を讃えている。とくに、契崇は、行紹・行靖が、延寿について出家し、徳韶に師事し、徳韶から義寂について天台教を学ぶことを勧められた伝歴を強調している。このように呉越宋初の天台僧には法眼禅の系譜に連なる徳韶、延寿の影響は大きかったのである。

行紹と弧山智円は親交があった。智円の『閑居編』には、「病中懐石壁行紹上人」(巻四九)、「懐石壁旧居兼簡紹上贈林逋處士」(巻四一)、「題石壁山紹上人観風亭」(巻四五)、などの詩があり、行紹上人との親密な交友を推測され、石壁山に観風亭が存したこともわかる。「懐石壁山寺」(巻四七)、「遊石壁寺」(巻五一)などの詩も詠んでおり、智円は石壁寺と称しており、石壁山を訪れているのもわかる。石壁寺の幽寂な様子は詠っているが、残念ながら行紹との関係、その人柄についていては全く記していない。

『統紀』巻二五山家教典志には、行紹に『観経疏記』があったことを伝えている。この書は智顗の『観経疏』の注釈であるが、現存しない。行紹は同門の義通と同様に浄土教に関心も持っていたことが察せられるのである。

行靖の著書には「禅宗永嘉集註」二巻(『続蔵』三三―七)がある。この書は、六祖慧能の法嗣の永嘉玄覚が修禅の要と歴程を説いた『永嘉集』の注釈である。

行靖・行紹は義寂の法嗣であり義通と同門であるが、天台山で義寂に学んだ後に、杭州に来て杭州郊外の山寺で義寂嗣法の天台教を宣教し、その世俗の名利を離れた高潔な人柄から多くの人に帰服を受けており、その影響力は見逃せないものである。また法眼禅の天台徳韶と永明延寿に影響を受けたことにも注目すべきである。

(2)　広教澄彧について

澄彧（―九八八―）の伝記は不詳である。端拱元（九八八）年に、前年入寂した義寂の墓塔が建立された時、澄彧は師義寂の塔銘を書いている。その「浄光大師塔銘」が『螺渓振祖集』に現存する。その著作『註浄土十疑論』一巻は現存し、『続蔵』二―一二―四、『浄土宗全書』巻六に収録する。その巻頭に附する賛寧の序の中に「呉山澄彧上人」とある。

『宋高僧伝』巻七義寂伝の中には、義寂の門下として、澄彧・宝翔・義通の三人の名を挙げている。『統紀』巻八の「十五祖螺渓浄光尊者義寂」の伝記にも義寂の百余人の弟子の中で「義通を実に高弟となし、而して澄彧・宝翔これに亜ぐ」（『正蔵』四九・一九一中）という。天台宗の正系を継いだのは義通であるが、澄彧は師義寂の塔銘を書くほどの義寂の高弟である。

また『統紀』巻一〇の「浄光傍出世家」の目録に「広教澄彧法師銭唐」(94)とあるので、四明の伝教院（後の定慧院）において義寂に師事したあと銭唐（杭州）に移り義寂の天台教をそこで研讃していたことがわかる。賛寧は「呉山澄彧上人」という。銭唐の呉山は『淳祐臨安志』巻八・山川の城内諸山に「呉山」の項があり、それによると呉山は城内にあり、「祥符図経に云う、城中に在り。銭塘県旧治の南六里」に位置するという。この呉山であろう。また志磐のいう「広教澄彧法師」の「広教」は、義寂門下の中で澄彧と並んで宝翔にも志磐は「広教宝翔法師銭唐」という。澄彧・宝翔ともに「広教」と冠しているので広教は所居の寺名と思えるが、南宋代撰述の杭州の地志類にはその寺名が見いだせない。呉山にあった寺で廃寺になっていたのかもしれない。澄彧は杭州の呉山の広教寺で『註浄土十疑論』を著作した。澄彧には『註浄土十疑論』の他にその著述として『光明玄金鼓記』と『般若心経顕宗記』三巻の名が『諸宗章疏録』巻二に見えるが現存しない。『註浄土十疑論』については、拙著『宋代仏教史の研究』第一章「四澄彧の『註浄土十疑論』」において述べたのでここでは省略する。行靖・行紹と澄彧三人は、天台山で義寂に学び天台教を杭州で宣教し、天台教とともに浄土教をも杭州で説いたのであり、杭州における天台浄土教の先駆けとしても注目される。

澄彧の『註浄土十疑論』には、賛寧（九一九―一〇〇一年）が序を書いている。

賛寧は、後唐の天成中（九二六―九二九年）に杭州の祥符寺で出家し南山律を学び、その後、天台山に入って修学し、広く仏教に通じ、文章にも定評があり、儒学にも通じた。呉越忠懿王に崇信され呉越の監壇・副僧録・両浙僧統として数十年にわたり呉越仏教の興隆に貢献した。太平興国三年、呉越国が宋に帰順すると、呉越王とともに宋の首都開封に行き太宗の信頼を得て、通慧大師の僧号と左街の天寿寺を賜った。太平興国七年に勅により『宋高僧伝』の撰述のため資料豊富な杭州に帰り、端拱元（九八八）年、七十歳で撰述完成して再び開封に登りこれを太宗に献上した。その後は宋の仏教興隆に貢献し、左街講経主座、左街僧録を、また史館編修をも勤め、八十四歳で杭州祥符寺で入寂した。呉越宋初の代表的な名僧である。賛寧は、『宋高僧伝』三〇巻、『大宋僧史略』三巻をはじめ『内典集』一五二巻、『鷲嶺聖賢録』五〇巻、『外学集』四九巻、その他多数の著述を著わしたが、そのほとんどは現存しない。

この賛寧は、澄彧の師僧の義寂と親交があり、二人は同年齢で、先に寂した義寂の遺徳を讃える「浄光大師讃」を書いている（『螺渓振祖集』（『続蔵』二―五―五所収））。二人は同じ頃に天台山で学んだのである。そのころから義寂門下の澄彧とも知り合いであったと考えられる。それで杭州に来て呉山の広教寺に住した澄彧が撰した『註浄土十疑論』に関心を持ち、「序」を書いたのであろう。賛寧がこの「序」を書いたのは、自ら記すように太平興国八年であり、それは賛寧が開封から杭州に帰った翌年のことである。澄彧は天台山で義寂について学んだ後に杭州に来て、杭州で天台教の教観と浄土信仰を宣教し、呉越宋初の代表的な名僧である賛寧からも尊重された。澄彧は義寂の高弟であり、杭州に到来し住止して義寂系の天台教と浄土信仰を杭州に流布した。その業績を忘れることはできない。

5　慈雲遵式の杭州における活動

（1）遵式の伝記

天台山で羅渓義寂によって復興した天台教はその法嗣の法雲義通によって明州（四明）の法雲寺において更なる発展をした。そして義通の門下に知礼と遵式がでた。知礼は天台宗の正流として天台宗第十五祖と仰がれるが、遵式は知礼とともに山家派の重鎮として、宋朝の天台宗の発展に多大な功績を残した。知礼は四明の地で活動したが、遵式は四明から杭州に登って杭州で活動した。杭州にはすでに義寂の法嗣の行靖・行紹また澄彧によって天台教が宣教されていたが、義通の法嗣としては遵式が初めて義通の天台教を伝えたのである。

遵式の伝記は、契崇の撰述した『譚津文集』巻一二に収録する『杭州武林天竺寺故大法師慈雲式公行業曲記』（以下『曲記』と略称。『正蔵』五二・七一三下—七一五下）が最も古い。そして『釈門正統』巻五、『統紀』巻一〇にも収録する。『釈門正統』『統紀』の伝記はほとんどが『曲記』の踏襲である。

ここでは、『曲記』により、『釈門正統』『統紀』の記録を参考にして、遵式の伝記の綱要を次に述べる。[95]

遵式は浙江省台州寧海県の人で、姓は葉氏、字は知白で、宋太祖の乾徳元（九六三）年の生まれである。生後七ヵ月で観音の名を称したというが、長ずると兄と一緒に商売することを嫌い、ひそかに東山（東掖山）[96]に行き義禅師について出家した。十八歳で落髪し、二十歳になると禅林寺において具足戒を受けた。そして翌年、律を守初律師に学んだ。ついで国清寺に入り普賢菩薩像の前において一指を燃し、天台教法を習学することを誓った。その後、四明に行き宝雲寺の義通に師事した。『統紀』ではそれを雍熙元(九八四)年と記す。まだあまり年月を経ないで、天台教の微言・奥旨をみな会得した。智慧と理解力が周囲の人々と比べて抜きん出ていた。

端拱元(九八八)年に、義通が入寂したので、遵式は天台に帰った。天台山で苦学しすぎて疾になり、血を吐いてしまった。自分は死ぬと思って、仏室に入り、消伏の呪法を用い、七日の間、道を行じた。すると、一巨人(観音)が金剛杵を持って遵式の口に甘露水を注ぐのを夢の中でみた。すると、疾は癒えた。遵式はそれに感じて「観音礼文」を著わした。

淳化の初年。二十七歳の時、衆人の要請で宝雲寺に入り、法華・維摩・涅槃・光明の四経を講じた。

至道二(九九六)年、出家在家とともに浄土の行を修し、「資西方記」を著わし、念仏三昧を行なった。また、遵式は、匠に命じ栴檀の観音像を刻ませ自ら十四大願を書いて腹中に納めた。

咸平三(一〇〇〇)年、四明が大旱魃にみまわれた。土地の人は雨を祈った。遵式は請観音三昧を用いて祈雨した。すると、雨が降った。群守はそれに感じて碑を建てた。

咸平五年、三十九歳、遵式はまた台州の東掖山に帰り、屏居(隠居)しようとしたが、弟子が多くなったので、寺の西に精舎を増築し、無量寿仏の大像を造り、衆人を率いて念仏三昧を修し、浄土行法を説く書を著わした。

東掖山の邑に白鶴廟という淫祠(民間信仰の社)があった。民はその神に競って牲をささげていた。遵式はそれを止めさせようとして、舟で白鶴廟に行くと、風雨がおこり進めなくなった。遵式は廟に向かって仏教の殺生戒のことを説くと、波が静かになった。そこで、その神に仏戒を授けた。この後、牲をささげる者が絶えた。そこで「野廟誌」を著わして神と約盟した。民は今でもこれによっている。

大中祥符四（一〇一一）年、明州知事の章郇公は、僧正に命じて、夏安居に遵式に明州の景徳寺において『摩訶止観』を講説することを要請した。その帰り路に黄巌県を出たあたりで、一匹の豕（いのぶた）が来て前にひれ伏した。屠殺されるのを逃れてきたのである。遵式は屠者に価を払って、その豕を解き放ち、妙慶寺で飼育するようにした。

また台州の高台に海に臨んで赤山寺があった。土地の人は、この山の嶺につねに不思議な光があり海上を照らしているという。その光の間に七層の浮図（仏塔）の影が見える。その照らす所は四十里に及ぶ。魚を捕る者は皆、簄梁（竹のあみとやな、魚を捕る道具）を底にめぐらしている。遵式は、不思議な光が海上を照らすのは、なにか警告したいことがあるのだと察知して、七層の塔を山の上に建てて、瑞兆に応じた。それで民はそこで魚を捕らなくなった。こうした遵式の生類憐れみの慈悲の話を伝えている。

杭州の人が幾度も遵式に杭州に来て法を講説することを請うたが、七年間も聞き入れられなかった。それが、大中祥符七年に、昭慶寺の斎一という者が衆人を率いて遵式に要請し、漸く実現した。ここに至るまで十二年かかった。遵式は杭州に来てはじめは昭慶寺に止まって仏法の大義を講説した。多くの学僧が集まった。

当時は、杭州の俗習では、葬儀の会合に酒と肴を用いていたので、その俗習を改めさせ、「誡酒肉慈悲法門」を著わした。今に至るまでそれが尚ばれている。

昭慶寺については、『咸淳臨安志』巻七九に大昭慶寺の項があり、清の乾隆七（一七四二）年、三月浄慈沙門象玉が記した原序を付した『大昭慶律寺志』一〇巻がある。それによると、昭慶寺は旧名を梵天寺と称し、後晋の天福中に、呉越王銭氏によって創建され、宋太祖の乾徳二（九六四）年に重建、宋初期には戒壇が設けられ著名な律僧が住し律寺として著名で、また省常が浄行社を開催した寺でもあり、杭州の名刹である。

明年（大中祥符八年）、蘇の人の招きで開元寺に行き、昼夜法会を行った。出家在家の聴衆が日に万、夕に千も集まった。それらの人が遵式の教化で飲酒・食肉をしなくなったので、店では酒肉が売れなくなって困り問題になった。店で酒・肉が売れなくなったから遵式は杭州に帰った。

そして、同大中祥符八（一〇一五）年、杭州刺史の薛顔に要請されて霊山精舎に入った。寺は隋の真観の創建した天竺寺である。遵式は、旧誌（地方志）を調べて天竺寺の跡を探し出して詩を作って碑に記して、天竺寺の復興に着手した。すぐに遵式に教えを請う者が多数集まった。それで寺の東に日観庵を建てた。そして、「天竺高僧伝」を著わして智顗の三昧行法の説を補った。天竺寺については、『咸淳臨安志』巻八〇に下天竺霊山寺の項があり、それによると、

銭唐県西一十七里に在り、隋開皇十五年僧真観法師と道安禅師建つ。南天竺と号す。唐永泰中今の額を賜う。五代の時、五百羅漢院有り、後廃る。大中祥符の初め、改めて霊山寺と賜う。天禧四年復天竺寺と賜う。

とあり、現在は下天竺寺と称している。

大中祥符九年には、天台僧正の慧思が都の開封に至って遵式の名声を奏上したので、紫服を賜った。

この年、請われて天台山の寿昌寺に赴いて講説した。その帰りに台州東掖山を経由し、そこで「自分は天竺寺が終焉の地である」と門徒に言って、長謡を壁に書いて東掖山から天竺寺に還った。

遵式は天竺寺において、毎年、夏安居に七昼夜の間、門徒を激励して共に金光明懺法を行なった。

当時、杭州知事に赴任してきた侍朗の馬亮が老年になり益々奉仏の念厚く、遵式を慕い教えを求めたので、「浄土決疑論」を著わして贈った。馬公はこれを刊行した。（『統紀』では、『浄土行願法門』（『往生浄土決疑行願二門』）、

『浄土略伝』とある。)

また当時(一〇一九年、天禧三年)、王欽若(文穆)が、宰相を退いて、杭州の知事に赴任してきていた。王欽若は遵式の名声を聞いて、僚属を率いて天竺寺を訪れ遵式に説法を請うた。遵式が法華三法(心・仏・衆生)の妙義を説くと、それを聞いた王欽若は、「こんな話は聞いたことがない」と遵式の弁才に感銘した。王欽若の奏上により、「天竺」の旧名を賜り、王欽若が命によりそれを榜に書いた。

また、王欽若は皇帝に奏上して、西湖を放生池とした。遵式が、昔、智顗が生類の命を護って漁場を放生池とした故事を進言したのに依ったのであろう。

また、王欽若は秦国夫人とともに寺の大殿を建立する為に銭六百余万を布施した。遵式は公家と王欽若の恩に感じて、天台の四時礼物の教文を集め、弟子たちにそれを実践させ皇帝の恩徳に報いようとした。遵式の名声は王室にまで聞こえ、乾元節(真宗の誕生日)に「慈雲」の号を賜った。

王欽若と遵式の親交は益々深まり、師は「円頓十法界観法図」「注南岳慧思師心要偈」を王欽若の為に著述した。仁宗の天聖中(一〇二三―一〇三一年)に、王欽若は天台の教部を大蔵経に編入することを奏上した。天台宗の教えが北方の首都開封に伝わったのは王欽若と遵式の力によるものである。

仁宗の乾興元(一〇二二)年に、章献太后(仁宗の母、没後に章懿太后と諡す)は二度も特使を派遣して、金帛を贈り、国のために修懺させた。遵式は「護国道之儀」を著述し上呈し、そしてそれを大蔵経に入蔵することを請うた。

天聖元(一〇二三)年、内臣楊懐古が杭州に使者とし派遣され、恩賜の乳香を遵式に贈った。楊懐古は遵式の筆述を求めた。遵式は詩を書いて贈った。

明年、皇帝からまた銀一百両を賜り天竺寺において千僧斎を行なった。

当時、遵式を慕って彼と勝縁を結び楽しんだ公卿士大夫は、銭文僖（銭惟演）・楊文公（楊億）・章郇公（章徳象）をはじめ多く存在した。遵式と首都開封の皇族・高官との交流、公卿の杭州仏教へ思慕と帰依の問題については重要な問題なので別稿において論述する。

遵式は文才に勝れており、『金園集』『天竺別集』『霊苑集』がある。遵式は修行で幾度も指を燃やしたので指はあと一・二本しか残っていなかったが精美な文字を書いた。

天聖四年、尚書の胡則は杭州知事に赴任していた時に、金銭を布施して三つの山門を建てた。

遵式は「我、台・杭の二寺に住して四十年になんなんとす」（『正蔵』五二・七一五中）と言うように、台州の東掖山能仁寺と杭州霊山天竺寺において仏法の実践と教化に励み、やがて、明道元（一〇三二）年十月八日、病に伏し、十月十日、六十九歳で入寂した。杭州で教化したのは、沙門として円熟した晩年の十五年ほどである。遵式について得度した弟子は百人に及び、嗣法の弟子は文昌等僅か二十人に過ぎないが、師の下で学んだ者は千人を超える。明年二月八日、その遺骨は天竺寺の東にある月桂峯の下に埋葬された。

遵式の著作は多い。武覚超『中国天台史』第六章第二項「遵式とその著作」には現存するもの六十七種、散逸したもの八種の書名と所収文献を明記している。それが詳説であり参考になる。『注肇論疏』六巻[97]（注　真撰に疑問がある）以外はすべて一巻の短編であり、その多くが『金園集』『天竺別集』（『続蔵』二―六―二）に収録されている。

遵式の当時は、四明の知礼と杭州の慶昭・智円との山家山外の論争が天台宗の重要問題であった。遵式は四明学派の系譜に属するが、その論争には参加しなかった。遵式の著作や行動を見ても教義面よりは実践、信仰教化の面に専念した。特に観音信仰と弥陀信仰に厚かった。

遵式が観音信仰に帰入するに至ったのは、観音の霊験による自己の病気平愈からであるが、祈雨にも観音の霊験を信じている。『観音礼文』『請観世音菩薩消伏毒害陀羅尼三昧経儀』『観世音菩薩除七難感応伝』『大悲観音栴檀像記并十四願文』『釈普門品重偈』等は観音の霊験を述べており、その教化に用いたのであろう。

弥陀信仰に関しては、『往生浄土懺願儀』『往生浄土決疑行願二門』『依修多羅立往生正信偈』『示人念仏方法并悔願文』『十六観経頌』『念仏三昧詩并序』『為檀越写弥陀経正信偈発願文』『阿弥陀経勧持序』『浄土略伝』等がある。遵式の浄土信仰については別稿で説述する。

先に挙げた観音信仰を説いた『請観世音菩薩消伏毒害陀羅尼三昧義』は智顗の『請観世音懺法』に基づく懺儀であり、『金光明経懺法補助儀』『熾盛光道場念誦儀』『往生浄土懺願儀』等も懺法の懺儀であり、遵式はこうした懺儀を実修していたのである。

遵式は四明そして天台山から杭州に到来し住止し約一五年に渡りここで教化し、杭州市民に仏教を浸透させた業績は大きいのである。

(2)　遵式の不殺生戒の教化と宋皇帝の禁鳥獣虫魚採捕の詔

右に述べた遵式の伝記を見ると、遵式が殺生を戒め、食肉・飲酒を戒める話が六回に渡って記されている。すなわち、①白鶴廟の話。②豕の命を救った話。③台州赤山寺の海で捕魚を止めさせた話。④葬儀に酒肴をふるまう習俗を止めさせた話。⑤蘇州開元寺で飲酒・食肉を止めさせた話。⑥西湖で放生会を行なった話、以上である。

『正統』『統紀』では杭州で葬儀に酒肴をふるまう習俗を止めさせた話の後に、もう一つ別の話を加えている。

ある夜、遵式は、食用に捕獲された魚を水際に放してやった。すると漁者が今夜も遵式が来るか否かを鬼神に問うた。ある鬼神は、今夜は雪が激しいから師（遵式）は来ないだろうと言った。別の鬼神は師は慈悲深い人であるから必ず魚のことを忘れないだろうと言った。すると、たちまち師が雪を踏んでやってきた、という話である。(98)

こうした慈悲心から殺生を戒める話が幾種も作られるぐらい、遵式は慈悲と持戒の念から殺生を戒め、飲酒・食肉を戒める教化を道俗に実践していたのである。これを『行業曲記』の作者契崇は遵式の仏教者としての特性として強調している。

慈悲の心で生命を尊重するのは仏教の基本であり、不殺生戒は戒律の第一位である。中国では梁の武帝が僧団に対して飲酒と食肉を禁じる「断酒肉文」を出している。『広弘明集』第二六慈済篇に四首を収録する。これは僧尼を対象としたものであり、出家者が生きものを殺生して食肉したり、修道の妨げになる飲酒を禁じたもので、一般社会に向けたものではない。

不殺を積極的に表現したのが放生の思想である。放生は、生きものをとき放つという意味である。『梵網菩薩戒経』巻下十重四十八軽戒を説く第二十戒に、

なんじ仏子よ、慈心を以ての故に、放生の業を行ずべし。

と放生の重要さを説いている。そして続けて、その理由を説く。

全ての男女はわが父であり母であり、自分は生々にこれによって生を受けている。故に六道の衆生は皆わが父母である。しかるにこれを殺して食えば、わが父母を殺し、我が身を殺すことになる。

というように、六道輪廻の思想で、六道に輪廻する衆生、すなわち鳥獣虫魚に至るまで皆父母であり、それを殺すことは自分を殺すことである、と殺生が大罪であることを誡める。

また『涅槃経』などに説く一切衆生悉有仏性の思想からすると、殺生は仏種を断じることで未来仏を殺すことである、と大乗仏教特有の理由づけをする。(99)

放生の思想を具体的な形にしたのが放生池である。放生池は、川や池や海岸、山林などに一定の区域を設けて一定期間、そこで鳥獣魚虫など生き物を捕獲し殺すことを禁じる場所である。

その早い事例は天台智顗が陳の宣帝の時に行なっている。灌頂撰述の『隋天台智者大師別伝』(『正蔵』五〇・一九三中―下)には、天台山の付近には漁業を生業とする者が多く、梁(やな)や簄(魚を捕るあみ)を使って海で魚を捕獲しており、魚の頭蓋骨が山をなし、蝿や蛆が涌いている。ただ水陸の生き物が悲しむだけではなく、そこを通る舟の人にも危険が及ぶので、智顗は、自らの身衣を捨てて、普く勧進を行ない、簄を仕掛けた漁場一ヶ所を買い取って放生池とした、と伝える。これが放生池の発端である。この連文に、その後、漁場主の厳続組や羊公賀等が六三ヶ所の漁場を喜捨して放生池とした、という。かなりの規模の放生池が智顗の時、宣帝の治世に設けられたのである。智顗の放生池については徐孝克の「天台山修善寺智顗禅師放生碑文」と「智者遺書与臨海鎮将解抜国述放生池」(『国清百録』巻二・巻四所収)がある。このように、在家を対象として一般社会に放生が行なわれたのである。(100)

そして唐の粛宗の時になると、放生池が国家規模で行なわれるようになる。

『統紀』巻四〇の粛宗の乾元二年三月の条に、粛宗の詔を挙げている。

二年三月、詔してして天下州郡に、臨江帯郭の五里に放生池を置く。凡そ八十一所なり。昇州の刺史顔真卿は碑を撰して云く、「動者植者水居陸居、天下挙げて以て池と為す。城中を罄して而して福を蒙り、陀羅尼加持の力に乗じて煩悩海の生死の津を竭す。(『正蔵』四九・三七六上)

という皇帝の命により全国八十一ヶ所に放生池を設置したというから、放生池というものが世間でかなり話題になったに違いない。放生池の思想が中国社会に浸透したと考えられる。顔真卿がその碑文を撰した。顔真卿の碑文は「有唐天下放生池碑銘並序」「乞御書題天下放生池碑額表」(『唐文粋』巻六五所収)がある。その中に、

各置放生池凡八十一所、蓋所以宣皇明而広慈愛也。易不云乎、信及豚魚、書不云乎、洎鳥獣魚亀、咸若、古之聡明叡智、神武而不殺者、非陛下而誰。

顔真卿は、『易経』や『書経』を引いて放生の典拠を仏教のみならず、儒教にも求めている。中国社会への浸透を意図してであろう。

宋朝では民間で際限なく鳥獣や魚を捕獲し殺すことを禁止している。太祖は、建隆二年二月巳卯、すなわち建国の翌年に、「禁採神詔建隆二年二月巳卯」(『宋大詔令集』一百九十八、政事五十一・禁約上)の詔を発布している。

王者稽古臨民、順次布政、属陽春在候、品彙咸亨、鳥獣虫魚、俾各安於物性、罝罘羅網、宜不出於国門、庶無胎卵之傷、用助陰陽之気、其禁民無得採補虫魚、弾射飛鳥、仍永定式。毎歳有司具申名之。

(中華書局刊『宋大詔令集』七二九頁)

このように太祖は陽春の時節に鳥獣や虫魚を捕獲し、その胎卵を傷つけることも禁じている。

また、次の太宗も太祖を踏襲して、陽春に鳥獣を捕獲することを禁じる「二月至九月禁補猟詔　太平興国三年四月丙辰」を発布している。ここでは二月から九月に至る間という期限を設けている。

方春陽和之時、鳥獣孳育、民或補取以食、甚傷生理、而逆時令自宜禁民二月至九月　無得補猟、及持竿挟弾、探巣摘卵、州県吏厳飭里胥、伺察摘補、重寘其罪、仍令州県、于要害処粉壁、掲詔書示之。

(右同・七三一頁)

陽春の時節は鳥獣虫魚の繁殖期であり、この時期に乱獲すると、「甚だ生の理を傷う」という。「生理を傷う」は、生の原理を乱すこと、繁殖期に繁殖する原理をみだす、という意味で食糧資源が枯渇する恐れがあるので、資源保護

の政策として禁止したのであろう。二月から九月までと限定するのは陽春とするよりも徹底した政策である。そして、その詔を州県の役人が村役人に命令して、伺察させ、違反があれば重罪にせよと命じ、さらにその詔を州県の要所の白壁に掲示させた。

太宗も太祖を踏襲し、食物資源の保存を考慮してこうした政策をとったのであろう。それが次の真宗になると、同じ趣旨の生類採補禁止の詔の意図に変化が見える。同じ趣旨の詔に加えて、宮観・寺院に鳥獣等を捕獲する道具を携帯したり、肉類を料理することを禁じる文も加わってくる。大中祥符二年十一月癸酉に発布された「令粘竿弾弓等府得携入宮観寺院詔」に次のようにいう。

朕承天育物、体道臨大、宗上聖之無為、期有生之咸若、況列真秘宇、大覚仁祠、式示欽崇、豈宜褻瀆、自今応傷生鷙禽之類、粘竿弾弓等物、不得携入宮観寺院、及有屠宰、違者論如法、又令開封府条約民間、無使広有採捕。

（同上巻一九九・同上・七三五頁）

右と同趣旨の文は、『続資治通鑑長篇』巻七〇に真宗大中祥符二年十一月癸丑乃条にも見える。ただしそこでは、文を省略して、「癸丑、令弾射鷙禽傷生之類、不得入宮観寺院」（中華書局刊・一六・四〇頁）とある。

また、大中祥符三年二月乙亥発布の「禁粘竿弾弓罝猟捕之詔」（『宋大詔令集』七三五頁）も、陽春の生き物が繁茂する時期に竿や弓や網を使って鷙禽の類を捕えることを禁じた詔である。大中祥符九年八月癸未に発布の「禁屠殺牛詔」（同上）は農耕に資する牛の屠殺を禁じた詔であり天禧三年二月乙未に発布の「禁採捕山鷓詔」（七三六頁）も、趣味で鷓（鳩の一種）を捕獲することを禁じた詔である。

右の大中祥符二年十一月の詔を見ると、道教の宮観や仏教の寺院の中に鳥を傷生する竿や弓等を持ち込んではならないし、また寺観で肉類を料理してはならない、と述べ、その旨を開封府の民間に通達して勝手に採捕することを禁じている。ここには、生類を殺生して食用にすることを禁ずる仏教の戒律の思想がみえる。太祖太宗朝の生類不殺の詔では陽春の生類繁殖期には資源の重視・保存という意図でそれを捕獲し殺生することを禁じているので、宗教的な意味はない。しかし真宗になると太祖太宗の詔の資源の重視・保続という意図に加えて、仏教の不殺生戒の思想が加わってくるのである。

志磐は『統紀』巻四四真宗の景徳四年の条に、

> 詔して京城の酒肉を鬻（う）る者は並びに吾が寺観の百歩外にあれ。酒肉五辛を以て僧道に酷市することある者は、人の糾告を許し、重くその罪を論ず。
> （『正蔵』四九・四〇三上）

というように、『統紀』の撰者志磐は、酒肉五辛を僧道に売ると罪になると、大中祥符二年十一月の「詔」の表現を一層仏教的に変えている。志磐は、この記事を二年前の景徳四（一〇〇七）年の条に掲載しているが、これは『宋大詔令集』や『続資治通鑑長篇』に明確なように大中祥符二（一〇〇九）年十一月の詔であり、志磐の誤りである。そしてその後文に、「述曰」として自説を記している。その「述曰」の中に、「厥の後」の出来事として、天竺から渡来した沙門覚称が、翰林学士の楊億に語った言葉を収録している。

> 厥の後、沙門覚称は天竺より来りて、学士楊億に謂って曰く、「猪羊を屠殺し、市肆に肉を懸けるのを見て、痛んで見るに忍えない」と。ここに知ぬ。東華郡邑は食肉を習う。故にこれを見る者は嫌心なし。一人（覚）称に媿（はじる）ことなからんや。天竺では肉・五辛を食べる者は駆って城を出す。故に売る者なしと。
> （『正蔵』四九・四〇三上）

このように、天竺僧の覚称は楊億に苦言を呈したという。この言葉は、楊億から真宗に伝わったと考えられる。楊億は翰林学士を務めており、真宗から信頼され職務から真宗に拝謁する機会は多かったので、奉仏家の楊億がこの話を真宗に話したと推測できる。それで真宗は生類不殺の詔に仏教の戒律と慈悲の教えを取り入れたのではないかと考えられるのである。真宗は道教を背景とした天書降下・天神降臨の事件から道教に深く傾倒するが、しかしながら仏教も崇信し、太宗の奉仏を継承して訳経事業を推進し、外護のみではなく、自らも多数の仏教書を著わしている。[101] そうした奉仏皇帝が楊億の話を聞いて心を動かされたことは充分推察できる。[102]

ただし『統紀』巻四四景徳四（一〇〇七）年の条では、真宗の大中祥符二（一〇〇九）年十一月の詔をその二年前の景徳四年の条に掲載し、「厥の後」と言って、覚称と楊億の会話を挙げている。そして、大中祥符三年の条にまた、覚称と楊億の同じ会話を掲載しており、記事に重複がある。ここでは「中天竺の沙門覚称法戒ら来朝して、舎利、梵夾、金剛座、真容、菩提樹を進つる。……[103]」とあり、大中祥符三年に覚称が来朝したという。そうすると大中祥符二年十一月に発布された真宗の詔には覚称の影響はないことになる。

しかし太宗・真宗朝の外国僧の渡来、訳経についての志磐の情報が正確か否かは疑問であり、大中祥符二年十一月と大中祥符三年とでは僅か二ヶ月の違いである。大中祥符二年十一月の詔を景徳四年の条に記すように、むしろ、覚詔の来朝を大中祥符三年の条に記す『統紀』の記事に問題がある。

さらに、真宗は、天禧元年十一月、天下の州郡に詔して、放生池を復興し、無池の場所、長江・淮河の沿岸の州郡の近城の上下水五里はみな魚捕を禁じたという。

こうした皇帝の意向が影響したのであろうか。遵式は、天禧三（一〇一九）年に、奏上して西湖を放生としている。そして毎年四月八日にこの地の人々が湖水のほとりに集まって魚鳥を放って、「主上の為に祝寿す」という。放生会を皇帝の息災長寿を祈願のために行なう例は知礼にも見える。知礼は、毎年、佛生誕日に衆人を集めて行法し、「魚鳥を放って以て祝聖す[104]」という。遵式の当時は放生会の仏事が皇帝の息災長寿を祈願する行事ともなっていたのである。

真宗の生類採補の禁止・慈悲と戒律による食肉の禁止・寺観内への肉類の搬入の禁止の風潮は臣下にも影響した。『統紀』巻四三には、同じ景徳四年の条に次のような説話を伝えている。

諸曁県（浙江省紹興）の県令の潘華という人は、普賢懺法によって江湖の中の魚を捕らせなかった。この年の十月、勅によって都に帰ることになった。すると、夜中に夢に、江湖の中の魚数万が人形となって、天にとどくように号泣して、皆一斉に「あなた様がいなくなってしまうと、われわれは料理されてしまう」(105)と云った。そこで潘華は「夢魚記」を作って後任の県令に自分の意向を委嘱したというのである。この話は先の遵式の話と類似している。

資源保存のため、生類の乱獲を恐れ資源保存のため殺生を禁止した皇帝の意向、その皇帝の意向に仏教思想が加わり、真宗朝には、仏教の慈悲と戒律から生類愛愍の心を道俗に教化する動向が顕著になった。西湖の放生会はその慈悲の念を具体的な法会にしたものである。それを杭州において先導した沙門が遵式なのである。遵式は、天台智顗が放生池を設けて生類不殺を実行した故事に倣い、唐粛宗が全国に放生池を設けた故事の影響を受け、それに加えて、奉仏皇帝の真宗が仏教の戒律に基づく生類不殺の詔を発布、西湖を放生池とする政策の実行、そうした時代の風潮の中で、不殺放生を実践し、ついには西湖を放生池として盛大な法会を行なった。慈悲の人として崇敬を受けたのであろう。このような遵式の生類愛愍の精神を前面に出した教化は、杭州の人々の心を捉え、杭州に仏教が浸透する上で重要な役割を果たしたと考えられるのである。

小　結

本節では、呉越宋初の杭州における天台宗の展開を四項の構成で論述した。

1、「杭州における十祖玄燭・霊光皓端による天台教の宣教」では、まず、

（1）十祖玄燭について。ここでは、呉越国の杭州に初めて天台教を伝えた玄燭について述べた。玄燭は唐末の黄巣の反乱そして唐朝滅亡の混乱を逃れて、平和で奉仏国王が統治する江南の浙江地方に南遷した。玄燭は唐中期の宗顕の天台教の系譜に連なり、唐末に長安で門下数百を育成したその影響は多大であり、その玄燭の天台教が杭州に伝わり宣教されたことを論述した。

（2）霊光皓端について。ここでは、浙江の沙門皓端が長安から来止した玄燭に師事して天台教を学んだことに注目した。皓端は主に秀州（浙江省秀州）の霊光寺に止住したが、武粛王・忠献王に召されて杭州の羅漢寺・真身宝塔寺（梵天寺）に入山し、杭州で天台教を玄燭から学び精通した。慈光晤恩が慈光志因に師事する以前にこの皓端から天台教を学びそれが天台教に帰依する契機となったと推定し、皓端、そして玄燭は宋代天台教において注目すべきであることを強調した。

2、「呉越王の仏教外護」では、呉越国の歴代の国王、武粛王・文穆王・忠献王・忠遜王・忠懿王の奉仏に関して概観し、特に宋代に存在した杭州の仏教寺院の多くが呉越国王によって創建されていることを確認した。

3、「杭州における慈光志因とその門流による天台教の宣教」では、まず

（1）慈光志因について。ここでは、志因は、高論清竦の法嗣であり、慈光志因が天台教を、後晋の開運中（九四四―九四六年）から後周の広順元（九五一）年の七年間にかけて杭州の慈光寺において宣教していたことを確認した。この間に晤恩と文備が志因から天台教を学んだのである。志因の伝記は不明だが、杭州に天台教を伝えたことが志因の歴史上の役割である。

（2）慈光晤恩について。ここでは、晤恩は、後晋の開運中、呉越国では第二代忠献王の治世に、杭州に来て慈光

院に入り、以来四十年以上に渡って慈光院において天台教の研鑽と説教に勤めた。その間に、奉先源清・霊光洪敏・慈光可厳・慈光文備など門下十七人が輩出し、その影響は多大であり、杭州慈光寺を中心に杭州学派いわゆる天台山外派を形成し、趙宋天台における重要な役割を果たした。その晤恩が慈光志因に師事する以前に晧端に師事して長安天台教を学んでおり、それは晤恩の教学形成の上に留意すべきであると提言した。

（3）慈光文備について。ここでは、文備伝を検討し、文備が志因の門に入ったのは後周の広順元（九五二）年であり、呉越国では第五代忠懿王の治世である。志因の没後は兄弟子の晤恩に師事した。三十年間に渡って慈光院で世俗とは疎遠で、王侯貴族とは交わらず、天台教の修道に専心した。呉越宋初の慈光院で天台教を修道した志因・晤恩・文備には、世俗とは疎遠で王公貴族とは交わらない共通した性格のあることを指摘した。

（4）奉先源清について。源清の伝記は現存せずその生涯は不詳であるが、源清は中国で散逸していた天台典籍を比叡山に求めた。それに応じて比叡山から杭州奉先寺の源清のもとに贈られた天台典籍は、復興期の趙宋天台教のために役だったと考えられる。それが源清の歴史上の役割と評価できる。

（5）梵天慶昭について。ここでは、源清は十七年間に渡って奉先寺で慶昭に師事し、師の没後は師の後を継いで奉先寺で天台教を宣説し多くの後輩の帰依を受けたが、長くはこの寺に止まらず、石壁山に遷り、その後、梵天寺（旧名は南塔寺）に入り入寂までここで天台教を宣教した。『法華』、『止観』および諸経論にも通じ、その弟子は咸潤以下九十七人もいたというからその影響は大きかったと考えられる。慶昭が智円とともに四明知礼と論争したことは広く知られるが、その他の面を尋ねた。

（6）慶昭・智円に対する知礼の非難―山家山外の論争―。山家山外の論争に関してはすでに種々の研究があるので再説する必要はないが、本稿の主題を論述する流れに必要なので、従来の研究を参考にして、第一次論争の経緯を主に略説した。そして実際に論争に当たった慶昭・智円の役割を再認識した。

（7）弧山智円について。ここでは源清の弟子の智円について、智円の自伝と著作を検討して伝記の綱要を説述した。これらの資料では、山家山外の論争以外の智円の行跡が窺えた。智円は病身と闘いながら、短命な四十七年の生涯を仏教の研究と実践に専念し、その間に、四十余部二百余巻に及ぶ多数の著作を著わしており、当時を代表する学僧であった。また道宣律師を尊敬し、戒律を重視し九回に及んで諸寺院で結界僧を勤めており、律僧としての名声も高かったと考えられる。さらに智円は儒教に造詣深く儒教・仏教・道教の三教鼎足論、儒教仏教の調和論を提唱している。それは宋代で初めての三教調和論であり、その影響を考察する必要がある。慈雲遵式とならぶ北宋初期の高僧である。

4、「杭州における浄光義寂とその門流による天台教の宣教」。杭州で活躍したのは志因・晤恩・文備・源清・慶昭・智円等の山外派と称される沙門だけではなく、義寂の門下の石壁行靖・石壁行紹や広教澄彧も杭州で活動したのである。

（1）石壁行靖・行紹について。行靖と行紹は兄弟で行靖が兄である。契崇が書いた行紹の「塔記」（『譚津文集』巻第一三所収）では、行紹と並列して行靖の伝に言及しており、二人は天台山の浄光義寂の下で天台教を学んで精通し、杭州に帰り、杭州郊外の石壁山郊外の石壁山保勝寺に止住して二人は前後して天台教を宣教した行跡を明確にした。行靖・行紹が法眼禅の天台徳韶と永明延寿の影響を受けている事実に注目した。

（2）広教澄彧について。澄彧の伝記は不明であが、義通と同門であり、義通が天台宗の正系を継いだが、澄彧は義寂の「塔銘」を書くほどの高弟であった。天台山で義寂に師事した後に、その年次は不詳だが、杭州の呉山の広教寺に来止して、義寂から学んだ天台教を杭州に伝えたのである。澄彧は浄土教にも関心深くその著『註浄土十疑論』

が現存する。この書に賛寧が「序」を書いて讃えており、賛寧と澄彧の親密な交友がわかる。杭州・開封の仏教界を代表する高僧の賛寧が讃辞するほど、澄彧は当時杭州で名が知られていたことがわかる。北宋初期の杭州仏教の様相を知る一事例である。

5、「慈雲遵式の杭州における活動」。この節は二項に分けた。まず、

（1）遵式の伝記。ここでは、契崇が遵式の為に著わした『行業曲記』によって遵式の行跡の綱要を述べた。遵式は著作はあるものの、そのほとんどが短篇である。教義面よりも、懺法儀礼・浄土念仏会・祈雨祈願などの実践面に力を注ぎ、浙江地方の道俗から開封の皇族顕官からも崇信を受けた実践沙門であったことを明らかにした。そして遵式は台州・明州で天台教を修道し、大中八（一〇一五）年に杭州に来止し、天竺霊山寺（下天竺寺）に入り、入寂（一〇三二〇年）まで杭州で道俗の教化に励み杭州に仏教を浸透させた業績を明らかにした。そして、慈悲の実践者遵式について具体的な事例を次項で述べた。

（2）遵式の不殺生戒の教化と宋皇帝の禁鳥獣虫魚採捕の詔。契崇の『行業曲記』では、遵式が殺生を誡め、食肉を誡め、動物の命を救った話を六種も挙げている。これは遵式が仏教の慈悲に基づき、不殺生戒を実践していたからである。不殺生・不食肉、それを具体的にした放生池の思想は、遵式以前から中国で行なわれており、遵式はそれに倣ったのであるが、遵式の不殺生の実践は、宋皇帝が発布した鳥獣虫魚を採捕することを禁じた「詔」の影響があったことも時代背景として見逃せない、と推論した。

呉越宋初の杭州における仏教は、上述した種々の天台沙門たちによって、多彩な展開をした。教義面では四明学派（山家派）に対する杭州学派（山外派）を形成し、杭州天台教は四明天台教の刺激を受けて発展した。教義面のみならず、法要儀礼でも信仰実践でも、教化の努力により、杭州の人々の心を捉え社会に浸透した。

杭州は呉越国の首都であり、明州・台州に比して大都市であり人口は多い。呉越末から天台山で再興した天台教は、宝雲義通の時に、港町として発展してきた明州に進出し拠点とした。さらに教線を拡張し明州から大都市杭州に進出した。大都市杭州に天台教が教線を拡張するのは自然な成り行きである。

台州・明州・杭州は一つの仏教文化圏を形成した。杭州天台教は明州・台州の天台教と切り離して考えられず、また唐末の天台教の影響も考えられるが、杭州の天台教は、伝わった杭州という土地柄を基盤として、明州や台州と異なる性格を形成し盛況したのである。

四　杭州における浄土信仰の展開

1　遺身僧の浄土信仰

(1)　志通の浄土信仰

①　志通、杭州真身宝塔寺に入る

戒珠が撰述した『浄土往生伝』巻下には呉越から宋初にかけての往生者として、志通（―九三九―）・守真（八九四―九七一年）・紹巌（八九九―九七一年）・晤恩（九一二―九八六年）の四人を掲載し、王古『新修往生伝』ではそれに延寿（九〇四―九七五年）と遵式（九六四―一〇三二年）を加えている。『仏祖統紀』（以下『統紀』と略称）巻二七浄土立教志ではそれに義通・知礼が加わる。また往生伝類には収録していないが、晤恩門下の文備（九二六―九八六年）と源清は浄土教に傾倒していた。

右の浄土信仰者のうち、守真は『宋高僧伝』巻二五の守真伝によると開封や長安に止住した沙門であり、義通と知礼は四明（浙江省寧波市）に止住し、杭州には止住したことがなかったので、杭州の浄土教に深い関係はあるが、ここでは関説しない。それにしても守真以外はいずれも天台・四明・杭州の浙江地方の沙門であり、この地域が浄土信仰の中心であったことがわかる。

志通の伝記は、『宋高僧伝』巻二三「晋鳳翔府法門寺志通伝」があり、そこに「晋」という字を冠しているように、志通の主たる活動年代を五代の後晋時代（九三六―九四六年）とし、後唐時代からの志通の行跡を記している。志通の生没年次は不詳であるが、その伝記を「宋杭州真身杭州宝塔寺紹巌」の前に置くのを見ると、志通は紹巌より先輩であろう。紹巌は延寿より、五歳年長で晤恩より十三歳年長である。また浄光義寂（九一九―九八七年）より、二十歳年長である。したがって志通は、資料に見える五代時代における最初の浄土信仰者である。

志通・紹巌・延寿・晤恩は年齢的には少しく前後があるがほぼ同時代の沙門である。また天台浄土教者の先駆である義寂門下の義通（九二七―九八八年）、澄彧（―九八八―）、行靖（？）は、志通・紹巌より当然後輩であるが同時期に生存している。ちなみに義通は紹巌が二十八歳の時に誕生している。したがって、志通と紹巌は台州・明州・杭州の浄土教の先駆として見逃すことはできない。そこでまず志通について考説する。

志通の伝記は『宋高僧伝』巻二三遺身篇の「晋鳳翔府法門寺志通伝」が最も古い。賛寧は志通を遺身篇に収載する。宋初には志通は遺身僧として名が知られていたので、賛寧はその伝を記したのであろう。遺身僧とは、我が身を捨てて仏法を護持する熱烈な僧である。高僧伝類には僧侶の類型を訳経僧・義解僧・習禅僧と並んで遺身僧に類別してその伝記を収載した「遺身篇」を設けている。

『宋高僧伝』巻二三の志通伝によると、志通は右扶鳳（陝西省関中県東方）の出身で、著名な姓氏の家の子で、若くして仏門に心を傾けていた。後唐の末に洛陽に行き、瑜伽の教法を行じる噛日三蔵に出会い師事したが、やがて志通は天台山や羅浮を訪問したいと思い噛日三蔵のもとを去った。

その後、後晋の天福四（九三九）年に呉越の地に来た。賛寧は志通の呉越における行動を次のように記している。

天福四年己亥の歳を以て、天王、命を呉越に錫（とど）め、遂に海艦に附して浙中に達す。時に文穆王銭氏、朝廷を奉ずるが故に、威儀楽部を具え、通を迎えて府庭に入りて供養し、真身宝塔寺に於いて安置して施賚（賜りもの）豊腆（豊で厚い）たり。（『正蔵』五〇・八五八下）

この文によると、志通は、天福四（九三九）年に、呉越に来て、呉越国の文穆王[106]に招聘されて杭州の真身宝塔寺に入山し、厚い賜りものを下賜され殊遇された。天福は後晋の元号であり、天福四年は浙江地方では呉越国の文穆王の治世に当たる。文穆王（在位九三二―九四一年）は呉越国の第二代の王であり、在位年数は十年間であったが、初代の武粛王に倣って崇仏政策を進めた[107]。文穆王は杭州に龍冊寺、天長院（『咸淳臨安志』巻八二）、衆安院（同上智聖院の項）、千仏伽藍（『宋高僧伝』巻一六千仏寺希覚伝）等の諸寺院を建立し、沙門を尊重した。

眞身宝塔寺は南塔寺とも呼ばれ、宋代には梵天寺と改名される。『呉越備志』巻一丙子貞明冬十二月乃条によると後梁の貞明二（九一六）年十二月すなわち呉越国では武粛王の時に、武粛王が四明の阿育王寺の釈迦舎利を王府（杭州）に迎え城南に塔を建ててそれを納めたのがその創建である。眞身宝塔寺の釈迦舎利は、呉越忠懿王が宋に帰順し首都開封を表敬訪問した時に奉持し開封寺に安置した歴史的に著名な舎利である。

武粛王は、杭州に南山律を流布させた景霄（―九二七―）を北塔寺に招聘し臨壇授戒させ[108]、次いで真身宝塔寺に入山させた。志通はここで入寂した。志通の入寂年次は不明であるが、文穆王の治世にまで生存したかもしれない。また、文穆王は、景霄よりやや後輩と推定される希覚（八六四―九八四年）をも崇信し、大銭寺に千仏閣を造立し寺主とした。そして紫衣・大師号を賜った。文穆王の支援を受けた希覚により南山律が杭州に盛況した[109]。

また文穆王は、龍冊寺を創建し、ここに法眼禅の雪峰義存門下の道怤（八四六―九三七年）を入山させ禅法を宣揚させた[110]。ついで文穆王は龍冊寺に令参禅師を召して法眼禅を布教させた[111]。杭州傾心寺の法瑫禅師[112]も晩年に龍冊寺に住し、永明延寿が令参に師事して出家したのも龍冊寺である。龍冊寺は杭州において初めて法眼禅が実修され宣説され禅宗史において注目すべき寺院である[113]。

文穆王はまた天台僧も崇信・支援している。皓端（八九一—九六一年）[114]は武粛王に招かれ真身宝塔寺に入り、この寺で衆人を教化していた時に、唐末の戦乱を避けて杭州に来止していた玄燭（—八九一—）[115]に師事して天台教を学び[116]杭州で天台教を宣説した。そして皓端は武粛王から文穆王・忠献王・忠遜王・忠懿王の五代に渡って生存し、文穆王からも尊重されたであろう。慈光晤恩は晋の天福中（九三六—九四二年）に皓端に師事して天台教を学んだというその場所は真身宝塔寺であろう。天福中というと文穆王の治世である。天台山家派の祖である晤恩は慈光志因に師事する前に皓端から天台教を学んでいる。眞身宝塔寺は中国天台教史にも縁の深い寺院なのである。

文穆王は十年弱の在位であったが仏教を尊重し積極的に支援し寺院を創建し、南山律・天台教・法眼禅の発展を支えたのである。

真身宝塔寺は武粛王創建の王室の寺院であり、文穆王も尊重したに違いない。文穆王はこの真身宝塔寺に志通を招聘して、「威儀樂部を具え、通（志通）を迎えて府庭に入れて供養し、真身宝塔寺に於いて施賚豊腆たり」というように志通を殊遇した。これから推して志通は、当時、神通力を体得した遺身僧として名を知られた沙門であったと考えられる。

②　志通の浄土教帰依の動機

文穆王に召されて真身宝塔寺に止住していた志通は、天台山に参詣したいと請願した。『宋高僧伝』志通伝には天台山訪問について次のように記す。

> 通、天台山に往くことを乞い、これに由って、赤城に登り、華頂に陟（のぼ）る。既にして智者の道場に於いて錫を挂け、因って西方浄土の靈瑞伝を覧て行を変じ、心を廻し、彼の土に生ずることを願う。生常（ひごろ）、西を背にして坐せず。（『正蔵』五二・八五八下）

このように、赤城山と華頂山に登り智顗の遺跡道場に挂錫した志通は、そこで「西方浄土靈瑞伝」なるものを閲覧した。それが動機となって浄土信仰に帰依したことを語っている。「西方浄土靈瑞伝」は浄土に往生した人の靈験を編集した往生伝と考えられるが、筆者はここ以外にその名を見たことはなく、中国仏教においてその名が知られていない。小笠原宣秀「瑞応刪伝の諸問題」（『支那仏教史学』三巻・三、昭和一四年）には、「西方浄土靈瑞伝」は少康・文諗共編の『往生西方浄土瑞応刪伝』（略して『浄土瑞応刪伝』あるいは『浄土瑞応伝』）を意味するのではなかろうか、という[117]。

また『国訳一切経』巻一二・『宋高僧伝』巻二三志通伝の訳注者の牧田諦亮氏も「西方浄土靈瑞伝」を「西方浄土瑞応伝」の誤りとしている。筆者もその見解は妥当と考える。

ところが、宋の戒珠の撰述した『浄土往生伝』巻下に収載する志通伝では、

> 未だ幾くばくならずして、天台山を訪れ、是によって赤城に登り、華頂に陟り、智者の浄土儀式を見るに洎んで欣抃に勝えず、西に向かいて唾せず。西を背にして坐せず。（『正蔵』五一・一二五中）

というように、『宋高僧伝』の文に依拠しながら、『宋高僧伝』の「西方浄土の靈瑞伝を覧て」という文のみを「智者の浄土儀式を見るに洎んで」と書き改めている。「赤城に登り華頂に陟る。すでにして智顗の道場遺跡に於いて錫を挂け」という前文との関連からすると、「智者の浄土儀式を見るに洎んで」という方が意味が通じやすい。それで戒

珠は意識して「智者の浄土儀式を見るに洎んで」と書き換えたのだと考えられる。

その後の往生伝類では、王古『新修往生伝』巻下志通伝、『統紀』巻二七志通伝でも、明・道衍『諸浄善人詠』三八僧志通でも、明・袾宏『往生集』巻上志通でも、いずれも戒珠『新修往生伝』説の「智者の浄土儀式を見る」を踏襲している。(118) しかし、清・彭際清口述・彭希涑編集『浄土聖賢録』巻三志通伝では『宋高僧伝』説をとって「浄土靈瑞伝を覧て」としている。(119) このようにこの部分の記述は二様に分かれる。

文脈の上からすると、赤城山や華頂山の智者の道場遺跡で、「浄土儀式を見るに洎んで」とするのは意味が通るが、だからといってそれだけで「智者の儀式を見るに洎んで」を是とし「浄土靈瑞伝を覧て」を非とすることはできない。「浄土靈瑞伝を覧て」とするのも意味がある。

それには次のような理由がある。智顗と浄土教を結び付け、智顗撰述という浄土教書が重視されるようになるのは、義通・行靖・澄彧からであり、知礼以降は天台系浄土教者の間で智顗の浄土教書が根本的依拠とされる。志通の頃はまだそうした考え方はなかったであろうが、戒珠が『新修往生伝』を撰述したのは宋・英宗の治平元（一〇六四）年で、その頃には智顗を浄土教の根本的依拠とする考え方が流行していたので、戒珠は志通の浄土教帰依の動機を「智者の浄土儀式を見るに洎んで」と書き換えたのだと考えられる。

『往生西方浄土瑞応刪伝』（以下『浄土瑞応伝』と略称）は唐の文諗・少康の共編であるが、その巻末の奥書きに「呉越国水心禅院住持主興福資利大師賜紫衣道詵敬造撰」(120) とあるので、五代の頃に道詵が原本に手を加えて上梓したのである。道詵については本書を重修したという以外は不詳である。道詵が住持をしていた「呉越国水心禅院」とは後述する『咸淳臨安志』巻七九寺観五に挙げる杭州の水心寺（後に水心保寧寺と改む）である。呉越王が天福中に建立した寺院である。志通は天台山に行く前に杭州真身宝塔寺に止住していたので杭州でこの書を閲覧したと考えられるし、また天台山にこの書が流伝していたこともあり得る。

以上の理由で筆者は『宋高僧伝』の「浄土靈瑞伝」の記録が妥当と考える。道詵も五代における呉越地方の浄土信仰者の一人であり、道詵は志通の先輩にあたり、志通が『浄土瑞応伝』を閲覧しその影響を受けているので、道詵と『浄土瑞応伝』が当時の浄土信仰に与えた影響を認識する必要がある。

しかし、『宋高僧伝』に記す「天台山に入り赤城や華頂の峰を渉り、智顗の道場に於いて錫を挂け、西方浄土靈瑞伝を覧て、行を変じ心を廻し、彼の土に生ずることを願う」にしろ、『浄土往生伝』巻下に記す「天台を訪れ、是に繇（よ）り赤城に登り華頂に渉り、智者の浄土儀式を見るに洎（およ）んで、欣抃（よろこび）に勝（たえ）ず。西に向かいて唾せず西を背にして坐せず」（『続蔵』二乙八―一・三四右）にしろ、天台山の智顗の遺跡を訪問したことが浄土信仰に帰依する機縁になった点は共通していて興味深い。

③　志通の捨身往生

続いて『宋高僧伝』志通伝には志通の捨身往生を次にように伝える。

山中に招手石というものあり。昔、智顗夢みるに、その石上に僧あり、海上に臨んで手を挙げ相招召するの状あり。顗、天台に入りてその僧の名を見るに定光と名づく。耳輪上に聳（そばだ）ちて頂に過ぎ、また不測の神僧なり。相見えるに及んで乃ち顗に問うて曰く。「還って相招致することを記得するや否や」と。顗曰く、「唯」と。この石峻峙にして下を顧るに地なし。通、ここに登って身を投じ速やかに浄土に生まれんことを願い躯を奮って、一大樹の中に堕つ。枝軟（しなやか）にして幹柔らかく、人ありて扶接するがごとし。殊に少しも損なうことなし。乃ち再び榼を叩いてこれに投ず。巌下蒙茸たる草上に落ち、微に少傷あり。遅久にして蘇る。衆僧謂えらく、豺虎の啖う所とならんと。見るに及んでそれなお殗殜するがごとし。然して舁ぎて本道場に就かしむ。
（以下略）。

天台山に智顗にまつわる伝説の石があり、志通は、その石の上から身を投じて「速やかに浄土に生まれん」ことを願ったが、大樹の中に落ち柔らかい枝がクッションになり、少しも怪我することなかった。それで志通は再び身を投じた。巌下の乱れ茂る草の上に落ちわずかに傷ついた。しかし、しばらくすると蘇った。それを見た衆僧は今度は志通が豺虎の餌食になるのを心配したが無事であった、と記している。そして伝記の著者賛寧は志通が高いところから二度も身を投じたが無事であった霊験を讃えている。

賛寧が『宋高僧伝』遺身伝の中に志通の伝記を収載したのは信仰のためにわが身を捨てる信念と命を二度も救われた靈験譚に注目したのであろう。そのなかで志通の浄土信仰を記している。このように『宋高僧伝』では志通が我が身を捨てて浄土往生を求めるほどの熱烈な浄土信仰者であったことを伝えている。この『宋高僧伝』の記録が基になり戒珠『浄土往生伝』以下の往生伝類で『宋高僧伝』の記録に注目し強調し、志通を往生高僧として収録したのである。

志通が天台山で智顗の遺跡に掛錫したことが浄土教に帰依する動機となり、志通の浄土信仰が天台山に縁があることは注目される。この志通の浄土信仰が呉越時代の天台山における最初の浄土信仰の実例である。

④　中国仏教における捨身行

我が身を捨てて仏やその法に供養する、あるいは他の生き物を供養する激烈な行を捨身もしくは遺身といい、布施行の中で最上のものとする。『法華経』第六薬王菩薩本事品には、薬王菩薩の焼身供養を説き、『金光明経』第四捨身品に薩捶太子が我が身を飢えた虎に布施した話が見え、『梵網経』には自己の血で写経する話が説かれている。ともに中国で広く読また経典であり、その影響で捨身行が行なわれた。『高僧伝』第一二に亡身篇に十一人、『続高僧伝』第二七遺身編に十四人（内二人は附見）、『宋高僧伝』第二三遺身篇に二十四人（内二名は附見）に捨身の事例を収載している。

捨身には我が身全体を焼く捨身もあり、我が身の一部を焼く捨身もあり、種々の形がある。『宋高僧伝』巻二三遺身篇によりその形を大別すると六種ある。1、自己の身を焼く焼身（無染伝・束草師伝・洪真伝・善浄伝・紹巌伝・懐徳伝）、2、高崖の巨石から身を投げる投身（志通伝・師蘊伝）3、飢えた虎に我が身を与える布施行（行明伝・守賢伝）、4、我が血を蚊・蚋（ぶよ）・蝱（あぶ）・蛭（ひる）に吸わせる献血行（僧藏伝・息塵伝・道育伝）、5、指や耳や肱など我が身の一部を焼いたり断ったりして法に供養する行（無染伝・定蘭伝・元慧伝・息塵伝）、6、我が指を刺して血で写経・写仏する行（定蘭伝・道舟伝・息塵伝）である。このような種類があり、これらを総称して捨身・遺身という。

また、捨身思想と浄土信仰が結びつき、悟りの世界である浄土へ早く往きたいと望み捨身する事例もある。高僧伝類の亡身篇・遺失篇にその事例は少ないが、四例ほど見える。

『高僧伝』巻第一二釈曇弘には、南朝の宋の沙門の曇弘が晩年、交趾の仙山寺において、『無量寿経』及び『観無量寿経』を読誦し、心に安養（西方浄土）に往生を誓い、孝建二（四五五）年に、山の上で薪の中に入り、火で自らを焼こうとしたが、弟子たちが救い出した。半身はすでに爛れてしまったが、一か月経ると少しく回復したが、後にまた谷に入り身を焼いた。村人は曇弘が生きていることを求めたが、すでに命絶えていた。それで薪を益し火を強くして焼き尽くした。その日、村人は身が金色の者が金色の鹿に乗り西に行くのを見た、という捨身往生の事例を記している（『正蔵』五〇・四〇五下）。『高僧伝』亡身伝には捨身往生はこの一例である。

また『続高僧伝』遺身篇にも一例が見える。その巻第二七会通伝の附見に挙げる善導の伝記の中に、長安の光明寺で説法する善導の阿弥陀信仰の話に感銘した一人の信者が、「仏名を念ずれば定んで浄土に生まれるや否や」と質問した。善導は「念仏すれば定んで生まれる」と答えた。それを聴いた信者は礼拝し終わると、口に「南無阿弥陀仏」を称えながら寺の門を出て、西方浄土に早く往くことを熱望し、門前の柳の木に登り浄土を求めて上から身を投じた、という在家の捨身往生の事例を伝えている。（『正蔵』五〇・六八四上）。この話は善導伝に関連して知られている。『続高僧伝』遺失篇では捨身往生はこの一例である。

そして『宋高僧伝』には志通の事例以外にも、唐汾州僧藏伝と宋天台山文輩伝に見える。まず、僧藏伝では、僧藏の捨身行を次のように記している。

僧藏は、衣を脱いで草莽（くさむら）の中に入り蚊・蚋・蛭に自分の血を食らわせ血が流れても耐えた。そして常に弥陀の仏号を念じた。その臨終には、「目を瞑（とじ）てしばらくして、浄土に往きて、諸の上善の人を聚めて、華を散じてまさにここに廻（かえ）るのみと」と周囲の人に告げて、「まさに寿終るときには合掌念仏し、安然として終る」と記す（『正蔵』五〇・八五五中）。これは捨身による自絶ではなく、捨身の功徳による浄土往生であり、捨身により速やかな浄土往生を求めるのとは異なる捨身往生である。

また、文輩伝には、文輩が、太平興国三（九七八）年、自ら作った仏堂に入り、趺坐して、火炬を持って、誓って言う。自分の老いた体を焚いて十方の仏や諸々の賢聖に供養したいと言い終わると、焔を発して空にいきわたり、その煙は五色で盛んであった。誦経の声を聞くようであった。すぐに息絶えた。（中略）。昔から文輩は、寺僧たちに自分が死んだら焼いて供養するのがいちばんよい。望むらくは、諸賢このとき柴を集めて下に積み、念仏して我が往生を助けよ、と告げた。ここでも焼身と浄土往生が結びついている。

『宋高僧伝』の撰者賛寧は、この伝の末尾に「慶して曰う」として自己の見解を付している。

系して曰う。小乗教は、自殺を以て重戒前諸方便の罪を犯すと為す。ここを以て敢えて炬を操り燎に就く者なし。然るに自殺に二例あり。一は畏死にして、須らく蘭・吉を結ぶべし。二は往生を願う者にして、強猛の心、命終って身往き蘭・吉よく礙を作す可けんや。復次に大心一たび発して、百年の暗室、一燈よく破る。何の罪かこれあらん。この故に行人は、小道を以てして大根に拘わることなき者か。

右に見るように、賛寧は、自殺は小乗では重戒・前諸方便の罪を犯すとして禁止する。しかし自殺には二例がある。律蔵に説く偸蘭遮罪や突吉羅罪では自殺を禁じるが、往生を願い、勇猛な心で身が西方浄土に往けば、蘭・吉の罪にはならない、と自説を述べており、往生のための自殺は戒律も妨げることができない、と自殺を肯定していることが窺える。

仏教の戒律・慈悲の精神・倫理観からみて捨身行を肯定するか否認するかについては古来種々の議論があるが[121]、ここではその問題には言及せず、中国仏教において行なわれた事例について歴史的に扱う。

小笠原宣秀は、中国仏教における捨身の流行について考説し、宋代になると宋学の諸大家たちが、唐の韓愈（退之）の「原道」や「論仏骨表」を読んで、仏教者の奉仏行としての燃頂・煉臂・刺血・断指といった捨身行を無意味なるもの有害なるもの、と批判したことを論じ、そしてまた『宋会要輯稿』刑法禁約の条に、大観四（一一一〇）年十月十四日と、政和六（一一一六）年三十日との詔を挙げて、当時流行していた捨身を詔によって禁止し、捨身のために高崖に設ける捨身台を覚察せしめたことを述べ、宋代には焼身・投身や煉指・断臂などの捨身が流行していたことを論じている[122]。大観・政和は北宋最後の皇帝徽宗の治世であり、徽宗は廃仏を行ったがその廃仏政策の一環として捨身禁止の詔勅が出されたのであろう。しかし、北宋末には捨身禁止の詔勅が出されるぐらい捨身が流行し社会問題になっていたのである。しかしながら五代時代にも焼身・投身や煉指・断指などの捨身行はかなり行なわれていたのである。

⑤『法華経』における捨身と浄土往生

『妙法蓮華経』巻六・薬王菩薩本事品第二三は、『法華経』の受持と流通を勧めた流通文である。薬王菩薩即ち過去に一切衆生世喜見菩薩であった時に、日月浄名徳仏から『法華経』を聴いた恩に報いるために自分の臂や指さらに身を燃し供養した因縁話を挙げて、『法華経』流通の功徳を力説した品（章）である。その教説の中に次の一文がある。

（薬王菩薩は）自ら念じて言く、「我、神力を以て仏を供養すと雖も、身を以て供養するに如かず」と。即ち諸の香、栴檀、薫陸、兜楼婆、畢力迦、沈水、膠油を服し、また瞻蔔の諸々の華香油を飲むこと千二百歳を満し已りて、香油を身に塗り、日月浄明徳仏の前に於いて、天の宝衣を以て、而して自ら身に纏い、諸の香油を灌ぎ、神通力の願を以て、而して自ら身を然し、光明遍く八十億恒河沙世界を照らす。その中に諸仏同時に讃じて言く、「善哉善哉、善男子よ、これを真の精進なり。是を真の法により如来を供養すと名く。若し華・香・瓔珞・焼香・抹香・塗香・天繒・幡蓋及び海此岸の栴檀の香、是の如き種々の諸物を以て供養すとも、及ぶこと能わざる所なり。たとい国城・妻子をもって布施すとも、亦及ばざる所なり。善男子よ、是を第一の施と名づく。諸々の施の中で最尊最上なり。法を以て諸の如来を供養するが故に」と。（『正蔵』九・五三中）

右の文中に、自分の身を燃やして仏に供養することがいかなる珍宝を供養するよりも勝り、これが最上の布施であると説く。

またその後文に、薬王菩薩（一切衆生喜見菩薩）が、

八万四千の塔の前に於いて百福荘厳の臂を燃すこと七万二千歳にして以て供養す。

とあり、薬王菩薩が臂を燃して日月浄明徳仏に供養したことを説いている。さらにその後文に、仏が宿王華菩薩に告げた言葉として、

宿王華よ、若し発心して阿耨多羅三藐三菩提を得んと欲することあらん者は、能く手の指乃至足の指の一指を燃して仏塔に供養せよ。国城・妻子及び三千大千国土の山・林・河・地の宝物を以て供養する者に勝らん。

というように、手足の指を燃やして仏に供養することが最勝の供養であると説いている。臂や指を焼いて仏法に供養する捨身行は宋初の知礼や遵式などの高僧も行なっている。

そして、この燃身を説く文の後文に、この薬王菩薩本事品を聴法した者は無量の功徳を受けることを、次のように説いている。

若し人ありて、この薬王菩薩本事品を聞く者は、また無量無辺の功徳を得る。若し女人ありて、この薬王菩薩本事品を聞き、能く受持する者は、この女身を尽くして後にまた受けず。若し如来滅後五百歳中に、若し女人ありて、この経典を聞き、説のごとく修行すれば、ここにおいて命終に、安楽世界の阿弥陀仏、大菩薩衆の囲繞する住処に往き、蓮華の中の宝座の上に生ず。（『正蔵』九・五四中—下）

右の文中には、『法華経』を聴聞した功徳として阿弥陀の浄土に往生できると説く。これが『法華経』の浄土往生説である。

経文では、燃身（捨身）は仏への最上の供養として説き、往生は『法華経』を聴いた功徳として説かれ、燃身（捨身）と往生が直接結びついてはいない。

しかしながら、先に述べた志通の信仰、すなわち、速やかな浄土往生を願って高峰の巌石の上から身を投じた信仰は、捨身と往生が一つに結びついた形態である。志通の投身と『法華経』の燃身とは異なるが、捨身という点では共通しており、これは『法華経』の影響のもと、法華経思想の変容であろう。中国ではこのような捨身と往生が結びつき、速やかに往生を願う捨身往生の信仰が行なわれたのである。

志通は、天台山で捨身往生を決行したが、神力で命は救われた。志通はその後、天台山から杭州に帰りそれから他所に移ったのか、天台山から直接他所に行ったのかは定かではない。

⑥　志通、越州法華山に移る

『宋高僧伝』志通伝には天台山における捨身往生の記事に続いて次のように記されている。

後、越州の法華山に往き、浄業を黙修す。将に化し去らんと欲して、止まるところの房地に白色の物を生じ、粉を傅（つ）けるが如し。未だ幾もなくして禅牀に坐して終る。遷座して闍維（だび）すれば五色の煙あり。頂上を覆う。法華川（山か）中、咸、異香を聞く。

このように、志通は天台山で捨身往生を決行した記事に続いて、後に、越州（浙江省紹興）の法華山に行き、そこで浄業を黙修したと記しており、そこで臨終を迎えたときの奇瑞を伝えている。この「浄業」が浄土往生のための業なのか、広く清浄の業なのかは判然としない。

越州の法華山とは、嘉泰『会稽志』巻九山に「法華山」の項があり、県の西南二十五里にあり、旧経に云くとして、義熙十三年（東晋）、僧曇翼が『法華経』を誦していると普賢菩薩の応現を感じ、それで寺を置いた。今の天衣禅院である。山には十峰あるというこの法華山であろう。また同書巻七寺院に天衣寺の項があり、志通が止住したのは法華山の天衣寺について解説している。

志通が晩年には古くから法華経の霊場である越州の法華山に移り入寂まで止住したのは、志通が法華信仰に傾心していたからであろう。志通の浄土信仰は、後述する松巌と同様な法華信仰に基づく浄土信仰であったと考えられる。

志通が何年杭州に滞在し、どのような教化活動を行い、どのような影響があったか、またその浄土信仰については不明である。しかし志通は、天台教の晧端、南山律の景霄・希覚、法眼禅の道忲など各教派の高僧と並んで、同時期に文穆王の支援を受けて杭州で活動した沙門であり、杭州仏教と縁が深い。その理由から浄土信仰に関して考説した。

(2)　紹巌の浄土信仰

①　紹巌、杭州水心寺に掛錫

紹巌の伝記は、『宋高僧伝』巻二三遺身篇、また『景徳伝灯録』巻二五、『五灯会元』巻一〇等にある。ここでは『宋高僧伝』によって紹巌の伝記の綱要を述べよう。

紹巌（八九九―九七一年）は、俗性は劉、七歳で高安禅師について出家し、十八歳で懐暉律師に具足戒を受け、後に各地の聖跡に遊び、浙江の地に来て天台山や四明山に棲息し、法眼文益に師事して疑滞を解決したという。つまり、紹巌は法眼禅を嗣法した禅僧であり天台徳韶と兄弟弟子なのである。

次いで伝記には、銭塘湖（杭州西湖）水心寺に掛錫し、日夜、『法華経』を諷持していた。すると、にわかに、陸地の庭に蓮華が生じるのを感じた、という霊験譚を伝えている。

紹巌が杭州に来て掛錫した水心寺は、『咸淳臨安志』巻七九・寺観五・寺院「自涌金門外至銭湖門」に挙げる「水

心保寧寺」である。その水心保寧寺の解説に、

天福中建、旧曰水心寺、大中祥符初賜今額。……陸蓮菴。

とあり、文中の「陸蓮菴」に次の注釈を加えている。

銭忠懿王時紹巌禅師、誦蓮経於水心寺、方冬厳寒、忽有蓮華七本生於庭陸、遠近瞻礼禅師、以為玄惑、乃命芟去。

というように、銭忠懿王の時、紹巌禅師が水心寺に居住し、神通力で厳冬に陸地に蓮華七本を咲かせたという説話を伝えている。この説話は『宋高僧伝』によったものであろう。

ところで、この水心寺は、先に述べたように、道詵が『浄土瑞応伝』を重修した水心寺であろう。同じ寺に住した紹巌は道詵について知っていたであろうし、この書を披見していたかもしれない。道詵の浄土教の影響を受けたことも否定できない。

② 紹巌の捨身行と浄土往生

『宋高僧伝』紹巌伝には続いて記す。

建隆二年辛酉を以て経願に言う。満つれば誓って薬王に同じく身を焚き以て供養せんと。時に漢南王銭氏、篤く重く帰心してねんごろに留めて乃ち止む。（『正蔵』五〇・八九〇中）

これを見ると、紹巌は、我が身を焼いて仏に供養したいと発願した。けれども漢南王銭氏は紹巌に篤く重く帰依していたのでそれを止めさせた、という。建隆二（九六一）年というと宋太祖が宋を建国した翌年であり、漢南王銭氏は呉越国の忠懿王である。紹巌が呉越忠懿王から崇敬されていたのがわかり、杭州に来た時には高僧として著名であったことが窺える。

建隆二年には、「薬王に同じく身を焚き以て供養せん」と誓った。漢南国王銭氏は彼を篤く重んじ帰心していたので、遺身をねんごろに留めた。それで紹巌は遺身を断念した、と伝える。建隆二年は、紹巌六十三歳の時である。次いで密かに杭州を離れ、曹娥江に身を投じ、我が身を魚に喰らわせようとした。するとたちまち漁猟する者がいて、すぐに紹巌を救った。その漁人の言うには「神人がきて足をひっぱって溺れさせず、衣を水面に敷いて、波が激しくても紹巌は宝台の上に坐しているようであった」と言う。このように紹巌は、水火の投身が未遂に終わり、心に嘆いていた。

そして連文には、その後、越の法華に安住し、続いて呉越王は紹巌を杭州の塔寺に召し、上方上院を造りここに彼を居住させた、と記す。

法華山は、先に述べたように志通が晩年に安住していた法華信仰の道場であり、法華信仰に厚い紹巌もここを訪れたのである。しかしそう長くこの地に滞在したわけではなく、召されに杭州の塔寺に入った。塔寺は、真身宝塔寺であり、『統紀』巻二七往生高僧伝の紹巌伝では、「上方浄院」を「浄土院」としている。

そして開宝四（九七一）年七月、臨終に、弟子たちに、自分は以前に「経（法華経）を誦すること二万部、決して安養を期となす」と言い浄土往生を確信して、結跏趺坐したまま入寂したと記す。これを見ると、紹巌は法華経二万部を読誦した功徳で浄土往生を確信して入寂したのであり、法華経の行者であった。

南宋の宗暁は、浄土教関係の文献と伝記を編集した『楽邦文類』とともに法華経信仰の霊験を編集した『法華経顕応録』三巻を撰述している。その『法華経顕応録』巻下に、紹巌の伝記を収録し、紹巌を法華経顕応者と見做している。その記事はこの『宋高僧伝』を踏襲している。そして『楽邦文類』巻三に収録する浄土信仰者の伝には紹巌は挙げられていない。

また『法華経顕応録』下には、紹巌と並んで、宋代の浄土教家として著名な延寿も、法華経顕応者として伝を掲載する。その延寿伝には、延寿が天台山国清寺において法華三昧を行じて、霊験を感得したこと、平生、法華経一万三千部を読誦したことを伝えている。(123)『宋高僧伝』巻二八延寿伝にも、若い時から『法華経』を誦徹していたこと、一万三千部を読誦したことを伝える。(124)延寿は『法華経』を深信していたのである。延寿は天台山で徳詔に師事した。徳詔と紹巌は文益の門下で兄弟弟子の間柄である。従って紹巌と延寿も交流があったと考えられる。その二人の法華経顕応者が浄土信仰に傾心した。

このように、法華経の功徳で浄土往生を願うのも一つの浄土信仰である。延寿の場合には、『法華経』の浄土信仰のみにとどまらず、一経の読誦やあらゆる行業が仏道達成の功徳になるという読誦万善同帰の立場で浄土信仰を教学的に体系化した。しかし、紹巌の場合は法華信仰の色が濃い。

文中の「薬王に同じく身を焼いて供養せん」は、『妙法蓮華経』巻第六・薬王菩薩本事品第二三に説く、一切衆生喜見菩薩すなわち今の薬王菩薩が、自らの身を燃やし仏に供養した故事に由来する。そして、ここには、

若し人ありて、この薬王菩薩本事品を聞く者は、また無量無辺の功徳を得る。若し女人ありて、この薬王菩薩本事品を聞き、能く受持する者は、この女身を尽くして後にまた受けず。若し如来滅後五百歳中に、若し女人ありて、この経典を聞き、説のごとく修行すれば、ここにおいて命終に、安楽世界の阿弥陀仏、大菩薩衆の囲繞する住処に往き、蓮華の中の宝座の上に生ず。（『正蔵』九・五四中―下）

というごとく、安楽世界の阿弥陀土に往生を願う所説が明瞭である。紹巌の「決して安養を期せん」は明らかに『法華経』薬王菩薩本事品による浄土願生思想である。

『浄土往生伝』になると、基本的には『宋高僧伝』に依拠しながら、『宋高僧伝』の建隆二年の誓願の文に「満つれ

ば誓って薬王に同じく身を焚き以て供養せん[125]」とあるのを、「誓い満つればその身を焚いて弥陀に供養せん」というように「薬王」の語を「弥陀」の語に改めている。また『統紀』巻二七紹巌伝では、「身を焚いて西方の三聖に供養せん」とある。往生伝類ではこのように紹巌の弥陀信仰を強調している（『新修往生伝』巻下にも同趣旨の文あり）。『宋高僧伝』の「決して安養を以て期となす」という語に注目して往生伝類に往生高僧として収録したのであろう。

国王銭氏は、紹巌に帰依し、彼のために杭州の眞身宝塔寺に上方浄院を建てそこに居住させ、その喪事は官費により営まれ、大寧軍節度使の孫承祐が塔碑を造った、と記すように、国王や節度使に尊重され、当時は著名な僧であったと考えられる。それなりに影響もあったのであろう。しかし、紹巌の弥陀信仰が、当時、影響がどれほどあったかは疑問である。ただ、紹巌は徳韶と共に文益に法眼禅を学び徳韶と同門であり、そして徳韶の門人に延寿がでた。法眼禅の系譜から期せずして紹巌・延寿の二人の浄土教信者がでたことは注目される。

紹巌（八九九―九七一年）は、唐の唐滅亡の七年前の昭帝の光化二年に生まれ、五代時代を通じ、そして北宋太祖の建隆、建徳そして開宝四年まで主として杭州で活動した沙門である。

以上に、晤恩や延寿に先立って五代十国から宋初に見られる志通と紹巌の浄土信仰について考説した。二人はともに『法華経』の熱烈な信者であり、遺身僧として仏教史に名を留めた僧である。仏法の為に我が身を捨てることを厭わない真摯な遺身僧の間に死後の安楽を願う浄土教信仰が行なわれるようになった。『法華経』の浄土信仰である。この二人は自らの浄土信仰を仏教教学として説明し著述することはなかった。我が身を捨てるに臨んで心の救いとして浄土信仰をもったのである。この浄土信仰が次の世代の浄土教にどのように繋がり影響したかはわからない。けれども、志通や紹巌のような素朴な浄土教の信仰形態が宋代浄土教の先駆として存した事実を認知しておく必要はある。志通により天台山に芽生え、紹巌により杭州に芽生えたこうした形態の浄土信仰が、晤恩や延寿、さらには義通・行靖・澄彧等により、それぞれの立場から教学的な説明が行なわれ浄土教学として発展するようになるのである。

2　浄光義寂門下の浄土教信仰者

(1)　石壁行靖と浄土教

呉越宋初の杭州では、慈光志因の系統を継ぐ晤恩・文備・源清・慶昭・智円らの山外派と称される沙門によって天台教は盛況し、浄土教も彼らの間で信仰されたが、一方では、浄光義寂の教系を継ぐ天台沙門の中にも浄土教を信仰し研究する沙門が輩出した。宝雲義通や石壁行靖や広教澄彧が名を知られる。義通は明州で活動したが、行靖と澄彧は杭州で活動し杭州仏教に影響を与えたのでこの二人について考説する。

まず、行靖について述べる。行靖に『観経疏記』の著作があったことは『統紀』巻第二五山家教典志に記されている。[126]『観経疏記』は天台『観経疏』の注釈である。この書は現存しないが、行靖が浄土教に関心深かったことは確かである。

行靖に関するもっとも古い記録は、契嵩（一〇〇七―一〇七二年）が行紹のために書いた「杭州石壁山保勝寺古紹大徳塔表」（『譚津文集』巻第一三所収）である。碑文の主の行紹は行靖の弟である。この「塔表」の中に行紹に関連して兄の行靖に言及する。行靖の伝記は『統紀』巻一〇浄光法師傍出世家に掲載するが、その記録は契嵩の「塔表」に依っているのでここでは『曲記』によって行靖の伝記の綱要を述べよう。

杭州石壁山保勝寺故紹大徳塔表

石壁寺去杭越三十里、走龍山而西、窅然入幽谷。有渓流岩石之美、雖其気象清淑、而世未始知此。自紹大徳與其兄行靖法師居此、而其名方播。亦地以人而著也。大徳諱行紹、杭之銭唐人也。本姓沈氏、初其母夢得異僧舎利呑之。因而有娠。及生其淳美、不類孺子、不喜肉食、嗜聞仏事。方十二歳、趨智覚禅師延寿、求為其徒、父母従此。及得戒通練律部、当是時韶国師居天台山、其道大振。大徳乃摂衣従之。国師見且器之。即使往学三観法於螺渓義寂法師。因與其兄行靖、皆事寂法師、講求大義。居未幾而所学已就、還杭即葺其旧寺。尋亦譲其寺與靖法師、以会講衆。靖法師與大徳、皆師智覚出家、而大徳為法兄、靖師為俗兄。靖法師以素徳自発。先此六十年、雖呉中宿学名僧、皆推其高人、当時故為学者所帰。及靖法師遷講他寺、而大徳復往居石壁。其前後五十年。守山林之操、未始苟游於郷墅閭里。処身修潔、識者称其清約。（中略）若師出家於寿公、学法於寂公、見知於国師韶公、韶公不測人也。奇節異徳、道行藹然、而寿寂二公、亦吾徒之有道者也。天下豈可多得。（以下略）

（『正蔵』五二・七一七中―下）

（右の書き下し文）

石壁山は杭を去ること三十里、龍山に走（ゆ）きて而して西し、窅然たる幽谷に入る。渓流の美有り。其の気象清淑と雖も、而して世未だ始めより此れを知らず。紹大徳とその兄行靖法師此に居して自り、而して其の名方に播う。また地は人を以て而して著わるるなり。

大徳、諱は行靖、杭の銭唐の人なり。本姓は沈氏、初めその母夢に異僧より舎利を得てこれを呑み、因りて而して娠むあり。生ずるに及んで淳美にして、孺子に類せず。肉食を喜ばず。仏事を聞くを嗜む。方に十二歳して智覚禅師のもとに趨き、其の徒と為るを求む。父母これに従う。戒を得るに及んで律部に通練す。当にこの時に韶国師天台山に居し、その道大いに振るう。大徳即ち衣を摂してこれに従う。国師見るに且にこれを器とす。即ち往きて三観の法を螺渓義寂法師に学ばしむ。因りてその兄行靖と皆寂法師に事え、講ずるに大義を求む。居して未だ幾ばくならずして、而して学ぶ所すでに就げ、杭に還り即ちその旧寺を葺う。尋いでまたその寺を譲りて靖法師に与え、以て講衆を会す。

靖法師と大徳は、皆智覚禅師を師と為して出家し、而して大徳を法兄と為し、靖法師を俗兄と為す。靖法師の素徳自ら発るを以て、これに先立つこと六十年、呉中の宿学名僧と雖も、皆その高人を推し、当時故に学者の帰る所と為る。

靖法師他寺に遷るに及んで、而して大徳また往きて石壁に居す。その前後五十年、山林の操を守り、未だ始めより苟も郷墅閭里に遊ばず。身を修潔に処し、識者はその清約を称す。（中略）

師の若きは寿公に於いて出家し、法を寂公に学び国師韶公に見知せらる。韶公は不測の人なり。奇節異徳にして、道行謁然たり。而して寂寿二公はまた吾が徒の有道の者なり。天下豈多く得べけんや。（以下略）

この「塔表」はその末文の記録によると、契嵩が石壁山を訪問した時に行紹の弟子の簡長とその弟の簡微に依頼されて、皇祐五（一〇五三）年に書いている。石壁山保勝寺は石壁寺ともいい、杭州から三十里離れた龍山の西にある。龍山については、『咸淳臨安志』巻二三山川二・城南諸山の項に、「龍山　嘉会門の外、城を去ること十里に在り。一に臥龍山と名づく」とあり、『統紀』巻一〇行靖伝の石壁寺の注には「杭を去ること二十里、龍山の西にあり」(127)という。杭州城からの里数は異なるが、この龍山であろう。ただし『咸淳臨安志』の寺観の項には保勝寺もしくは石壁寺という寺院は見えない。『咸淳臨安志』が編纂された頃は廃寺になっていたのかもしれない。「塔表」では、石壁寺は行靖・行紹が入山する以前は名が知られていなかったが、二人がここに居住するようになり名が広く知れ渡ったという。行靖の兄行紹と弧山智円とは親交があり、智円は行紹に詩を贈っている。智円の著述を集めた『閑居編』には、「病中懐石壁行紹上人」（巻四九）、「懐石壁旧居兼簡紹上人」（巻四一）、「題石壁山紹上人観風亭」（巻四五）などがあり、石壁山に観風亭が存していたことがわかる。また「懐石壁山寺」（巻四七）、「遊石壁寺」（巻五一）などの詩も詠んでおり、智円は石壁寺と称しており、石壁寺を訪れていたこともわかる。石壁寺の幽寂な様子は詠っているが残念ながら行紹・行靖については語っていない。

行靖・行紹は、銭唐（塘）の人で、本姓は沈氏、二人は知覚禅師延寿を師として出家した。行紹は十二歳で出家したと記されている。二人が一緒に出家したのか、行紹だけだったのかは判然としない。「大徳（行紹）を法兄と為し、靖師を俗兄と為す」とあるのも見ると、弟の行紹の方が先に出家したのかもしれない。当時、天台山で徳韶国師の法道が盛んであったので、徳韶の下に行き師事した。徳韶は行紹の優れた器を見て、兄行靖とともに螺渓義寂の下で三観の法（天台教観）を学ばせることにした。それで兄行靖とともに義寂に師事して天台教の大義について講義を受けた。わずかな間に学を成就して杭州に帰り、石壁寺を修復してそこに居住した。行靖はこの石壁寺で衆人を集めて教を講説したが、その後は講説の場を他寺に遷した。それで石壁山には行紹が戻ったという。行靖の飾り気ない徳が自然にあらわれ、今から六十年前、浙江地方では宿学や名僧たちでさえ、皆その高潔な人格を推奨したので、当時、それで学者の帰服するところとなった、と行靖を称賛している。特に、契嵩は、行紹・行靖が、延寿について出家し、義寂に学び、徳韶に出会った伝歴を貴重なことと力説している。

行靖の『観経疏記』ならびに浄土信仰については「塔表」、また『統紀』にも言及していない。さらに往生伝類にも行靖は収載されていない。彼の浄土信仰に関しては全くわからない。『観経疏記』なる書を著わしたので浄土教に関心深かったことは察せられる。義寂門下では後述する義通も天台『観経疏』の註釈を著作しており、二人は互いに影響しあったと考えられる。義通・行靖・澄彧の三人が浄土教を重視するに至ったのは既述したように師の義寂の影響と推測される。

また、行靖の伝歴で注目されるのは、延寿を師として出家し、徳韶に才能を認められ徳韶から義寂について天台教を学ぶことを勧められた、というように延寿並びに徳韶と師弟の関係があったことも注意しなければならない。なお、行靖は天台山で学んだ後、杭州に帰り義寂に受けた天台教を宣揚した。天台教観とともに自ら著作した『観経疏記』の浄土教をも説いていたであろう。杭州では契嵩が称賛するように衆人の人望を集めていたので、かれの影響は大きかったであろう。すると行靖により天台系の浄土教が杭州で行なわれていたわけである。また、義通は天台山で学んだ後、四明で義寂に受けた天台教を宣揚した。四明学派の天台浄土教の先駆となったことは言うまでもない。

(2) 澄彧の浄土教

① 澄彧の伝記

澄彧(—九八八—)の伝記は不詳である。端拱元(九八八)年に、前年入寂した義寂の墓塔が建立された。その時、澄彧は師義寂の塔銘を書いている。したがって澄彧が端拱元(九八八)年に生存していたことは確かである。その「浄光大師塔銘」が『螺渓振祖集』に現存する。『註浄土十疑論』一巻は現存し、『続蔵』二—一二—四、『浄土宗全書』巻六に収録する。その巻頭に附する賛寧の序の中に「呉山澄彧上人」とあり、『宋高僧伝』巻七義寂伝の中には、義寂の門下として、澄彧・宝翔・義通の三人の名を挙げている。『統紀』巻八の「十五祖螺渓浄光尊者義寂」の伝記にも義寂の百余人の弟子の中で「実に義通を高弟となし、而して澄彧・宝翔これに亜ぐ」という。天台宗の正系を継いだのは義通であるが、澄彧は師義寂の塔銘を書くほどの義寂の高弟である。

また『統紀』巻一〇の「浄光傍出世家」の目録に「広教澄彧法師銭唐」とあるので、天台山において義寂に師事した後に銭唐(杭州)に移り、義寂の天台教をそこで研鑽・宣教していていたことがわかる。賛寧は「呉山澄彧上人」

という。銭唐の呉山は『淳祐臨安志』巻八・山川の城内諸山に「呉山」の項があり、それによると呉山は城内にあり、「祥符図経に云う、城中に在り。銭塘県旧治の南六里」に位置するという。この呉山であろう。また志磐は、澄彧を「広教澄彧法師」と記し、義寂門下の宝翔も志磐は「広教宝翔法師銭唐」と記している。澄彧・宝翔ともに「広教」と冠しているので広教は所居の寺名と思えるが、南宋代撰述の杭州の地志類にはその寺名が見出せない。呉山にあった寺で廃寺になっていたのかもしれない。

澄彧は杭州の呉山の広教寺で『註浄土十疑論』を著作した。澄彧には『註浄土十疑論』の他にその著述として『金明玄金鼓記』と『般若心経顕宗記』二巻の名が『諸宗章疏録』巻二（『日仏全』九五・目録部一・八中）に見えるが現存しない。『註浄土十疑論』については後述する。行靖と澄彧二人は、天台山で義寂に学び天台教を杭州で宣教し、天台教とともに浄土教をも杭州で説いたのであり、杭州における天台浄土教の先駆けとして注目される。

②『浄土十疑論』の真偽問題

『浄土十疑論』は浄土教に対する十個の疑問・批難を挙げその一々に弁明した書である。この書は天台知者大師智顗の撰述という。江戸期には宝知房証真や鳳譚など真撰に疑問を提起した学者もいたが、大方は智顗の真撰として扱われてきた。宋代の天台や律宗の学者は本書を智顗の著述として特に重視した。しかし明治以降、望月信亨・島地大等・妻木直良・山本仏骨等が、それぞれ自説を論じ偽作説を提唱している。その後、佐藤哲英がそうした従来の学説を紹介し、『浄土十疑論』の構成・思想的特質・成立年次・成立事情を考察し、また『往生論註』・『安楽集』・迦才『浄土論』・善導著述・懐感『釈浄土群疑論』との関連を解明する。『浄土十疑論』の文献的研究はこの佐藤博士の詳細な研究で尽くされたといえる。また、福島光哉『宋代天台浄土教の研究』（平成七年刊）には宋代浄土教の背景として『観無量寿経疏』とともに『浄土十疑論』の重要性を論述する。
佐藤博士の研究を参考にすると、『浄土十疑論』は曇鸞『往生論註』の影響を多分に受けているが、ほとんどが道綽『安楽集』を通してのものである。思想内容は曇鸞・道綽・善導・懐感の系統を引く浄土教の文献であって、智顗の口吻・著書・思想をまねた個所はなく天台教の片鱗すら見いだせない。この書は八世紀前半のころ懐感『釈浄土群疑論』を単純化し通俗化せんとの意図で著作したものという。[128] この点『浄土十疑論』は同じ天台智顗に仮託される『観無量寿経疏』とは浄土教思想の特色を異にしている。

③ 『註浄土十疑論』の浄土論と生因論

さて、澄彧の『註浄土十疑論』の構成と内容を概観しよう。[129] 『浄土十疑論』の第一疑から第十疑の本文の注釈に入る前に、序文のような形で「諸仏の境界は土に非ず身に非ず。強いて依正を立つ。然して一代の聖教を括りて、四土三身を明かす」という書き出しで、四土三身説を提示する。

一、染浄同居土、凡聖同居す。二、方便有余土、全く見・修の煩悩を断じた三乗人の所居なり。三、実報無障礙土、根本無明煩悩を断じた法身菩薩の所居なり。四、常寂光土、ただ妙覚法身の所居なり。若し二土を対して明せば、則ち娑婆は同居穢土、安養は同居浄土なり。彼には三悪（地獄・餓鬼・畜生）無しと雖も具には人天あるを以てなり。（『浄土宗全書』六・五八〇上―下）

右の四土三身説は簡略であるが、澄彧がこのような四土三身説を説いており、安養即ち西方浄土を同居浄土としていることは明瞭である。

ここに見る澄彧の四土説は、智顗の『維摩経略疏』巻第一仏国品（『正蔵』三八・五六四―五六七）に詳説する四土説に依拠したと考えられる。なお『維摩経文疏』巻第一（『続蔵』二七―四三二右）にも同趣旨の文がある。そこでは、一、浄染国凡聖共居、二、有余方便人住（方便有余土）、三、果報純法身居（因陀羅網無障礙土）四、常寂光即妙覚所居。以上の四土を挙げる。説明が長文であるので、ここでは原文の引用は省略し、四土すべての解説も省略し、凡夫と、修行の浅い聖人とが同居する染浄国・凡聖同居の国土即ち西方浄土についてその要点を述べよう。

染浄国は染穢の凡夫と清浄な三乗の聖人とが共居する世界であるから染浄国と称し、そこには穢土と浄土がある。穢土は娑婆のことで、ここには人天など善なる衆生や三乗の聖人とともに四悪趣（地獄・餓鬼・畜生・修羅）が同居する。四悪趣のいない世界を凡聖同居浄土という。煩悩ある凡夫もここに往生できるという。この智顗説を踏まえて澄彧は「同居浄土には三悪なしと雖も人天あるを以てなり」と言っているのであり、娑婆には穢土と浄土の両面があり、三悪趣もいれば聖者もいる凡聖同居の娑婆（穢土）であるが、凡聖同居浄土には三悪趣はいない、というのがこの文意である。ただし智顗説では「四悪趣」とあるが澄彧はなぜか「三悪」としている。その理由は不明である。凡聖同居土以外の三土の説も智顗の所説である。天台『観経疏』にも同趣旨の四土説を説き、ここでは四土の名称は凡聖同居土、方便有余土、実報無障礙土、常寂光土である。『浄土十疑論』ではこの名称を用いているが、『維摩経略疏』と天台『観経疏』では説明に少しく相違がある。しかし凡聖同居土以外の三土の説も智顗の所説と共通している。天台『観経疏』にも同趣旨の四土説を説き、四土の名称は「凡聖同居土、方便有余土、実報無障礙土、常寂光土」であり、『註浄土十疑論』に一致する。

まずこのように天台宗伝統の仏土論を明示して、そのうえで、澄彧はさらに浄土論を次のように補説している。

また一師四土を明かすに、一、法性土、法身の所居。二、自受用土、自受報身の所居。この二土はすなわち前の常寂光土なり。三、他受用土、他受用報身の所居、初地以上の菩薩の為に一分細相を現ずれば即ち前の実報土なり。四、変化土、変化身の所居、地前菩薩及二乗凡夫の為に一分麁相を現ずればすなわち前の方便有余・染浄同居の二乗の土なり。今、安養はすなわち他受用・変化二土にして、地上の菩薩は他受用土を見、地前の菩薩二乗凡夫は変化土を見るなり

と述べる。この法性・自受用・他受用・変化の四土説は基の『大乗法苑義林章』巻七に説く慈恩宗（法相宗）の説である。澄彧は天台宗の四土説に慈恩宗の四土説を会通しているのである。当時浙江地方でも慈恩宗は継承されており、その学説は無視できなかったのであろう。仏土の中で浄土を位置付ける浄土論は『浄土十疑論』本文の中には言及されていないのでそれを補う意図で説述したのであろう。

四土説に続いて、「若し、能く経により、三種浄行十六妙観を修し、ないし臨終に十念を成就すれば、決定往生す。而るに惑者は信ぜずして多く疑謗を起こし、自を損し他を損す」という。ここには澄彧が浄土往生の為の行として、『観無量寿経』に説く三種浄行すなわち世福・行福・戒福の三福と十六観さらに臨終十念を重視していたことが明示されている。これはいわば浄土の生因論である。

このように序文の形でいわば浄土論と生因論を述べ、続いて本文の註記に入っている。

④『註浄土十疑論』の註記の特色

澄彧は、『浄土十疑論』本文の十疑それぞれに、割註の形で註をほどこしている。第一疑に七箇所、第二疑に七箇所、第三疑に四箇所、第四疑に六箇所、第五疑に十三箇所、第六疑に三箇所、第七疑に十箇所、第八疑に十箇所、第九疑に四箇所、第十疑に十箇所である。その註は仏教用語の簡単な註釈がほとんどであるが、彼の浄土教の特色が窺

える註記を三箇所だけ紹介する

まず、第九疑の註記である。ここでは、「ここを去ること十万億土の浄土」に、劣弱の衆生が如何にして到達できるのか、という疑問と並べて、「女人及根缺二乗種不生」の問題を提示している。世親の『浄土論』には「女人および根缺と二乗との種は浄土に往生しない、と説くが、『無量寿経』『観経』『阿弥陀経』では女人往生を説く。例えば、『観経』で韋提希夫人とその五百人の侍女が浄土に往生を請い、仏の記別を受け皆往生を得た、と説く。かかる経論の矛盾をいかに解決するかという議論は中国では曇鸞『往生論註』以来行なわれ浄影寺慧遠『観経義疏』、迦才『浄土論』、善導『観経疏』、紀国寺慧浄『金剛経疏』、慈恩大師基『法苑義林章』、慧観『薬師経疏』、懐感『釈浄土群疑論』等において、それぞれの教義を背景に種々の所説を展開している。

「女人及び缺根と二乗との種は不生」の問題については、金子寛哉『『釈浄土群疑論』の研究』第二篇第六章「二乗種不生説」に、曇鸞『往生論註』以来、懐感に至るまでの諸説を整理し、慧遠・善導の説を検討し、懐感の説について詳述する。また柴田泰山『善導教学の研究』第二部「善導『観経疏』の諸問題」第六章「衆生論」において、慧遠『観経義疏』、迦才『浄土論』、慧浄『金剛経疏』、慈恩大師基『大乗法苑義林章』、慧観『薬師経疏』の二乗種不生説について詳述する。先行研究があるのでここではそれを参考にして、澄彧の註記の中に見える女人及び根缺二乗不生説を検討する。

澄彧の註記の特色を理解する上で必要なので、『註浄土十疑論』に引用する『浄土十疑論』の本文を含め『註浄土十疑論』の文を提示する。第九疑には、四箇所に注記を加えている。一箇所は「心意識」の語についての註記であり、二は「根缺」の語への註記である。そして他の二箇所の註記に浄土教思想の特色の一端を窺える。

（浄土十疑論の本文）

「女人及び根缺と二乗の種とは生ぜず」とは、ただ、彼の国に生ずるに、女人有ること無く、及び盲聾瘖瘂の人無きを論じ、此の間の女人と根缺の人は彼しこに生を得ずと道（い）うにあらず。若しかくの如く説く者は愚痴にしてまったく経意を識らず。且つ、韋提希夫人の如きは、是れ生を浄土に請い、主及び五百の侍女は仏の記を授かり悉く彼の国に往生することを得る。

（澄彧の註記）

案ずるに、小阿弥陀経に云う、善男子女人、若し信有る者は、願を発してまさに彼の国土に生ずべしと。法華経に云う、若し如来滅後の五百歳中に、若し女人有りて、この経典を聞き説の如く修行すれば、ここにおいて命終に即ち安楽世界阿弥陀仏、大菩薩衆の圍繞する住所に往き、蓮華の中の宝座の上に生ずと。ここに知る、この間の女人必ず彼に生ずること明らかなることを。（同上・五八九上）。

右の文を見ると、世親『浄土論』の所説に、「女人および根缺と二乗との種は生ぜず」というのは、女人や根缺の姿のまま浄土には生まれることはない、と言ったのであり、この世間の女人や根缺が浄土に往生できない、という意味ではない。もしも女人や根缺は浄土に往生できない、と説く者は愚かで経典の真意を知らない、と論じている。後に引文する『浄土十疑論』本文によりこの意味は明確である。そしてこの所論の根拠として『観経』の「韋提希夫人は浄土往生を請い五百人の侍女とともに仏の記別を授かった」という経文と、『無量寿経』第三三願の経文を典拠に挙げている。

澄彧の註記ではそれにさらに『阿弥陀経』の「善男子善女人、若有信者、応当発願、生彼国土」という経文と、『法華経』の経文を典拠として加えている。

ここに引く「法華経に云う」は、『法華経』薬王菩薩本事品第二三の経文である。この経文は先に志通や紹巌の浄土教を説述したときに引文したが便宜上再度引文しよう。

若し人ありて、この薬王菩薩本事品を聞く者は、また無量無辺の功徳を得る。若し女人ありて、この薬王菩薩本事品を聞き、能く受持する者は、この女身を尽くして後にまた受けず。若し如来滅後五百歳中に、若し女人ありて、この経典を聞き、説のごとく修行すれば、ここにおいて命終に、安楽世界の阿弥陀仏、大菩薩衆の囲繞する住処に往き、蓮華の中の宝座の上に生ず。（『正蔵』九・五四中―下）

右の経文は、女人往生の可能なことを説く経文であり、澄彧はこの『法華経』の経文を女人往生の教証として挙げている。いわば『法華経』と『阿弥陀経』の経説とを会通しているのであるが、どちらかと言えば、『阿弥陀経』より『法華経』の引文の方が長文であり、『法華経』の女人往生説に依拠して女人往生を強調している。

既述した紹巌は『高僧伝』の伝記によると、『法華経』薬王本事菩薩品による浄土信仰であったが、同様に、澄彧にも『法華経』の浄土往生説を尊重するのが窺える。紹巌の場合は『法華経』の浄土信仰に留まっていたが、澄彧の場合は浄土の教学に関心を持ち、『浄土十疑論』の注釈を著述し、『法華経』の浄土思想を浄土経論と会通し、本格的な浄土教に進展させた。この点は紹巌と澄彧との違いであり、『法華経』の浄土思想から浄土経論による本格的な浄土教へと移る時代の様相を示唆している。また、女人往生の可能なことを特記するのは、当時、本書を著作したであろう杭州では、女性信者が多く、それを意識したからかもしれない。

第九疑では、前文に続いて、次のように、まず本文を挙げ、それに註記を加えている。

（浄土十疑論の本文）

ただこの處の女人及び盲聾瘖瘂の人、心に弥陀仏を念じ、悉く彼の国に生じ已りて、更に女身を受けず、また根缺の身を受けず。二乗の人、ただ廻心して浄土に生ぜんと願えば、彼に至って更に二乗に執心すること無し。

（澄彧の註記）

小乗教中に我が生已に尽き後有を受けず。更に生處有ることを説かず。今、廻心（『浄土宗全書』本の頭注に「向」を「心」とするのに従う）願生と云うは、すなわちこれ大乗の義なり。『小阿弥陀経』に云う「彼の仏に無量無辺の声聞の弟子有り」と、『往生論』に「二乗無し」と、言うは、彼の仏は、機根に逗じて既に麁（あらい）と細の相を現ず。麁相は変化土、即ち二乗有り。細相は他受用土、即ち純にして是れ菩薩なり。変化土にはただ声聞有るのみならず、また女人有り。故に『鼓音声王経』に云く「阿弥陀仏は父の名を月上、母を殊勝妙願と名ずく」と。文義相違せず。理実にして相順う。余義は『釈論』及び第六疑中の如し。

この註記では、小乗の教では、現世の生が尽きた後に生を受けることが無く、生ずる處が無い。今、「廻心願生」というのは大乗の義である。『阿弥陀経』では浄土に「無量無辺の声聞の弟子有り」と説き、『往生論』では浄土には「二乗無し」と説くのは矛盾するが、これは仏が衆生の機根に応じて麁と細の相を現したのである。麁相とは変化土であり、そこには二乗がいる。細相は他受用土であり、そこには菩薩がいる。変化土にはただ声聞だけではなく女人もいると註記し、その教証として『鼓音声王経』の教説を挙げている。そして、澄彧は、浄土に他受用土と変化土とがあることを註記している。

先に述べたように、澄彧は『註浄土十疑論』の巻頭において仏土論を説述している。すなわち、澄彧は、天台流の四土説を継承し、西方浄土を凡聖同居土としている。しかしまた一方で、慈恩宗系の四土説（法性土・自受用土・他受用土・変化土）を取り入れて、「安養はすなわち他受用・変化の二土、地上の菩薩は他自用土を見、地前の菩薩は変化土を見る」と述べていた。ここに見る註記の説はこの慈恩宗系の浄土論と一致する。

慈恩大師基の撰述した『大乗法苑義林章』巻七之末仏土章第六では、「世親菩薩の『浄土論』に云く、女人及び根缺二乗の種は生ぜず、というは、みな他受用の土なり」（『続蔵』二―二―五・五左）とあり、また「一に云く、摂大乗等に準ずるに、西方はすなわち是れ他受用土なり」（同上・五一〇下）。「二に云く、西方は報・化二土に通ず」（同上）と説き、西方浄土には他受土と変化土との区別を考え、西方浄土を化土とする教証として、「鼓音声王経に云々く、阿弥陀仏の父を月上、母を殊勝妙願と名づく。……」（同上・五一一右）というように、『鼓音声王経』の経文を挙げており、化土の浄土には二乗でも往生できると説示する。

また、懐感の『釈浄土群疑論』には、「浄土に女人无し、と言は、如何ぞ。『鼓音声王陀羅尼経』に阿弥陀仏の其の国を号して清泰と曰いう……その母の名を名づけて殊勝妙願と曰う……」（『正蔵』四七・六三下）。とあり、また同書巻五に「仏に受用身と変化身有り。『観経』に説くは、是れ受用身、『鼓音声王経』に説くは、是れ変化身なり」（同上）とある。また「鼓音声王経」に、「阿弥陀仏に父有り母有り」と説くは、下位を化せんが為に、女人有りと示し、上位の者を化するには、女人无し説く、相違せざるなり（『正蔵』四七・五八下）と説く。澄彧の註記に、仏は衆生の機根に応じて細相の他受用土と麁相の変化土の二土を現した、とする所説は、この懐感の所説に等しい。また『鼓音声王経』の経説を浄土化土説の教証に用いるのは『大乗法苑義林章』『釈浄土群疑論』に先例がある。澄彧の浄土論の所説は『大乗法苑義林章』や『釈浄土群疑論』など先学の思想を参考にしたと考えられる。

次に第十疑の註記も澄彧の念仏説の特色の一端を伝える貴重な資料である。第十疑の本文には、浄土に往生するためには、如何なる行を修し、何を種子としたらよいのか。という疑問に答えて、厭離門と欣願門の二種を発すべきであると説く。

（浄土十疑論の本文）

又、彼の浄土の七宝荘厳の事を観ず。備には『観経』の十六観等の如し。常に念仏三昧を行ず、澄或は、右の本文の「念仏三昧」の語句を次のように註記している。

（澄或の註記）

念仏三昧とは、心中在想・口称名号皆念仏と名づく。然るに諸経論には具に二行を明かす。皆道を得るべし。一に無念、二に有念。初めに无念とは即ち此れ真如三昧。直ちに須らく惺惺寂寂として攀縁を起こさず、実相相応して能所を雙泯すべし。此れまた心を泯じて太虚に同ず。かくの如く心を安んずれば方に能く道に合す。智度論に云う、「有念は魔網に堕し、无念は出るを得る。心動ずるが故に道に非ず。不動はこれ法印なり」と。起信論に云う、「もし无念を得れば、則ち仏智に向かうと為すが故に」と。

二に、有念とは、即ちこれ念仏三昧、想を仏の三身の無量功徳、ないし依報の清浄荘厳に在（古本では「存」）し、心を専らにし乱さず。この想成ずるの時、また仏を見て道を悟ることを得る。具には観経・般舟三昧経、十住毗婆沙論等の如し。今時の学人、ただ無念を重んじて有念を知らず。修道の人切に自ら撿點せよ、二行中において何れの行に相応するかを。聖言において謬って讃毀を生ずること勿れ。人、水を飲むに冷煖を自ら知るが如し。他人を学んで空しく无念を重んずること莫れ。また能く端身に晏坐せざれば、萬境すでに壊れ、縦い能く暫らくは攀縁（煩悩）やむも無記昏住を免れず。六情擾攘し、三毒熾然なり。亡説多端にして、聾俗を欺誑し、念仏を簡去し、横しまに是非を構え、他の善根を破す。罪莫大なり。往生の一路は平旦（坦と同義）にして行じ易し。奉じて後人に勧め、審に真偽を弁じ、虚しく一生を度ること莫れ。（同上・五九一上）

右の注記では、まず無念と有念の語義を解説する。無念は、仏教では、とらわれないのない念慮、思慮分別を超えた境地を意味し、ここでは、無念を「真如三昧」という。真如三昧は、ものの真実のすがたにひたる境地で、煩悩を除き、観る心と観られる対境をともになくし、真如実相を観ずる禅定の意味でもある。

有念は、仏の相好を念ずる「念仏三昧」の意味である。そして、ここでは、念仏三昧の語を注釈して、念仏に、在想念仏と、口称の念仏との二種があるという。本文では、「観経十六観等に説く浄土の事相を観ずる念仏三昧」とあり、観想念仏であるが、澄彧は口称をも含めている。しかしそれ以上は口称念仏の意義については言及せず、無念と有念の問題に論述を展開している。

無念とは真如三昧であり、相を超えた真如の本性を悟り実相と相応し、能観の心も所観の対象もともに泯滅した太虚の状態という、それは、心の働きを超えた真如三昧の境地である。『大智度論』や『大乗起信論』を引いて説明する。

有念は、一心不乱に阿弥陀仏と浄土を観想して、見仏し悟道することであり、『観経』『般舟三昧経』『十住毗婆沙論』等の観想の念仏であり、事観である。そして、この二種について、今時の学人はただ無念を重んじ有念を知らない、修道者は、無念・有念のどちらが自分にふさわしいかを自分でよく検討しなさい。聖教に誤った讃・毀を加えてはならない。他人に学んで空しく無念を重んじてはいけない、と誡める。

そしてまた、（無念に偏執して）、端身坐禅することができなければ、心の対象となる外界の事象は損なわれてしまい、たとい一時は攀縁（心が対象によりかかって揺れ動くこと）をやむが、善とも悪とも記別できない無記の昏く沈んだ心の状態になることを免れず、六情（眼・耳・鼻等の六根）はみだれさわぎ、三毒（貪・瞋・痴）盛んにして、亡説を種々説いて聾俗（聞き分けの悪い人）をだまして、念仏を簡び去り、よこしまに是非を構え、他人の善根を破する。この罪は莫大であると、無念に偏執する仏教者を厳しく批難する。無記に有覆無記と無覆無記があり、有覆無記は、聖道を覆って妨げ、心を蔽って不浄にする煩悩であり、辺見は身見とともに有覆無記に入る。無念の辺見を有覆無記と考えた説述と考えられる。

さらに、往生の一路は平坦で行じ易い、奉じて後人に勧めよ、つぶさに真偽を弁じて、空しく一生を過ごすことなかれ、と勧告する。そして平旦易行の念仏三昧を衆人に勧説している。この点は注目される。

澄彧は、無念を重視して有念の念仏を簡去すべきではない、と強く誡めている。「今時の学人は無念を重んじ、有念を知らず」という言葉からみて、当時、仏教者の中に、無念を重視し、有念の浄土念仏を捨て去るべしと主張する徒がいたのであろう。

禅宗第六祖の慧能の語録を集めた『六祖大師法宝壇経（六祖壇経）』には、その定慧第四の中に、無念についてかなり詳説している。

善知識よ、我がこの法門は、従上以来、先ず無念を立てて宗となし、無相を体となし、無住を本と為す。無相と言うは相に於いて相を離る。無念というは念に於いて念なし。（『正蔵』四八・三五三上）

善知識よ、諸境の上に於いて、心染まざるを無念と曰う。自らの念上において、常に諸境を離るれば、境の上に於いて心を生ぜず。若し只だ百物思わざれば、今悉く除去せん。（同上）

善知識よ、無とは何事をか無みす、念とは何物をか念ず。無というは二相なし、諸の塵労の心を無みす。念というは真如の本性を念ず。真如は即ち念の体、念は即ち真如の用、真如の自性念を起こすは、眼耳鼻舌の能念に非ず。真如性あり、所以に念を起こす。真如もし無ならば、眼耳色声、当時に即ち壊せん。（同上・三五三上―中）

などと、無念・無相の所論を展開する。後に、慧能を継承する南宗禅では無念禅定を説いた。無念禅定を重視するあまり、それを誤解して、坐禅以外の実践行は不要であると主張する者さえも禅僧の一部に現われた。

唐中期の慈愍三蔵慧日（六八〇―七四八年）の『略諸経論念仏浄土往生集』（『正蔵』八五所収、日本では『浄土慈悲集』の呼称が一般的）には、禅徒の中の一部に浄土教を激しく批難する者がいたことを伝えている。[130] そして禅徒の浄土念仏に対する誤解を詳細に破折している。慧日の云うように、禅徒の中には、一切諸法は本来実体のないものであるから、心がとらえる事相や経典や仏も悉く遠離すべきである。ただ内心を空に安住せしめ、万法すべて空と知れば、凡夫でも即ち仏であって、すでに禅定を証して、すでに生死を断じているので後世に生を受け苦しむことはない。念仏・誦経・布施・持戒・忍辱・精進等の行業は決して解脱の要因とはならない、定禅こそ無為法であり、他の法はすべて無意味である、と主張し、昼は情を恣にし、夜は暫時繫念し、それでよしとする禅をも誤解した者がいたのであろう。

こうした無念に偏執して念仏を批難する禅徒が澄彧の時代にいたのかもしれない。観想念仏と口称念仏に関する議論より、無念か有念か、それは念仏を認めるか否かであるが、その問題の方が重要であったのであろう。無念に偏執して念仏を批難する一部の禅徒に対する批判的意図はそもそも『浄土十疑論』本文にもあるので、澄彧はそれを継承したのであろう。

澄彧は、『浄土十疑論』本文の「念仏三昧」の語を念仏三昧に在想（観想）と口称の二種をあげ、観想念仏については詳説するが、浄土念仏を天台流の理観と結びつける論述はみえない。知礼以降の天台宗の念仏観は、教義の基本である一心三観、三諦円融の理に悟入する方便として位置づけるが、澄彧の場合にはそうした傾向はない。『浄土十疑論』は智顗に仮託されるものの、先に述べたように、曇鸞・道綽流の浄土教思想の影響を受け、弥陀の本願力による具縛の凡夫の往生の道として易行道の念仏を勧めるが、天台教学は希薄である。澄彧の注記もそうした『浄土十疑論』そのものの性格によるのである。簡潔な註であるが、しかし『浄土十疑論』に注目しこの書に注釈を著わしたことは宋代浄土教史の上で意義がある。

3 法雲義通門下の慈雲遵式の浄土教

（1） 遵式の浄土信仰実践の経過

天台山で浄光義寂によって復興した天台教はその法嗣の法雲義通によって明州の宝雲寺において更なる発展をした。そして法雲義通の門下に四明知礼と慈雲遵式がでた。知礼は天台宗の正系として天台宗第十五祖と仰がれ、遵式は知礼とともに山家派の重鎮として天台宗の発展に多大の業績を残した。知礼は明州で活動し、遵式は明州や天台山から杭州に遷って活動した。杭州にはすでに義寂門下の行靖・行紹や澄彧に依って天台教が宣教されていたが、義通門下として遵式が初めて義通の天台教を伝えたのである。

遵式の伝記は、契嵩の撰述した『譚津文集』巻一二に収載する「杭州武林天竺寺故大法師慈雲式公行業曲記」（以下『行業曲記』と略称、『正蔵』五二・七一三下—七一五下）がもっとも古い。そして『釈門正統』巻五、『統紀』巻一〇にも収載する。これら二書の遵式伝はほとんど『行業曲記』の踏襲である。遵式の伝記と不殺生戒の教化と宋皇帝の禁鳥獣虫魚採捕の詔、などの問題については前節に述べたので、ここでは遵式が浄土教に帰依した過程とその浄土教思想について論述する。

遵式（九六四—一〇三二年）は、天台山の国清寺で、指を燃やして天台の教観を学ぶことを誓い、その後、明州の宝雲寺に往き義通に師事して天台学に専念した。端拱元（九八八）年、義通が入寂すると遵式は天台山に帰った。天台山で苦行し過ぎ病気になり血を吐いてしまった。それで遵式は、消伏呪法を行ない、観音菩薩の霊験によって病が癒えた。以来、遵式は観音信仰に深く帰依するようになった。遵式は生涯、観音信仰を実践したが、また弥陀信仰にも厚かった[131]。

『行業曲記』には、遵式は至道二（九九六）年、すなわち三十四歳の時には出家在家の信者とともに浄土の業を修し、「誓生西方記」を著わしたという。『念仏三昧詩并序』（『天竺別集』巻中、『続蔵』二―六―二・一四五左）の記述によると、至道二（九九六）年、廬山慧遠の故事に倣い、篤信の道俗百余人を明州の雲宝寺講堂に集め春秋二回の念仏会を行い、その念仏会は壬寅の歳即ち咸平五（一〇〇二）年まで七年間続いた。文中に「想無量覚」というから無量寿仏を想念する慧遠の観念念仏に倣ったものであろう。この記録が遵式の浄土信仰に関する最初の記録である。遵式が観音信仰に帰入したのは健康上の理由であるが、いかなる理由で浄土信仰に帰入したか、それはわからない。遵式が師事した宝雲義通は、知礼の『観無量寿経疏妙宗鈔』の序によると天台『観無量寿経疏』を注釈した『観無量寿経疏記』を著わしている。また『統紀』巻第八・十六祖宝雲尊者義通伝には、義通は西方浄土を故郷と考えていたという[132]。同上巻第二七浄土立教志に義通を往生高僧の一人として往生伝を収録する。義通は『観無量寿経疏』を重視し注釈するほどであるから、浄土信仰に関心があったことは確かである。

遵式が浄土信仰に帰入した原因には師の義通の影響があったと思える。遵式と同門の知礼が浄土教に帰依している。義通の弟子の遵式・知礼がともに浄土教に帰依したのは義通の影響であろう。

知礼が明州延慶院で行なった念仏実践の結社である念仏施戒会は大中祥符六（一〇一三）年に結成されたので、知礼の念仏施戒会よりも十七年前であり、浙江地方の明州における最初の念仏会である。宋代に流行する念仏会の先蹤としてその影響は大きいと考えられる。

咸平五（一〇〇二）年、遵式は出家の地である台州の東掖山に帰り、寺の西に精舎を増築し、無量寿仏の大像を造り、多くの人々を率いて念仏三昧を修し、浄土行法を説く書を著わした。「念仏行法を説く書」とは、『天竺別集』巻中に収録する『念仏三昧詩并序』は東掖山に居住したときに作られたというからこの書であろうか。遵式は大中祥符七（一〇一四）年に杭州に遷るまで一二年に渡り東掖山にいて念仏の実践教化を行なった。遵式が東掖山を去るときに、知礼の会下に往き、自分の後継者を求めた。すると知礼は、弟子たちの中から自分で選べと言った。それで遵式は本如を選んだという（『統紀』巻一二本如法師伝、『正蔵』四九・二一四中）。そうした事情で本如は東掖山に入り遵式の後を継ぎ、この地で三十年法道を盛んにした。本如は、遵式の念仏会を継承し、「廬山の風を慕って、丞相章郇公の諸賢と白蓮社を結ぶ。六・七年来遂に巨利となる」（同上）というほど能仁寺の念仏結社を発展させた。仁宗皇帝はそれを欣び「白蓮社」という名を賜った。白蓮社は廬山慧遠が創始した念仏結社である。それを本如が浙江の台州東掖山で再興したのである。この本如の白蓮社のもとになったのが遵式の念仏会であったのである。東掖山は嘉定『赤城志』巻一九山水に、「東掖山東北四十五里に在り」という山である[133]。

大中祥符七（一〇一四）年、遵式、五十一歳の時、杭州の人々に要請されて、杭州に来て昭慶寺（後の梵天寺）に入り、同八年に刺史薛顔の要請に応じて杭州靈山精舎に入る。そして、天竺寺で『往生浄土懺願儀』を治定した[134]。そして、天禧元（一〇一七）年に、銭塘の守であった侍郎の馬亮が遵式に教えを請うた。遵式は「浄土決疑論」を著わして馬亮に贈った。「浄土決疑論」は『統紀』遵式伝では「浄土行願法門」「浄土略伝」と記す[135]。『往生浄土行願二門』と『往生西方略伝』であろう。『往生西方略伝』は「序」のみが『楽邦文類』（『正蔵』四七）、『天竺別集』（『続蔵』二―六―一二）に収載する。

馬亮の浄土信仰については、直閣の黄策が記した『馬侍郎往生記』が『楽邦文類』巻三に収録する。それには、

蓋し馬氏、少くして、忠粛公を師とす。杭州を守るの日、慈雲式懺主、安養の仏事を持て之に授く。是よりして族を挙げて遵法し、相い継いで違わず。大夫公、諱は玗、字は東玉という者、乃ちその孫なり。公、幼より篤く

仏教に志す。元豊中、僧広初なる者あり。天台智者の十疑論を以て之に授く。公大に喜んで曰く、「吾、所依を得たり」と、復た慈雲の十念回向法を得てこれを行ずること二十五年、少しも怠らず。

（『正蔵』四七・一九〇中）

これを見ると遵式の十念念仏の影響が当時の在家信者の中に大きかったことことがわかる。遵式の十念念仏については後述する。

遵式は天竺寺の東嶺に日観菴を立て、そこで西方を送想し往生の業とした[136]。『日観銘并序』が『天竺別集』巻中に現存し、それによると日観菴は天禧四（一〇二〇）年に建立され日観銘を石に刻したことを伝える。その割注に「十六観経に出ず」（『続蔵』二―六―一四六右）とあるので、遵式は天竺寺の日観菴で『観無量寿経』の日観を修していたのであろう。

明道元（一〇三二）年、天竺寺の東の草堂で、阿弥陀仏に請いてその終わりを証せしめ、奄然として遷化したと臨終の浄土信仰の様子を記す。

遵式が杭州で活動したのは晩年の十五年ほどであり、伝記類にその浄土信仰に関する記録は多くはないが、仏僧として円熟した時期に杭州で宣教に励んだので、その影響は大きかったと考えられる。杭州で台州・明州の天台教を伝え、観音信仰・弥陀信仰・観音や弥陀の懺儀を実修・布教した。遵式は慈悲の念を基調とし戒律を重視し、生類の命を大切にし、肉食・飲酒を道俗を問わず厳しく戒めた。杭州西湖における放生会の実践も慈悲と持戒の念の具現化である[137]。遵式は杭州で慈悲の人として衆望高かった。その遵式の浄土教宣教の影響が大きかったであろう。罪悪にまみれた下品下生の凡夫でも十念念仏により救われて浄土往生できる、と遵式が説く教えは、杭州市民の間に広く受け入れられたと考えられるのである。

（2）遵式の浄土教思想

遵式は多数の浄土教の著述を著わしており、『天竺別集』『金園集』や『楽邦文類』などに収録されて現存するものも多い。しかしいずれも短編であり、著作の中で長編なのは『往生浄土懺願儀』『往生浄土決疑行願二門』の二著である。『往生浄土決疑行願二門』（『正蔵』四七収載）は、杭州史刺の馬亮の要請で著わしたもので、在家信者のために浄土信仰を勧め修行の方法を説いた書である。『往生西方略伝序』も馬亮のために著わしたもので在家信者向けである。現存する『西方略伝序』は短文であるがその中にも遵式の念仏論が説示されている。そして『往生浄土懺願儀』（『正蔵』四七収載）は内容からして出家僧に向けて説いた書と考えられる。

遵式の浄土思想についてはすでに種々の論考があるので[138]、ここでは先行論文を参考にして、遵式の代表的な著作である『往生浄土懺願儀（以下『懺願儀』と略称）』、『往生浄土決疑行願二門』（以下は『行願二門』と略称）の二書の構成と思想の概要を考説する。

『懺願儀』は、遵式が杭州に入った翌年に天竺寺で著わした書である。至道二（九九六）年、三十六歳の時、明州宝雲寺において廬山慧遠の白蓮社の故事に倣って道俗百余人とともに念仏会を実修し、「誓西方記」を著わして以来十九年を経ている。その間、台州東掖山で衆人を集めて念仏会を実践し『念仏三昧詩集』を著わしているように、『懺願儀』を著わしたときは遵式は浄土念仏には豊富な経験を積んでいた。その豊富な体験を著書として世に提出したのである。

『懺願儀』は、浄土往生のための実践方法と、罪障を懺悔し浄土往生を発願する実践方法を説いた書であり、書名の「懺願」は「懺悔」の「懺」と「発願」の「願」とをとって「懺願」としたのである。凡夫が自己の罪障を懺悔し除滅して、阿弥陀仏の大慈悲の力により浄土往生を遂げることを説くのが趣旨である。本書の構成は十門よりなる。すなわち、①厳道場・②明方便・③正修意・④焼香散華・⑤礼請法・⑥讃嘆法・⑦礼仏法・⑧懺願法・⑨旋誦法・⑩坐禅法である。十門の中、③正修意と⑧懺願法が中心をなすと考えられる。

③正修意では、世親『往生論』の五念門（礼拝・讃嘆・作願・観察・廻向）を正修の行法として採用している。五念門のうち廻向門は、礼拝等の四門による諸功徳を方便廻向し、衆生に大菩提心を得しめ、衆生を摂取して浄土に生ぜしめる、と説くようにこの廻向門を重視する

⑧懺願法では、明懺悔法・明勧請法・明随喜法・明廻向法・明発願法の五偈を立てる。「普為法界、一切衆生。悉願断除三障、至心懺悔」の文で始まり、続いて次のように説く。不浄な法を説き、非律なことを人に教え、仏によって出家したのに、反いて仏法を破し、貪りや恚りを恣にし、こうした悪業により阿鼻地獄に堕ちて無量の苦を受け解脱できない人でも、今初めて己の非を覚り、大いに慚愧し、大いに怖畏すれば、阿弥陀仏は大悲心を起こして我を救護してくれる。そう信じて、阿弥陀仏は我の懺悔を受け入れて、諸悪重罪が徐滅することを請い願っている。懺悔の思想に阿弥陀仏の慈悲による救済の思想を取り入れている。

⑩坐禅法では念仏と観法の関係を述べ、仏の相好を観じて空仮中の三観を修すべきことを説いている。観法の種類を普賢観と白毫観とに大別し、普賢観は、己が極楽世界に生ずるという想いを起こし、華が開いたり合したりする想いをなし、華開くとき五百の色光が身を照らすを想い、仏・菩薩・国土を見るを想い、仏前に坐して法を聴く想いをなすのである。

白毫観は、華座に坐す阿弥陀仏の眉間の白毫相を専想して、心を停め想を注し他に移してはいけない。然ればまた、想念の所見を観ずべし。それが成就するにしろ、しないにしろ、皆想念せよと説き、続いて、「因縁には実な

く、性相は所有皆空。一に鏡中の画像の如く、水に現われた月影の如く、夢の如く、幻の如く、空と雖も而して見る可し。二に皆心性の所現にして所有なる者、即是自心なり。心は自ら心を知らず。心は自ら心を見ず。心に想あれば癡、無想は泥洹なり。心有り心無しは皆有想と名づく、尽く名づけて癡と為す。法性を見ざればなり。三に因縁生の法はすなわち即空仮中にして、不一不一異、非縦非横、思議すべ可らず。心想寂滅すれば、則ち能く念仏三昧を能く成就す。久しく而て後乃ち起て[139]」、と説いている。これは智顗の則空即仮即中の三観の観法に依拠するもので、仏の白毫を想念しそれを手掛かりに、一心三観の境地に達するそれを念仏三昧の成就とするのである。明らかに天台教義の立場である。

本書の巻頭では、五逆十悪の重罪を犯している者でもこの勝法を修すべし、と述べ、五念門を主とする善導流の事の浄土行法を勧めるが[140]基本は天台教学の根本である一心三観の教説を踏まえて、智顗の『法華三昧懺儀』『請観世音懺儀』に説く懺儀と浄土信仰を結びつけて新しい形の仏教を創出したのである。

次に、『行願二門』は、決疑門と行願門の構成である。

まず決疑門では、天台『十疑論』を参考にし、さらにそれを補足するために、道安[141]『往生論』、道綽『安楽集』、懐感『群疑論』、慈愍『浄土慈悲集』、源信『浄土集（往生要集）』等、古今の諸師説を参考にして、『摩訶止観』の文を根拠にして、浄土教に向けられた疑惑を解決する。疑惑には、疑師・疑法・疑自の三つを立てる。

疑法では、浄土の名を挙げ、教は大乗了義教中の了義也と判釈し、中国における通教・別教・円教の中においては仏乗円教であるとする。自疑では、自己は修行の段階の低い凡夫で煩悩に覆われているので、浄土往生できるだろうか、という疑惑に答え、弥陀の本願の摂受を信じ善根功徳を積めば浄土往生は疑いない。況や十念念仏すればなおさらであると説き、そして遵式は、五逆罪を犯している者でも正法を誹謗している者でも定心十念すれば往生できるとする自説を明示している。

次に行願門では、礼懺門・十念門・繫縁門・衆福門の四門を立てる。つまりこの四種が往生浄土の実践業の構成である。礼懺門では、一心に礼仏し至心に懺悔し罪障を断除すべきことを説く。

十念門では、十念法を説述する。遵式の十念には特色がある。「声を連ねて、阿弥陀仏と称し、一気を尽くすを一念となし、かくの如く十気を十念となす。気の長短に随い、仏の数に限らず」(142)というように十声念仏では数を十声に限定しない十気念仏である。そして「その声は高からず低からず、緩ならず急ならず、十気連続して、心を散らさないようにするのを十念と名づけている。称名の念仏であるが心を散乱させないための称名念仏である。

繫縁門では、造次も忘れることなく仏及び浄土を憶念し繫心し、種種の作務の間にも仏と浄土を憶え、と説く。衆福門では、孝養父母・奉事師長等の五事の福徳を修すべきことを説いている。

そして、四門の説明の結論として、以上の四門が往生浄土の正因であり、毎日これを修習し定んで浄土往生を期すべし、と訓告し、「経に云く」として、この念仏三昧を実践する者は、現生に仏及び観音勢至二菩薩等の二十五菩薩によって守られると説いている。この問題については次の節で考察する。

遵式は、智顗以来の伝統とする懺悔法と浄土念仏を結び付けて新しい形の仏教の形成を意図した。そしてその浄土思想は、天台教義の骨子である即空即仮即中の一心三観や、天台流の法界観に由来する己身弥陀・唯心浄土の教説を究極の立場とし(143)、智顗の著作とされた『浄土十疑論』『観経疏』による天台流浄土教を基底とする。しかしながら、善導流の事の念仏説を取り入れた浄土教を取り入れ、即空即仮即中の理に悟入する方便として称名念仏を重視した(144)。また十悪五逆誹謗正法の十罪を犯した者でも念仏三昧によって往生が可能であると浄土信仰を勧めた。観想の不可能な罪障の多い凡夫の救いとして称名念仏を勧めたのである。この面には善導流の易行としての念仏を採用したのである。

次に、遵式の念仏思想の特色を『懺願儀』と『行願二門』以外にも目を拡めて考説する。

遵式は称名念仏を重視している。『示人念仏方法并懺悔文』（『金園集』巻上、『続蔵』二―六―二・一一三丁左）に、仏は衆生を四種の方法を以て済度する、と言い、その第四番目に、仏の名号を聞いた者が、それを執持し繫念すれば、罪滅し善生じて度脱することができる、と説き、念仏を挙げている。そして、その念仏に、二種を挙げる。一は、「専ら三十二の相好を縁として、心に繫け定を得て、目を閉じ目を開き、常に仏を見ることを得る。或いは但だ名号を称し執持して散ぜざれば、また現身に於いて而して仏を見るを得る」と言うように、見仏と称名との二種の念仏をあげ、中国では現に「仏名号を称するを上と為す」と称名念仏を観想念仏よりも上位と見做している。そして称名念仏は、心を散乱せず一心不乱に不断に相続して行なわなければならないと力説する。そのためには大声で称する高声念仏を勧める（『念佛方法』〈『楽邦文類』巻四〉）。

また遵式は、称名念仏のもつ滅罪の功徳を強調する。遵式は戒律に対する意識が強く、戒律に違反している衆生は仏教とは縁がないのか、救われる道はあるのか否か。己が犯してしまった罪を消除するにはどうしたらよいのか。この疑問を深くし、滅罪の方法として懺悔を重視して『懺願儀』において懺悔の行儀を提示した。また一方で念仏の持つ滅罪の効能に注目し、念仏による滅罪を説いた。『無量寿経』と『観無量寿経』の経説に念仏と滅罪の問題の解決を求めた。『往生西方略伝』（『楽邦文類』巻二）の中で、『無量寿経』第一八願の経文を、「設し我れ仏を得たらん十方の衆生、至心に信楽して、私が国に生ぜんと欲し、乃至十念せんに、若し生ぜずんば、正覚を取らじ。唯、五逆と正法を誹謗する者を除く」（『正蔵』四九・一六七下）と取意引文して、自分は幸いにも五逆や誹謗正法の重罪を犯していない、だから往生を遂げることはできる、と安心している（「晨朝十念法」『楽邦文類』巻四にも同趣旨の文あり）。

しかし遵式は自己以外の五逆・誹謗正法の意罪を犯している者の救護に想いを馳せ、その解決に『観無量寿経』下品段の教説を取意して、「十六観経に云わく。下品下生の者は諸々の罪を具足す。四重五逆謗法等あり、地獄の火現ず。十念仏を称するに、地獄の猛火化して涼風と為り、即ち彼の土に生ず」と引文し、「これ則ち逆罪の輩の十念に生を得ることを許す」（同上）という自説を加えている。

遵式は『無量寿経』下品下生段の経説を根拠に五逆誹謗正法の輩でも往生が可能なことを説き、「およそ生ぜんと願わん者は、心を遂げざるはなし」（同上）と強調し念仏を勧めた。実際に当時の社会には仏教の戒律からみれば重い罪障を負った凡夫が多かったのであろう。「この下品下生の衆生でも、精誠に念仏すれば彼の国に生まれるを得る」（『行願二門』の自疑の項）と説いている。このように遵式は罪障を背負った下品下生の凡夫でも往生できる方法に苦慮し、念仏の滅罪の功徳に注目し、罪障多い凡夫が称名念仏によって罪障を消滅し往生が可能であると説いたのである。

（3）遵式の二十五菩薩擁護説の背景

遵式は、『往生浄土決疑行願二門』巻末と、『往生西方略伝序』後半において、念仏の行者が観音・勢至等の二十五菩薩によって擁護もしくは守護されるという思想を説いている。

『行願二門』では、

此人現世、彼仏常遣無数化仏無数化観音化大勢至、及婆婆世界常有二十五菩薩、昼夜擁護、行住坐臥、一切時処、不令悪鬼得便、不受一切災難。（『正蔵』四七・一四七下）

とある。

『往生西方略伝序』では、

常得二十五大菩薩、如観世音等、及一切菩薩、常随守護。（『正蔵』四七・一六八上）

とある。

『行願二門』巻末では、本書に説いた礼懺門・十念門・繫縁門・衆福門の四法門は念仏三昧であり往生の正因であるという。そしてこの念仏三昧を必ず常に修習し、自ら定んで浄土に生ずることを期すべし、と訓告し、念仏三昧の現世における利益として二十五菩薩擁護説を右のごとく説いている。

『往生西方略伝序』の後半では、念仏の功徳と他の善根とを校量して、世人が競って鬼神を祭り福祐を求め、安穏を得たいと望むがそれは益がない、と批難し、祀典や聖人の教えを仏教と比べ、その結論の形で、念仏者の受ける十種の現世利益を説く。その十種の二番目に先の二十五菩薩擁護を挙げている。

このように、遵式は、念仏者が受ける現世利益を強調し浄土教義の中に取り入れている。仏菩薩の擁護・守護を念仏の現世利益として念仏教義の体系の中に取り入れたのは、念仏の一般社会への浸透を意図してであろう。遵式は『行業曲記』によると、慈悲不殺の精神から当時行なわれていた祭祀における牲を禁じている。中国伝統の祭祀の方法や鬼神信仰より念仏の方が利益が大きいことを主張して、念仏を中国社会に浸透させようとして、それで二十五菩薩説をその一つの方法として取り入れたのである。

観音勢至等の二十五菩薩擁護説を経典に尋ねると、『十往生阿弥陀仏国経』（以下『十往生経』と略称）の中に見出すことができるのである。『十往生経』は中国で作られたいわゆる疑経であるが、中国・日本を通じて流布した経典である。二十五菩薩擁護の思想は、日本では二十五菩薩来迎思想に変容して流布した。[145]

『十往生経』の経文では、この経典を説法・聴法する功徳として、次のように説く。

㈠　若有如是等人、我従今日、常使二十五菩薩、護持是人、常令是人、無病無悩、若人若非人、不得其便、行住坐臥、無間昼夜、常得安穏。（『続蔵』一―八七―四・二九二左）

その連文にこの経典を深く信じ阿弥陀仏を念じ往生を願う者の功徳として、次のように繰り返し二十五菩薩擁護説を説く。

㈡　若有衆生、深信是経、念阿弥陀仏、願往生者、彼極楽世界阿弥陀仏、即遣観世音菩薩・大勢至菩薩（以下二十五菩薩の名を列記するが省略）、是二十五菩薩、擁護行者、若行若住、若坐若臥、若昼若夜、一切時、一切処、不有令悪鬼悪神、得其便也。（同右・二九三右）

これを見ると明らかなように、遵式が『行願二門』『往生西方略伝序』に説く二十五菩薩擁護説は、中国で撰述された『十往生経』の特色ある思想である。

右に挙げた『十往生経』の二種の経文のうち、㈡の経文が『行願二門』に説く二十五菩薩擁護の文に類似している。それを並べて挙げよう。

『十往生経』

是二十五菩薩、擁護行者、……、若行若住、若坐若臥、若昼若夜、一切時一切処、不有令悪鬼悪神、得其便也。

『行願二門』

二十五菩薩、昼夜擁護、行住坐臥、一切時処、不令悪鬼得便、不受一切災難。

右の二種の文は、微妙に語句に違いがあるが、類似しており、偶然の一致ではなく、『十往生経』に依ったと考えられる。

しかし遵式が『十往生経』を閲覧してそこから直接二十五菩薩擁護説を取り入れたとばかりは言い切れない。遵式以前の中国仏教者の論書に引用されたものに依ったとも考えられる。その問題について考説しよう。

中国でこの『十往生経』を初めて引用したのは道綽である。『安楽集』第一二大文にはほぼ全文を引用している。また善導の『往生礼讃偈』『観念法門』に引文があり、懐感の『釈浄土群疑論』にも引文がある。

『安楽集』巻下の引文では、

若有如是人、我従今日、常使二十五菩薩、護持是人、常令是人、無病無悩、若人若非人、不得其便、行住坐臥、無問昼夜、常得安穏。（『正蔵』四七・二一下）

とあり、これは『十往生経』の先掲(一)の原文のままである。遵式の諸説に類似する(二)の経文は引文していない。

善導の『往生礼讃偈』の引文では次のようである。

十往生経云、若有衆生専念阿弥陀仏、願往生者、彼仏遣二十五菩薩、擁護行者、若行若坐、若住若臥、若昼若夜、一切時一切処、不令悪鬼悪神、得其便也。（『正蔵』四七・四四七下）

また善導『観念阿弥陀仏相海三昧功徳法門（観念法門）』では、

又如十往生経説、仏告山海慧菩薩及阿難、若有人専念西方阿弥陀仏、願往生者、我従今去、常使二十五菩薩、擁護行者、不令悪鬼悪神、悩乱行者、日夜常得安穏。（『正蔵』四七・二五上）

そして懐感『釈浄土群疑論』巻四では、

十往生経、仏遣二十五菩薩、常守護行人。（同右・五四中）

とある。

遵式が『十往生経』を閲覧し二十五菩薩説をそこから直接採取したのか、『安楽集』もしくは『往生礼讃偈』『釈浄土群疑論』などから引文したのか、遵式の文と比べてみても語句の上からは決定しがたい。『安楽集』では、「勧往生」を説く典拠として『十往生経』のほぼ全文を引文している。したがって、道綽がこの経典のいかなる思想に注目し抽出し依用したか、という問題意識が明瞭でない。二十五菩薩擁護説を特に『十往生経』の代表的な思想と見倣していない。また『安楽集』には先掲『十往生経』経文(二)の引文がない。それで、遵式が『安楽集』に依って二十五菩薩擁護説に注目したとは考え難い。

善導になると『十往生経』のいかなる思想に注目したかという問題意識が明瞭になる。『観念法門』の「依経五種増上縁義」の項において、念仏三昧には五種の功徳利益があることを明かす、その第二の護念増上縁に、念仏行者が現世に受ける利益を明かしている。五種増上縁は滅罪・護念・見仏・摂生・証生であり、滅罪と護念、見仏の三種は現生の利益であり、念仏の力で往生を得る摂生と、往生を得ることを証明する証生の二つは、当益である。

滅罪・護念・見仏三種の現世利益の中、護念では、『観無量寿経』『十往生経』『般舟三昧経』『灌頂経』『浄度三昧経』の経文を引いて九種の現生利益を説いている。その九種の四番目に『十往生経』の二十五菩薩擁護説を引いて経証としている。この他、九種の所説の中では、阿弥陀仏・観音勢至・無数化身化菩薩や、二十五善神が念仏行者を随遂擁護するという護念説を繰り返し説いている。

『往生礼讃偈』においても、二十五菩薩擁護を念仏行者の現世利益を説示するための経証として、『観経』『無量寿経』『阿弥陀経』とならんで『十往生経』の二十五菩薩擁護説を引文している。

このように善導は、『十往生経』の二十五菩薩擁護説のもつ現世利益に注目し自己の念仏教義の体系の中に取り入れている。二十五菩薩擁護説を十往生経の代表思想とする見解は、懐感『釈浄土群疑論』もそれを踏襲している。時代は下るが、南宋の宗暁撰『楽邦文類』もこの『十往生経』観を継承している。すなわち『楽邦文類』巻初の「大藏

専談浄土経論目録」において、諸経論の名を併記しその下に諸経の代表的な経説を短文で示している。そこに、

十往生経、念仏之人菩薩守護。（右同六・九二三）

とある、念仏行者二十五菩薩擁護説を『十往生経』の代表的な思想とする見解が中国に定着していたのである。

遵式の念仏行者二十五菩薩擁護説は、善導そして懐感によって中国に定着した『十往生経』に説く二十五菩薩擁護説の影響であること推測される。それで、遵式が善導・懐感の著述を読んでいたか否かが問題になる。

『行願二門』には、天台智顗著と伝わる『浄土十疑論』、『観経疏』の影響は強いが、その他参考した浄土教書として、

道安和尚『往生論』六巻、懐感法師『群疑論』七巻、道綽禅師『安楽集』三巻、源信禅師『浄土集』二巻。（『正蔵』四七・一四五上）

と名を挙げている。道安和尚『浄土論』や諸書の巻数については問題があるが本稿ではそれには言及しない。これにより遵式が参考にした浄土教書がわかる。ここには『安楽集』『釈浄土群疑論』は挙げられているが、善導とその書については言及していない。しかし遵式は、『往生西方略伝序』（『楽邦文類』巻第二）では、「此の方（中国）の諸々の法師・禅師が疏を著して西方を光讃す」と言って、中国諸師の浄土教論書として次の名を挙げる。

道安法師に往生論六巻あり。慧遠法師観経疏一巻を造り、天台智者十疑論・観経疏・弥陀経疏各々一巻を造り、道綽禅師安楽集三巻を撰し、善導和尚五会の教を立てて、人をして念仏することを勧め、観経疏一巻、二十四讃、六時礼文各々一巻を造る。懐感法師は念仏三昧を得て、決疑論七巻を造り、慈愍三蔵は浄土慈悲集三巻を撰し、慈恩法師は弥陀経疏二巻を造り、鎮国の沙門澄観は観経疏一巻を造る。誰かこの衆聖の往生を称揚し誘勧するを聞いて、而も信楽せざるものあらや。（『楽邦文類』巻第二、『正蔵』四七・一六八中）

ここでは善導の著作として「観経疏」一巻、「二十四讃」「六時礼文」各々一巻の名を挙げている。「観経疏」一巻は『観経疏』玄義分であろう。「六時礼文」は『往生礼讃偈』である。「二十四讃」という書は現存しないが、『往生礼讃偈』の「初夜礼讃」は二十四の礼讃偈の構成であるので、これが別行していたのかもしれない。王古『新修往生伝』巻末に「善導和尚二十四讃并に一行礼文等」と『二十四讃』の名は見える。また遵式は善導が「五時の教を立て」というが、五会念仏の教を立てたのは善導ではなく唐の法照である。『釈浄土群疑論』を「決疑論」と書く誤りもあるが、遵式が善導の『観経疏』玄義分、『往生礼讃偈』について知っており、閲覧していたとも考えられる。

遵式が『往生礼讃偈』を閲覧していたとすると、遵式の二十五菩薩擁護説は『往生礼讃』に依拠したのではないかと考えられる。遵式の『行願二門』にみる二十五菩薩擁護説の文は、懐感『釈浄土群疑論』よりも善導『往生礼讃偈』に類似する。『往生礼讃偈』で二十五菩薩擁護説を知ってその思想を説く『十往生経』の原文を読んだかもしれない。

遵式はその著「念仏方法」（『楽邦文類』巻四、『正蔵』四七・二一〇下）に、「懐感法師の如きは、一向に阿弥陀仏名号を称し、而して三昧を得て、現前に仏を見る。故に今普く称仏の法を示す」(146)というように、懐感説を典拠に口称念仏を勧める。またその連文に「感法師決疑論中に」と述べて『浄土群疑論』の「大念は大声に仏を称し、小念は小声に仏を称す」という所説を挙げて、大声に声声連続して念仏すべきことを説いている。このように懐感の思想の影響は明瞭である。しかし二十五菩薩擁護説では、『釈浄土群疑論』の文は短文であり、『往生礼讃偈』の文の方が遵式の文に類似するので、『往生礼讃偈』を参考にしたのではないかと推測される。

また、福原隆善「宋代における懺法―五偈を中心に」（『天台学報』二三、昭和五五年）において、遵式の懺悔は、「地獄へ墜ちた我を哀れんで、我の懺悔を受けて重罪を除滅することを阿弥陀仏に請うている。この懺悔の内容は、善導の『往生礼讃』所説の三心釈の二種深心に非常に似通う所がある」と論じ、『往生浄土懺願儀』には「智顗の影響とともに形式的にも内容的にも善導の『往生礼讃』の影響を受けていることが知られる」と論述する。遵式が重視する懺悔説にも『往生礼讃』の影響があることがすでに指摘されているのである。(147)

(4) 遵式の善導観—善導弥陀化身説・食肉業者教化譚—

次に遵式が善導を浄土教者としてどのように評価していたかについて述べる。

遵式はその著『往生西方略伝』の中で、

阿弥陀仏の化身長安に至る。滻水の声を聞いて即ち曰く、「念仏を教うべし」と。三年の後に長安城中に念仏満つ。後に法照大師有り。即ち善導の後身なり。（『龍舒増広浄土文』巻五、『大正蔵』四七・二六七上）

とあり、善導が弥陀の化身となって長安に現われて念仏を広め三年で市中に念仏の声が満ちた、というのである。これが善導を弥陀の化身とする説の最も早い事例であろう。この遵式の説の影響で弥陀の化身とする善導観が一般的になった。南宋末の志磐の著『統紀』浄土立教志・蓮社七祖の「二祖光明法師（善導）」の下に、「善導はこれ弥陀の化身と云う」と注記して善導を崇めている。そして善導弥陀化身説は日本でも流布する。この善導弥陀化身説は遵式に始まったのである。

また『往生西方略伝』に、善導が食肉業者を教化した次の話を伝えている。

西方略伝に云う。長安の屠児姓は京氏、名は宝蔵、善導和尚の人を勧めて念仏せしめるに囙（因の俗字）りて長安に満ちて、肉を断ちて人買う者なし。遂に刀を持って寺に訪り、意に害を与えん欲す。和尚これを見て、指さして西方を現す。即便発心して、誓って身命を捨てて、浄土に生ぜんことを求む。高い樹上に上り阿弥陀仏を念ぜしめること十声して、樹より堕ち而して死す。

（『金沢文庫資料全書』仏典四・浄土篇「唐朝京師和尚類聚伝」二一三頁）

このように善導の教化で念仏が長安に広く流布し、それで肉を買う者がいなくなり、食肉業者は困った。肉食業者の京という者が怒って刀で善導を襲ったが、善導はその肉食業者を浄土信仰に導いた。その者は後に発心して浄土を求めて高い樹の上から念仏十声して飛び降りて死んだ、という。

この話は、『続高僧伝』遺身篇の会通伝の附伝に載せる善導伝の善導の熱烈な信者の自絶の話と、食肉業者教化の話が結びついた形である。

『続高僧伝』善導伝には、善導が「念仏すれば定んで浄土に生まれる」と自信をもって説く説法を聞いた一人の信者が、感極まって、念仏を称えながら寺の門前の柳の樹に上り、西に向かって合掌して、樹から身を投じて死んだと記されている。遵式の肉食業者投身自絶の話は『続高僧伝』の善導伝によりそれを改作したのである。

また、この善導が食肉業者を教化したこともあり、長安市民が肉を食べることを絶ち、肉が売れなくなったという話は、遵式以前の善導伝『唐高僧伝』『浄土瑞応伝』には見えない。遵式の創作であろう。この文中に、「阿弥陀仏を念ぜしめること十声」という。遵式は十声念仏を重視してたので、善導の十称念仏の教化に注目したのであろう。

また遵式は、慈悲と戒律を沙門の基本として殺生を厳しく戒めている。それを積極的に具現したのが放生会であり、遵式は杭州西湖でこれを実践した。慈悲の実践、戒律の厳守を旨とする遵式の立場から、殺生を戒め民衆を教化する善導像を描き、十声念仏により民衆を教化する姿を弥陀の化身と仰いだ。遵式が善導を崇敬していたことがわかるのである。

小　結

本節では、呉越宋初の浄土信仰を四つの項目を立てて考察した。

1、「遺身僧の浄土信仰」では、志通と紹巖の浄土信仰について述べた。

（1）　志通の浄土信仰。ここでは、まず、志通は、呉越国の文穆王の時に杭州に来て国王の信頼を受け、天台山の智顗の遺跡を訪問し、『浄土瑞応伝』の感化によって浄土信仰に帰入したことを指摘した。その後天台山で投身行を計ったが奇跡的に命は救われた。『法華経』等の影響で中国仏教では捨身行が流行しており、その風潮の中で志通の捨身行が行なわれたことを論じた。志通が杭州に何年滞在し、いかなる教化を行なったか、杭州で浄土信仰を説いたか、いずれも不明であるし、晩年には紹興の法華山に安住する法華経信仰に厚かったと考えられるが、杭州に関係ある呉越国時代の最初の浄土信仰者であるので志通に言及した。

（2）　紹巖の浄土信仰。ここでは、紹巖は、杭州に来て水心寺に居住し専ら法華経を読誦し、建隆二年に、わが身を焼いて仏に供養したいと大願を立てて実行しようとした遺身僧であり、この大誓願は『法華経』巻第六薬王菩薩本事品第二十三に説く捨身供養の教説に由来することを明瞭にした。また臨終には『法華経』二万部を読誦した功徳で浄土往生を確信して入寂したという。紹巖の浄土信仰は『法華経』の浄土信仰であることを確認した。

志通と紹巖という捨身行を誓願し、あるいは決行した熱烈な遺身僧によって五代時代の呉越国に浄土信仰が再興を始めたことは中国浄土教史の上で注目される。こうした素朴な浄土教信仰を基盤にして天台系の沙門により教義的な浄土教が展開するのである。

2、「浄光義寂門下の浄土教信仰者」では、行靖と澄彧について考察した。

（1）　石壁行靖と浄土教。行靖の伝記類や往生伝類には行靖と浄土教との関係については記されていないが、行靖が『観経疏記』を著作したことを『統紀』に伝えており、それで行靖が浄土教に関心深かったことを確認した。宋の契嵩が記した行靖の伝記『行業曲記』には、杭州石壁山に永年居住し仏法を宣説して人望をあつめた行靖の姿を記している。おそらく浄土教も宣説し、浄土教でも杭州の道俗に感化を与えたと推定される。

（2）澄彧の浄土教。ここでは、澄彧の伝記資料は少ないが、精査して次の点を明らかにした。澄彧は義通と並ぶ義寂の高弟である。義通が天台宗の正系を継いだが、澄彧は義寂が入寂すると義寂のための塔銘を書いており、それが現存する。澄彧は天台山で義寂に天台教を学んだ後に、杭州に来て呉山の広教寺に住して宣教した。賛寧と交友があり、澄彧の『註浄土十疑論』は賛寧から賛辞されており、澄彧は当時の杭州で名を知られた天台沙門であったと推定した。したがってその感化も大きかったと思う。その著作『註浄土十疑論』が現存するので、澄彧の浄土教思想の一部はわかる。

そこで『註浄土十疑論』について考説した。この書の構成は序文にあたる部分と本文の註記である。序文に澄彧の浄土教思想の特質について論述した。序文の部分では浄土論と生因論を述べる。天台流の四土説を取りながら慈恩宗の四土説と会通している。本文の註記には女人往生説と「念仏三昧」の註記の中に澄彧の特色が見えることを論述した。『註浄土十疑論』は、呉越時代における初めての天台『浄土十疑論』の注釈書である。宋代には天台『観経疏』と並んで天台『浄土十疑論』が浄土教著作の基本とされ、その影響が大きいので、澄彧が天台『浄土十疑論』を重視しそれを注釈した事実は注目される。

3、「法雲義通門下の慈雲遵式の浄土教」では

（1）遵式の浄土信仰実践の経過。ここでは、それを伝記の視点からまとめた。そして（2）遵式の浄土教思想では、遵式の浄土教関係の主著である『往生浄土懺願儀』『往生浄土決疑行願二門』を中心に遵式の浄土教思想の特色

について論述した。（3）遵式の二十五菩薩擁護説の背景では、遵式が念仏の現世利益として『十往生経』に説く二十五菩薩擁護説を採用し重視し念仏の現世利益として重視するが、それが善導の著述の影響が濃いことを推定した。遵式の善導思想受容の具体例である。（4）遵式の善導観―善導弥陀化身説・善導肉食業者教化譚では、遵式が善導の庶民教化の姿に感銘し、善導を弥陀の化身と崇め弥陀化身説を創作し、また肉食業者を教化した逸話を創作するなど、遵式の善導観を説述した。

皇族・貴顕から庶民にいたる広い崇敬を集めた遵式の影響力は絶大であったであろう。杭州の貴顕そして庶民の間に広く深く浄土教信仰が弘通したのは遵式の感化が大きかったと考えられる。

また義通門下で四明の地で活動した知礼の山家派からは山外派と称される杭州で活動した晤恩、そしてその門下の文備・源清、源清門下の智円らも浄土教を研鑽し、法眼禅の系譜に連なる延寿も禅と念仏の双修を説き、呉越宋初の杭州における浄土教はそれらの沙門の問題を合わせて考察しなければならないが、それは次の機会に発表する。

五　杭州の浄行社に入社した開封の官人たち

1　韓国に現存した浄行社の資料『結浄社集』について

杭州の沙門省常は、太宗の淳化二（九九一）年に、浄行社と名づける仏教実践の団体を昭慶寺において結成した[148]。この出家在家を交えた結社は、東晋時代に慧遠が廬山の東林寺で創めた白蓮社に倣ったものであるが、慧遠の白蓮社は『般舟三昧経』に基づく念仏三昧実践の結社であり、省常の結社は『華厳経』浄行品に基づく結社である。この浄行社は省常が入寂した真宗の天禧四（一〇二〇）年まで三十年間続いた。この首都開封から遠く離れた杭州で結成された浄行社に開封の官人たちが深い関心を寄せ帰依して入社したのである。宋代には仏教の結社が流行するが、この浄行社は杭州における最初の結社である。

この浄行社に関する記録四種が、高麗の義天が編集した『円宗文類』巻二二（『続蔵』二―八―五）に収載されている。また狐山智円の記した一篇『故銭唐白蓮社主碑文有序』（『閑居篇』第三三、『続蔵』二―六―一）、『楽邦文類』巻三（『続蔵』二―一二―五）がある。ところが、それ以外に新しい資料が現存したのである。

それは、表紙に『結浄社集』（内題は結蓮社集）と題する木版本である。この版本は、藤堂恭俊先生（仏教大学教授）が韓国に流伝していた一本を韓国の留学生から贈られたもので、筆者はそのコピーを頂戴したので披見することができた。この版本は、全体が九三頁（四七丁、四七丁左は白紙）、一頁八行、一行一六字もしくは一七字）である。刊記はなく、刊行の事情も伝来の系譜も不明である。しかしながら貴重な資料であるのでこれを使用した。従来の『円宗文類』や『閑居篇』に収録する資料では、浄行社に参加した官人たちの全容がわからなかったが、この資料によってそれが明確になり、本稿の研究が可能となった。

韓国現存の版本の表紙には「結浄社集」「連邦蔵」と墨書してある。この書名は所持していた連邦が書いた題名であろう。版本の内容は、巻頭に錢易の総序があり、その後に、「抗州西湖昭慶寺結蓮社集」と書名を記し、続いて収録する五種の著作題名を目次の形で掲げている。そしてその後に目次に掲げた諸著作の本文を掲載している。ただし最後の「紫微舎人孫公結碑陰」はこの版本では欠落している。目次の題名・著者の官職名と本文のそれとでは表記の仕方が少しく異なり、本文に付する題目の方が詳しい表記である。目次の題名の下の（　）内に本文の題名・著者官職名を記した。左にこの版本の構成を紹介しよう。

錢唐西湖結浄社集物序　太常博士通判信州騎都尉錢易

杭州西湖昭慶寺結連社集

翰林学士承旨蘇公施経序（施華厳経浄行品序／翰林学士承旨中書舎人蘇易簡　述）

翰林学士承旨宋公結社碑銘（大宋杭州西湖昭慶寺結社碑銘并序／翰林学士承旨通奉大夫尚書吏部侍郎知制誥修国史判昭文館兼開封府事上桂国広平郡開国公食邑一千三百戸賜金魚袋宋白　撰）

密学大諌丁公羣賢詩序（西湖結社詩序／枢密直学士権三司使右諌議大夫丁謂　撰）

相国向公諸賢入社詩（光禄大夫尚書兵部侍郎平章事上柱国向敏中）（韓国本のみに現存）

紫微舎人孫公結社碑陰（本文欠落）

右の六篇の著作の中、銭易の「惣序」から丁謂の「羣賢詩序」に至るまでの四篇は『円宗文類』巻二二（『続蔵』二―八―五）に収載されて現存し、写誤もしくは誤植と思える少しの相違を除いて『続蔵』本と韓国本の文は一致する。最後の『紫微舎人孫公結社碑陰』は題名のみで本文は欠落している。

『円宗文類』は、高麗の義天が宋から持ち帰った華厳関係の資料を編集し刊行した書であり、巻一四と巻二二のみが現存し、巻二二に華厳経結社に関する資料が収載されている。浄行社に関する上記の四種の著作が収載されているにもかかわらず、「相国向公諸賢入社詩」と「紫微舎人孫公結社碑陰」は収載されていない。義天は杭州を訪問し仏教を見聞しているが、なんらかの理由で持ち帰れなかったのであろう。『咸淳臨安志』巻七九寺観五に「昭慶寺」の項があり、そこに昭慶寺には、「古刹に白蓮堂詩・蓮社詩・文殊頌・入社詩」などが存したがみな焼失したという。焼失の年次は不明であるが昭慶寺の古い堂宇に存したこの「入社詩」が「相国向公諸賢入社詩」であると考えられる。その拓本が伝わっていて、韓国本はそれを用いたのであろう。それにしても、いつどこでこの書を編集したのかは不明である。

なお、『咸淳臨安志』巻七九寺観五の昭慶寺の項の中にある昭慶寺関係の資料として掲げる「記文」に、孫運使可

（両浙運転使孫可）が撰述した「蓮社記」なるものの長文を収載している。その記文の末部に、孫可は省常から浄行社の「碑陰」を要請されたことを記している。したがって「蓮社記」を石碑に刻したものが「碑陰」であり、これが「紫微舎人孫公結社碑陰」であるとみて間違いないと考えられる。

韓国本『結浄社集』に収載する五篇の中、銭易「結浄社集惣序」、蘇易簡「施経序」、宋白「結社碑銘」、丁謂「羣賢詩序」の四篇は『円宗文類』によって披見することができる。向敏中「諸賢入社詩」だけは韓国本でしか披見できない。それで筆者は、拙著『宋代仏教の研究』第二章「省常の浄行社について―北宋公卿の仏教への関心―」の付録「相国向公諸賢入社詩」（韓国版本『結浄社集』所収）に全文を掲載した。本稿では再掲しないので、それを御覧いただきたい。

次に、『結浄社集』に題名を掲示する六篇の著作の作者について論述しよう。著作の内容に関しては紙面の都合もあり詳述しない。

2　『結浄社集』に題名を掲げる六篇の作者について

(1)　「結浄社集惣序」の著者銭易について

「結浄社集惣序」を書いた銭易の伝は『宋史』巻三一七にある。それによると、呉越国の忠遜王弘倧の子で、字は希白という。忠懿王弘俶が宋に帰順すると、易も従った。若くして文才で知られていた。あるとき宋の太宗が唐の文人について話をしていたとき、当世には李白のような人がいないことを歎いていた。すると蘇易簡は、「今、進士の銭易という者の才能は李白に劣らない。」と言った。太宗は驚き喜んで、「吾れ、布衣（無位）の頃から翰林院に置こう」と言ったという。

真宗のときに、開封府の進士に挙げられ、通判蘄州となった。易が肉刑を廃止することを奏上するとそれが認められた。

景徳中（一〇〇四―一〇〇七年）、賢良方正科に挙げられ、祕書丞に除せられ、通判信州、太常博士、直集賢院となり、その後、知制誥、さらに翰林学士に昇進した。易が急逝すると、仁宗はそれを憐れんで、妻の盛氏を宮中に召して冠帔を賜った。易は呉越王弘倧の子であるが、呉越国が宋に帰順したので、宋の太宗・真宗そして仁宗に任え信頼された。

錢易の伝記には、「易、才学瞻敏にして人に過ぐ。筆を授《も》てば立《たちどころ》に就ぐ。又、尋尺の大書行草を善くす。及び仏書を観るを喜ぶ。かつて道蔵経を校し、殺生戒を著わす」と伝えるように、易は、才気と学問は人より勝れ、文が上手で早く、書をよくし、仏教に親しみ道教にも通じていたことを特筆している。

著書には、西垣制集一百五十巻・青雲総録・青雲新録・南部新書・洞微志一百三十巻があったという。

錢易がこの「惣序」を書くに至った理由は、浄行社に関する著作を書いた蘇易簡等から依頼されて書いたのではないかと憶測できるが、「惣序」の記述の中にそれを確認できない。錢易は、呉越国王の血をひき杭州で生まれ育ち杭州に縁が深く、また文才と学識で名声高く、仏教にも通じていたので、蘇易簡等が自己の著作の前に冠する「惣序」を錢易に依頼したのであろう。

（2）「施経序」の著者蘇易簡について

「施経序」を書いた蘇易簡の伝記は『東都事略』巻三五、『宋史』巻二六六にある、それによって経歴の要点を紹介しよう。

蘇易簡は、父は協、字は太簡、梓州（四川省三台県）銅山の人で、幼少の頃から学問を好み、なりふりは奇秀で、才思敏贍であった。太平興国五（九八〇）年、二十歳をこえた頃、進士に挙げられた。荒木敏一『宋代科挙制度の研究』附篇「宋代科挙登弟者数及び状元名表」によると、この時、易簡は状元（首席）で及第している。そして将作鑑丞、通判昇州となる。同八年に、右拾遺、知制誥となる。雍熙二（九八五）年知貢挙となり、同三年に翰林学士に除せられ、淳化二（九九一）年に翰林学士院の長である翰林学士承旨に栄進した。易簡は翰林院に八年間も在席しその振興に尽し、太宗に信頼された。その後、参知政事に進み、至道二（九九六）年に三十九歳で卒した。礼部尚書を贈られた。易簡は生来、酒好きであった。太宗は易簡の死に当って、「易簡は酒に敗れ、惜しいことをした」と嘆いたと伝える。

蘇易簡と仏教にまつわる話を『仏祖統紀』（以下『統紀』と略称）巻四三に伝えている。太宗の端拱二（九八九）年に開宝寺の宝塔が完成した。その荘厳な様子を讃え、直学士の朱昂に命じて塔銘を書かせた。その文中に、

　二年開宝寺宝塔を建てて成る。（中略）。直学士朱昂に詔して塔銘を撰せしむ。謂いて曰く、儒人の多くは仏を薄《いや》しむ。向に中竺僧の法過本国の為に仏金剛座に碑を立つるを乞う。即菩提樹下金剛土台也学士蘇易簡、之が為に仏を指して夷人と為す。朕その不遜を悪む。逐に別に命じて之を製す。卿宜しくこの意を体せ。（『正蔵』四九・四〇〇中）

とある。当時は儒教を基調とする官人の多くは仏を「夷人」と薄《いや》しんでいた。以前、中天竺の僧の法過が本国の菩提樹下の金剛座に碑を立てることを乞うた。すると、蘇易簡は、それに反対する気持からであろう、仏を「夷人」と為した。朕は、その不遵を悪んだ、という。このように、蘇易簡は、仏を「夷人」と薄しんでいたので太宗から批難されている。

しかし蘇易簡は、『統紀』巻四三法運通塞志によると、その翌年の淳化元年には、太宗の命によって『三教聖教録』

の撰述に取り組み、通慧大師賛寧と太一宮道士韓徳純に依頼してその仕事を分担させた（『正蔵』四九・四〇〇中）。『三教聖教録』は現存しないが、書名からして儒・仏・道三教の聖人の伝記を収録した書であろう。

そしてその翌年淳化二年に結成された省常の浄行社に入社の意を表わす詩を贈って入社し、さらに浄行社のために『施経序』を書いている。しかも易簡の入社詩には、

浄行弟子給事中参知政事蘇易簡

と記すように、自分を「浄行弟子」と称するほど仏僧の省常を崇信し仏教に帰依するようになっている。仏を夷人と薄しんで皇帝から批難され、自分の立場が悪くなることを恐れ、それを機に反省して仏教を大切にするようになったと推測される。皇帝の意向をすばやく察知して行動する秀才科挙官僚の内心を窺う一駒である。

著書に「文房四譜」「続翰林志」「文集」二〇巻があった。『宋史』巻二六六の伝には「釈典に通ず」とあるが具体的な仏書名は記していない。

蘇易簡の『施経序』は、末尾に

淳化二禩季秋二十有四日序

と年次を記している。淳化二年は『統紀』に記す浄行社創設の年次であり[149]、「施経序」はこの時書かれたものであり、『結浄社集』に収録する六篇の中で一番早い成立である。

（3）「結社碑銘」の著者宋白について

「結社碑銘」を書いた宋白の伝記は、『東都事略』巻三八、『宋史』巻四三九にある。宋白は字は太素、大名（河北省大名県）の人。少年の頃から属文（文を作ること）が上手であった。建隆二（九六一）年進士甲科に抜擢され、乾

徳の初年（九六三）に著作左郎を授かり、その後、玉津・蒲城、衛南の三県の令を経て、太宗が即位すると左拾遺に任命され、また知兗州となり、その後、中書舎人、さらに翰林学士となった。端拱の初め（九八八年）に礼部侍郎そして知貢挙となる。そして至道の初め（九九五年）翰林学士承旨に進み、同二年戸部侍郎となり秘書監を兼任した。真宗が即位すると吏部侍郎に遷り、判昭文館学士となる。晩年には、兵部尚書、吏部尚書に進んだ。大中祥符五（一〇一二）年正月、七十七歳で卒した。『太宗実録』、『文苑英華』一〇巻の編纂に尽力した。

宋白の「結浄社碑銘」の中には、省常が浄行社を結成した時の発願文ともいえる省常の言葉を伝え、宋白の浄行社に対する見解が見え、官人たちが浄行社の運動に賛同し入社した理由が窺える。貴重な資料である。それについては、5官人が浄行社に入社した理由の項で論述する。

(4)「羣賢詩序」の著者丁謂について

丁謂の伝記は、[150]『東都事略』巻四九、『宋史』巻二八三にある。

丁謂は、淳化三年に進士甲科に及第し、大理評事、通判饒州に任ぜられる。翌年、直史館、太子中允となり、福建路を採訪し、茶塩の利害を奏上した。採訪は、善悪を調査して朝廷に報告することで、そのために派遣された役人を採訪使という。丁謂は福建採訪使として派遣され、功績をあげ、福建転運使に任命された。その後、三司戸部郎判官、峡路転運使、三司塩鉄副使、知制誥の諸官を歴任し、大中祥符年間（一〇〇八―一〇一六年）に参知政事に就任する。そして真宗の天禧年間（一〇一七―一〇二一年）に同中書門下平章事に栄進した。しかし仁宗の代になると失脚し左遷された。左遷の地で、「もっぱら浮屠の因果の説をこととする」と伝えるように晩年は仏教に帰依した。

真宗は、仏教以上に道教に傾心した。玉清昭応宮を始めとする官観を盛んに造営した。また、真宗朝には、天書降下、天神降臨などの祥異の現象を予言する讖記が頻繁に奏上された[151]。その背後には丁謂と王欽若が主に関係したといわれ世の批難を買った。

丁謂は、家に女道士劉徳妙が出入りし巫術を行ない、家に老子の神像を設けて醮を行なっていたというので、道教を自ら信仰していたようである。道教重視の皇帝に迎合する面もあったのであろう。

丁謂は、真宗の御製仏書の注釈の総責任者の役を務めている。

仁宗の景祐四（一〇三七）年に成立した『景祐新脩法宝録』一三に真宗の御製仏書を六種掲げて詳細な解説をしている。六書の二番目に『注釈釈典文集』一部三〇巻総録一巻」を掲げている。その解説によると真宗の仏典に関する著作を集録しそれに注釈を加えた書であり、天禧四（一〇二〇）年二月に、沙門秘演等が上表して、僧に命じて御製の「釈典文章」を注釈して大蔵経に附すことを請うた。それで詔して京城の義学沙門三十人を選んで注釈させた。その注釈を守明・澄達、訳経三蔵の惟浄が参定し、さらに翰林学士の楊億・劉筠・晏殊、枢密直学士の王曙が再度参詳し、そして最終的に宰臣丁謂が全体を統括して参定した、と記している[152]。教義と文章に評価の高い京城の沙門三十人を選任して注釈させ、それを官人が参詳するという大事業であったので、宰相であった丁謂が全体を最終的にまとめたのであろう。

また、丁謂は、宰相の位にあった天禧四年十二月に訳経潤文に、同五年に訳経使に就任している[153]。そして簡長・行肇・義賢・重杲・令操が綴文・証義を務めた『仏説八種功徳経』の訳経の訳経使を務めた[154]。

『続資治通鑑長編』巻九七真宗天禧五年十一月丁丑の条によると、丁謂は、訳経三蔵法護らの上奏によって唐の旧制にならい宰臣に命じて訳経使に任命されている。このときから訳経使という官職が置かれ宰相が任命されるようになったわけである。御製仏書の注釈の参定、訳経の潤文、訳経使は役職上の就任であろうが、それにしても丁謂が仏教に通じていたことは想像できる。

「羣賢詩序」はその末文によると、景徳三（一〇〇六）年三月十日、に序している。すなわち浄行社創設の十五年後、丁謂四十一歳のときに書かれた。省常在世中の成立である。序文の末部には、「既に詩を作って以てこれを貽る。また予に命じて序を為さしむ」とあるので、丁謂は入社詩を贈った後に、省常の依頼を受けてこの「羣賢詩序」を書いたのである。

既述した丁謂の伝記を見ると、丁謂は淳化四年に直史館、太子中允の時に福建路を採訪している。淳化四年というと省常が杭州西湖の昭慶寺で浄行社を創設した二年後である。丁謂は福建路に採訪使として訪れたときに途中で杭州を通過し昭慶寺を訪れ省常に面会したかもしれず、その縁で「序」を依頼された可能性も否定できない。また「序」の中にも丁謂が省常から直接聞いたと推測できる記述が見えるのである。

丁謂は「序」文の中で、銭塘西湖の昭慶寺は「万類の浄界であり、達人の道場である」と讃え、ここで省常が「志を励んで仏を学び、而して余に好事を力む」と、専心に仏を学び、他には好事を行なっていると記し、その続文に次のように記す。


嘗謂廬山東林、由㆓遠公蓮社㆒而著㆑稱、我今居㆓是山㆒、学㆓是道㆒、不㆔力慕㆓於前賢㆒、是無㆑勇也。繇㆑是貽㆓詩京師㆒、以招㆓卿大夫㆒、自㆑是貴有㆑位者、聞㆓師之請㆒、願入者十八九。


右文の「嘗って謂う」から「是れ勇無き也」までは省常がかつて語っていた言葉であろう。この省常の言葉は丁謂が人から伝え聞いたのではなく、省常から直接聞いた言葉と推測されるのである。

文の中で省常は、慧遠が廬山の東林寺で行なった白蓮社の道を慕ってそれを杭州昭慶寺で行なうことを決意したことを述べている。そしてそう決意すると、詩を京師に貽《おく》り公卿たちを社に招いた。師の招請に応じて貴き位にある者の十中八九が入社したという。この記録によって、省常は杭州で浄行社を結成すると自ら開封の官人たちにこの社への入社を招請したことがわかる。省常の招請で多数の官人が入社した理由については後述する。

(5)「諸賢入社詩」の著者向敏中について

「諸賢入社詩」を書いた向敏中の伝記は、『東都事略』巻四一、『宋史』巻二八二にある。

向敏中は、字は常之、開封の人、太平興国五年に進士に及第し、将作監丞となり、通判吉州を経て著作佐郎に就いていたときに、太宗にその才を認められ戸部推官に任命され、ついで淮南転運副使となり、その後、枢密直学士となって真宗に信頼され右諫議大夫、同知枢密院事を拝命した。郎中から同知枢密院事に進むのにわずか百日であったという。咸平元(九九八)年に兵部侍郎そして参知政事に進み、同四年に同中書門下平章事に栄進した。その後、事件にまきこまれ同中書門下平章事を罷めて戸部侍郎となり、さらに知永興軍となったが、景徳の初めに兵部侍郎に復した。そして大中祥符五(一〇一二)年に再び同中書門下平章事に就いた。仁宗の天聖四(一〇二六)年三月、七十二歳で卒した。仁宗は彼の死をいたんで三日間廃朝し、大尉・中書令を贈り、文簡と諡号した。

『結浄社集』に収録する向敏中の「諸賢入社詩」は序文はなく、向敏中の五言の入社詩が初頭にあり、以下後述するような九十名の入社詩を収載している。この「諸賢入社詩」は韓国本『結浄社集』のみに収載され現存する貴重な資料である。

「諸賢入社詩」には、「光禄大夫行尚書兵部侍郎平章事上柱国」と官職位を記してあり、向敏中が同中書門下平章事に就いたのは、咸平四(一〇〇一)年であるから、「入社詩」を書いて浄行社に入社したのは咸平四年以後と考えられる。

（6）「紫微舎人孫公結社碑陰」の著者孫可について

「紫微舎人孫公結社碑陰」を書いた孫可の伝記は、『東都事略』巻四七、『宋史』巻三〇六にある。

孫可は、字は漢公、蔡州汝陽（河南汝南県）の人。少年の頃から文才があり学問に熱心で古典を嗜んでいた。淳化三（九九二）年に、開封府、礼部の試験をともに首席で、さらに殿試も首席で及第した。仕官して将作監丞となり、通判陝州を務め、その後、直史館、秘書丞、京西転運副使等を経て、左正言、右司諫に任ぜられた。真宗朝になって、権戸部判官となるが、京東転運使に派遣される。その後、両浙転運使に遷り、起居舎人を加えられた。景徳の初め還りて判太常礼院となり知制誥となったが、病が重く年四十四歳で卒した。著書に「駁史通」一〇余篇、「集」四〇巻がある。

孫可の「紫微舎人孫公結社碑陰」は題名のみを『結浄社集』に掲げるが本文は欠いており、『円宗文類』巻二二にも収載しない。しかし『咸淳臨安志』巻七九寺観五寺院の「自湧金門外至錢唐門」の大昭慶寺の項に「記文」孫運使可撰「蓮社記」として全文と思えるものを引文している、それによったのであろう。『昭慶寺志』巻五にも「孫可記曰」として引文している。これが孫可「碑陰」であろう。

『咸淳臨安志』巻七九の大昭慶寺の項に引文する孫可の「蓮社記」の中に、

咸平四年、常公遠自㆓淛水㆒来乎。姑蘇旅寓半年、以㆓碑陰㆒為ㇾ請。

とある。咸平四（一〇〇一）年に、省常が遠く淛水（淛は浙の別字）から来て、姑蘇（江蘇呉県）の旅寓に半年間滞在して、私に「碑陰」を請うた、という。省常は浙江の地から孫可がいた姑蘇まで遠く旅して浄行社の「碑陰」を孫可に要請した。この要請に応じて孫可が「碑陰」を書いたのである。咸平四年は浄行社創設の十年後に当たる。孫可は両浙転運使として浙江地方に赴任していたので杭州昭慶寺を訪問し省常と面識があったと考えられる。それで文才と学識で知られる秀才官人の孫可に昭慶寺に建立する浄行社の碑文を請うたのであろう。『咸淳臨安志』の大昭慶寺の項には、

有二古刹白蓮堂詩、蓮社詩、文殊頌、入社詩、真悟律師行業記、菩提寺記一、皆燬二於火一。

というように、古刹の昭慶寺には、「白蓮堂詩」等六種の著作が存したがすべて焼失したと伝える。六種の著作の中に引文する「蓮社記」の名は見えない。『咸淳臨安志』が編集された当時はすでに亡失していたのかもしれない。

3　向敏中「諸賢入社詩」に見る官人の浄行社入社

省常が杭州で浄行社を結成すると多くの官人たちが入社の意を示す詩を贈って浄行社に入社したことは、丁謂の「羣賢詩序」や銭易の「結浄社集惣序」の中に記されている。また孫可の「蓮社記（碑陰）」には後述するように十七名の高官の姓名を職位を冠して記されている。それによると入社した十七名の高官が明白である。この十七名に社主の省常を加えると十八人となり、廬山において慧遠が結んだ白蓮社に参加した十八賢人に倣った数合わせである。孫可の記録によって十七名の高官が省常の浄行社に入社した事実が判明した。そしてさらに韓国本『結浄社集』だけに現存する向敏中「諸賢入社詩」によって九十名という多数の官人が詩を贈ってこの社に入社した事実が確認できた。

その九十名の職位と氏名を次に掲げる。本文の詩文は紙面の都合で省略する。

1　光禄大夫行尚書兵部侍郎平章事上柱国　向敏中
2　工部尚書参知政事　李至
3　光線大夫行尚書兵部侍郎参知政事上柱国　王化基
4　兵部侍郎参知政事　王旦

5 浄行弟子給事中参知政事　蘇易簡
6 翰林学士承旨礼部尚書知制誥修国史　宋白
7 給事中同知枢密院事　陳堯叟
8 右諌議大夫同知枢密院事　錢若水
9 翰林学士中書舎人修国史　宋湜
10 翰林学士右諌議大夫知制誥　梁顥
11 翰林学士庫部郎中知制誥賜紫金魚袋　朱昂
12 度支使右諌議大夫　梁鼎
13 翰林侍読学士右諌議大夫　潘慎修
14 翰林侍読学士工部郎中賜紫金魚袋　呂文仲
15 枢密直学士権三司使祠部郎中賜紫金魚袋　劉師道
16 浄行弟子給事中知杭州軍府事　張去華
17 朝奉大夫給事中上柱国賜紫金魚袋　呂祐之
18 朝散大夫右諌議大夫知杭州軍府事賜紫金魚袋　暉映
19 左諌議大夫賜紫金魚袋　陳省華
20 右諌議大夫賜紫金魚袋　馮起
21 右諌議大夫充史館修撰判館事　田錫
22 右諌議大夫賜紫金魚袋　牛冕

23 起居舎人知制誥賜紫金魚袋　李宗諤
24 左司諌知制誥賜紫金魚袋　楊億
25 刑部員外郎知制誥賜紫金魚袋　丁謂
26 水部員外郎知制誥同判吏部流内銓　和濛
27 金州観察使特進検校太傅判和州　銭儼
28 三司戸部副使水部員外郎賜紫金魚袋　崔端
29 光禄少卿直秘閣上柱国　黄夷簡
30 両浙転運使起居舎人直史館　姚鉉
31 両浙転運使起居舎人直史館　孫何
32 刑部郎中知楊州賜紫金魚袋　王禹偁
33 金部郎中直昭文館賜紫金魚袋　安徳裕
34 度支郎中知蘇州賜紫金魚袋　裴荘
35 主客郎中知湖州賜紫金魚袋　謝泌
36 工部郎中直史館賜緋魚袋　宋鎬
37 弟子屯田郎中賜紫金魚袋　楊延慶
38 屯田郎中通判杭州賜緋魚袋　李韶
39 尚書水部郎中　公孫旦
40 門弟子水部郎中知湖州賜緋魚袋　杜惟一

41 門弟子司門郎中致仕賜紫金魚袋　胡承袞
42 京西転運使工部郎中賜紫金魚袋　康戩
43 左司諌賜紫金魚袋　張賀
44 右司諌通判余杭軍事　銭熙
45 戸部員外郎直史館賜紫金魚袋　曾致尭
46 刑部員外郎直史館賜緋魚袋　張復
47 江南転運使刑部員外郎直史館賜紫金魚袋　陳靖
48 門弟子刑部員外郎知衢州賜緋魚袋　席義叟
49 浄行弟子祠部員外郎通判杭州賜緋魚袋　張覃
50 祠部員外郎通判杭州賜緋魚袋　張粛
51 都官員外郎秘閣校理掌起居舎人事　呉淑
52 弟子都官員外郎賜緋魚袋　張振
53 工部員外郎直史館賜緋魚袋　朱台符
54 比部員外部郎衢州賜緋魚袋　阮思道
55 主客員外郎直集賢院賜緋魚袋　李建中
56 屯田員外郎判三句院事　杜夢徴
57 度支判官左正言直史館　趙況
58 屯田員外郎賜緋魚袋　李虚己
59 比部員外郎賜緋魚袋　竇元賓
60 虞部員外郎賜緋魚袋　馮亮
61 門弟子虞部員外郎賜緋魚袋　趙幹
62 水部員外郎賜緋魚袋　劉象
63 太常博士諸路都大提點賜緋魚袋　栄宗範
64 監察御史知撫州賜緋魚袋　崔憲
65 太常博士通判杭州事　張岐
66 太常丞直集賢院賜緋魚袋　梅詢
67 太常博士通判湖州　何敏中
68 太常博士賜緋魚袋　李易直
69 監察御史賜緋魚袋　艾仲孺
70 弟子秘書丞　梁昭璉
71 太常丞　徐？
72 殿中丞賜緋魚袋　趙稹
73 殿中丞知南康軍事賜緋魚袋　方演
74 殿中丞賜緋魚袋　張瓘
75 弟子殿中丞知詔州　龔綬
76 光禄寺丞直史館知睦州　張庶凝

77　掌秘閣三館書籍兼兵吏部僉署起居院事　裴愈
78　著作佐郎判洪州　崔拱
79　濟陽　丁遜
80　著作作郎　李見素
81　舊交守棘丞　楽良
82　著作郎　潘金庭
83　前進士　鄭載
84　前進士　葛昭華
85　杭州節度推官　陸曠
86　蘇臺従事　程瓘
87　前進士　段惟慶
88　前進士　李堪
89　新城県令　孫珏
90　龍游県令　呂士安

右の官人たちの詩文は拙著『宋代仏教史の研究―元照の浄土教』第二章「省常の浄行社について」に掲載した。それを御覧頂きたい。ここでは掲載の形式を理解するために最初の一例と最後の一例のみを掲げよう。

　光禄大夫行尚書兵部侍郎平章事上柱国向敏中　上

盧阜当年事、唯／師躡後塵、遠將雲水約、来誘窟名身、有著終非悟、忘心即是真、不知今社裏、一句許何人。

　　龍游県令呂士安

珍重盧山社已成、社中招得尽公卿、伊予不比陶潜酔、願向青衿預一名、

右の最後の龍游県令呂士安の入社詩は末尾を欠いているようだが、これで終わっている。同中書門下平章事向敏中から龍游県令呂士安に至る九十名の官人の入社詩を列挙している。「諸賢入社詩」の原本ではさらに続いて入社詩を

挙げていたが、韓国本では欠いていると思う。九十名という多数の具体氏名と職位が判明した。氏名に冠する職位には同中書門下平章事から前進士（地方試験及為の進士）、県令に至るまで、種々の職位の官人がおり、職位の順に入社詩を掲げている。

右に掲げた浄行社に入社詩を贈った官人たちを見ると高位に栄進した顕官が多いのに驚く。向敏中（1）、王旦（4）、陳堯叟（7）、丁謂（25）の四人は宰相に当たる同中書門下平章事まで登った。李至（2）、王化基（3）蘇易簡（5）の三人は宰相を補佐する執政である参知政事に進んだ。（　）内の数字は右の人名表に附した数字である。また大臣に当たる尚書に進んだ者も五人いる。すなわち、宋白（6）は礼部・吏部の尚書を務め、参知政事に進んだ王化基は、工部・礼部の尚書も務めた。錢若水（8）は工部尚書を、宋湜（9）は工部尚書を、馮馬起（馮元の誤りであろう）は戸部尚書を[155]、それぞれ死後に贈られている。そして、錢若水[156]、張去華[157]（16）、朱昂（11）、楊億[158]（24）は工部侍郎に、呂文仲[159]（14）、呂祐之（17）は刑部侍郎に、馮元は戸部侍郎を務めた。

右に名を掲げた官人について、同中書門下平章事となった向敏中、王旦、陳堯叟、丁謂の四人の中の向敏中と丁謂は、先に述べたので陳堯叟と王旦について伝記の肝要を紹介する。

陳堯叟の伝記は、『東都事略』巻四四、『宋史』二八四に伝がある。堯叟は、閬州閬中の人で、父の名は省華で左諫議大夫まで進んだ官人である。堯叟は、端拱二年に科挙を首席で及第し[160]、光録寺丞・直史館に任官し、秘書丞に遷り、しばらくして工部員外郎、廣南西路転運使となった。咸平五年給事中となり、景徳中に刑部・兵部二部の侍郎に進み、王欽若とともに知枢密院事となった。大中祥符の初め、工部尚書に進み、同五年に同中書門下平章事に栄進し、樞密使を兼任した。そして天禧の初め、年五十七歳で卒した。

弟の堯佐は、仁宗の景祐四年に同中書門下平章事にまで栄進した高官であり、その下の弟の堯咨も「進士第一に挙げらる」（『事略』堯咨伝）というように、科挙を首席で及第し[161]、工部侍郎、権知開封府、翰林学士、龍図閣学士、知澶州、知天雄軍を歴任し、没後に太尉を贈られている。

このように、堯叟・堯佐・堯咨三兄弟は、そろって真宗・仁宗朝の顕官として活躍した。

堯叟の「入社詩」（『諸賢入社詩』所収）に、「給事中同知枢密院事陳堯叟」と官職を記してあるので、堯叟が浄行社に入社詩を贈ったのは、知枢密院事の時である。景徳中（一〇〇四―一〇〇七年）に、知枢密院事に就任し、大中祥符初年には工部尚書に進んでいるので、入社したのは景徳中である。堯叟と仏教との関わりを知る資料は、浄行社入社詩の外には見出せない。その入社詩を次に掲げる。

　給事中同知枢密院事陳堯叟

釈妙与儒玄、何嘗有後先、識高方体奥、見極始通禅、世事斉方了、人生達即全、終当蓮社側、対語共忘筌。

常公上人、結香社於西湖、因寄拙詩一章、為他年入社之約。

次に、王旦の伝記の肝要を述べる。

王旦の伝記は、『東都事略』巻四〇、『宋史』第二八二にある。王旦は向敏中と同じ太平興国五年の進士で、地方官を歴任して、太宗の淳化の初め都に帰って直史館、右正言、そして知制誥となった。真宗の咸平四（一〇〇一）年に工部侍郎となりついで参知政事となり、そして景徳三（一〇〇六）年に同中書門下平章事に栄進した。天禧中（一〇一七―一〇二一年）、病のため辞任するまで真宗を補佐し一代の名宰相として誉高い。『文苑英華』の編集に加わり、『両朝国史』の監修に当たった。『文集』二〇巻がある。没後に真宗廟に配享され、仁宗の記した碑が立てられた。彼の推した十余人の中で宰相にならなかった者はただ二人だけというほど、王旦は当時の政界に大きな影響をもった存在であった。

志磐は『統紀』巻四三太宗淳化二年の条に、省常の浄行社に言及し、「宰相王旦これが主となり[162]」と記すように、王旦を浄行社に参加した者の中心であると見做している。

王旦は、次の入社詩を贈って浄行社に入社している。「入社詩」の官職位からして、王旦が浄行社に入社したのは、参知政事に就任した咸平四年から、同中書門下平章事になった景徳三年までの間であろう。

兵部侍郎参知政事王旦　上

萬事茫茫豈易知、不尋禅観欲何之、白蓮社裏終帰老、紅薬階旁預寄詩、問法支公猶早悟、棲心梵宇有前期、未休尚謝文明世、従此江山役夢思・在鳳閣日寄到

王旦は右の入社詩を寄せているが、向敏中や丁謂のように浄行社に関する序文類を書いてはいない。志磐は王旦が当時を代表する官人であり、しかも仏教に信仰が厚かったので彼を中心にすると言ったのであろう。

王旦の仏教信仰については『統紀』巻四四真宗の天禧元年の条に、『湘山野録』を典拠に記している。それによると、王旦は、翰林学士の楊億に遺言として、「自分はわずらわしい人生を厭い来世では僧となって林間に座して心を観ずることを楽しみとしたい。私が死んだ時には、大徳を請うて施戒し、髭髪を剃って、三衣を着せて、火葬にしてくれ、柩の中には金宝を置かないでくれ」と頼んだ。それを聞いた楊億は諸卿と相談して、「王旦は三公という高位の人であるから剃髪して僧体にするわけにはいかないが、三衣を柩中に置いて宝玉を入れないようにしよう[163]」と図ったという。王旦は来世では出家して僧となることを願って入寂した。王旦は深く仏教に帰依していたのである。

次に、参知政事に進んだ李至・王化基・蘇易簡の中、蘇易簡については先に述べたので、李至と王化基の略伝を紹介しよう。

李至の伝記は、『東都事略』巻三六、『宋史』巻二六六にある。

李至は、真定の人、進士に及第し將作監丞、そして通判鄂州となり、著作作郎、直史館に抜擢され、その後、右補闕、知制誥となる。太平興国八年に翰林学士となり、その年の冬に右諫議大夫、そして参知政事に進む。太宗に信任されるが、真宗にも信頼され、工部尚書、参知政事を拝命する。咸平四（一〇〇一）年五十五歳で卒した。李至は次のような五言の詩とそれに散文を加えて省常に贈っている。

工部尚書参知政事李至　上

聞師結香社、遠在浙江湄、何日相尋去、労生未可期、論詩誰対榻、補納自紉糸、願比宗雷輩、禅余寄所疑。

浄行師常公、多慕廬山、道友結蓮社、為山塵之会、自遠永劉雷之下、凡十八人、其不得預斯会者、以謝霊運心乱、陶淵明嗜酒故也。予所幸者、心無慮焉。酒無惑焉。而又幸者、翰林主人首於前、文館学士継於後、洎諸釈友、同入道場、雖在俗在僧、立名乃異、而事君事仏為善、則同載延清浄之賓、式契降平之運、輒書長偈、用志勝因。

次に李至と並んで参知政事に進んだ王化基の略伝を紹介する。

王化基の伝記は、『東都事略』巻三七、『宋史』二六六にある。王化基は、真定の人、太平興国二年に進士に挙げられ、大理評事、通判常州、知嵐州を歴任し、都に帰って著作郎、右拾遺を務め、太宗に認められて知制誥に任ぜられ、右諫議大夫、権御史中丞になった。そして淳化中に工部侍郎に至り、至道三年に参知政事を拝命した。真宗咸平四年に工部尚書となり、礼部尚書となった。大中祥符三（一〇一〇）年、三十七歳で卒した。右僕射を贈られた。『東都事略』巻三七王化基伝には、「澄清畧」を献上して、「時事に五有り」と言って当時の社会上の五つの問題点を指摘し献上した。太宋はそれに感悟して王化基を長者としたと伝える。

『東都事略』王化基伝では、「出でて杭州に知たり。礼部侍郎に遷り、至道三年召して参知政事を拝す」とあり、礼部侍郎になる前に知杭州に赴任している。『宋史』王化基伝では、杭州に就任したことは記していない。『咸淳臨安志』巻四六秩官四の郡守表では、王化基が淳化四（九九三）年に杭州郡守に就任し、至道元（九九五）年には魏羽に替っている。王化基は、淳化四年から至道元年、礼部侍郎に遷るまでの二年間にわたって知杭州として杭州に赴任していた。したがって王化基は昭慶寺を訪れ省常と面接していたと推察できる。

王化基は入社に際し次の詩を寄せている。

光禄大夫行尚書兵部侍郎参知政事上柱国王化基　上

珍重当年結社人、白蓮高会喜重聞、去為浄行心依仏、廻作忠規力報君、塵裏虚名師似夢、世間浮事我如雲、若教疇得生平志、来此同馴鳥雀羣。

宋朝には、州試（解試）、省試、殿試の科挙の制度が確立した。州試ついで省試に及第した者が朝廷で皇帝自らが受験者を選考する殿試が、太祖の開宝八年に創設された[164]。殿試に及第した進士出身の官人は、天子に選ばれた天子の門生として君主制の確立に大きな役割を担った。宋代の科挙が難関であることはよく知られている。浄行社に入社した官人たちの多くは科挙の及第者である。しかも科挙を首席で及第した者が六名もいる[165]。すなわち、

張去華（太祖・建隆二年の榜首（首席））

安徳裕（太祖・開宝二年の榜主）

蘇易簡（太宗・太平興国五年の状元（殿試の主席））

王禹偁（太平興国八年の省元（省試の首席））

陳堯叟（端拱二年の状元）

孫可（淳化二年の状元）

以上に述べたように、省常の浄行社には、宰相、副宰相、大臣、次官に相当する高官、また科挙の試験を首席で及第した秀才が入社した。それら公卿の中には、

浄行弟子給事中参知政事蘇易簡
浄行弟子給事中知杭州軍府事張去華
弟子毛田郎中賜紫金魚袋楊延慶
門弟子水部郎中知湖州賜緋魚袋杜惟一

などと、自らを浄行社の弟子と称して省常に帰依の念を表わしている者も多い。

省常が杭州で浄行社を創設すると宰相、副宰相、大臣、次官あるいは翰林学士承旨等の高官をはじめ九十名もの官人がこの運動に賛同し帰依して入社した。入社した高官たちは、都の開封で政務に従事し多忙であり、遠く江南の杭州まで行って浄行社の実践運動に参加したとは考え難い。どのような方法で浄行社に入社したのであろうか。それを知る情報が孫可の「蓮社記（碑陰）」に見える。

4　孫可の「蓮社記（碑陰）」に伝える官人の浄行社入社の形態

先に述べたように、孫可の「紫微舎人孫公結社碑陰」は、『円宗文類』『浄行社集』には収録しないが、『咸淳臨安志』巻七九寺観五の昭慶寺の項に、「蓮社記（碑陰）」という名称で長文を収載する。それが孫可の「紫微舎人孫公結社碑陰」であると思うが、その中には、枢機、大臣、台閣の公卿たちが浄行社の法を聞いて入社したこと記し、特に高官の十七名の名を挙げ勤務する官署任地を記している。これは注目すべき記録なので左に掲げよう。(166)

相国河内向公（向敏中）、弐卿長城銭公（銭若水）、在密地日。

参政太原王公（王旦）、夕拝東平呂公（呂祐之）、在綸閣日。
密諌穎川陳公（陳堯叟）、度支安定梁公（梁灝）、任省倅日。
尚書琅琊王公（王化基）、夕拝清河張公（張去華）、在余杭日。
侍読学士東平呂公（呂文仲）、任司諌日。
工部侍郎致仕沛国朱公（朱昂）、在翰林日。
大諌始平馮公（馮元）、任翊善日。
紫微郎趙郡李公（李宗諤）、安定梁公（梁鼎）、洪濃梁公（梁周翰）、在史館日。
故鄧師隴西李公（李至）、在秘閣日。
故副枢廣平宋公（宋湜）、在翰林日。
故閣老大原王公（王禹偁）在楊州日。

（　）内の氏名は筆者が補った。

十七名は社主の省常を加えると十八名になり、この数は、廬山慧遠の白蓮社に参加した十八賢人になぞらえたもので、浄行社に入社した代表的な公卿十七人を挙げたのである。十七人の入社時の任務の官署・任地を記している。向敏中と銭若水は、「密地に在るの日」という。密地は枢密院である。王旦と呂祐之は、「綸閣に在るの日」という。綸閣は詔勅を起案する役所である。陳堯叟と梁灝は、「省倅に在るの日」という。省倅の語義はよくわからないが、『大昭慶寺志』巻五浄社「三司河南東道判官穎川陳堯叟」の解説に「淳化中充三司河南東道判官記云任省倅日」とあり、「三司関西道判官安定梁灝」の解説に「淳化中官三司関西道判官記云任省倅日」とあるのを参考にすると、三司判官の役人であったときである。三司は、塩鉄・度支・戸部の三司で、国の財理を司った。三司には、使、副使、判官が設けられた。全国を十道に分けそれぞれに三司判官がおかれた（『宋史』巻一六二職官二）。省倅は十道の三司判官であろう。王化基と張去華は、「余杭に在るの日」という。杭州知事に赴任していたときである。呂文仲は、「司諫に在るの日」という。司諫は政治上の闕欠を評議する官である。朱昂は、「翰林に在るの日」という。翰林は詔勅を起案する官署の翰林院で内朝におかれた。馮元は、「翊善に在るの日」という。翊善は太子・親王に講授する官である。李宗諤と梁鼎と梁周翰は、「史館に在るの日」という。史館は歴史を編纂する官署。朱昂は、「秘閣に在るの日」という。秘閣は、集賢院・史館・昭文館の三館で、書籍や古画墨跡等を蔵する閣で端拱元年に建てられたという（『宋史』巻一六四）。王禹偁は、「楊州に在るの日」という。宋湜は、「翰林に在るの日」という。

右の十七名の公卿の任務の官署と任地に関する記述を見ると、王化基と張去華の二人は、杭州知事を務めていたので杭州に滞在していたであろうが、他の人々は杭州に滞在してはいなかった。王禹偁は楊州にいたし、陳堯叟は河南東道判官の役署に、梁灝は関西道判官の役署にいたであろうが、大多数の公卿は首都の宮中の官署に勤務していたことが明白である。

王化基と張去華の二人は杭州に滞在し昭慶寺に参詣し自ら浄行社の仏教実践に参加した可能性は強い。しかし他の大多数の官人は首都開封から遠く隔った杭州の浄行社に入社したのである。いわば遠隔入社という特異な形であり、これが開封の官人たちの浄行社入社の特色であり、またこれは中国で数多い結社の中でも独特な形態であろう。浄行社の発足と同時に官人たちが一同に入社したわけではなく順次入社し人数が増加したのであろう。多数の高位の教養豊かな官人たちが参加したことは当時の社会の注目を引き話題になったに違いない。宋代初期における官人の間に仏教が受容された事例であり仏教史の上で注目すべきである。

なお、孫可「碑陰」では、杭州に縁のあったのは王化基と張去華の二人であるが、向敏中「諸賢入社詩」に収録する九十名の入社詩の姓名の上に冠する官職を見ると、張去華（杭州軍府事）、薛映（知杭州軍府事）、姚鉉（両浙転運使）、孫可（両浙転運使）、李韶（通判杭州）、銭熙（通判余杭軍事）、張覃（通判杭州）、張粛（通判杭州）、張岐（通判杭州）、陸曠（杭州節度推官）、孫珏（新城県令）とあり、このように十名が杭州の地方官を入社時に務めていた。かれらは昭慶寺を訪れ浄行社の仏教実践に参加していたと思える。しかし九十名の中の十名、約一割であり、大多数は遠隔入社なのである。

5　官人が浄行社に入社した理由

杭州昭慶寺において省常が『華厳経』浄行品を一字一礼のまことを込めて血書し印行して一千人に配布し、栴檀の香木で毗盧（舎那）の大像を造って、八十僧と結んで仏教実践の結社を創設した。この話は開封の朝廷の官人たちの間で注目された。そして多くの官人たちが省常の仏教実践運動に賛同し仰慕して参加した。

何故に、開封から遠く離れた杭州で発足した省常の浄行社に多数の官人が、遠隔入社という特異な形であるとはいうものの、入社したのであろうか。それを『結浄社集』に収載する官人が書いた著述によって考察する。

まず、宋白の「結社碑銘」の中に、『華厳経』浄行品の書写・印行と毗盧の聖像を造立して浄行社を発足したときに、省常が語った言葉を伝えている。それを次に掲げる。

爾時経像成、乃膝ㇾ地合掌作二是言一曰、我與二八十比丘一千大衆一、始ㇾ従二今日一、発二菩提心一、窮二未来際一、行二菩薩業一。願尽二此報一、已生二安養国一、頓入二法界一、円悟二無生一、修二習波羅蜜多一、親二近無数真善知識一、身光偏照、令三諸有情、得二念仏三昧一、如二大勢至一、聞ㇾ声救ㇾ苦、令三諸有情、獲二十四無畏一、如二観世音一、修二廣大無辺行願海一、猶如二普賢一。開二微妙甚深智慧門一、猶如二妙徳一、辺際智満、次二補仏処一、猶如二弥勒一、至ㇾ成仏時一、若身若土、如二阿弥陀一、八十比立、一千大衆、転次授記、皆成二正覚一。我今立二此願一、普為二諸衆生一。衆生不レ可レ尽。我願亦如レ是。偉矣哉上人之言如是、志如レ是。

右の文の「作是言曰」以下は省常の言葉である。ここには、自分は八十僧一千大衆とともに今日から菩提心を発し、菩薩業を行じ、その果報として安養国（浄土）に生じ、法界に頓入して無生の理を円悟したい、と発願している。そしてその後、布施等の十波羅蜜を修習し、多くの善知識に親近し、身体から発する光が遍く照らし、諸の衆生に念仏三昧を得しめん、と発願している。そして省常の言葉のしめくくりとして、衆生を済度する勢至菩薩、観世音菩薩、普賢菩薩、妙徳（文殊）菩薩、弥勒仏、阿弥陀仏の名を挙げ、これら仏菩薩にならって、自分は八十比丘、一千大衆に正覚を成就させたい、との大誓願を立てている。つまり社員済度の大誓願である。この省常の言葉の後に宋白は自己の見解を記している。この宋白の自説の中に、宋白等公卿が省常の浄行社をどのようにみていたかを窺うことができる。

士人聞レ之、則務二貞廉一、息二貪暴一、塡二刑網一、矜二人民一。釈子聞レ之、則勤二課誦一、謹二斎戒一、習禅諦二悟苦空一。職司聞レ之、則慕二寛仁一、畏二罪業一、尊二長吏一、庇二家属一。衆庶聞レ之、則甘二苦辛一、楽二貧賤一、精二伎業一、懼二憲章一。善者聞レ之而遷レ善、悪者聞レ之而捨レ悪、夫何異哉。嘻世末時、移風凋俗弊、慳癡塞レ路、儱很成レ群、王化有レ所レ不レ慴、国命有レ所レ不レ従。上人以二是因縁一、悉生二廻向一、如趨二宝肆一、如レ登二春台一、斯所謂出二其言一、善千里之外応レ之也。乃有朝廷搢紳之倫、泉石枕漱之士、猗頓豪右之族、生肇高潔之流、皆指二正途一、趨二法会一如二川赴一レ海、如鱗宗レ龍、賁然来思、其応猶響、非下夫励二精素志一、奮二激清心一、入二金僊之室一、遊二古仏之門一者上、孰能感二人心一、隆二大教一、若レ斯之盛也。

文中の士人は上級官人を、職司は下級官人を指すのであろう。士人・釈子・職司・庶民の階層の人それぞれに浄行社の教えが役立つことを述べている。士人は、この教えを聞いて貞廉を務め、貪暴を息め、刑網をしずめ、人民をあわれむようになる。職司は、寛仁を慕い、罪業をおそれ、上役を尊び、家族を庇護するようになる。庶民はこの教えを聞いて貪賤の生活を楽しみ、それぞれの伎業に精を出し、憲章をおそれるようになる。というように、国政にたずさわる者の政治道徳面に、庶民生活の精神面・道徳面に、省常の教化の効用を求めている。

さらに続けて言う。今末世の時代は、風俗が衰退し、吝嗇や愚癡が路をふさぎ、そむきさかろう者が群をなし、国王の教化をおそれない者がおり、国令に従わない者がいる。上人は、それゆえに、ことごとく廻向して人々を珍宝を売る店に走るように、晴れやかな台に登るように、正しい道に導いた。これがいわゆる言を発すれば、千里の外までもこれに応ずる、ということである、という。この宋白の所説に、宋白の浄行社観がよく表われている。宋白は浄行社の教化活動があらゆる階層の人々を正しい方向に導き、社会を是正し、国家を安泰にする利益があると期待している。国を支える高官としての仏教の受けとめ方である。宋白は、浄行社の教化活動を世のため、国のために必要であると考え「結社碑銘」を著述し、また詩を贈って入社したのだと思う。

しかし、入社した官人のすべてが、浄行社の思想と目的、また省常の人柄について、宋白のように理解していたわけではない。多くの官人が浄行社に入社したのには別の理由があった。それは、東晋の慧遠に対する追慕の念である。

丁謂の「結社詩序」に

不レ知、何許之為二東林一也。孰氏之為二遠公一也。宗雷之輩果何人也。遠公之道、常師之知、宗雷之跡、群公悦レ之。西湖之勝、天下尚レ之。則是結社之名、亦千載之美談也。

とあり、公卿たちが、慧遠の道、宗炳・雷次宗の行跡を悦び慕って浄行社に入社したことがわかる。宗炳（三七五—

四四三）は、東晋から宋にかけての人であり、生涯仕官せず、山水と書画と音楽を愛し、隠遁の生きかたを楽しんだ。仏教に帰依し仏教を擁護する『明仏論』『難白黒論』（『廣弘明集』所収）を著わしている。廬山において慧遠が結成した白蓮社に入り、蓮社十八賢の一人として著名である。雷次宗も宋朝の隠士で蓮社十八賢の一人に数えられる。彼は、廬山を去った後に京師に出て、鶏籠山に学館を立て門人百人を指導した。晩年には太子諸王のために礼経を講じている。

また、工部尚書参知政事李至の「入社詩」に、詩文の後に述べる散文の中に、

浄行師常公、多慕廬山、道友結蓮社、為出塵之会、自遠永劉雷之下、凡十八人、其不得預斯会者、以謝雷運心乱、陶明嗜酒故也。予所幸者、心無慮焉。酒無或焉。而又幸者、翰林主人、首於前、文館学士繼於後、泊諸釈友、同入道場、雖在俗在僧、立名乃異、而事君事仏為善、則同載延清浄之賓、式契隆平之運、輒書長偈、用志勝因。

とある。李至はこのように、蓮社十八賢の中の慧遠法師・慧永法師・劉程之・雷次宗の名を挙げ、酒を嗜むので入社できなかった陶潜（淵明）と、心が雑であるという理由で入社を断たれた謝霊運の故事を掲げて、自分は幸にも酒に惑わされることがなく、心が乱れることがないので入社することができた、と喜んでいる。

また、京西運転使工部郎中の康戩の「入社詩」に

珍重余杭社、高蹤継二林、結縁伝宝偈（刺血写浄行品結社結縁故有此句）招士寄清吟（特貽嘉付見招故有是句）久禁淵明酒、長斎霊運心、若求同道者、何必芥投針。

という。余杭の浄行社、廬山の東林・西林の二林の精舎を継承している、といい、白蓮社に入社できなかった陶淵明と謝霊運の故事に言及している。

また、翰林侍読学士工部郎中の呂文仲の「入社詩」には、

常公方外之士、道与虎渓鄰、共結東林社、遐招金馬人、世縁雖有累、心地本無塵、願比宗雷輩、香山託浄因。

とあるように、省常を慧遠に倣って方外の士と称し、自らを宗炳・雷次宗になぞらえている。

また、度支使右諌議大夫の梁鼎の「入社詩」にも、

清浄華厳海、円明無上理、労尋善知識、得在一弾指、仏真同一塵、情見有雙旨、春廻千萬花、月上浅深水、宗雷播遺烈、寂寞将千禩、珍重常道人、為予作依止。

とある。華厳経が円明無上の理を明かすと讃えた後に、宗炳や雷次宗が遺烈を敷いて以来千年になろうとしているが、省常道人がこれを珍重している。そのため自分も依り所としている、と語っている。

右諌議大夫の牛冕の「入社詩」にも、

（前略）誰肯東林種白蓮。軒冕也知身外物、利名争柰世間縁、会須一報君恩了、結劉雷学坐禅。

といい、ここでも廬山の東林の白蓮社を慕い、必ず、君恩に報い終わったなら（政治の世界を離れた後は）、劉程之と雷次宗と一緒に坐禅を学びたいと願っている。

このように、北宋の公卿は、廬山の慧遠の白蓮社を慕い、東晋・宋の世に隠逸の士として自由な生き方をした劉程之（遺民）や宗炳や雷次宗等にならって省常の浄行社に入社したのである。

そしてまた、昭慶寺の自然環境も、公卿をひきつけた一因であったと思う。杭州の西側には西湖が広がり、その美しさはしばしば詩文に謳われている。西湖に近い昭慶寺は山水の美しい幽寂な寺であった。そうした環境の中で、公卿たちは、世俗を離れ、方外の境地を親しむることを理想としたのであろう。

しかし東晋の士大夫と北宋のそれとの相違を意識されている。その点を宋白は「結社碑銘」の中で次のように指摘

している。

噫昔恵遠、当二衰季之時一、所レ結者半隠淪之士、今上人属二升平之世一、所レ交者多有位之賢、方レ前則名氏且多。

恵（慧）遠の当時は、華北が異民族に占領された衰退の時代であり、結社に参加した人々は半ば隠倫の士であった。今、省常上人は、升平の世に属し、浄行社に参加した人々は、高位の官職にある賢人たちであり、慧遠の結社にくらべると高位の著名な氏が多い、という。このように、宋白は、慧遠の白蓮社に入社した士大夫と省常の浄行社に入社した公卿とを比べて両者の相違を論じている。

北宋の公卿たちは、東晋の白蓮社とそこに参加した士大夫を慕いそれに倣って省常の結社に入社したが、彼らはみな官職に就き、しかも高官が多かった。北宋時代には決して東晋時代のように隠逸の士が尊ばれたわけではない。この点に、東晋士大夫の仏教への関わり方と北宋公卿のそれとは大きな相違があるのである。

6　官人が杭州仏教に帰依した理由

（1）　宋初の開封の仏教の様相

官人が杭州の仏教に帰依した理由を考えるに当たって、官人が身近に接していた首都開封の仏教の様相を把握しておく必要がある。まずそれを述べよう。

省常が江南の杭州で浄行社を発足した時代には、首都開封でも仏教は隆んであった。北宋の太祖・太宗・真宗の初期三代皇帝の時代には、一切経の刊行・仏典の翻訳・御製仏書の著述とその註釈の三つが仏教の大きな事業であった。いずれも皇帝主導の仏教の性格が強い。

宋を建国した太祖趙匡胤（九六〇―九七六在位）は、後周世宗の廃仏政策を踏襲せず、仏教を容認し徐々に仏教を復興した。仏教を新国家の文化的基盤として重視した。太祖は、宋朝を建国して十年を過ぎた頃、一千七十六部五千四十八巻という膨大な一切経の刊行を計画し、成都で版木を彫らせ、その版木を開封に送り、次の太宗の命で太平興国八年から太平興国寺で印刷された。木版本一切経の刊行は仏教の流布に画期的な役割を果たした。

また、太祖は、西域仏典に関心を持ちそれを中国に将来することを志した。それを漢語に翻訳する迄には至らなかったが、次の太宗は太祖の意向を継承し、太平興国五年に太平興国寺の西に訳経院を建立し、同七年から訳経院に印度から来朝した天息災・法天・施護を召して訳経を実行させた。太宗は訳経を積極的に行なった。次の真宗も太宗の崇仏策を踏襲し訳経事業を継続した。

皇帝の命によって行なわれた訳経事業には、沙門と官人の絶対的な協力が必要であった。訳経には、翻訳を主導する訳経三蔵と、訳経三蔵が口述したものを文章化するために筆受・綴文・証義の職制が設けられ開封の沙門がそれに当たった。また潤文・監訳の職制には官人が当たった。

訳経に従事する沙門には皇帝から月給を支給され、宮中に出入して皇帝から殊遇された。

太宗・真宗は、一切経の刊行、仏典の漢訳を柱に仏教振興策を積極的に進めたが、仏教を外護するだけに留まらず、自ら仏典を研究し、仏典に関する多くの著作を著わしている。その御製仏書に沙門が詳細な注釈を加えている。『大中祥符法宝録』巻一八には、太宗の御製仏書八部六十一巻と、その他、散在している太宗の仏書を真宗の代になって編纂した『妙覚集』五巻を掲げて解説している。(167)これらの中、『蓮華心輪廻文偈頌』一一巻、『秘蔵詮』二〇巻、『秘蔵詮仏賦歌行共』一巻、『逍遥詠』一一巻に、京城の義学文章僧に命じて注釈させたことを記し注釈に選任された沙門の名を掲示している。この問題については別稿に詳説したのでここでは要点のみを記す。(168)『蓮華心輪廻文偈頌』一一巻には、太平興国八年三月に、京城の義学文章僧二十人を選んで注釈させている。また『秘蔵詮』二〇巻、

『秘蔵詮仏賦行共』一巻には、端拱元年十二月に、京城の義学文章僧五十六人を選んで注釈させている。さらに『逍遥詠』一一巻には、端拱二年十一月、京城の義学文章僧十二人を選んで注釈させている。義学文章僧は教義と文章に勝れた僧であろう。

真宗も太宗に倣って仏書を著述している。真宗の仏書を集録した『注釈釈典文集』二〇巻には、京城の義学沙門三十人に注釈させている。このように、太宗・真宗朝には、五十六人、三十人、二十人という多数の義学僧が、一つの御製仏書の注釈に選抜され任命されている。注釈が完成すると注釈僧は宮中に参上し、皇帝からねぎらいの言葉を賜わるという優遇を受けた。御製仏書の注釈に参加するのは義学沙門として栄誉であり、また京城の義学沙門を総動員してこの仕事を行なえば仏教界は盛況するに違いない。

訳経と御製仏書の注釈は、皇帝主導の下に行なわれ、国家の文化事業としての側面が強く、文化的・教学的な性格が濃い。それに従事した沙門は、文才豊かで、あるいは梵語を理解し、あるいは経論の所説を適切に把握し、あるいは教学面に精通していた。しかしながら自己の悩みや、世の真実を追究し、さとりの境地をめざして、布施行や禅観や念仏を実践する沙門ではなかったと考えられる。

(2)『仏祖統紀』巻四五の記録に見る宋初の開封の仏教の性格

京城の義学僧が、具体的にどのような経論を披読し講説していたのであろうか。北宋初期の開封ではどのような教学が流行していたのであろうか。それを伝える記録が『統紀』巻四五、皇祐元年の条に見える。

周朝の毀寺より建隆に興復すると、京師の両街は、ただ南山の律部、賢首と慈恩の教学のみ。士夫の聡明にして超軼の者は、みな名相の談を聞くことを厭う。而して天台の止観、達磨の禅宗は未だこれ行われず。淳化以来、四明。天台の行道、東南観心の宗眼は天下を照映す。楊億・晁迥は以てこれを発するあり。真宗は嘉奨し、錫わるに法智・慈雲の号を以てす。一時の朝野は之を景慕することを為すと雖も、而るに遂に未だよく具説して京邑に行うこと能わず。是れに至りて内侍李允寧は奏して、汴京の第宅を以て創めて禅席を興す。因って額を賜うて十方浄院と為す。上は方に意を空宗に留め、詔して有道の者を求めて之に居せしむ。歐陽脩等は請じて円通居訥を以て命に応ず。訥は疾を以て辞す。因って懐璉を挙げて以て代りと為す。歐陽外伝（『正蔵』四九・四一二中）

この所説の文末に注記して志磐は、「歐陽外伝」を典拠に掲げている。「歐陽外伝」については、『統紀』巻四一法運通塞志一七之八によると、「蔵六祖秀禅師は歐陽外伝を作り、祖師（円通居訥禅師）と永叔（歐陽脩）と道を論ずることを記す。因って古人の韓を非する者を録す」とあり、[169] 蔵六祖秀禅師の著書である。欧陽脩と祖印居訥禅師が韓退之の廃仏論について論議した書である。円通居訥（一〇一七—一〇七一年）は、雲門宗の法系の禅僧で、『五燈会元』巻一六（『続蔵』乙一一—四・三〇三右）に、「延慶栄禅師法嗣」として「円通居訥祖印禅師」の伝を収載する。祖印は皇帝から賜わった禅師号である。伝は『続燈録』巻五、『禅林僧宝伝』巻二六等にもある。『釈氏稽古略』巻四・宋戊戌　重和元年の条によると、祖秀は蜀郡漢州雒県の人で、字は紫芝、徽宗・欽宗朝の人である。「秀は嘗って文忠公修（歐陽脩）が江州円通の居訥師と仏法の大旨を論議することを集めて「歐陽外伝を作る」とある。[170] 徽宗の重和元（一一一八）年の条に「嘗って」とあるから、歐陽外伝の成立は重和元年以前である。また祖秀には華陽宮の「記」、そして「仏運通論」の著作があったという。祖秀の「仏運通論」は、書名から推して、仏教の運行を通史の形で記した書と考えられる。この書は、隆興二（一一六四）年に祖琇が撰述した『仏教編年通論』二九巻（『続蔵』二乙—三・三—四）や、それを継承して淳熙年間（一一七四—一一八九年）に徳修が撰述した『釈氏通紀』の先駆をなす仏教史書として注目される。祖秀が仏教の歴史に通じていたことも窺える。

右に引用した祖秀の「歐陽外伝」を典拠とした『統紀』の所説の内容を検討しよう。

後周の世宗が廃仏を行ない、宋の太祖の建隆年代に仏教は復興したが、宋初の首都開封では道宣律師の南山律宗と賢首大師法蔵の華厳宗と慈恩大師基の慈恩宗（法相宗）の教学のみが行なわれていた。士大夫の聡明で卓越した者は、法門の名目と様相（名相の学）についての煩瑣な談義を聞くことを厭うようになっていた。しかしながら天台の止観と達磨の禅宗はまだ行なわれていなかった。

太宗の淳化年代以来、四明（浙江省寧波市）延慶寺の知礼と、杭州天竺寺の遵式の天台の行道と、江南地方の禅宗（特に雲門禅）の観心の宗眼は天下を照映した。官人の楊億と晁迥はその教えを発揚し、真宗はその教えを讃え、知礼に法智、遵式に慈雲の大師号を賜わった。一時は朝野が知礼や遵式を仰慕したが、ついにその教えは開封においてつぶさに説かれることはなかった、という。

太宗・真宗朝の開封の仏教では煩瑣で難解な名相学の談議が主流であった。それに嫌気を感じた官人知識層が杭州や四明で盛行する天台宗の行道や、江南の地で盛行する禅宗の観心など、つまり実践性・神秘性・信仰性の濃い仏教に新鮮さを感じ、それを求めたのである。

そして開封に杭州・四明の天台の行道、江南の禅宗の観心の教えを伝えようとした官人の代表に楊億と晁迥の名を掲げている。

晁迥（伝は『宋史』巻三〇五）は、翰林学士、刑部侍郎、知制誥を務めた高官で、天聖元（一〇二三）年三月訳成の『仏説八種長養功徳経』の訳経潤文使を務めている。(171)

楊億(172)は、太宗・真宗に仕えて信頼厚く、翰林学士、工部侍郎を務めた。真宗からその文才を当世第一と評されるほど学識と文才に秀でた官人で、『太宗実録』八〇巻の中の五六巻を彼が著述し、『冊府元亀』の編集にも当たり、仏書類も『大中祥符法宝録』や禅宗の史書の『景徳伝燈録』の編纂にも従事している。真宗の御製仏書『注釈釈典文集』の注釈に、義学沙門の注釈を詳細に検討する役務で参加している。この楊億は四明の知礼の教風を崇敬していた。知礼が我が身を焼いて仏法に供養しようと決意したとき、書を送って「まさに台教中興の時に当たって、まさに頼むに伝持して世の良道と為せ」と諭し、また書を郡主の余夷康及び天竺寺の遵式に送り、彼等からも勧止させた、という話は知られている。[173]

真宗は、知礼の名声を聞いたのであろう。大中祥符三年に、知礼が衆僧を集めて講義していた四明の保恩院に「延慶」の寺額を賜わった。[174]また、天禧五年には、詔して内侍俞源清を遣わして、延慶寺に行き法智知礼に請いて、法華懺を修し国のために祈願させた。[175]翌年、乾興元年には章懿太后は、天竺寺に使者を遣わして国の為に懺法を行じることを請うた。すると遵式は『金光明護国道場儀』を著わして上進した。[176]このように真宗や太后も浙江の杭州・四明の仏教に関心深く、知礼や遵式に帰依していた。また楊億は、省常の浄行社に入社詩を贈って入社しており、省常に帰依している。

先の『統紀』巻四五の文には、続いて、禅宗が開封で行なわれるに至った経過を次のように述べている。

仁宗の皇祐元年になって、内侍の李允寧が奏上して、自宅を喜捨して「十方浄因」の勅額を賜わり、ここではじめて禅席を興した。仁宗は空宗（禅宗）に関心を寄せ、詔して有道の者を求めてその禅院に居住させようとした。そこで歐陽脩等は円通居訥禅師を推薦した。しかし居訥禅師は疾を理由に辞退する。それで懐璉禅師を推挙して十方浄因禅院に居らしめた、という。円通居訥は、先に述べたように、歐陽脩と韓退之の間で行われた廃仏についての論議した人である。

懐璉禅師（一〇〇九—一〇九〇年）は雲門宗を嗣法した人で、『五燈会元』巻一五「泐潭澄禅師方嗣」に、「明州育王山懐璉大覚禅師」として伝を収載する。大覚は仁宗から贈られた禅師号である。『建中靖国続燈録』巻六、『禅林僧宝伝』巻一八、『聯燈会要』巻二八にも伝がある。

右の『統紀』の所説にもどると、北宋開封で、禅宗が流布するようになるのは、懐璉が十方浄因禅院に入山してからである。『統紀』ではそれを仁宗の皇祐元（一〇四九）年の条に記しているが、『仏祖歴代通載』巻一八（『正蔵』四九・六六五中）では、皇祐二年としている。皇祐二年には、『統紀』巻四五皇祐二年の条によると、宰相であり訳経潤文使を兼任した文彦博が開封において、浄厳禅師とともに僧俗十萬人を集めて往生浄土を願う念仏結社を起こしたことを伝えている。仁宗の皇祐二（一〇五〇）年という年は開封において実践的な仏教が起こった年といえる。

（3）宋訳経典の訳場列位に見る宋初の開封の義学

宋の太宗・真宗朝の開封の義学の様相を伝える資料が『統紀』巻四五の所説以外にも見出せた。しかもそこではもう少し義学の内容を具体的に知ることができる。

金刻大蔵経に収蔵する『仏説随勇尊者経』、『仏説清浄心経』、『仏説一切如来真実摂大乗現証三昧大王経』の巻末に附する訳場列位に訳経を担当した僧の名前と講説する経論名を記している。訳場列位は、その経典の訳経に従事した僧と官人の氏名と証義・綴文・筆受などの職位を列記したものである。上記三種の経典の中、前の二種は『宋蔵遺珍』一ならびに二に収録するが、後の一種『仏説一切如来真実摂大乗現証三昧大王経』は『宋蔵遺珍』に収録されていない。『大蔵経―成立と変遷―』（大蔵会編）に載せる図版の中に「金刻　大蔵経　巻末　訳場列位　十二世紀」と題して写真を掲載する。貴重な資料でありこの写真を借用する。この問題に関しては、拙著『宋代仏教史の研究』第一部・第一章に詳説したので、ここでは、論述に必要な範囲内で再説するに止める。三種経典はいずれも真宗朝の訳出である。
『仏説随勇尊者経』巻末の訳場列位には次のように記す。
講百法論金剛経梵網経沙門臣　重晃証義
講瑜伽論法華経上生経梵網経賜紫沙門臣　知遠証義
講法華経上生経賜紫沙門臣　自初証義
講金剛経因明論百法論賜紫沙門臣　徳雄証義
講金光明経起信論文章慧観大師賜紫沙門臣　行肇証義
講金光明経観無量寿経証覚大師賜紫沙門臣　知臻証義
講法華経円照大師賜紫沙門臣　道一証義
右街鑒義講金剛経因明論百法論明雅大師賜紫臣　啓沖証義
講円覚経文章智印大師賜紫沙門臣　簡長綴文
梵学慧悟大師賜紫沙門臣　文一筆受
梵学演法大師賜紫沙門臣　澄珠筆受
朝散大夫試鴻臚少卿光梵大師賜紫沙門臣　惟浄奉詔同訳
朝散大夫試鴻臚少卿西天伝梵大師賜紫沙門　法護奉詔同訳（『宋蔵遺珍』二・七二〇頁）。
訳場列位に名を掲げる監訳の官人は省略して沙門のみを掲げた。このような形で十三名の沙門の名を列記している。『仏説清浄心経』にも十三名、そして『仏説一切如来真実摂大乗現証三昧大王経』には十四名の沙門の名を列記している。これらの中、経論を講説する証義・綴文の義学沙門は、それぞれ九名、九名、十名であり、合計二十八人となるが、三種経典に共通する者が十五人いる。したがって実質は十三名であり、講経・講論の経名・論名を冠した十三人の義学沙門が確認できる。講説する経論名を見ると開封仏教の傾向がわかる。経論別に整理すると次のようになる。

1法華経　講経僧六人。
2上生経　講経僧三人。
3金剛経　講経僧三人。
4梵網経　講経僧三人。
5金光明経　講経僧二人。
6円覚経　講経僧一人。
7観無量寿経　講経僧一人。
8百法論　講論僧四人。
9因明論　講論僧二人。
10瑜伽論　講論僧二人。
11南山律　講論僧一人。
12起信論　講論僧一人。

右のように、講説された経典は七種、論書は五種である。七種の経典は、いずれも中国でよく読まれ影響の大きい経典である。中でも『法華経』が特に多く講説されているのは中国仏教の傾向からみて納得できる。『金剛経』（『金剛般若波羅蜜経』）は、般若経典の中では『般若心経』に次いで広く読まれた。特に禅宗では五祖弘忍がこの経を用いはじめ、六祖慧能が最要の経典とし、以来、南宗系の所依の経典とされた。禅宗のみではなく中国では広く読まれた。

『上生経』（『仏説観弥勒菩薩上生兜率天経』）は、『法華経』に次いで多く講説された。この経典は、兜卒天すなわち弥勒浄土の信仰の所依の経典で、弥勒浄土往生の信仰は西方弥陀浄土の信仰とともに中国で流布した。弥勒浄土と西方弥陀浄土との間には優劣論争が盛んで玄奘や基（慈恩大師）は弥勒浄土を支持した。基は、この経の注釈書を著わして弥勒浄土が西方弥陀浄土より優る、と主張した。『上生経』が講経に取り上げられたのは玄奘・基の慈恩宗（法相宗）の教学に関連してであろう。

『法華経』『梵網経』『金光明経』『円覚経』『観無量寿経』の講説については本稿の主題から離れるので言及しない。

論は、『百法論』『因明論』『瑜伽論』「南山律」『起信論』の五種が講説されている。

南山律は、唐の道宣が大成した南山律宗で、道宣の『四分律行事鈔』『四分律羯磨疏』『四分律戒本疏』（以上律宗の三大部）『四分律拾毘尼義鈔』『四分律比丘尼鈔』（合せて律宗の五大部）を依拠とする宗派である。南山律の講論は『仏説一切如来真実摂大乗現証三昧大教王経』の訳場列位に一例のみであるが事例を記す。賛寧の『宋高僧伝』巻一六周東京相国寺澄楚伝に、澄楚（八七九―九五九年）の伝記を述べた後に、「今に至って東京に三宗並びに盛んなり」(177)というように、相部（法礪）、東塔（懐素）、南山（道宣）の三宗が賛寧の時代にいずれも盛行していた。『宋高僧伝』には宋初の開封の律僧の伝記は載せていないが、宋以前の五代の頃の開封の律僧として『宋高僧伝』巻一六明律篇に周東京相国寺澄楚の伝を載せている。その記述によると、澄楚は懐素の新章律疏を学んだ律僧である。また澄楚以前の律僧として伝記を載せる後唐東京相国寺の貞峻（八四七―九二四年）(178)も、新章律疏を学んだ懐素の系譜に連なる律僧である。後唐・後周の頃には開封の相国寺で東塔律を継承する律僧がいた。しかしながら南山律の律僧の伝記は収載していない。それは伝記に載せるべき傑出した高僧がいなかったからであろう。しかし、「東京で三宗ならびに盛んなり」、という賛寧の言葉から推して、宋初の開封では、法礪・東塔律と並んで南山律も盛んであったことが『宋高僧伝』の記録によっても確かめられるのである。

『瑜伽論』（『瑜伽師地論』）は、弥勒造、玄奘訳、百巻の大著で、『解深密経』と並ぶ瑜伽唯識行派の根本聖典であり、この一経一論を根拠として『成唯識論』によって教義を組織したのが慈恩宗の教学である。また仁宗朝になると講説された事例の見える(179)『唯識論』は世親の著で、『大乗唯識論』『唯識二十論』（『正蔵』三一所収）は同本異訳である。慈恩宗では所依の経論の一つであり、法相教学を大成した慈恩大師基の注釈『唯識二十論述記』がある。

『百法論』は、天親（世親）造、玄奘訳の『大乗百法明門論』一巻（『正蔵』三一所収）があり、本論は瑜伽唯識行派の百法すなわち一切法を総摂する五位百法を説いた書で、瑜伽唯識系の書で五位百法を纏めて説いた書は本書以外にないという。中国では法相宗の五位百法を知る入門書として広く読まれ注釈書も多い。『成唯識論』『因明入正理論』と並ぶ法相学の指南書である。

『因明論』は、シャンカラスバーミン著、玄奘訳『因明入正理論』（『正蔵』三一所収）であり、ディグナーガ（陳那）の仏教論理学を簡潔に述べた書である。この書は中国・日本でも因明学の権威書とされ、因明の研究は法相宗に付随して行なわれた。慈恩宗（法相宗）系の講論師によって『百法論』や『因明論』の講説が行なわれていたのである。

『起信論』（『大乗起信論』）は言うまでもなく、仏教の実践と理論を述べており、その教説は仏教諸宗に通じる思想として広く読まれている。

なお、右の訳場列位にみる講説経論の中には、『華厳経』とその経典に基づく賢首大師等の華厳宗の論諸の講説の事例はない。これは『統紀』巻四五に伝える宋初の開封では、「ただ南山の律部、賢首と慈恩の教学のみ」というのと情報が相違する。しかしながら宋初の開封で『華厳経』がまったく読まれていなかったわけではない。

既述した開封の義学沙門五十六人が注釈した『秘蔵詮』は『高麗蔵』本に割注の形で注釈が付されている。義学沙門五十六人の注釈であろう。その注釈では皇帝の書いた本文の文句の注釈の典拠に多種の経論を引用している。開封の義学沙門が講説していた『法華経』『金剛経』『梵網経』『瑜伽論』『百法論』『起信論』はしばしば引用されている。また『瑜伽論』『唯識論』そして『百法論』を引用するのは、慈恩宗が学習されていたからと考えられる。もっとも多く引用するのは『法華経』であるが、『華厳経』の引用もかなり多い。『華厳経』が重視されていたことがわかる。『統紀』巻四五の記録と訳場列位のそれとの相違は疑問として残る。

以上に、北宋初期の開封の仏教の傾向について、『統紀』巻四五の「歐陽外伝」の記録を宋訳仏典の巻末に付す訳場列位の記録、さらに『宋高僧伝』の記録と照合して考察し、北宋初期の開封の義学が慈恩宗やそれに付随して行なわれる煩瑣で難解な名相の談義に傾いていたことを確認した。官人たちはそうした専門僧しか理解できない紙の上の理論上の仏教を嫌い、杭州や四明の天台宗の行道や江南の禅宗の実践性・神秘性の濃い仏教を求め帰依したのである。官人が省常の浄行社の運動に賛同し入社したのもこれと同じ理由であろう。実践性・信仰性・日常性の濃い仏教への思慕の念、これが官人の浄行社入社の理由と考えられるのである。廬山慧遠に対する崇信を官人の浄行社入社の直接的な理由とすれば、これは時代背景としての間接的な理由といえよう。

小　結

本節では、筆者が数年続けている呉越宋初の杭州の仏教の研究の一環として「杭州の浄行社に入社した開封の官人たち」と題して、杭州昭慶寺で結成した省常の浄行社に入社した首都開封の官人たちについて考説した。本稿の構成と内容は次のような六項である。

1、「韓国に現存した浄行社の資料『結浄社集』について」。ここでは、『結浄社集』の内容を紹介し、資料の価値を述べた。特に向敏中「諸賢入社詩」は本書以外では見ることができず貴重な資料であることを明示した。

2、「『結浄社集』に題名を掲げる六篇の作者について」。（1）「結浄社集惣序」の著者銭易について。（2）「施経序」の著者蘇易簡について。（3）「結社碑銘」の著者宋白について。（4）「羣賢詩序」の著者丁謂について。（5）「諸賢入社詩」の著者向敏中について。（6）「紫微舎人孫公結社碑陰」の著者孫可について。以上六篇の著者はいずれも宋代の著名な高官である。その彼らが浄行社に関心を抱き結成に当たって文を寄せた理由を尋ねた。

3、「向敏中「諸賢入社詩」に見る官人の浄行社入社」。ここでは、『結浄社集』のみに現存する向敏中「諸賢入社詩」によって浄行社に入社した九十名の官人の氏名と官職を確認できた。九十名の官人の中には、宋朝の国政を支えた著名な高官が多数いるのに驚く。同中書門下平章事に栄進した者が四人。参知政事に進んだ者が三人いる。尚書は、参知政事に進んだ者や、没後に尚書の位を贈られた者を含めると五人に達する。さらに侍郎を務めた者は七人を数える。

また科挙を主席で及第した秀才も六名いる。九十名の中には自らを「浄行弟子」と称して省常に崇敬の念を表わしている官人も多いことを指摘した。これら高官たちの中、同中書門下平章事と参知政事に進んだ者の履歴を紹介し、仏教との関わりに言及した。そして宰相、副宰相、大臣級の高官を含む九十名もの官人が帰依し入社した話は当時の開封で大きな話題になり、杭州の省常という沙門が一躍有名になったに違いないと論じた。

4、「孫可の「蓮社記（碑陰）」に伝える官人の浄行社入社の形態」。この章では官人の浄行社入社の形態を明確にした。孫可のこの著作では、高官十七名の浄行社入社時の所在を、「秘閣に在るの日」「翰林に在るの日」「楊州に在るの日」というように記している。十七名の中の十五名が朝廷に勤務しており、杭州昭慶寺に行って参加したのではない。遠く離れた首都開封で政務に従事しながら入社の意志を示す入社詩を贈って入社した。いわば遠融入社という形態であることを指摘した。

5、「官人が浄行社に入社した理由」。ここでは官人が浄行社に入社した理由に二様あることを解明した。すなわち、宋白の「結社碑銘」にみるように、省常の浄行社の教化活動が世のあらゆる階層の人々を正しい方向に導き、社会を是正し、国を安泰にする利益があると期待する者もいる。しかし、多くの官人は、盧山の慧遠を仰慕しその白蓮社に参加した東晋の隠士の行跡に倣って浄行社に入社したのである。

6、「官人が杭州仏教に帰依した理由」。ここでは三つに分けて論述した。

(1)宋初の開封の仏教の様相。官人が杭州の仏教に帰依した理由を考える上で必要なのでまずこの問題について述べた。太宗・真宗朝の開封では皇帝が主導する訳経と御製仏書の注釈が仏教界の主たる事業であり、それに従事する訳経僧と義学僧が皇帝の殊遇を受け仏教界のエリート層であった。それで開封の仏教は文化的・学問的な性格が強く実践性・信仰性は希薄であったと論じた。それが官人が杭州の仏教に引かれた基調でもある。

(2)『仏祖統紀』巻四五の記録に見る宋初の開封の仏教の性格。ここでは、まず資料の問題として、志磐が宋初の開封の仏教を論じる典拠とする「歐陽外伝」について言及し、この書は蔵六祖秀の著作であり、祖秀は徽宗朝の人で、「仏運通論」なる著作も著わしていることを指摘した。そして本題に入る。「歐陽外伝」の記録によって、宋初の開封では、南山律宇と、賢首大師法蔵の華厳教学と慈恩大師基の法相教学のみが行なわれる状況で、官人たちは、煩瑣で難解な名相の談義を嫌って、杭州・四明の天台の行道・東南地方の禅宗の観心など実践性・神秘性の濃い仏教を求めそれに帰依したことを論述した。合わせて法眼禅の懐璉が開封で初めて禅の教を宣教するに至った経過に言及した。

（3）　宋訳経典の訳場列位に見る宋初の開封の義学。宋初の開封の義学の様相を知ることのできる資料が宋訳経典の訳場列位の中に見出せた。ここではその問題を考説した。真宗朝の三種の訳出経典の訳場列位によると、当時の開封では、『法華経』『上生経』『金剛経』等七種の経典と、南山律宗『瑜伽論』『百法論』『起信論』等の五種の論書が講説されていたことを確認した。この訳場列位の記録と『統紀』のそれとを照合すると、南山律宗、慈恩宗（『瑜伽論』、『上生経』）と法教名目を説く『百法論』は一致する。『統紀』に記す賢首大師の華厳宗については訳場列位には見えず両者の記述は相違する。この問題は未解決のまま残る。

開封の仏教は煩瑣で難解な専門僧のそれに傾いていたのである。また、訳経や御製仏書の注釈にしろ文化的・学問的な大事業ではあるが、義学と同様に、実践性・信仰性には欠ける。そうした開封仏教の性格に満足できない官人たちが実践性・信仰性の強い杭州仏教を迎慕し帰依したのである。省常の浄行社に賛同し入社したのもそれと同じ心情からと考えられるのである。

遵式や知礼が皇帝・皇族さらには迴晃や楊億あるいは王欽若等の開封の公卿から厚い帰依を受けたことは知られている。しかし省常が官人から帰依を受けていたことは知られていない。それが向敏中の「諸賢入社詩」によって省常が多数の官人から帰依を受けていたことが判明した。省常の浄行社は、宋代に流行する仏教結社の端緒でありその影響は大きい。その上さらに、省常の浄行社は、官人を仏教に引きつける上で重要な役割を果したのである。この点に仏教史上の大きな意義があるのである。

注

（1）拙著『宋代仏教史の研究』（山喜房佛書林、平成二四年）第一部第一章「北宋の太宗・真宗朝における首都開封の沙門」、第二章「北宋真宗の御製仏書とその成立に携わった沙門と官人―皇帝をめぐる仏教の動向―」、「宋初期の首都開封の仏教と寺院」（『三康文化研究所年報』第四四号、平成二五年三月・本書第一章）の論文に宋初期の開封における仏教を論述した。

（2）呉越国の仏教政策に関しては、小川貫弌「銭氏呉越国の仏教に就いて」（『龍谷史檀』一八号、昭和一一年）。阿部肇一「呉越忠懿王の仏教政策に関する一考察」（『駒澤史学』二、昭和二八年）。畑中浄園「呉越の仏教」（『大谷年報』七号、昭和二九年）に論述し、阿部肇一『増訂中国禅宗史の研究』（研文出版、一九八六年）第二篇「五代における禅宗史―呉越の宗教政策上より見た禅宗―」、第一章から第七章に、呉越武粛王・文穆王・忠献王・忠懿王の仏教政策に就いて論述する。それらの内容の紹介は言及できないが、それぞれの視点で詳説しており参考になる。

（3）拙著『宋代仏教の研究―元照の浄土教』（山喜房佛書林、平成一三年）第二章「省常の浄行社について―北宋公卿の仏教へ関心」、第四章「北宋時代の杭州の浄土教者」、第六章「元照における戒律と浄土教」、第七章「北宋時代の杭州における禅僧と浄土教」においてこれらの問題を論説した。

（4）注3掲載の拙著に発表した。

（5）前掲小川貫弌論文には、呉越時代の律学と禅宗の伝播、天台教学の復興について論じている。主題の取り上げ方は拙稿と共通するが、これは呉越仏教の特色であるのでやむを得ない。律師や禅師の伝記に就いての論述には、拙稿と重なる部分があるが、筆者は杭州仏教の解明を主題としており問題意識は異なる。

（6）前掲小川貫弌論文に、呉越国における南山律宗について論述する。佐藤達玄『中国仏教における戒律の研究』（木耳社、昭和六二年）第十章「行事鈔研究の歩み」に玄暢律師以下その系譜の諸律師の伝記を記している。拙稿と重複する部分もある。

（7）『正蔵』五〇・八〇九上―下。

（8）右同・八〇九中。

（9）右同・八一〇上。

（10）『宋高僧伝』巻二八「晋東京相国寺遵誨伝」の付伝（『正蔵』五〇・八八四下）に「彦球」の伝があり、そこに、「梁定明中納戒、造景霄律席、迥見毘尼秘邃」と記す。

（11）『正蔵』五〇・八一〇下。

(12)『大日本仏教全書』三〇古宗部一・六中。
(13)『行事鈔諸家記項目』(『続蔵』七〇─一〇一・右)。『律苑僧宝伝』巻八（『大日本仏教全書』六四・一九八上─下）に、宋普済律師と宋徳明律師の伝記がありそれによる。
(14)『続蔵』七〇・一〇一右。
(15)『大日本仏教全書』六四史伝部三・一九八上。
(16)右同・一九七中。
(17)『大日本仏教全書』六四史伝部三・六中─下。
(18)右同三〇古宗部一・六中。
(19)右同六四史伝部・三〇一の表にある。
(20)右同・一九八上─中に見える「宋京兆天寿寺通慧大師伝」。
(21)『僧高僧伝』巻一六の希覚伝に、「未終之前、捨衣物作現前僧得施、復普飯一城僧。自此困憊毎睡見有一人、純衣紫服、肌膚軟弱、如綿纊焉、意似相伴、纔欲召弟子将至、此人舒徐下床、後還如故、親向贊寧説此。某知是天人耳。囑託言畢而絶、享年八十五」(『正蔵』五〇・八一〇下）とある。
(22)牧田諦亮『中国仏教史研究第二』（大東出版社、昭和五九年）・第六章「贊寧とその時代」を参考。
(23)常盤大定『中国文化史蹟解説巻六』（法蔵館、昭和五〇年）・三一頁。
(24)竺沙雅章『宋元仏教文化史研究』（汲古書院、平成一二年）第三部「宋代の社会と宗教」、二「太宗の即位と道教」・三「太宗の宗教政策」を参考。
(25)得度した人数については『僧史略』巻下臨壇法には、「我が大宋太平興国元年及び七年僧を度すること一十萬有余、古の比ぶるものなし」とあり、太平興国元年と七年の二回の普度で十七萬得度した、という。『統紀』巻四三法運通塞志・太平興国元年の条では、「太平興国元年、詔して、普く天下の童子を度すること、およそ十七萬人なり」とあり、太平興国元年に十七萬人を得度したという。前掲『宋元仏教文化史研究』第三章「宋代の社会と宗教」第一章「宋初の政治と宗教」・五「太宗の宗教政策─仏教」には普度の人数は資料により違いがあることを指摘し、また、現行本の『宋会要輯稿』や『資治通鑑長篇』には、太宗即位の年の普度の記事は無く、仏教史書が一般史書の蕨を補いうる僅かな例である、と述べている。
(26)『正蔵』五〇・八一二頁。
(27)『正蔵』四九・四一二中。

(28)『景徳伝燈録』巻四、智威禅師下四世旁出一十二人の中に、前潤州鶴林寺元素禅師法嗣として杭州徑山道欽禅師を、道欽禅師の法嗣としてとして杭州鳥窠道林禅師を、鳥窠禅師の法嗣として杭州招賢寺会通禅師の伝記を収録し、また道欽の法嗣として杭州巾子山崇慧禅師の名を挙げている（『正蔵』五一。二二三下、二三〇上―下）。巻七に、南嶽懐譲禅師第二世の杭州塩官鎮国海昌院斉安禅師の伝を収録し（二五四上―中）、巻九に懐譲第三世の百丈懐海禅師の法嗣として杭州大慈寰中禅師の伝を収録する（二六六下―二六七上）。また杭州塩官斉安禅師の法嗣として杭州徑山鑒宗禅師の伝を収録。さらに巻十一に懐譲禅師第四世の潙州潙山霊祐禅師法嗣として杭州徑山洪諲禅師の伝を挙げ（二八四下）、杭州徑山慶州禅師法嗣として杭州大慈山行満禅師の名を挙げ（二八一下）、懐譲禅師禅第四世の洪州黄檗山希運禅師法嗣として杭州千傾山素南禅師、杭州羅漢宗徹禅師の名を挙げ（二八九上―下）、杭州徑山洪諲禅師の法嗣として杭州功臣院令道禅師を挙げている（二八九下）。このように、唐代には牛頭宗が行われ、また南嶽懐穣の系譜の禅道が行われていたこともあるが断絶している。また、青原行思第五世の洪州雲居山道膺の法嗣の仏日和尚（巻二〇）、高安白水本仁の法嗣の幼璋（巻二〇）も唐代に杭州で活動した。

(29) 鈴木哲雄『唐五代禅宗史』（山喜房佛書林、昭和六〇年）第三章「浙江の禅宗」第二節「牛頭宗進出の開拓期三杭州府（杭州、余抗県）」、第三節「馬祖下全盛の伸張期四杭州府」、第四節「雪峰玄沙の宗風の挙揚せる隆盛前期三杭州府（杭州、武勝軍、鎮海軍、西府）」、第五節「法眼宗蘭塾の隆盛興後期三杭州府（杭州、鎮海軍、西府）」に詳論する。

(30) 鈴木哲雄『雪峰　祖師禅を実践した教育者』（臨川書店、平成二一年）があり参考にする。

(31)『正蔵』五〇・七八六上。

(32)『正蔵』五一・三七五下。

(33) 右同・三七八中。

(34) 前掲『雪峰　祖師禅を実践した教育者』の龍華霊照の項、二二〇頁を参考する。

(35)『正蔵』四九・八四九上。

(36)『正蔵』五〇・七八七中。

(37)『景徳伝燈録』巻十八、『正蔵』五一・三五〇下。

(38) 右同・三五二上―下。

(39)『正蔵』四九・三九二上。

(40)『景徳伝燈録』巻一九、『正蔵』五一・三五四中。

(41) 鈴木哲雄『唐五代禅宗史研究』第三章、一六七頁を参考にする。
(42) 『景徳伝燈録』巻一九、『正蔵』五一・三五五下―三五六上。
(43) 『宋高僧伝』巻二三、『正蔵』五〇・八五九下。
(44) 『正蔵』五一・四一〇中。
(45) 天台徳韶に関する研究には、先掲注2畑中浄園「呉越の仏教」一徳韶と呉越忠王の章に、徳韶とその時代　天台山における徳韶について論述する。また森江俊孝「天台徳韶と延寿の相見について」(『印仏研究』23―2、昭和五〇年)などがある。
(46) 『正蔵』五一・四二七下。
(47) 『景徳伝燈録』巻二五、『正蔵』五一・四一三上。
(48) 『宋高僧伝』巻二三、『正蔵』五〇、八六〇中。
(49) 拙稿「五代末宋初の浄土教」(拙著『宋代仏教史の研究』第二部第一章第二節「紹巌の浄土教」)に論述した。
(50) 『宋高僧伝』巻三〇、「晋宣州自信伝」による。
(51) 天台徳韶と浄土教との関係については拙著『宋代仏教の研究』第二部「宋代浄土教史の研究」第一章「六天台徳韶と浄土教の関係」に述べる。
(52) 池田(服部)英淳「永明延寿の思想」(『浄土学』一四、昭和一四年)が延寿の思想面を論述し、先掲注2畑中浄園「呉越の仏教」に、延寿の生涯と呉越仏教、永明寺における延寿、延寿の著述とその影響にいて詳論する。また、光地英学「永明延寿の禅学観」(『宗教研究』二一〇、昭和四七年)、池田魯参「趙宋天台学の背景―延寿教学の再評価」(『駒澤大学仏教学部論集』一四号、昭和五八年)なども参考になる。拙稿「天台山における永明延寿の浄土教実践」(先掲拙著第二部第一章)に延寿の浄土教の歴史面を述べた。
(53) 『正蔵』四八・四一五上。
(54) 『天聖広燈録』『続蔵』乙八―五―四・四三七右。『伝法正宗記』巻九、『正蔵』五一・七六三上。
(55) 『続蔵』乙八―四―四三六左。
(56) 右同乙一一―一・一八八左。
(57) 右同乙八―五・四三七右。
(58) 『景徳伝燈録』巻二六、『正蔵』五一・四二三下。
(59) 『続蔵』一―五―四。

(60)『正蔵』五一・五五四上―五五五上。

(61) 武覚超『中国天台史』(昭和六二年、叡山学院) 第三章第五節、五頁に、「最近の研究によれば、天台山系の天台とは全く別系統ともいうべき玉泉系の天台が灌頂以後、活発に天台教学研究を行っていた、ことが解ってきた。それは利華の『左渓大師碑』や『荊州大雲寺故蘭若和尚碑』あるいは智証大師円珍の『諸家教相同意集』などの記事によって証明された」といい、灌頂―道素―弘景―恵真と相続し、恵真の門下に一行・守真・承遠がいて、玉泉流天台は独自の発展を遂げていたことを論述する。また唐末宋初の天台宗の系譜の研究には、末広照純「宋末・唐天台の系譜」(『天台学報』二〇、昭和五三年)もある。

(62)『本朝高僧伝』巻六『大日本仏教全書』新六三、史伝部二五二中。

(63) ただし円仁『入唐求法巡礼行記』巻三会昌二年二月二十九日の条には、玄法寺の法全から胎蔵の大法を受け、また大安国寺の簡阿闍梨から悉曇章を学んだことは記されているが、醴泉寺の宗頴から『摩訶止観』を学んだことは記されていない。長安で円仁が宗頴から天台教を受けた、とは円仁白身が述べていないのは問題であるが、今はその理由にまで立ち入らない。(『大日本仏教全書』七二史伝部十一・二二二頁上。武覚超『中国天台史』第五章六九頁参考)。

(64)『続蔵』二―五―五所収では、『釈義』の題名である。

(65)『続蔵』二―五―五・四二八左。

(66) 鎌田茂雄『中国仏教史』第六巻(東京大学出版会、平成二年)「隋唐の仏教」下、第四章第七節、七二七・七二八・七三二頁を参考にする。

(67) 安藤俊雄『天台学―根本思想とその展開』(平楽寺書店、昭和四三年)第七章「如来性悪思想」第一部、一六六―一八八頁を参考にする。

(68) 島地大等『天台教学史』(『現代名著全集』九巻、隆文館、昭和六一年)第二篇「成立史論」第八章「第二期暗国時代」二八七頁を参考にする。

(69) 唐五代天台に関しては安藤俊雄『天台性具思想論』(法蔵館、昭和二八年)後編「天台実相論の発展」第三章「性起哲学の浸潤」第一節「唐末五代の天台教」に論述がありそれを参考にする。

(70)『正蔵』五〇・七五一下。

(71) 林鳴宇『「釈難扶宗記」の諸問題』(『印度学仏教学研究』第四九第一号、平成一二年)では、皓端の『金光明経随文釈』一〇巻が晤恩の『金光明玄義発揮記』に与えた影響が大きいのではないかと推定し、経歴も学問も志因より優れた皓端は後の天台山家派系統の形成に無視できず、まだ解明されていない疑問点は多いが、従来の志因系統による山外派思想形成に関する簡単な結論には、見直すべき点があると指摘する。
(72) 前節の注2に掲載したのでそれを参考されたい。
(73)『宋高僧伝』巻七、『正蔵』五〇・七五一下。
(74)『閑居編』巻二一、『続蔵』二―六―一・五九右―左。
(75) 以下に拙論で取り上げる晤恩・文備・源清・慶昭・智円については、すでに、前掲、島地大等『天台教学史』第三編「趙宋天台」第三章「学派の分系」第四節「慈光系の活動」に、また、前掲、安藤俊雄『天台性具思想論』後編第四章「山外派の実相論」第二節「山外派の学説」に、また、前掲、武覚超『中国天台史』第六章「趙宋天台諸師の生涯とその著作」第四節「山外派諸師とその著作」の第一項目から第五項目に述べ、また林鳴宇『宋代天台教学の研究―金光明経の研究史を中心として』（山喜房佛書林、平成一五年）本論第一篇「宋代天台に於いて『金光明経』の研究に関わった人物の研究」などの論考がある。ここではそれら先行論文を参考にして自説を述べた。
(76)『宋高僧伝』巻七、『正蔵』五〇・七五二上。
(77) 右同・七五一下。
(78) 右同・七四七下、七五〇中。
(79)『景徳伝統録』巻二六、『正蔵』五一・四二三下。
(80)『天台霞標』初編巻四、『大日本仏教全書』新四一・一上、中。二三二中。この問題に関しては拙著『宋代仏教史の研究』第二部「宋代浄土教の研究」第一章「五代宋初の浄土教」3「奉先源清の浄土教」に論述した。詳細はそれを参考頂きたい。
(81)『正蔵』五七・六七三下に「三段文解釈者、依大師義記、大分三」とある。この問題については、佐藤哲英『天台大師の研究』第五編「浄土教関係の著作の研究」第三章「阿弥陀経義記」第一節「趙宋天台における真偽の論」に述べている。それを参考にする。
(82)『観経疏顕要記』については、佐藤哲英『叡山浄土教の研究』（百華苑、昭和五四年）第四章第三節「覚運之浄土教」に詳論する。
(83) 前掲、武覚超『中国天台史』第六章「趙宋天台諸師の生涯とその著作」第四節「山家諸師とその著作」第三項「洪敏・源清」を参考。源清の教学については、玉城康四郎「源清の一念霊知に関する解釈」（『印度学仏教学研究』三―一、昭和二九年）に、また福島光哉「奉先源清の止観思想」（『仏教学セミナー』二四、昭和五一年）、末広照純「源清の教学」（『印度学仏教学研究』二八―一、昭和五四年)、同上「一念靈智について」(『天台学報』二一、昭和五四年)などがある。

(84)『四明十義書』、『正蔵』四六・八三一。

(85)景霄に関しては本章「一、杭州における律宗の展開」「2、律宗の杭州への流伝」に述べた。

(86)山家山外の論争については、前掲、島地大等『天台教学史』第三篇「趙宋天台史」第三章「学派の分系」第四章「慈光系の諸師」第五章「螺渓の諸師」第六章「山家山外の論争上」第七章「山家山外の論争下」に、また、前掲、安藤俊雄『天台性具思想論』後編「天台実相論の発達」第四章「山外派の実相論」第一節「山家派の成立」、第二節「山外派の学説」、前掲、安藤俊雄『天台学　根本思想とその展開』第十四章「宋代における四明天台の興隆」第一節「山家派の異端思想」。また、塩入良道『山家山外論争の発端』(『仏教思想史』(平楽寺書店、昭和五六年)。前掲、武覚超『中国天台史』第六章「趙宋天台諸師の生涯とその著作」第三節第二項「法智大師の生涯とその著作三知礼の著作と山家山外の論争」。林鳴宇『宋代天台教学の研究―金光明経の研究史を中心として』第二篇「宋代天台における『金光明経』の論争史の研究」第三章「宋代に発生した『金光明経玄義』論争の歴史背景と位置づけ」第四章「『金光明経』をめぐる論争の準備段階」第一節・第二節、ならびに第五章・第六章・第七章・第八章に詳説する。いずれも貴重な学説でありそれらを参考にする。

(87)島地大等『天台教学史』第三篇「趙宋天台史」第六章第二節第一論争、を参考にする。

(88)林鳴宇『「釈難扶宗記」の諸問題』(『印度学仏教学研究』四九―一、平成一二年)には、知礼の『釈難扶宗記』には源清の質問十三、洪敏の質問十七を挙げてそれに反論することを述べている。

(89)前掲、武覚超『中国天台史』第六章「趙宋天台諸師の生涯とその著作」「第二法智大師の生涯とその著作」「三知礼の著作と山家山外の論争」。理毒性悪説については、前掲、安藤俊雄『天台性具思想論』後編「天台実相論の発達」第五章「知礼の実相論」第三節「理毒性悪」に、また、前掲、安藤俊雄『天台学―根本思想とその展開』第一四章「宋代における四明天台の興隆」第二節「四明知礼の山家教学・三理毒性悪」に詳論する。それを参考にする。

(90)山野敏郎「弧山智円伝の試み」(『仏教学セミナー』通号七八、二〇〇三年)は智円伝を年譜の形で述べた詳論であるので参考になった。

(91)『閑居編』巻一六、『続蔵』二―六―一・五一右。

(92)紹巌禅師と水心寺については、本章第一節第二節に述べた。

(93)石壁行靖・行紹については拙著『宋代仏教史の研究』第二部第一章二に述べた。

(94)『正蔵』四九・二〇一下。

(95) 遵式については、林鳴宇前掲『宋代天台教学の研究—金光明経の研究を中心として』第一篇第二章「慈雲遵式の伝記研究」があり、また呂淑玲「慈雲遵式の研究序説—特に遵式の生涯について—」(『仏教大学大学院研究紀要』第三一号、二〇〇三年)、同上「慈雲遵式の研究序説—特に遵式の社会的教化活動—」(『印度学仏教学研究』五二—一、平成一二年)、また末広照純「慈雲遵式の研究」(『印度学仏教学研究』二七—二、昭和五四年)がある。ここではそれらを参考にしてなるべく簡潔に自説を述べた。

(96) 遵式がいた東掖山能仁寺と白蓮寺については拙著『宋代仏教史の研究』第二部第二章、一九二頁に解説した。また朱封鰲『天台宗　史迹考察与典籍研究』(上海辞書出版社、二〇〇二年)に歴史と現況を報告している。

(97) 遵式の『注肇論疏』については、吉田剛「宋代における肇論の受容形態—遵式の『注肇論』をめぐって—」(『印度学仏教学研究』四九—一)に、この遵式は慈雲遵式ではなく円義遵式であることを論証する。

(98) 『釈門正統』巻五『続蔵』乙三—五・四一八右。『統紀』巻一〇、『正蔵』四九・二〇七下。

(99) 道端良秀『中国仏教思想史の研究』(平楽寺書店、昭和五四年)第四章「放生思想と断肉酒」一放生思想の展開、二梁武帝の断酒肉文、を参考にする。

(100) 佐藤哲英『天台大師の研究』(百華苑、昭和三六年)第三章第十節「放生池の設定」を参考にする。

(101) 真宗朝の天書降下、天神降臨の問題に関しては拙著『宋代仏教の研究』第一章「宋朝初期三代皇帝と釈宝誌の讖記」に考察した。

(102) 拙著『宋代仏教史の研究』に論述した。

(103) 『正蔵』四九・四〇三上。

(104) 右同・四〇六・中。

(105) 右同・四〇三・上—中。

(106) 阿部肇一『中国禅宗史の研究』(誠信書房、昭和三八年)第二篇「五代における禅宗史」第五章「文穆王元瓘」第一節「生い立ち」第二節「文穆王元瓘と仏教」を参考にする。

(107) 拙論「呉越末宋初の杭州の仏教—律宗と禅宗の展開—」(『三康文化研究所年報』四六号、二四頁。本章第一節第二節)。

(108) 右同拙論七頁。

(109) 右同拙論八—九頁。

(110) 道忖については右同拙論二三—二四頁に述べた。

(111) 令参については右同拙論二四頁に述べた。
(112) 法瑫については右同拙論二三頁に述べた。
(113) 龍冊寺については右同拙論二四頁に述べた。
(114) 皓端については拙論「呉越宋初の杭州の仏教―天台宗の展開―」、『三康文化研究所年報』四七号、九―一二頁（本章第三節）に述べた。
(115) 玄燭については右同拙論四―九頁に述べた。
(116) 晤恩については右同拙論一一、一七―二一頁に述べた。
(117) 小笠原宣秀『瑞応刪伝の諸問題』（『支那仏教史学』、法蔵館、昭和一四年）には、文諗・少康共著の書が『浄土瑞応伝』であり、五代の道詵がそれを刪削増減した書の呼称が『浄土瑞応刪伝』であるという。そして、『宋高僧伝』の「西方浄土靈瑞伝」と『浄土往生伝』の「浄土儀式」との相違について、「一は伝であり一は儀式であって性質は同じでないが、いずれかを否定するよりは両者を存して考えた方が妥当であろう。即ち往生伝類に「浄土儀式」と云っているけれども『宋高僧伝』の『西方浄土靈瑞伝』の文字より有力でありえない筈である」と述べる。
(118) 『新修往生伝』巻下志通伝、『続蔵』二乙―八―一・四二右。
(119) 『浄土聖賢録』巻三志通、右同二・一二一右。
(120) 『浄土瑞応伝』右同一・一五左。
(121) 李薇「律と自殺」『南都仏教』九九号、二〇一四年に種々の律蔵においても自殺を認める記述と認めない記述があり、近来の学者の間にも両方の見解があることを論じている。
(122) 小笠原宣秀『中国近世浄土教史の研究』（百華苑、昭和三八年）第一篇「宋代と浄土教」第四章「宋代庶民の精神生活と浄土教」「三、捨身の流行」を参考にする。
(123) 『法華経顕応録』巻下、『続蔵』二乙―七―三・四三三右。
(124) 『宋高僧伝』巻二十八延寿伝、『正蔵』五〇・八八七中。
(125) 『浄土往生伝』紹巌伝、『続蔵』二乙―八―一・三四左。
(126) 『正蔵』四九・二五九中。
(127) 『統紀』巻一〇行靖伝、『正蔵』四九・三〇五下。
(128) 佐藤哲英『天台大師の研究』第五篇「浄土教関係著作の研究」第四章「浄土十疑論」に詳説する。それを参考にする。

(129) 拙著『宋代仏教史の研究』第二部「宋代浄土教の研究」第一章「四　澄彧の『註浄土十疑論』について」に『註浄土十疑論』の版本と賛寧の序については述べたのでここでは省略する。

(130) 『略諸経論念仏法門往生浄土集　一名慈悲集』、『正蔵』八五・一二三六中。慈愍三蔵慧日の一部の禅徒の浄土教批難については拙著『宋代仏教の研究―元照の浄土教―』第七「北宋時代における禅僧と浄土教」第一節「『浄土慈悲集』をめぐる元照と禅僧の紛争」に述べた。

(131) 遵式の伝記については、高雄義堅「遵式の瑞宝塔」(『日華仏教研究』二、昭和一二年。林鳴宇『宋代天台教学の研究―金光明経の研究史を中心として』第一篇第二章、淑玲「慈雲遵式の序説―特に遵式の生涯について―」(『仏教大学研究紀要』第三一号、二〇〇三年)、同上「慈雲遵式の研究序説―特に社会的教化活動―」、(『印度学仏教学研究』五二―一、平成一二年)等がある。それを参考にする。

(132) 『正蔵』四九・一九一下。

(133) 東掖山能仁寺と白蓮寺については拙著『宋代仏教史の研究』第二部第二章一九二頁に述べた。また朱封鰲『天台宗史迹考察与典籍研究』一三〇―一四五頁に東掖山の能仁寺・白蓮寺の実地調査の報告があり参考になる。

(134) 『正蔵』・四九・二〇七下。

(135) 右同二〇八上。

(136) 右同二〇八中。

(137) 本章第一節第二節にこの問題を論じた。

(138) 遵式の浄土教に関しては、福島光哉『宋代天台浄土教の研究』(文栄堂書店、平成七年)第三遵式の浄土思想、小林順彦「慈雲遵式の浄土教」(『天台学報』三六)、福原隆善「宋代における懺法―五偈を中心として―」(『天台学報』二三)等を参考にする。

(139) 『懺願儀』『正蔵』四七・四九四下。「往生坐禅の観法」『楽邦文類』巻四にも同文あり。

(140) 福原隆善「宋代における懺法―五偈を中心として―」(『天台学報』二三)に、『懺願儀』の五偈には、善導の『往生礼讃偈』の影響があることを論説する。

(141) 道安の『往生論』の問題については金子寛哉『浄土教学論攷』第一篇第五章「道安の浄土論について」に研究があり、それによると、『浄土論』を東晋の道安の著とするには従来異義があり、北周の道安の著とする説が有力である。

(142) 『行願二門』『正蔵』四七・一四七上。

(143) 前掲、福島光哉『宋代天台浄土教の研究』第三章「遵式の浄土思想」第四節「唯心浄土」。小林順彦「慈雲遵式の浄土教」(『天台学報』三六)を参考にする。

(144)『行願二門』『正蔵』四七・一四七上、『念仏方法』(『楽邦文類』巻第四。『正蔵』四七・二一〇下)。

(145) 拙著『中国仏教思想史の研究』(山喜房佛書林、昭和六〇年)、十二「『十往生経』の引文をめぐって」にこの問題を論述した。

(146)『金園集』巻上所収の「示人念仏方法并懺悔文」)『続蔵』二―六―二・一一三左にも同文あり。

(147) 福原隆善、先掲論文を参考にする。

(148) 省常の浄行社については、前掲、拙著『宋代仏教の研究―元照の浄土教』第二章「省常の浄行社について」において、省常の仏記をも含んで詳述した。本稿では、本稿の論述に必要な範囲内の略説に止める。しかし先稿と重複する部分もある。

(149)『統紀』巻四三法運通塞志第一七淳化二年の条、『正蔵』四九・四〇〇下。

(150) 丁謂に関しては、池澤滋子『丁謂研究』(巴蜀書店刊、一九九八年)があり、丁謂と日本の留学僧寂昭との交わりについて述べ、丁謂と西湖白蓮社についても述べている。しかし丁謂の白蓮社入社詩については「惜しむ可きは、丁謂の詩は已に失伝しており、現在はただ『西湖結社序』のみ留めている」という。巻末に丁謂の年譜を付しておりそれを含めて参考になる。

(151) 讖記と天書降下の問題については前掲、拙著『宋代仏教の研究―元照の浄土教』第一章「宋朝初期三代皇帝と釈宝誌の讖記」に論じた。

(152)『宋蔵遺珍』六・四〇五七頁。

(153)『景祐新脩法宝録』巻一六、『宋蔵遺珍』六・四〇八〇頁、四〇八一頁。同総録、同上四一一一頁。『宋会要輯稿』道釈二。

(154) 右同巻六、右同・四〇三三頁。

(155) 銭若水の伝は『宋史』巻二六六。宋湜の伝は同上巻二八七。馮元の伝は同上二九四。

(156) 張去華の伝は『宋史』巻三〇六。

(157) 朱昂の伝は『宋史』巻四三九。

(158) 楊億の伝は『宋史』巻三〇五。

(159) 呂文中、呂祐之の伝は『宋史』巻二九六。

(160) 荒木敏一『宋代科挙制度研究』附篇の宋代科挙登弟者数及び状元名表による。

(161) 先掲荒木敏一著の状元名表には、陳尭咨は掲げていない。
(162) 『統紀』巻四三、『正蔵』四九・四〇〇下。
(163) 右同、右同四〇六上。
(164) 先掲荒木敏一著書・第三章殿試・四殿試の創設を参考にする。
(165) 右同荒木敏一著書・附篇の宋代科挙登弟者数及び状元名表による。
(166) 『昭慶寺志』巻五浄社には、浄行社に関する記事があり、そこには孫可の「記」を引文し、浄行社に入社した二十二名の高官の略伝を記している。参考にした。
(167) 『景祐新脩法宝録』巻六、『宋蔵遺珍』六・四三〇二頁。
(168) 前掲、拙著『宋代仏教史の研究』第一部第二章「北宋真宗の御製仏書とその成立に携わった沙門と官人—皇帝をめぐる仏教の動向—」に詳説した。
(169) 『正蔵』四九・三八三下。
(170) 右同・八八四上。
(171) 晁迥が儒教とともに仏教に精通し訳経潤文を務めていたことは、夏竦が、訳経事業に功績のあった人の顕彰のために勅によって景祐二年に著わした「伝法院碑銘」の中に次のように記している。故の樞密使・同中書門下平章事の王曙、参知政事の張泊、趙安仁、樞密副使の楊礪、翰林学士承旨の晁迥、李惟、翰林学士の朱昻、梁周翰、楊億は、みな通じて儒釈も学ぶを以て、継いで訳潤（潤文）を司す（『文荘集』巻二六、『四庫全書』珍本）。『景祐新脩法宝録』巻六、『宋蔵遺珍』六、四〇三二頁。
(172) 楊億については、李一飛『楊億年譜』（上海古籍出版社、二〇〇二年）があり、年代順に資料を掲げて伝記風に述べている。しかし仏教との関係についてはほとんど言及がない。西脇常記「楊億研究—殤子述を読む—」（鈴木哲雄編『宋代禅宗の社会的影響』山喜房佛書林、二〇〇二年）では、楊億の『景徳伝燈録』の篇者として、思想家として、文学者としての面を論述し、『殤子述』を通して楊億の禅宗への帰依の様相と経過を詳論し、楊億は若い頃から仏教に帰依していたと論ず。付録の年譜を含めて参考になる。また前掲、拙著「宋代仏教史の研究」第二章第三節「御製仏書の編纂と参詳に携わった官人」において、簡略ではあるが楊億について言及した。
(173) 『統紀』巻四四、『正蔵』四九・四〇六上。『統紀』に記す話は、『四明教行録』巻五に収載する知礼と楊億の間に往復した数篇の書簡に基づくものである。

(174) 右同、右同四〇四中。
(175) 右同、右同四〇六中。
(176) 右同、右同。
(177) 『宋高僧伝』巻一六、『正蔵』五〇・八一一上。
(178) 右同、八一〇中。
(179) 『唯識論』の講説は、仁宗の明道元年十二月から翌年四月にかけて訳出された『金色童子因縁経』第一の巻末に付する訳場列位の中に、「講因明唯識論仁王経賜紫沙門臣　義宗証義」(『宋蔵遺珍』一・二六八頁)とある。

第四章　宋代浄土信仰における浄土懺について

序　文

唐の善導大師によって教義面でも実践面でも発展した浄土教は、中国社会に流布したが、唐末五代の戦乱と廃仏の影響もあって、一時は衰退した。しかし宋代になると江南の浙江の地において再び盛んになった。宋代には天台・華厳・禅・律などの諸宗の僧のあいだに浄土教信者が輩出しそれぞれの教義を背景として浄土教が新しい形で展開した。その浄土教は出家僧のみならず官僚層や庶民層の中にも広く浸透した。思想的には天台・華厳・禅の教義のもつ唯心論的な傾向を受けて浄土を自己の心中に求める唯心浄土説が一般的な形態となった。また一面、西方極楽浄土を信じてそこに往生を願い口称念仏を実践する善導流のいわゆる事の浄土教も流布した。信仰面では、随所に阿弥陀仏もしくは弥陀・観音・勢至の弥陀三尊像が造られそれを安置する堂宇や、『観無量寿経』に基づく十六観堂が建立された。また浄土信仰を実践する団体である「社」が結成され、多くの出家・在家の信者がそれに参加した。(1)こうした浄土信仰の展開の中で、浄土往生を達成するために懺悔が重視され、浄土懺堂・浄土懺室と称する堂宇が建立された。そしてそこが浄土信仰の念仏を実践する場となり、また臨終にまつわる行儀とも結びつき、臨終を迎える場ともなった。これは天台宗の伝統である懺法の影響である。懺法は、諸経典の説によって自己の罪業を佛菩薩に懺悔し解脱を願う行儀作法で、懺儀とも言い、梁代以来盛んに行なわれた。種々の「懺文」が著作されており、隋の天台大師智顗によって思想的にも儀礼的にも発展した。この懺法の思想と行儀が天台系の僧によって浄土信仰の中に取り入れられ浄土懺・弥陀懺として確立し、その浄土懺が宋代社会の在家信者の間で広く行なわれるようになった。浄土懺の流行は宋代浄土教の特色といえるので、本章ではこの問題について考説する。(2)

一

懺法は、『涅槃』・『般若』・『法華』・『金光明』などの経典に基づく懺法が主流であって、本来は浄土信仰とは別のものである。しかし智顗が撰述した『法華三昧懺儀』を見るとすでに懺法の中に浄土信仰を導入している。(3) この書は全体が五科の構成であり、その第四科の「明初入場正修行方法」は三七日の間に修する法華三昧の正行を述べた一節で本書の中心をなし、行者が初めて道場に入った時に行なわなければならない十法を説いている。その十法の第七「懺悔六根及び勧請・随喜・廻向・発願を明かす」の項の「発願」の解説に、

明㆓発願法㆒

我比丘某甲、至心発願。願命終時神不㆑乱、正念直往㆓生安養㆒、面㆓奉弥陀㆒値㆓衆聖㆒、修㆓行十地㆒勝常楽。

(『正蔵』四六・九五三中)

という。『法華三昧懺儀』では懺悔法の後に発願法を付しているが、発願法ではこのように、命終の時に心を乱さず

直に安養（西方極楽浄土）に正念往生し阿弥陀仏にまみえたいと願え、と説いており、浄土往生の願を発するのが智顗の説く発願法なのであり、法華懺法の中に浄土往生の思想が明瞭である。

懺法と浄土信仰とが結びつく最も端的な事例は『無量寿経』『観無量寿経』『阿弥陀経』の浄土経典に基づく弥陀懺法である。北宋時代になると慈雲遵式（九六四―一〇三二年）が弥陀信仰の懺法を確立した『往生浄土懺願儀』を著述した。また遵式の遺文を法孫の慧観が紹興二一（一一五一）年に編纂した『金園集』三巻の巻尾には、『大弥陀懺儀』一巻、『小弥陀懺儀』一巻の書名を掲げており、『金園集』を編纂したときにすでにこの書は現存しなかったようだが、遵式が『無量寿経』と『阿弥陀経』の懺儀を著述していたことがわかる。また元の王子成が撰述した『礼念弥陀道場懺法』一〇巻が現存する。日本でも桓武天皇時代に昌海が著わした『弥陀悔過』一巻が現存し、慈覚大師円仁にも『阿弥陀懺法』一巻（欠）があり、入宋比丘円西の『阿弥陀懺補助儀』一巻（欠）があったという。(4)

遵式の『往生浄土懺願儀』は全体が第一厳浄道場、第二明方便法、第三明修意、第四焼香散華、第五礼請法、第六讃歎法、第七礼佛法、第八懺願法、第九旋遶誦経法、第十坐禅法、以上の十科の構成であり、そのうち第八懺願法が中心をなし、この懺願法に、1懺悔、2勧請、3随喜、4廻向、5発願のいわゆる五悔をたてている。これは『法華三昧懺儀』の十法の第七の「懺悔六根及び勧請・随喜・廻向・発願」の五悔と同じであり継承していることは明らかである。その他の行儀の構成・次第には『法華三昧懺儀』を踏襲する面が多い。ここでは『往生浄土懺願儀』の内容の紹介や『法華三昧懺儀』との比較検討は省略するが、遵式の浄土懺は智顗の『法華三昧懺儀』の懺儀の形式を踏襲しながら、思想内容を浄土信仰に変換した形である。『往生浄土懺願儀』の第八懺願法の最後に付する発願の解説では、遵式は、先に引いた『法華三昧懺儀』の浄土信仰の記述を踏襲し、それをより詳細にして次のように記している。

五明發二願法大体須存滅罪除障。扶四弘誓。随順菩提。求生浄土。唱時想的対彌陀。余佛菩薩悉爲証明

我比丘其甲至心發願、願共下修二浄行一人、三業所生、一切諸善上、荘二厳浄願一、福智現前。願得弥陀世尊、観音勢至、慈悲攝受、爲レ我現レ身、放二浄光明一、照二觸我等一、諸根寂静、三障消除、楽修二浄行一、身心潤澤、念念不レ失、浄土善根一、及於二夢中一、常見二彼国、衆妙荘厳一、慰二悦我心一、令上レ生二精進一。願得レ臨二命終時一、預知二将至一、盡除二障礙一、慧念増明、身無二病苦一、心不二顛倒一面二奉弥陀、及諸眷属一。歎喜快楽、於二一刹那一、即得レ往二生、極楽世界一。到已自見下生二蓮華中一。蒙二佛授記一。得二授記一已。自在化二身微塵佛刹一、随順衆生、而爲二利益一、能令三佛刹塵数衆生、發二菩提心一、倶時離レ苦、皆往生乙阿弥陀佛極楽世界甲、如レ是行願、念念現前、盡二未来時一、相続不断身語意業、常作二佛事一發願已。歸命礼阿弥陀佛。及一切三宝。發願往生正行。須具足三説。不動前四悔。随時廣略應知

（『正蔵』四七・四九四上）

また北宋時代には、四明知礼（九六〇―一〇二八年）の『修懺要旨』（『四尊者教行録』巻二）にも、懺法と浄土信仰が結びついている事例が見える。『修懺要旨』は、神宗皇帝が臣下の兪原清を派遣して知礼に法華懺法を修せしめたとき、知礼が、兪原清に法華懺法の趣旨を説明した書である。この書の第八懺悔六根及四悔に、四悔として勧請・随喜・廻向・発願の四種をあげ、発願に、心に専ら浄土を期すべきことを説いている。その文をあげよう。

今則別要二其心専期二浄土一、蓋此堪忍之界。不二常値レ佛。多二諸悪縁一、深位尚乃有レ退。若彼安養之士。常得レ見レ佛。唯有二勝縁一、初心則得二不退一。又彼佛願力、普攝二有情一、若能願求、定得レ生レ彼。況過現積集善悪業縁、毎至レ終レ身、咸来責レ報、臨終悪念増盛、則衆悪成レ功、牽二生悪道一、臨終善念増盛、則衆善皆成、牽二生善道一。今既求レ生二安養一、必須二浄業荘厳一、若無二願力強牽一、焉克臨終正念。故誠心發願、決志要期、既欲二往生一、宜レ在二専切一。

（『正蔵』四六・八六九下）

この知礼の所説は、遵式の浄土懺の説と同様に、智顗の『法華三昧懺儀』の発願法の浄土信仰を継承し、より詳細

にしたものである。その要旨は、極楽世界では常に仏にまみえることができて不退転の位を得ることができる。また阿弥陀仏の願力は普く衆生を摂取するから、願い求むれば定んで往生できる。過去現在に積んだ善悪の行業の報いというものは終身つきまとう。特に臨終に悪念が増せば衆悪が成就して悪道に生まれ、臨終に善念が増せば衆善が成就して善道に生まれる。今、浄土往生を求むる者は浄業によって身を荘厳しなければならない。往生を願う強い願力が無ければ臨終の正念は得られない。だから誠心に発願して専ら浄土往生を願うべきである、というのである。浄土往生を達成するためにまず罪業を懺悔消滅し、そして浄土往生を誠心に発願すべきことを説いている。このように懺法の目的のなかに願往生の思想が明確である。また知礼の行動として、

年至二五十七一、位二同士一十人一、請願要期、修二法華懺一、三年期満、日共焚身、供二養妙経一、求二生浄土一。（『四明尊者教行録』巻七四明法智尊者実録、『正蔵』四六・九一九下）

と伝えており、法華懺を修し三年の満期が来たとき、自身を焼いて『法華経』に供養し浄土に往生したいとの願をたてている。法華懺が浄土往往の願いと結びついている。また知礼は、弥陀懺法を七昼夜五十遍修したという。その弥陀懺の内容については不詳である。天台宗の懺法の中に浄土信仰がすでに智顗によって取り入れられており、それを受けた遵式や知礼によって懺法の中の浄土信仰が一層強調されたのである。知礼は、四明（浙江州寧波市）の宝雲寺（伝教院が賜額により改名）で天台の教観を広宣した宝雲尊者義通の後を継いで、延慶寺で天台教学を発展させ天台中興の祖といわれる。智礼は、熱心な浄土教信者でもあり、浄土教関係の著作に『観無量寿経妙宗鈔』六巻、『観無量寿経融心解』一巻がある。智顗の著作といわれる『観無量寿経疏』を注釈した『観無量寿経妙宗鈔』は当時のそして後世の天台浄土教の指針となった。また知礼は大中祥符六（一〇〇九）年二月に延慶寺で念仏施戒会を始め以後毎年これを行なった。[5]

遵式は、知礼と同様に義通に学んだ後に四明から抗州に移って天竺等を中心に盛んな教化活動を行った。『往生浄土懺願儀』以外にも浄土教関係の短編が数種あり、彼の浄土教の影響は大きい。北宋の代表的な天台僧であり浄土教者であった遵式と知礼が浄土懺を重視した。その影響であろう。浄土懺が北宋時代に出家僧さらに在家信者の間でも行なわれるようになった。

懺悔は、佛教では一般的な行であり、浄土教においても、本来、重視されている。特に善導の浄土教では、人間を罪業にまみれた凡夫と考え、その凡夫が浄土往生を達成するために自己の罪業を懺悔し消除すべきことを強調する。その著『往生礼讃偈』の中で、六時の礼讃偈において阿弥陀仏への帰命礼拝と自己の罪業の懺悔を説いている。六時の文に、

普為師僧父母及善知識法界衆生、断除三障、同得往生阿弥陀仏国、帰命懺悔。

を繰り返し説き、日没、中夜の礼讃偈にはその後に「至心懺悔」で始まる懺悔文があり、日中礼讃偈には広懺悔文を付している。中夜礼讃偈には、至心懺悔・至心勧請・至心随喜・至心廻向・至心発願の五悔を礼讃儀礼として挙げている。この五偈の形式は智顗の『法華三昧懺儀』に説く懺悔・勧請・随喜・廻向・発願の五悔と一致する。ただし所説内容は相違する。今は、「法華三昧懺儀」と善導の懺悔思想そして『往生礼讃偈』と『往生浄土懺願儀』との関連については考察できないが、善導の浄土教でも懺悔を重視し願往生者の必須の行とする。このように天台宗の懺法においても、善導の浄土教においても懺悔が重視されている。天台系の懺儀と善導系の礼懺（讃）との両方の影響を受けて宋代の天台系浄土教において懺儀が流行したのであろう。ちなみに遵式は善導を弥陀の化身と崇め、その著作に『往生礼讃偈』のあることは知っていた。

二

次に宋代に行なわれていた懺儀の具体的な事例について考説しよう。まず、孤山智円（九七六―一〇二二年）が編纂した『閑居編』第二三に、「湖州徳清覚華浄土懺院記」を収録する。智円は、奉先源清に天台の教学を学び、後に西湖の孤山の瑪瑙寺に居住して多くの著述を著わした。この「浄土懺院記」は文末に北宗の天禧三（一〇一九）年に智円が記したという。湖州徳清県の覚華（寺院の名）に、智隆という名の僧が篤信者の孫希岳を勧進役として浄財を募って無量寿・観音・勢至の三尊像を造り、その後、孫氏の三兄弟が三十余本の柱のある立派なお堂を造りそこにその三尊像を安置した。そして廉勤な僧智隆に要請してここに居住してもらい、智隆は毎日香を焚き仏事を厳修し、多くの信者が帰依した。このお堂を「浄土懺堂」と名づけた、という。そして、この浄土懺堂で信者が弥陀三尊の前で自己の罪障を懺悔して浄土往生を願っている。湖州徳清県は浙江省の北部に位置し今は嘉興地区に属している。

先レ是僧智隆、導二信士孫希岳一、募レ衆造二聖像三一焉。曰無量寿、曰観世音、曰大勢至。厥後孫氏兄弟、曰仁晏、曰仁晟、曰利言者、搆二厦三十余盈一、以処二其像一焉。復請二僧廉謹者智隆一以尸レ之、於レ是香火日修、承事日厳、而信レ仏之徒、有レ所二依帰一。乃署レ之曰二浄土懺堂一焉。（中略）対二其像一、而誓不レ造レ新、不レ曰二改レ過之大者一邪。然後指二浄土一以高会。

（『続蔵』二・六―一・六一左）

また、霊芝元照（一〇四八―一一一六年）が記した「秀州超果惟湛法師行業記」（『芝園集』巻上）に、惟湛法師が秀州華亭の超果寺に浄土懺堂を建立したことを伝えている。元照は、北宋時代に唐の道宣の南山律宗を再興した律僧でありまた代表的な浄土教者でもあった。また多くの塔銘・墓銘類も書いており、この「行業記」もその一つである。「行業記」の主人公の惟湛（一〇〇九―一〇七三年）は、知礼の高弟の神照本如について天台の教えを学び、その後、本如と同門の広智尚賢の下で学んだが、やがて華亭に移り超果寺に入った。華亭は、宋代には両浙路の秀州の一県であり、現在では上海市松江県に属し、上海市の西南部に位置する。そして荒廃していた超果寺を修復し天台教院を造り天台の教観を宣揚した。惟湛はまた浄土信仰者でもあった。惟湛は超果寺で積極的に教化活動を行なった。(6)それを次のように伝えている。

次遷二東越一、後居二雲間。即超果道場也。法師纔至、士庶風偃、学衆雲集、有時啓二貝文一揮二犀柄一、円音落落、駭一干群聴一。或陞二其堂一。或人二其室一。一雲所レ雨、莫レ不レ霑レ益。講習之餘、志在二興建一、導二誘豪族一、力営二福事一、雕二弥陀聖像一、敞二浄土懺室一、講堂函丈、周遭舎宇、所須供事、一皆新レ之。（『続蔵』二―一〇―四・二九二左）

惟湛が超果寺に入ったのは「行業記」の記述により熙寧年間（一〇六八―一〇七七年）の初めであり、惟湛が六〇歳を迎えたころで、学識も人格も備わっていたのであろう。惟湛がこの寺に来ると、この地の人々は惟湛になびき学衆が雲集した。惟湛は彼らに教典を講義する傍ら、堂宇の興建を志し、豪族を誘導して福事を営んだ。すなはちその一つとして弥陀の聖像を彫り立派な浄土懺堂を造ったという。土地の豪族の寄進によって完成したこの阿弥陀仏像は信仰の中心になったのであろうし、それを安置した浄土懺堂は信仰の実践の場となったに違いない。

浄土信仰者が懺悔堂を造ってそこで西方浄土を専念し念仏する事例は、唐代の往生人の中にも見える。往生人の伝記を収録した『仏祖統紀』（以下『統紀』と略称）巻第二七浄土立教志・往生高僧伝に収録する徳美という僧の伝記に、徳美が会昌寺の西院に懺悔堂を造って、般舟三昧（常行三昧）や常不軽菩薩行などとともに、専ら西方浄土を思い口に弥陀の名を誦し、臨終には念仏しながら遷化したという。(7)しかし、明確に「弥陀懺」「浄土懺」として懺儀が浄土信仰と結びつくのは北宋代になってからと思える。『統紀』の浄土立教志に収録する宋代の往生人の伝記には往生人が懺法を実践する事例が多く見える。それら、1宗利、2法持、3法宗、4浄観、5師安、6秦氏浄堅の六人の事例を左にあげる。前の五人は出家者で最後の秦氏浄堅は在家の女性である。

1　宗利、受二業会稽天華一、修二法華懺一三載、夢亡母謝日、荷二汝懺功一、已生二善道一。期満見二普賢従一レ空而過一。(以下省略)(『正蔵』四九・二七八上)

2　法持、居二化度寺一、修二弥陀懺一三年、燼二二指一増受二戒法一、造二西方三聖像一、誦二経弥陀経如意輪呪一。願促二閻浮之寿一、蚤生二安楽之邦一。一日小疾、哭動懇告、願垂二接引一。念仏之声、聞二於百歩一。勿見仏身丈六、立二於地上一。即自言曰、我已得二中品生一。端坐面レ西化。(右同・二七九上)

3　法宗、依二雷峯広慈一学レ教、用二止観行法一、修二大悲懺一至二九載一。然二五指一供レ仏。毎月率二四十八僧一、同修二浄土懺一。久之夢二仏菩薩来迎一。後三日合掌、西望而逝。(右同・二七九中—下)

4　浄観、居二嘉禾寂光庵一、修二浄土懺法十余年。謂二弟子一曰、我後月二十七日当レ去、至二両日前一見二紅華一。次日黄華満レ室。皆有二化生孩児一、仙帯結束、及レ期入レ龕坐。命レ衆誦経念仏。頃之即脱去。(右同・二八〇中)

5　師安、受二業烏鎮普静一。通二華厳宗旨一。修二弥陀懺一、観二想浄土一二十年、昕夕不レ廃。一生多レ病。臨終勿精爽。謂二弟子一曰、仏菩薩已降、我将行矣。即端坐而化。(右同)

6　秦氏浄堅、家二松江一、厭二悪女身一、与レ夫各処、精二持斎戒一、閲二華厳経法華光明般若一、無二虚日一。晨昏修二弥陀懺一、日礼レ仏千拝。久之有二光明一入二室中一。南西念仏安坐而化。(右同・二八六下)

1宗利は、法華懺を三年修した功徳により亡母が善道（よい世界の意味で浄土のこと）に生まれることができた。2の法持は弥陀懺を三年修し、自分の三指を焼いて仏に供養し一層の持戒を誓い、弥陀三尊像を造り、『観経』『弥陀経』「如意輪呪」を誦して、早く安楽国に生まれたいと願った。3の法宗は、九年間にわたって大悲懺を修し五指を焼いて仏に供養し、また毎月四十八僧を率いて浄土懺を修し、臨終に仏菩薩の来迎を感じて逝去した。4浄観は、浄土懺法を十余年間修して臨終には奇端を感じて往生した。５の師安は、二十年の間休み無く弥陀懺を修し浄土を観想し、臨終には仏菩薩の来迎を感じて往生した。６秦氏浄堅は、日ごろよく斎戒を持ち、『華厳経』『法華経』『金光明経』『般若経』を閲覧し、朝夕に弥陀懺を修して、日に仏に千礼し、夢中に奇端を感じて往生した、という。このように浄土信仰者が、法華懺の功徳で善道に生まれたり、弥陀懺の功徳で西方浄土に往生すると信じて懺儀を行なっている。ただしその弥陀懺がどの程度に懺儀としての形式を備えたものであったかはわからない。

そしてまた、懺堂というものが臨終の場ともなっていた。元照が女性の在家信者のために書いた「四明孫氏礼佛録」（『芝園集』巻下）に、孫氏の臨終の様子を次のように記している。

惣頻夢二佛僧一、愈加二精至一、一日微恙、見三異人立二臥牀前一。嘱曰宣二勤特誦一、不レ可レ慢也。次夢八僧旋二遶懺室一、自見下身掛二縵袈裟一、随レ僧行道上。少頃又見二當中一、有二木龕一、漆飾明瑩、既覚乃知二将レ逝之相一、遂命レ僧懺念。曰吾當レ歸二浄土一矣。叱退二親屬一、勿二相擾乱一、索二香湯一澡浴著二浄衣一、専誦二弥陀經一。於二大衆前一、加趺結レ印、執二念珠幡脚、誦至二一心不乱一、語レ昇曰助レ我誦レ之、気将レ盡矣。言訖庵然而逝。異香天楽、近遠皆聞、停七日郷人聚二香木一化レ之、遺骨葬二于某山一。年七十八。

（『続蔵』二—一〇—四・二九八左）

孫氏は病床の中で、八人の僧が懺室の中を旋回し、自分も縵袈裟を掛けて僧に随って行道する夢を見た。またしばらくすると、漆で装飾し美しい玉をつけた木の龕《がん》を夢見た。それで死期の近いのを覚り、僧に命じて懺念させ、「われ浄土に帰らんとす」と告げて、親族を退けて沐浴し浄衣を着て、『阿弥陀経』を読誦して結加趺坐して手に印を結んで逝去したという。ここに見るように、在家信者の夢の中に懺室が現れるというのは、懺室が当時の寺院にはかなりあって一般的に知られていたことを示している考えられる。そして懺堂が往生人の臨終の場ともなっているのである。

以上に述べたように、宋代には知礼・遵式をはじめとする天台宗の僧の中に浄土信仰が盛んになった。知礼や遵式は、智顗の法華懺法に説く浄土信仰に基づきそれを発展させて浄土懺を形成し実践した、その影響であろう。宋代の浄土信仰では往生のための懺悔行を重視し阿弥陀仏を安置した浄土懺堂と呼ばれる堂宇が建立され浄土懺が広く実践された。出家僧のみではなく在家信者の間にも浄土懺が広まっていた。この浄土懺の流行は宋代における浄土信仰の新たな展開であり特色であるといえる。そして浄土懺が臨終にまつわる行儀とも結びつき、浄土懺堂が臨終の場にもなっていたのである。

註

（1）　北宋時代の浙江の地の浄土教については拙論「北宋時代の抗州の浄土教者」（鎌田茂雄博士還暦記念論集『中国の仏教と文化』所収）に、北宋時代の士大夫層の仏教信仰については「宋代における公卿の浄土信仰者—楊傑について」（『大正大学大学院研究論集』一四号）、「省常の浄行社について—北宗公卿の佛教への関心—」（『大正大学大学院研究論集』二一号）に、また在家の佛教信仰については「北宗時代の在家の佛教信仰—元照の記した墓誌銘によって—」（『三康文化研究所年報』三〇号）にそれぞれ考説した。（以上は拙著『宋代仏教史の研究—元照の浄土教—』山喜房佛書林、平成一三年に再録）

（2）　筆者は拙論「宋代における天台・浄土の教の上海地方への伝播—元照の書いた銘文によって—」（『大正大学大学院研究論集』二四号、拙著『宋代仏教史の研究—元照の浄土教—』に再録）の中に、宋代の浄土懺について論述した。この論文と重複する個所があるが、本論文では浄土懺を主題として構成し直した。

（3）　津田左右吉『シナ佛教の研究』（岩波書店、昭和三一年）第五編「智顗の法華懺法」（三三七、三四五—三四六頁）に智顗の法華懺法の発願法に浄土往生思想が説かれていること、そしてその矛盾を指摘している。また、前掲、佐藤哲英『天台大師の研究』第二篇、第三章「法華三昧懺儀」に智顗の『法華三昧懺儀』の撰述、組織と概要、中国における流伝、わが国における法華懺儀の成立などを論述し、異本の『法華懺法』（『正蔵』七七所収）には善導の『往生礼讃』の六時無常偈が採り入れられている点に注目し、『法華三昧懺儀』には五悔の中の発願法には往生思想が説かれているので、法華信仰が智顗によってかかる発願文となり、それに往生礼讃が結びついて、叡山における法華・弥陀信仰の調和をもたらしたものではなかろうか（一四九頁）、と論述している。

（4）『浄土依憑経論目録』別出録第五（『大日本佛教全集』九六・目録部二、一四八頁）に書名を掲げる。その他、円仁の著作として『修行念仏七日道場懺悔方法』の書名を、また著者を黒谷とする「同経（阿弥陀経）懺法一巻」の名を掲げている。

（5）『四明尊者教行録』巻第一尊者年譜、『正蔵』四六・八七五下。

（6）惟湛については拙論「宋代における天台・浄土の教の上海地方への伝播―元照の書いた銘文によって―」（『大正大学大学院論集』二四、拙著『宋代仏教の研究―元照の浄土教―』に再録）に論述した。

（7）『正蔵』四九・二七六下。

第五章　永明延寿の法華三昧の実践（遺稿）

序　文

延寿は呉越国から宋朝にかけて江南の現存の浙江省の天台山・寧波・杭州の地域で仏道の修業と教化に励んだ当時を代表する僧である。

延寿は、官史として国に仕えた後に、四明の翠巌山の令参について出家・師事し、やがて天台山に往き天台徳韶に師事して法眼宗の教えを学んだ。法眼宗は中国禅宗の諸派の一つであり、法眼文益を初祖とし、徳韶を第二祖とし、延寿を第三祖とする。

唐が滅亡（九〇七年）した後に中国は分裂動乱の時代になり、華北を中心に五代の王朝が興亡し、その他各地に十国が割拠した。呉越国はその十国の一つである。武粛王（太祖、銭鏐）が唐の滅亡と同時に建国し、文穆王（世宗、元瓘）、忠献王（成宗、弘佐）、忠遜王（弘倧）、忠懿王（弘俶）と五代の国王が統治した。宋の太宗に領土を献上して帰順するまで七一年間続いた。その領域は浙江全土と江蘇の一部を含む江南十三州であり、杭州が中心である。この地は中原から遠く離れていたので五代十国の戦乱の中でも独立国として比較的安定した状態が続き、もともと農業生産が豊かで交通の便に恵まれていたので繁栄した。歴代国王錢氏の厚い奉仏によって仏教は栄えた。多くの寺院が建立され、すぐれた僧が集まった。(1) とくに第五代の忠懿王の奉仏は歴史の上で著名である。延寿は呉越王錢氏の崇敬を受けた。

延寿は、法眼宗を嗣法する禅僧であるが、法眼宗という一派の枠を超え、天台・華厳・浄土・律・法相の諸宗の教学を統合した新しい仏教の形成を図った。実践面ではとくに禅と浄土信仰とを雙《なら》び修する禅浄雙修の実践論を説いた。また中国固有の儒教・道教と仏教との調和一致を図った。こうした諸宗融合・三教一致の思想は、中国の近世仏教の形態である。中国近世仏教の形態は延寿に起因する。延寿は中国近世仏教の祖であり、延寿の中国仏教史における役割は大きい。

それだけに、延寿に関する研究は多数発表されている。(2) 著者があえて再説する必要はない。しかしながら、延寿の法華三昧の実践についてはこれを主題とする論文は今迄に発表されていない。それで本章ではこの問題を取り上げて考説する。また延寿は、その伝記によると、法華経信仰の利益によって霊験を体験した。南宋の宗暁は延寿を法華経顕応の高僧と性格づけて、その著『法華経顕応録』に延寿伝を収録した。この法華経顕応僧としての延寿像については注目されていないので、この問題も合わせて考説する。本章の構成は次の七節である。

一　『法華経顕応録』に収録された延寿
二　延寿の法華経霊験譚の典拠
三　延寿を『法華経顕応録』に収録した理由

四　延寿と法華三昧
五　『萬善同帰集』における『法華懺』の引文
六　延寿『自行録』に説かれる法華三昧の実践
七　延寿における法華三昧と浄土信仰

一　『法華経顕応録』に収録された延寿

延寿伝は、南宋の宗暁（一一五一―一二一四年）が撰述した『法華経顕応録』巻下に収録されている。『法華経顕応録』二巻は法華信仰によって霊験を感得した高僧一七三人、高尼一三人、信男三二人、信女一四人の合計二三二人の伝記を集録した書であり、宗暁の序文によると寧宗の慶元四（一一九八）年の成立である。宗暁(3)は、四明知礼の流れを汲む広智尚賢の系譜を嗣法する天台僧である。彼は四明天台の正流を意識したのであろう。知礼の遺文、行業録等百余編を集めた『四明教行録』九巻を、また法雲義通に関する資料を集めた『宝雲振祖集』一巻を撰述した。また浄土信仰にも厚く、浄土教関係の経論の要文、諸師の所説、伝記を集めた『楽邦文類』五巻、『楽邦遺稿』二巻をも撰述した。天台祖師関係・法華信仰関係・浄土信仰関係にわたって資料を収集し整理した学僧である。

延寿は、天台徳韶から法眼禅を嗣法し法眼宗第三祖と仰がれる禅僧である。その延寿を宗暁は『法華経顕応録』に於いては法華信仰に厚く法華経の霊験を感得した高僧と見做してその伝を収載し、『楽邦文類』に於いては浄土往生の高僧と見做して収載したのである。

『法華経顕応録』巻下「杭州智覚禅師」として収録する延寿伝では、その出自「余杭人」、ついで幼少の頃の様子、

役人に任官してからの出来事、そして出家という履歴を記している。そこに、

弱冠にして法華経を誦するを習い、五行ともに下すにわずかに六十日にして畢ぬ。時に半跪《ひざまづ》いて聴く有り。

（『続蔵』二乙七―五・四三三右）

というように幼少の頃の逸話を伝えている。延寿は元服以前から『法華経』の読誦を習い、わずか六十日で全巻を暗誦した、というのである。また後文に「法華経を誦すること一萬三千部」とも伝えている。

そして出家した後に天台山に登り、国清寺において法華三昧を行じ、その功徳で延寿は次のような霊験を感得したことを記している。

かつて国清に於て法華三昧を行ずるに、夜、神人が戟を持ちて而して入るを見る。師はその擅《ほしいまま》に入ることを呵す。神は曰く「久しく浄業を種え、方に此の中に到る」と。

また中夜に行道し、次いで普賢の前に供養する蓮華、忽ち手に在り。因って二願を憶す。一には終身常に法華を誦するを願う。二には畢生広く群品を利するを願う。此の二願を憶い、復た禅寂を楽しみ、能く自ら決することなし。遂に二つの䦅《キュウ》（くじ）を作る。一に曰く「一心禅定」、一に曰く「誦経萬善荘厳」と。この二途に於いて、一の功成る者あれば、須らく七返拈著すべし。遂に仏祖に精祷し手に信《まか》せてこれを拈る。すなわち七番並びに「誦経萬善」の䦅を得た。これに由って意を一にして専ら浄業を修す。

遂に天柱峰に往きて、誦経すること三載、禅観中に観音に見え、甘露を以って口に灌ぐ、此れ従り観音の弁才を発す。

（右同・四三三右）

右の文に、宗暁は延寿が体験した三種の霊験を記している。一つは、天台山国清寺で法華三昧を行なっていたとき、その功徳であろう、夜に神人が現われ問答をかわした、という霊異体験。二つは、夜中に行道していたおり、普

賢菩薩の前に供えた華が突然延寿の手の中にある、という体験をした。延寿には、終身常に『法華経』を読誦したいという願いと、生涯衆生を済度したいという願い、また他に静かに禅定したいという願いもあった。しかしその中のどれを選ぶか決められないでいた。それで延寿は、自分の霊験をたよりにして、鬮《きゅう》（くじ）で決めることにした。延寿は二つの鬮を作った。一つには「一心禅定」と、もう一つには「誦経萬善荘厳」（誦経等あらゆる善行によって荘厳する）と書いた。そして「この二つの道のうち功徳の勝れた方を七返ひくから示してくれ」と、仏祖に祷って手にまかせて鬮をひいた。すると七返ともに「誦経萬善（荘厳）」の鬮を得た。このような霊験譚である。この文の初頭の「又中夜行道」は前文の「法華三昧を行じ」を受ける文であろう。後述するように、法華三昧は、仏像の周りを行道したり、坐禅して禅観を行なったりする半行半坐の行法であるから、この場合の「中夜行道」も法華三昧としての行道であろう。

右に掲げた『法華経顕応録』延寿伝では、二鬮の話に続いてもう一つ別の霊異体験を記している。国清寺における霊異体験の後に、延寿は、天柱峰に往きそこで三年の間誦経を続けると、禅観中に観音菩薩が現われて口に甘露を灌いでくれた。それで延寿は観音菩薩のような弁才を得た、という霊験である。天柱峰では「誦経三載」とあり、経典名は記していないが、後述するように、延寿の『自行録』に説く百八事の実践行法では、諸経典の中で『法華経』の読誦を日常の実践行としてもっとも重視しているので、この場合の読誦も『法華経』を主とすると推測できる。

このように、宗暁は、延寿が法華三昧により体験した霊異現象、『法華経』を主とする誦経により体験した霊異現象を掲げている。これら霊異体験を根拠として、また延寿が幼少の頃より『法華経』を誦し、生涯に一万三千部も読誦したという話を考慮に入れて、法眼宗の第二祖と仰がれる延寿を法華経顕応の高僧と位置づけ『法華経顕応録』にその伝記を収載したのである。

右に掲げた二鬭に記した語字には、同じ宗暁が書いた『法華経顕応録』延寿伝と『楽邦文類』巻三延寿伝との間には少し違いがある。二鬭の中の「一心禅定」は両書とも同じであるが、『法華経顕応録』にある「誦経萬善荘厳」は、『楽邦文類』では「誦経萬善荘厳浄土」[4]と「浄土」の語字が加わっている。また「誦経萬善生浄土」[5]と「生浄土」の語字が加わっていたりする。誦経等のあらゆる善行によって浄土を荘厳する「誦経萬善荘厳浄土」とか、誦経等のあらゆる善行によって浄土に生ずる「誦経萬善生浄土」と書く方が意味が判然とする。

ちなみに、元照の『実録』では、「一心禅定」「誦経萬善生浄土」とある。宗鑑の『釈門正統』巻八延寿伝では「一心禅定」「誦経萬善生浄土」とあり、志磐の『仏祖統紀』巻二六延寿伝では「一生禅定」「誦経萬善荘厳浄土」とある。これらの書では、また『楽邦文類』延寿伝でも、二鬭の話は、延寿の浄土信仰への帰依を強調するために用いられたものである。そしてその言葉は、延寿の萬善同帰依を意識している。『法華経顕応録』の「誦経萬善荘厳」は、「浄土」の二字が脱落したのか、あるいは、『法華経顕応録』延寿伝は、『楽邦文類』延寿伝とは違って浄土信仰を述べることを目的としたものではないので敢えて「浄土」の語を省いたのかもしれない。

『法華経顕応録』はその序文によると南宗の慶元四（一一九八）年の成立であり、『楽邦文類』は慶元六（一二〇〇）年の成立であるから、二年ではあるが『法華経顕応録』の方が先に成立した。したがって宗暁は『法華経顕応録』の法華経霊験僧としての延寿の記述を、『楽邦文類』の浄土往生僧としての記述に用いたわけである。このことは延寿における、法華信仰と浄土信仰との密接な関わりを示唆している。この問題は後に述べる。

二　延寿の法華経霊験譚の典拠

先に『法華経顕応録』延寿伝を引文し紹介した、延寿が感得した三種の霊験譚の中の三番目の、天柱峰に往きて、誦経すること三載、禅観中に観音に見え甘露を以って口に灌ぐ、此れ従り観音菩薩の弁才を発す。

という話は、王古撰『新修往生伝』（一〇八四年成立）に初めて見える。延寿の伝記には、賛寧撰『宋高僧伝』巻二八（九八八年成立）、道原撰『景徳伝灯録』巻二六（一〇〇四年成立）、元照撰『永明智覚禅師方丈録』（成立年次不詳。この書については後述する）、慧洪撰『禅林僧宝伝』巻九（一一二三年成立）等があるが、上記の霊験譚はいずれにも記されていない。

王日休（一一〇五―一一七二年）が撰述した『龍舒増広浄土文』巻五「国初永明寿禅師」（一一四二年成立）は『新修往生伝』巻下の延寿伝を継承しているが、省略がある。『新修往生伝』では、

初住天台智者嵓、九旬習定、有鳥巣衣裓中、修法華懺経七年、禅観中見観音菩薩、親以甘露灌于口、逐獲観音弁才、下筆成文、盈巻乃已。

（『続蔵』二乙八―一・四一三右）

とあるが、『龍舒増広浄土文』では、

逐為僧、於禅観中見観音、以甘露灌其口、乃獲観音弁才、下筆盈巻。

（『正蔵』四七・二六八中）

とあり、場所と「法華懺を修して七年を経て」という大切な語句を省略している。

『法華経顕応録』巻下延寿伝の記述では、二闡の話の後に続いて、

遂に天柱峰に往き、誦経三載、禅観中に観音に見え、甘露を以って口に灌がれ、此に従つつ観音の弁才を発す。

とあり、『新修往生伝』の記述とは、時期も場所も違う。『法華経顕応録』延寿伝の観音の弁才を獲たという霊験譚は、『新修往生伝』や『龍舒浄土文』の記事を直接依用したとは考え難い。

次に、順序が逆になったが、先に引文し紹介した延寿が体験した三種の霊験譚の中の、はじめの二種の霊験譚を検

討しよう。

かつて国清寺に於いて法華三昧を行じていると、夜に神人が現われ延寿と問答したという霊験譚、また夜中行道しているとき普賢菩薩の前に供えた蓮華が手中にあるという霊瑞があり、それで「一心禅定」と「誦経萬善荘厳」と書いた二つの鬮（くじ）を作って、仏祖に祈って、七回鬮を引くと七回とも「誦経萬善荘厳」の鬮をひき当てた、という霊験譚である。これは、霊芝元照（一〇四八―一一一六年）が撰述した『永明智覚禅師方丈録』に初めて見える。『永明智覚禅師方丈録』は、今迄知られていなかったが、柳幹康氏によって原文・書き下し文・現代語訳に注記を付して学界に提出された。柳氏の貴重な論稿を借用して紹介しよう(6)。


『方丈実録』

即出国清寺入法華懺。深夜行道、見一神人持戟而入。師呵云、「懺堂之内神鬼何得擅入」対云、「久積浄業、方到於此。」中夜旋繞次、見普賢像前供養蓮、忽然在手。因思夙有二願、一願終身常誦蓮経、二願畢生広利群品。憶此両願、復楽禅寂、進退遅疑、莫能自決。遂上智者禅院羅漢堂中作二紙鬮、一曰一心禅定鬮、一曰誦経萬善生浄土鬮。中夜冥心、先自期曰、「儻於此二途功行必成者、須七度拈鬮以為證験。」遂擲於佛前随手拈之、乃至七度並得誦経萬善生浄土鬮、一無間隔。逐振錫金華天柱山誦経三載。

（柳幹康『永明延寿と宗鏡録の研究』三九〇―三九一頁）


『法華経顕応録』

嘗於国清、行法華三昧、夜見神人持戟而入、師呵其擅入、神曰久種浄業、方到此中、又中夜行道次、普賢前供養、蓮華忽在手、因思二願、一願終身常誦法華、二願畢生広利群品、憶此二願、復楽禅寂、莫能自決、遂作二鬮、一曰一心禅定、一曰誦経萬善荘厳、於此二途、有一功成者、須七返拈者、遂精祷仏視、信手拈之、乃七番、竝得誦経萬善圖、由此一意専修浄業。遂往天柱峰、誦経三載、禅観中見観音、甘露灌手口、従此発観音弁才。
（『続蔵』二乙七―五・四三三右）

右に掲げた元照『智覚禅師方丈実録』延寿伝の文と宗暁『法華経顕応録』延寿伝の文とを比べると、側点を付した語字に表現の違いはあるが、話の筋書き・内容は大方は同一である。

元照の『方丈実録』と宗暁の『法華経顕応録』とは大方一致するが、大きな違いがある。『法華経顕応録』の記事は『方丈実録』の記事に『新修往生伝』の記事を加えた形である。しかし宗暁は『新修往生伝』の記事をそのまま用いているわけではない。既述したように、『新修往生伝』では、延寿は観音菩薩から口に甘露を灌がれ観音菩薩の弁才を得たという霊験を天台山で法華懺を七年修したときとしているが、『法華経顕応録』では、天台山から天柱峰に移ってからの出来事と記している。

『法華経顕応録』延寿伝の末尾に次の注記がある。

師事跡、大宋僧伝・僧宝伝・宝珠集竝委載。以宮錢［市］放生用、見東坡大全。

これによると宗暁は延寿の事跡を委《くわし》く記載した書として、『宋高僧伝』、『僧宝伝（禅林僧宝伝）』、『宝珠集（新編古今往生浄土宝珠集）』の名を掲げている。「委しく載す」というが、この三書を典拠としたのであろう。また延寿が役人の時代に、「官錢を以て放生の用に市《か》った」という話は『東坡大全』に依ったとも記している。『方丈実録』『新修往生伝』の名は見えない。

『宝珠集』は『新編古今往生浄土宝珠集』が完称であり、『浄土宝珠集』と略称される。『浄土宝珠集』は、南宋高宗の紹興二五（一一五五）年に、錢唐（杭州）の陸師寿が、戒珠『浄土往生伝』三巻、王古『新修往生伝』四巻の後を継いで撰述した書である。元は八巻本であったというが、しかし散佚し、現今は第一巻のみを『浄土宗全書』続一六に収載する。[7] そのため『浄土宝珠集』延寿伝の内容については不詳である。しかし宗暁は延寿伝の末尾に延寿の事跡の典拠として名を掲げる『宋高僧伝』『禅林僧宝伝』『浄土宝珠集』の中には、法華三昧による霊異体験の話と、二䦨の話を記していないので、この話は、宗暁は『浄土宝珠集』に依って書いたと考えられる。その『浄土宝珠集』は、元照『方丈実録』の所説を依用したのであろう。したがって宗暁の延寿伝の源は元照『方丈録』に由来するのであろう。

『浄土宝珠集』では、『方丈実録』の記事を基調にして、それに『新修往生伝』の記事を加え独自の延寿伝を新たに書いた。そしてそれを宗暁が『法華経顕応録』延寿伝の典拠に用いたと考えられるのである。

ちなみに、『法華経顕応録』では、『浄土宝珠集』を八名の伝の典拠としている。すなわち、蘇州梵法主[8]・湖州明悟法師[9]・杭州雅闍梨[10]・杭州渥法師[11]・錢唐聰上人[12]・烏鎮湛法師[13]・杭州照闍梨[14]・衡州南上人[15]である。このように宗暁は延寿伝以外にも八名の伝記の典拠に『浄土宝珠集』を用いている。これを見ても宗暁は『法華経顕応録』の典拠に『浄土宝珠集』を用いていることは明らかである。

三　延寿を『法華経顕応録』に収録した理由

宗暁は、『宋高僧伝』延寿伝に記される延寿が幼少の頃から『法華経』に精通し、生涯に一萬三千部を読誦したという伝説や、『浄土宝珠集』に依ったであろうと考えられる法華三昧を行じていたときに夜中に神人が現われたり、普賢菩薩の前に供えた華が自分の手中に在ったりする霊験譚、さらに禅観中に観音菩薩の弁才を授かった霊験譚に基づいて、延寿を法華経顕応の高僧と見做してその伝を『法華経顕応録』に収載したのである。

なお延寿の伝記類の他に、『法華経顕応録』の序文にも延寿を『法華経顕応録』に収録した理由を知る記述がある。

昔、永明智覚禅師は大弁才を以って賦五首を著わす。謂く華厳感通、金剛証験、法華霊瑞、観音現神、神棲安養なり。それ聖教を黼黻《ほふつ》し、群機を鼓舞する所以なり。功を像運に大にする有りて謂うべ可きなり。賦の由りて作す所は、特に歌詠讃揚を以って事と為す。事蹟の始末に至りては、伝記に非ざれば周知すること能わず。故に華厳に則ち感応伝有り。金剛に則ち感應録有り。法華に則ち霊瑞集有り。観音に則ち感應集有り。浄土に往生伝有り。

（『続蔵』二―二七―五・四一〇右）

右の文の初頭の「永明智覚禅師は大弁才を以って賦五首を著わす」という句は、『新修往生伝』巻二二延寿伝に「禅観中に観音菩薩に見え、親しく甘露を以って口に灌ぐ、遂に観音の弁才を獲て、筆を下ろすに文の成ること巻を盈す」(16)とあるのに因ったのであろう。延寿は観音菩薩のような大弁才を以って、法華経感通・金剛経証験・観音現神・神棲安養の霊瑞を詠じた賦五首を著わした。これらの賦は聖教を黼黻し、衆生を鼓舞する功果は大きい。しかし賦というものは歌詠・讃揚するのがその目的であって、事蹟始末を伝えるには伝記でなくては不可能である。それ故に、華厳経には感応録があり、法華経には霊瑞集があり、観音には感応現神があり、浄土には往生伝がある、と述べている。

この記述を見ると、延寿の法華霊瑞賦等の五賦が、宗暁が『法華経顕応録』を撰述するに至った理由であったことが察知できる。

また、『法華経顕応録』巻上「天台国清寺蓮経」には、宗暁は自分は嘗て天台山国清寺において、智者（智顗）が煬帝から賜わった紫檀香龕像・智者手写の金字法華経・智者に贈られた天竺貝多羅心経・錢王金書の法華経の四種の智者ゆかりの宝物を見たと言い、その四種を解説する。そしてその文に続いて次のように記す。

今また寿禅師の進むる法華経霊瑞賦を観る。錢王文を制して称賞す。此に因りて勅を下し金を以って妙法蓮華経一百部を写す。至なるかな奇勝事なり。

（『続蔵』二乙七―五・四二九右）

このように宗暁は、延寿が呉越国王銭俶に進上した「法華経霊瑞賦」を見たことを述べ、その法華経霊瑞賦を越王銭俶が称賞し、勅を下して法華経一百部を金字で書写させたと述べ、これを奇勝な事と賛えている。これを見ると、宗暁の時代に天台山の国清寺には延寿の「法華経霊瑞賦」が現存していた。宗暁は、その延寿の「華厳霊瑞賦」を、智顗ゆかりの宝物と同等に重視しているのである。貴重な延寿の「法華経霊瑞賦」を国清寺で披見できたことが延寿を法華経顕応僧と位置づけた一つの理由であろう。

宗暁は、先に述べた往生伝類における延寿伝の法華経霊験の感得の記述と、ここに掲げた「序」と「天台国清寺蓮経」との二文に見る延寿の「法華経霊瑞賦」を披見した。宗暁はそれらを合わせ考えて延寿を法華信仰によって霊験を体験した高僧と評価し、その伝を『法華経顕応録』に収めたと考えられる。

また、延寿が自ら日常の仏教実践の方法を説いた『自行録』の中に、法華堂の建立、法華経受持読誦、法華三昧（法華懺）の実践を勧めている。宗暁はこの書を披見していたであろう。『自行録』の所説も宗暁が延寿を法華経顕応僧と見做した一因であったと考えられる。『自行録』の法華信仰については次節に論述する。

四　延寿と法華三昧

ここで先に引用した『法華経顕応録』延寿伝の内容の検討に戻ろう。引文で注目すべきは文の初頭の、

かつて国清寺に於て法華三昧を行ずるに、

という記事である。「法華三昧」は、同じ宗暁が著わした『楽邦文類』延寿伝では「法華懺」とある。法華三昧と法華懺は広義には同じである。

法華三昧とは、心を集中して『法華経』の奥義を極めることである。法華懺は法華懺法・法華懺儀であり、法華三昧の行法・行儀のことであるが、法華三昧と法華懺は同じ意味で用いられている。『法華経』を受持・読誦・解説・書写し、あるいは仏像の周囲を行道し、坐禅し、究極的には諸法実相の理を証悟するのが法華三昧の目的である。(17)天台智顗が光州の大蘇山で南岳慧思から受けた教えを発展させ形成した教説である。智顗が光州大蘇山に於いて法華三昧を修したことは『続高僧伝』巻一七に記している。智顗撰述の『摩訶止観』巻二上に説く四種三昧の中の半行半坐三昧が法華三昧に相当する。しかし、法華三昧は半行半坐三昧に限定せず四修三昧のすべてに共通し、『法華経』の安楽行品、普賢勧発品と『普賢観経』の経説に基づいて形成された。智顗は法華三昧の行法を懺儀として組織化した『法華三昧懺儀』を著わした。

法華三昧・法華懺は智顗が説いた天台宗の主要な行法である。延寿が法華懺を行じた浙江省天台県の国清寺は智顗が止往し修道・教化し励んだ天台宗の聖地である。延寿がそこで法華懺を行じたのは彼が智顗を敬慕していたからと考えられる。

延寿の師である徳韶は法眼禅の宗匠であるが、唐末五代の頃に衰退した天台宗は呉越国王錢氏の外護で復興する。それに協力したのが徳韶である。智顗を崇敬し、天台山の智顗の遺跡十数ヶ所を復興している。(18)また、天台山を訪れた徳韶は智顗の遺跡を見て、自分の旧居のようであると言ったという。また徳韶と智顗は同姓であり、それで当時、世に徳韶のことを智顗の後身と称していたともいう(19)（『景徳伝燈録』巻二五延寿伝、『正蔵』五一・四〇七下）。このように徳韶と智顗は時間を超えた親密な関係があった。その徳韶の弟子の延寿は師から智顗について智顗の仏道修行者として崇高な面を種々聞いていたであろう。延寿が師匠の徳韶の影響を受けて、智顗を敬慕しその思想上の影響を受けたことは考えられる。

法眼禅の宗匠である徳韶・延寿と天台宗の宗匠である義寂（天台宗第十五祖）とその弟子義通（天台宗第十六祖）、そして行紹・行靖兄弟とは深い交流があった。義通は高麗から中国に来至し、天台山の義寂に師事して天台教を学ぶ前に、天台山の雲居寺において徳韶に学び契悟したという。[20] 契嵩の著わした「杭州石壁山保勝寺古紹大徳塔表」には、行紹・行靖兄弟は、延寿を師として出家した後、当時、天台山で徳韶国師の法道が盛んであったので徳韶の下に往き師事した。徳韶は行紹・行靖に螺渓義寂の下に往き天台の教観を学ばせるようにした。それで行紹・行靖とともに義寂に師事して天台教学を学んだという。「杭州石壁山保勝寺古紹大徳塔表」（『鐔津文集』巻一三所収、『正蔵』五二・七一七中—下）の著者の契嵩（一〇〇七—一〇七二年）は、行紹・行靖が延寿について出家し、徳韶に師事し、そして義寂に師事した伝歴を貴重なことと力説している。こうした人的交流の上で、徳韶・延寿と義寂・義通・行紹・行靖とは交流がある。

教学面でも延寿は天台教学の影響を受けており、これについては先行研究がある。森江俊孝氏は徳韶と延寿との出会い、思想的な交渉と影響を論じ、その中で徳韶と延寿との交渉を考察している。[21] 池田魯山氏は、延寿における天台智顗の所説の引用を詳細に調査してそれによって延寿に智顗の影響が強いことを明示する。[22] 拙論では、この問題にまで立ち入れないが、延寿が日常の実践において智顗の法華三昧を採用している点に限って次の節で考察する。

五　『萬善同帰集』における『法華懺』の引文

延寿は『萬善同帰集』の中に、「南岳の法華懺」もしくは単に「法華懺」と称する書も三回ほど引文している。その引文も検討して延寿の思想的特色を考察する。まず、第一は次の引文である。

南岳法華懺云「修二習諸禅定一、得二諸仏三昧一、六根性清浄。菩薩学二法華一、具二足二種行一、一者有相行、二者無相行。無相安楽行、甚深妙禅定観察二六情根」。

「有相安楽行、此依二勧発品一、散心誦二法華一、不レ入二禅三昧一、坐立行一心念二法華文字一、行成就者即見二普賢身一」。

是以知者修二法華懺一、誦至二薬王焚身品一云、是真精進、是名二真法供養如来一。

（『萬善同帰集』巻二、『正蔵』四八・九六三下―九六四上）

右の引文では、安楽行の有相行と無相行に関する所説を延寿は「南岳の法華懺に云く」として引いている。しかしこの所説は、南岳すなわち南岳慧思禅師の著述である『法華経安楽行儀』の中にほぼ一致する文があり、この書からの引文であることは明らかである。慧思には『法華懺』と称する著作はない。『法華経安楽行儀』を延寿は「南岳法華懺」と称しているのである。

右の引文は『法華経安楽行儀』の左の二個所の文を繋げて一つの文を作り、それに「是以智著」以下の自説を加えている。

①欲求無上道、修学法華経、
身心証甘露、清浄妙法門、
持戒行忍辱、修善諸禅定、
得諸仏三昧、六根性清浄、
菩薩学法華、具足二種行、
一者無相行、二者有相行、
無相四安楽、甚深妙禅定、

観察六情根

②復次有相行、此是普賢勧発品中、誦法華経散心精進、知是等人不修禅定不入三昧、若坐若行、一心専念法華文字、精進不臥如救頭然、是名文字有相行、此行者不顧身命、若行成就、即見普賢金剛色身、乗六牙象王、住其人前。

（『法華経安楽行儀』、『正蔵』四二八・六九八上）

文中の安楽行とは、悪世に『法華経』を弘める菩薩が心がけるべき身心の上の行法をいう。『法華経』安楽行品に説かれている。安楽行には、身・口・意の三業についての過失を離れることと衆生を導くための誓いをたてることの四種があるので四安楽行ともいう。

（右同・七〇〇上―中）

慧思は『法華経安楽行儀』で右に掲げた文中に見るように、『法華経』を学ぶ行儀には有相行と無相行とがあるといい、有相行は普賢勧発品に説かれる行で、散心に『法華経』を読誦し法華の文字に専念する行であり、無相行は禅定に入って衆生の本性を観察する行であり安楽行品に説かれる。

慧思はこの有相行と無相行の形式を法華三昧の行儀としたのである。

②の文末にいう「此の行者身命を顧《かえり》みず、若し行成就すれば、普賢金剛色身、六牙の象王に乗り、其の人の前に住するを見る」は、『法華経』普賢勧発品の説く「後の王百歳濁悪世中において、もし法華経を読誦し思惟する者があれば、普賢菩薩の白象に乗ってその前に現われる」という経説である。

慧思は『法華経安楽行儀』の初頭に、

法華経者、大乗頓覚、無師自信、疾成仏道、一切世間難信法門。凡是一切新学菩薩、欲求大乗、超過一切諸菩薩、疾成仏道、須持戒忍辱精進、勤修禅定、専心勤学法華三昧。

（『正蔵』四六・六九七下）

といい、新学菩薩の心得を説く。大乗頓覚・無師自信・疾成仏道の『法華経』は難信の法門であるから、仏道に入ったばかりの菩薩は、疾《すみやか》に仏道を成就したいと欲するならば、持戒・忍辱・精進して、専心に法華三昧を勤修せよ、と訓告する。

灌頂の撰述した『隋天台智者大師別伝』（以下『別伝』と略称）には、慧思と智顗との邂逅を伝えている。大蘇山に止住する慧思を智顗が訪ねて教えを求めた。慧思は、智顗に会えたことを「昔、霊鷲山で釈迦の説法を一緒に聴いた。その宿縁で今また来れり」と再会できたことを喜んだ。それで慧思は智顗に普賢道場を示し四安楽行を説いたという。普賢道場とは普賢勧発品に従って経を読誦する有相行である。これは先に言及した慧思自らの著である『法華経安楽行儀』に説いている通り、新来の弟子に対して実修させたのが、法華三昧の行法である。智顗は昼夜この行法を勤修し、二七日を経て経の読誦が薬王菩薩本事品の「諸仏同讃是真精進是名真法供養」の句まで到った時、突如として身心豁然として定に入った、と智顗の大蘇山における法華三昧の修行について『別伝』は記している。

延寿はこの『安楽行儀』の文を『萬善同帰集』の問答（第一六）の答えの中に、諸経論・諸師説と並んで引文する。『萬善同帰集』の問答は複雑で理解しがたい面があるが、念仏・誦経・行道・坐禅などはいずれも得道の方法であるから一門に限ってはならないという自説の典拠としていると考えられる。

なお、『萬善同帰集』巻上の第二六問には、「法華懺」の書名を掲げず「南嶽大師云」として、

南嶽大師云、修㆓六根懺㆒、名㆓有相安楽行㆒、直観㆓法空㆒、名㆓無相安楽行㆒。妙証之時、二行倶捨。

（『正蔵』四八・九六六上）

という引文がある。これは先の『安楽行儀』の有相行・無相行を説く所説の大意をまとめた文であろう。ただし、先掲の文では無相安楽行は「甚深の妙なる禅定にして、六情根を観察す」と言っていたが、ここでは六根の罪過を懺悔するのを有相安楽行と言っている。無相安楽行では六根は本来清浄を観察するのである。「妙証之時、二行倶捨」は

延寿の説を加えた文であろう。新来の弟子には有相安楽行を修せしめ、修行の進んだ弟子には無相安楽行を修せしめた。それぞれ悟りに至る行法であるが、悟りに至れば有相行にも無相にも執着しないというのである。

次にまた、『萬善同帰集』巻上の問答（第一七）の中に「『法華懺』に云く」として、二種の文を引用する。まず一は左の文である。この問答（第一七）は、行道・礼拝を修する時の心得を主題とする。その一説に次の文がある。仏教の行法を「事中の修」と「理中の修」とに分け、「事中の修」である礼拝・念仏・行道は一心に精進すれば心が分散せず、心性不二、一切皆是心である、とする所説である。

法華懺云、「有二二種修一、一事中修、若礼念行道、悉皆一心、無二分散意一。二理中修、所作之心、心性不二、観二見一切悉皆是心一、不レ得二心相一」。

（『正蔵』四八・九六四上）

この引文は、智顗の撰述である『法華三昧懺儀』の次の所説の大意をとった引文である。

『法華三昧懺儀』は五章の構成からなり、その第三「明正入道場三七日修行一心精進法」は、いかにして一心精進を得られるか、という問に対する答えの文である。

有二種修一心、一者事中修一心。二者理中修一心。事中修二一心一者、如行者、初入二道場一時、即作二是念一、我於二三七日中一、若礼仏時、当一心礼仏、心不レ異レ縁。乃至懺悔行道誦経坐禅。悉皆一心、在二行法中一無レ分二散意一。如レ是経三七日、是名二事修一心精進一。二者理中修二一心精進一、行者、初入二道場一時、応作二是念一、我従二今時一乃至三七日満、於二其中間一、諸有所作、常自照了、所作心心性不二。所以者何、如礼仏時、心性不生不滅。当レ知二一切所作種種之時、心性悉不生不滅一、如是観時、見二一切心、悉是一心一。以二心性従本已来常一相一故。行者能如是反観心源心心相続、満三七日、不レ得二心相一、是名二理中修一心精進法一。

（『法華三昧懺儀』、『正蔵』四六・九五〇上）

また『萬善同帰集』第二一問にも「法華懺に云く」として『法華三昧懺儀』の文を引いている。行道して念仏する功徳と坐して念仏する功徳とではいかに異なるかという問に対する答えの中に、関連して、仏に礼拝する時の心得について論じている。そこに『法華懺』に云くとして次の文（第三）を引いている。

法華懺云、「当㆓礼拝時㆒、雖㆓不㆑得㆓能礼所礼㆒然影現㆓法界㆒、一一仏前、皆身㆓自身礼拝㆒。」

（『萬善同帰集』巻上、『正蔵』四八・九六四下）

礼拝の時は、礼せる仏も礼する人もいないけれども、しかしその影（仮りに現われたもの）はどこにでも現われ、一一の仏前に自身が礼拝している、と観念しなさいといい、これを礼拝時の心得の典拠としている。

この文は、『法華三昧懺儀』の「明初入道正修行法第四」に十法を掲げる中の第六明礼仏方法の礼仏の解説に二行の割注の形で記す文があり、その大意をとった引文である。

復次行者、礼仏之時、自知㆓身心空寂、無㆑有㆓礼相㆒亦知㆓此身㆒、雖㆓如㆑幻不㆑実、而非㆑不㆓影現㆒、法界一一仏前、悉有㆓此身㆒。

右に言及したように、延寿は『萬善同帰集』において慧思『安楽行儀』と智顗『法華三昧懺儀』の所説を自説の典拠として四回にわたり引いている。これは延寿が、慧思そして智顗の法華三昧の体験とそれを説いた書に注目し重視していたからであると考えられる。

六　延寿『自行録』に説く法華三昧の実践

『智覚禅師自行録』は、延寿が日常昼夜に自ら実修し、また衆人に勧説していた百八事を説示した書である。現存『自行録』には、その序文に「永平道者山大雲峯禅師嗣祖／居幻沙門釈文沖重修編集」と記してあり、後世に重修編集されたものである。

『禅林僧宝伝』巻九の延寿伝の中に、著者慧洪は「賛曰」として、「予初読二自行録一、録二其行事一、日百八件」と、延寿の『自行録』を読んだことを記しているので、慧洪が『禅林僧宝伝』を撰述した宣和五（一一二三）年には延寿『自行録』は世間に流伝していたことが解る。

『自行録』の百八事の中に延寿が日常の仏教実践においていかなる経典を用いていたのか、それを調べると次のようである。

法華経―第六事、第十五事、第四十一事、第八十四事、第九十九事。

『法華経』を、念じ（六事）、礼し（十五事）、頂戴し（四十一事）、供養し（八十四事）、印施し（九十九事）たとある（かっこ内の数字は『自行録』百八事の数字。後に文を掲げる）。

華厳経―第八事、第二十二事、第四十八事。

大般若経―第二十九事、第五十四事。

般若心経―第七事、第五十事。

大宝積経―第三十六事。

大般涅槃経―第四十三事。

金剛経―第五十二事。

楞厳経―第九十四事。

この八種の経典が延寿の日常の仏道修行に用いられていたのであるが、中でも『法華経』が五事の実践事項の中に見え、『法華経』を重視していたことが解る。

また、『法華経』の読誦等、『法華経』自体の重視に加えて、法華三昧・法華堂の建立等、法華信仰の展開も含みながら、八事の中にその実践を説示している。以下にその文を掲げよう。

第一事―一生随処に法華堂を建て浄土を荘厳す。

第二事―常に昼夜六時に普く法界の衆生のために法華懺を代修す。

第六事―毎日常に妙法連華経を念ずること一部七巻、品を逐うて上は四重の深恩に報じ、下は一切法界二十五有の含識のために二十五種の三昧を証し、形を十界に垂れ、同じく有情を化せんことを願う。

第十五事―妙法蓮華経真浄妙法を礼し、普く一切法界の衆生とともに同じく法華三昧を証し、咸く弥陀の浄邦に生ぜんことを願う。

第四十一事―初夜、普く一切衆生のために法華経を頂戴して行道し、尽く法華三昧に入りて究竟一乗に帰せん。

第七十八事―昼夜六時に同じく一切法界の衆生とともに発願し、一切法界の衆生とともに親しく法華三昧を証し、頓に円満一乗を悟り、命終の時に臨んで神識乱れず、濁業消滅し、正念現前し、願に随って西方浄土に往生し、弥陀仏に帰命し、大忍心を成就し、法界中に遍入し未来際を尽して法蔵を護持し、一乗門を開演し、仏菩薩を円満し、普賢行を修習し、広大なること法界の如く、誓って諸の含識とともに一時に仏道を成ぜん。

第八十四事―普く一切法界の衆生のために昼夜六時に別に香花を置き妙法蓮華経を供養し、同じく究竟一乗を悟り、咸く法華三昧を証せん。

第九十九事―常に天下に弥陀の仏塔、般若の宝幢、楞厳・法華等の経及び諸神呪を印施し、十種受持三業供養を勧む。

右の文を見ると、第二事、第十五事、第四十一事、第七十八事の四事にわたって、法華三昧（法華懺）を修すべきを説いている。しかし、毎日、六時、晨朝、初夜に、と言うように常時、一日の仏道修行における必須の日課なのである。それは、「法華三昧を証し、頓に円満一乗を悟り」（第七十八事）とあるように自己の証悟を得るための実践行であるとともに、「法界衆生のために法華懺を代修す」（第二事）というように、利他の精神から法華懺を世の中の衆生のために代修する実践行でもある。ここに延寿の法華懺実修における衆生済度の意識が窺える。

延寿が随処に『法華経』を読誦し、法華懺堂を建立し、法華懺を実践していたことは、元照の『方丈実録』にも伝えている。

師随処誦法華経、皆建法華懺堂、長時代為法界衆生修法華懺、毎行懺時、皆願畢命道場、代衆生死、以至禅定之時、皆思早逝、願速生安養。得忍力已、劫来此土、広度合生。

（柳幹康『永明延寿と宗鏡録の研究』附録三九一頁）

延寿は、いたる所で法華経を読誦し、法華懺堂を建立した。長時にわたり衆生のために法華懺を修した。いつも懺を行なう時には自らの命を道場に終え、衆生に代わって死にたいと願っていた。そして禅定を修する時には、いつもすみやかに浄土に往生し、浄土で不退転の力を得おわり此土に還り来たって広く衆生を済度しようと願っていた、というのである。これは、『自行録』の百八事の第一事と第二事により詳しく説明している。

また、『方丈実録』には、延寿が杭州永明寺に法華台を建立したことを伝えている。

所有施利、尽営仏事、乃造法華台、広備七珍、国内殊絶。宣徳侍中製文立石、以記之。台内常集三七僧、読誦蓮経。

（右同、三九四頁）

延寿は、布施されたものはすべて仏事に使い、法華台を建立した。それは七宝で飾られ国内では他にないものであった。宣徳侍中（銭弘俶）は碑文を作り石碑を立てた。法華台には常に二一人の僧が集まり『法華経』を読誦したと伝える。

さらにまた次のようにも伝えている。

法堂東挟作法華堂、昼夜集衆、諷誦蓮経或誦通一部者、各施衣物、以奨進修。将近百人、全部通利、或見躭睡者、即厳加誡約、広説睡眠之過。（右同・三九四頁）

法堂の東に法堂にそって法華堂を作り、昼夜修行者を集めて『法華堂』を諷誦した。一部を諷誦し終わった者には、各々に衣物を与え、さらに先に進むことを奨励した。百人に近い人が『法華経』に精通した。眠ってしまう者を見れば厳しく誡《いまし》め、睡眠の過失について色々と説き聞かせた、というのである。

これらの文に伝えるように、延寿は、杭州永明寺に呉越国では他に例がないほど立派な法華台を造り、二一人の僧を集めて『法華経』を読誦させ、また永明寺の法堂の東わきに法華堂を造り、百人近い修行者を集めて『法華経』の読誦に精進させた。その記録も延寿『自行録』の百八事の所説と符号してそれを裏づけるものである。

七　延寿における法華三昧と浄土信仰

延寿の『自行録』の百八事の実践事項の中で最も繁出するのは浄土信仰である。浄土信仰が一五の事項に見える。それを左に掲げよう。

（一）　一生随処に法華堂を建てて浄土を荘厳す。

（三）　常に安養の浄業を修し、所有の毫善悉く皆念々に普く一切法界の有情のために同じく往生に廻向す。

（一五）　晨朝、妙法蓮華経真浄妙法を礼し、普く一切法界の衆生とともに同じく法華三昧を証し、咸く弥陀の浄邦に生ぜんことを願う。

（一七）晨朝、一切法界衆生のために阿弥陀仏を頂戴して行道して、広大な願力を受け極楽の円修を慕う。

（二一）午時、帰依主安楽世界阿弥陀仏を礼し、普く一切法界の衆生とともに自心を頓悟し、妙浄土を成ぜんことを願う。

（三七）初夜、慈悲導師安楽世界大勢至菩薩及び一切清浄大海衆を礼し、普く一切法界衆生とともに衆生を引導利済し、同じく唯心の浄土を了せんことを願う。

（四〇）初夜、一切法界衆生のために旋繞して、大勢至菩薩を念じ諸根を摂して、浄念相継ぎ、質を蓮台に託せんことを願う。

（五三）後夜、普く一切法界の衆生のために、旋繞して阿弥陀仏を念じ、無上慧を成じて、有情を摂化せんことを願う。

（五八）昼夜六時、普く一切法界衆生のために、七如来の名号を念ず。（中略）。阿弥陀如来を念じ、一切衆生、悪趣の形を離れ、浄土に神栖せんことを願う。

（六九）黄昏時、普く尽十方面の衆生のために爐を挙げて、香を焚き、阿弥陀仏心真言を念じ、悉く仏心を証悟して、同じく安養に生ぜんことを願う。真言曰、唵阿蜜栗多帝際賀囉吽。

（七七）昼夜六時、同じく一切法界の衆生とともに、無始よりこのかた今日に至る三業の所作の一念を回向して、尽く一切法界の衆生に施して、無上菩提に回向して、同じく西方浄土に生ぜん。

（七八）昼夜六時、同じく一切法界の衆生とともに発願し、一切法界衆生とともに親しく法華三昧を証し、頓に円満一乗を悟り、命終の時に臨んで、神識乱れず、罪業消滅し、正念現前し、願に随って西方浄土に往生し、阿弥陀仏に帰命し、大忍心を成就し、法界中に遍入し、未来際を尽して、正法蔵を護念し、一乗門を開演し、仏菩薩を円満し、普賢行を修習し、広大なること法界の如く、究竟すること虚空の如く、誓って諸含識とともに一時に仏道を成ぜん。

（九一）回向の真言を受持し、一には真如実際に回向し、心々契合し、二には無上菩提に回向し、念に円満し、三には法界一切の衆生に回施して浄土に生ぜん。

（九二）往生の真言を受持し、命終の時に臨んで、一切衆生と同じく、浄土に生ぜんことを願い、往生呪一遍を念ず。

（一〇七）粥飯を受くる時、毎に発願して、先ず法界一体三宝に供養し、沙界に廓周して大に仏事を作し、十方の施主六度円満し、一切飢渇の衆生、法喜充足して飢瘡を補うために、西方の浄業を修し、無上菩提を成ずるが故に、此の食を受く。今此の食は生死の身を潤せず。惟《ただ》々仏果法身を成し、定慧増上せしむ。生に施すの時、普く六度の衆生に施して、六波羅蜜を具足せしむ。

右に掲げた『自行録』百八事において、浄土信仰実践を説いた一五事項を見ると、第一五事と第七八事が法華三昧の実践を説いており、注目させられる。

特に第一五事には、

晨朝、妙法蓮華経真浄妙法を礼し、普く一切法界の衆生とともに、同じく法華三昧を証し、咸く弥陀の浄邦に生ぜんことを願う。

とある。

また第七八事には、

昼夜六時、同じく一切法界衆生とともに発願し、一切の法界の衆生とともに親しく法華三昧を証し、頓に円満一乗を悟り、命終の時に臨んで神識乱れず、濁業消滅し、正念現前し、願に随って西方浄土に往生し、阿弥陀仏に帰命し、（以下略）。

という。このように、法華三昧を証得しそれによって浄土往生を達成する。法華三昧が浄土往生のための一つの行法なのである。また、法華三昧を証得し、頓に円満一乗を悟るのは天台教学の思想があろう。法華信仰と浄土信仰が密切に結びついているのである。

そもそも『法華経』には弥陀浄土の信仰を説いている。薬王菩薩本事品に、この品を聴く者は無量無辺の功徳を得るとして次のように説く。

若し女人ありて、この薬王菩薩本事品を聞き、能く受持する者は、この女身を尽して後にまた受けず。若し如来滅後五百歳中に、若し女人ありて、この経典を聞き、説のごとく修行すれば、ここにおいて命終に、安楽世界の阿弥陀仏、大菩薩衆の囲繞する住処に往き、蓮華の中、宝座の上に生ず。（『正蔵』九・五四中―下）

というごとく、仏滅後五百歳の悪世に、この経の功徳によって、女人が西方浄土に往生できるという弥陀信仰が明瞭である。

また『法華三昧懺儀』正修行法第四の十法の第七懺悔六根・及勧請・随喜・廻向・発願の五悔の発願法において、

我比丘某用至心発願、願命終時神不乱、正念直往生安養、面奉弥陀値衆聖、修行十地勝常楽。（『正蔵』四六・九五三中）

とある。ここには、臨終に神《こころ》が乱れず西方浄土に往生し弥陀に面奉し衆聖に値うことを願うという浄土信仰が明白である。智顗『法華三昧懺儀』には法華懺法に弥陀信仰を取り入れている。延寿はこの智顗の所説を基調として、それを展開させ、法華三昧と浄土信仰の結びつきを一層強めたと考えられるのである。

結　語

本章では、一、『法華経顕応録』に収録された延寿。二、延寿の法華経霊験譚の典拠。三、延寿を『法華経顕応録』に収録した理由。四、延寿と法華三昧。五、『萬善同帰集』における『法華懺』の引文。六、延寿『自行録』に説く法華三昧の実践。七、延寿における法華三昧と浄土信仰の七節を立て、永明延寿の法華三昧の実践について述した。

延寿は、『法華経』を厚く信仰したので、その功徳で霊験を体験した。南宋の宗暁は、延寿を法華経顕応僧と性格づけその著『法華経顕応録』に延寿伝を収録した。法華経顕応僧としての延寿は今までに知られていなかったので、本章ではまず法華経顕応僧として延寿像を明らかにし、また宗暁が延寿を『法華経顕応録』に収録した典拠と理由を推定した。

次に、延寿は慧思が創設し智顗が大成した法華三昧を自己の仏教実践の行法として採用したことに注目し、この問題を延寿の伝記類と合わせて自著の中に検討した。

延寿は『萬善同帰集』の中に慧思の『法華経安楽行儀』と智顗の『法華三昧懺儀』の所説を引用し自説の典拠とする事例について考説した。

さらに、延寿は『自行録』において日常に実践すべき百八の実践事項を掲示している。その中に法華三昧（法華懺）を昼夜に行い証すべきことを説く。この点を考説した。

さらに、法華三昧の証得のみに止まらず、延寿は法華三昧を証得することによって浄土往生を成就できるとも説く。法華三昧の目的を浄土往生の成就とする。法華三昧と浄土信仰が密接に結びついている。この点も合わせて考説した。これは延寿の思想の特質であり注目すべきである。法華経顕応僧としての延寿、法華三昧の実践僧としての延寿、この延寿像は、従来知られていない。それを明確にするが本章の目的であった。

宋の第三代皇帝真宗の代になると、法智知礼（九六〇―一〇二八年）が四明の延慶寺で法華懺を行じたことは広く知られている。知礼は天禧元（一〇一七）年に、同志十人と結んで三年間法華懺を修し、その期間が終わろうとするときに、自らの身を焚いて仏に供養しようと願った。それを秘書監の楊億と慈雲遵式が思い止まらせた話は知られている。また、天禧五年には、真宗皇帝は内侍の兪源清を延慶寺に遣わして延寿に請うて、法華懺を修し、国のために祈福せしめた。延寿は一生の間法華三昧を修すること三十昼夜五遍という。知礼は積極的に法華懺を修した。これは延寿の没後である。

しかしながら知礼以前に、知礼の師の義通、義通の師の義寂、そしてまたかれらの門下達が天台山や四明で法華三昧を修した事例は『仏祖統紀』の記録には見出せない。延寿（九〇四―九七六年）は、義寂（九一九―九八七年）、義通（九二七―九八八年）より先輩であるが同時期に生存した。延寿の時代には、天台山や四明の天台僧の間では法華懺は行なわれていなかったようであり、延寿が法華懺を再興したわけである。延寿の法華懺の実修が知礼になんらかの影響を及ぼしたかもしれない。法華三昧の歴史の上で延寿の役割を見逃すことはできないのである。

注

（1）呉越時代の仏教に関しては、小川貫一「銭氏呉越国の仏教に就いて」（『龍谷史壇』一八号、昭和一一年）、阿部肇一「呉越忠懿王の仏教政策に関する一考察」（『駒澤史学』二、昭和二八年）、畑中浄園「呉越の仏教―特に天台徳韶とその嗣永明延寿について―」（『大谷大学研究年報』七集、昭和二九年）に論述し、阿部肇一増訂『中国禅宗史の研究』（研文出版、一九八六年）第二篇「五代における禅宗史―呉越の宗教政策上より見た禅宗―」第一章から第七章に、呉越武粛王・文穆王・忠献王・忠懿王の仏教政策について論述する。それら研究の内容の紹介はできないが、それぞれの視点で詳説しており参考になる。

（2）柳幹康『永明延寿と宗鏡録の研究―一心による中国仏教の再編―』（法藏館、平成二七年）の巻末所収の「参考文献」の「先行研究」（四三三―四八三頁）に平成二六年十二月までの延寿とそれに関連する研究を多数掲示している。日本語・中国語・英語によって発表された論文を網羅しているので大層便利である。筆者はこれを利用させて頂いた。それで改めてここに先行研究を紹介したい。その柳氏「先行研究」を見ると、延寿の法華三昧を主題もしくは副題とした論稿はない。

（3）『仏祖統紀』巻一八の末尾に石芝宗暁の伝堂詢法師法嗣に六名を掲げる中に、石芝宗暁の名を掲げ、巻一八の終わった後にその伝を収載する。『正蔵』四九・二三七・二三九・二四〇頁。

（4）『正蔵』四七・一九五上。

（5）右同。

（6）前掲、柳幹康著書附録『永明智覚禅師方丈実録』翻刻テキストと訳注、三八五―四二九頁。

（7）『浄土宝珠集』については、岩井大慧『日支仏教史論攷』（原書房、昭和五五年）第一部日支交渉篇・四「浄土宝珠集の撰者について」の論稿に詳細な研究がある。また成瀬隆純『中国浄土教思想史の研究』（法藏館、平成三〇年）でも取り上げられている。

（8）『法華経顕応録』巻下、『続蔵』二乙七―五・四三五右。

（9）右同。

（10）右同・四三六右。

（11）右同。

（12）右同四三六左。

（13）右同四三七右。

（14）右同四三七左。

（15）右同。

（16）『新修往生伝』巻二六、『続蔵』二乙八―一・四二左。

（17）法華三昧については、津田左右吉「智顗の法華懺法について」（『東洋学報』第三一―一号。『シナ仏教の研究』岩波書店、昭和三二年所収）に体系化され体験化されていった経過、法華三昧の内容、体験証悟などの問題を詳論する。また佐藤哲英『天台大師の研究』（百華苑、昭和三六年）第二篇「前期時代著作の研究」第三章「法華三昧懺儀」は文献上の視点からの研究である。それらを参考にする。

初出一覧

第一章　宋初期の首都開封の仏教と寺院
『三康文化研究所年報』第四十四号
平成二十五年三月三十日発行

第二章『仏祖統紀』刊行の時代と刊行の支援者
『三康文化研究所年報』第四十五号
平成二十六年六月三十日発行

第三章　呉越末宋初の杭州の仏教
一　杭州における律宗の展開
二　杭州における禅宗の展開
『三康文化研究所年報』第四十六号
平成二十七年六月三十日発行
三　杭州における天台宗の展開

『三康文化研究所年報』第四十七号
平成二十八年六月三十日発行

四　杭州における浄土信仰の展開
『三康文化研究所年報』第四十八号
平成二十九年五月三十日発行

五　杭州の浄行社に入社した開封の官人たち
『三康文化研究所年報』第四十九号
平成三十年六月三十日発行

第四章　宋代浄土信仰における浄土懺について
『石上善應教授古稀記念論文集・仏教文化の基調と展開』
平成十三年五月発行

第五章　永明延寿の法華三昧の実践（遺稿）
『三康文化研究所年報』第五十号
令和元年八月三十一日発行

あとがき

佐藤成順先生は平成三十年十二月十四日に八十七歳で急逝された。先生は永年中国仏教の研究に励まれ、これまでに『中国仏教思想史の研究』（山喜房佛書林）、『宋代仏教の研究―元照の浄土教―』（山喜房佛書林）、『善導の宗教―中国仏教の革新―』（浄土宗出版）、『宋代仏教史の研究』（山喜房佛書林）等の著書を発表されている。その後も先生は日頃から宋代仏教史に関する著書をもう一冊発表したいと言われていた。そのためここ数年来「初出一覧」にあるように、精力的に『三康文化研究所年報』にこれらに関する論文を発表されていた。またご自坊の書斎には既存の発表論文の抜刷に朱書で加筆訂正されたものが残されていた。

それが突然のご逝去で先生の計画が途絶えることになってしまった。そこで先生のご家族の皆様と相談して、先生のご遺志を継いで、日頃先生のご指導を受けていた我々三康文化研究所の研究員がお手伝いをして、計画を遂行することにした。そしてこれまでのご著書に入っていない最近の宋代仏教に関する論文を中心に、このような内容の『続宋代仏教史の研究』を刊行する運びとなった。編集全体は宇高が担当し、校正や索引は柴田泰山先生と石川琢道先生が担当された。また、大正大学大学院の長尾光恵氏と里見奎周氏にお手伝いを頂いた。未熟な私共が作業したため先生のご遺志通りに出来ていないところもあるが、お許し頂ければ幸いである。

本書の刊行を快く引き受けてくださった山喜房佛書林様には厚くお礼申し上げる次第である。

最後に本書が先生の一周忌のご霊前に奉呈できたことをご家族の皆様と共に喜び、永年に亘る先生のご指導に感謝し、また先生の安らかなご冥福を心から祈念して「あとがき」の言葉としたい。

令和元年十月十四日　品川願行寺十夜の日に

宇高　良哲

索　　引

あ

い

う

え

お

か

き

く

け

こ

さ

し

た

て

と

な

に

ね

の

は

ま

み

む

め

も

や

ろ

著者略歴

1932年　東京都品川区に生まれる。
1956年　早稲田大学文学部東洋哲学専修卒業
1959年　同大学院文学研究科東洋哲学専攻修士課程修了
1962年　願行寺代表役員・住職就任
1965年　大正大学大学院文学研究科博士課程満期退学
1994年　文学博士
1997年　三康文化研究所評議員
2003年　大正大学名誉教授
2011年　願行寺住職退任
2018年　遷化（12月14日）
著　書　『中国仏教思想史の研究』（単著　山喜房佛書林）
『宋代仏教の研究―元照の浄土教』（単著　山喜房佛書林）
『善導の宗教―中国仏教の革新』（単著　浄土選書34）
『宋代仏教史の研究』（単著　山喜房佛書林）
日本の名著『法然』（共著、中央公論）

続宋代仏教史の研究

令和元年11月24日　初版印刷
令和元年12月14日　初版発行

著　者　佐藤成順
発行者　吉山利博
印刷者　小林裕生

発行所　株式会社　山喜房佛書林
東京都文京区本郷5丁目28番5号
電話 03-3811-5361　振替 00100-0-1900

ISBN978-4-7963-0225-8